最高人民法院案例指导工作指定用书

中国案例指导

CHINA CASE GUIDANCE

2021年第1辑（总第8辑）

杨万明 主编 胡仕浩 郭锋 副主编
最高人民法院案例指导工作办公室 编著

法律出版社
LAW PRESS·CHINA

《中国案例指导》
编审委员会

《中国案例指导》
编　辑　部

充分发挥案例指导作用
促进法律统一正确实施(代序)

最高人民法院院长　周　强

案例指导制度是最高人民法院为总结审判经验、加强监督指导、统一法律适用、提高审判质量、维护司法公正而建立的一项具有中国特色的司法制度。该制度旨在通过统一发布对全国法院审判、执行工作具有指导作用的典型案例,规范法官自由裁量权,着力解决群众反映强烈的"同案不同判"问题;同时通过典型案例发挥司法规范、指导、评价、引领社会价值的重要作用,大力弘扬社会主义法治精神和社会主义核心价值观,增强全民法治意识,倡导良好社会新风。自建立以来,案例指导制度发展迅速,在统一裁判标准、提高审判质量、提升司法公信力方面发挥了重要作用。编撰《中国案例指导》丛书,将最高人民法院分批发布的指导性案例、关于案例指导制度的最新理论研究成果等汇编成书,是贯彻落实党的十八届四中全会关于加强案例指导工作要求的具体措施,必将有力推动案例指导制度的发展完善,促进形成有利于维护法制统一的法律适用机制,从而为促进法律正确实施,全面推进依法治国,实现中华民族伟大复兴的中国梦作出积极贡献。

一、案例指导制度是中国特色社会主义司法制度的重要组成部分

在人民司法制度建立初期,人民法院就十分重视通过典型案例指导审判工作。早在20世纪50年代,最高人民法院就开始用案例指导审判工作实

践。1954年年初,起草了《最高人民法院关于处理奸淫幼女案件的经验总结和对奸淫幼女罪犯的处刑意见》,并于1957年将经修订的《最高人民法院1955年以来奸淫幼女案件检查总结》以内部文件形式印发各地法院执行。这对统一全国各地量刑标准,纠正重罪轻判和罪与非罪界限不清现象,起到了重要作用。1956年的全国司法审判工作会议明确提出要分类分批汇编案例用以指导审判。1962年3月,毛泽东同志指出:"没有法律不行,刑法、民法一定要搞,不仅要制定法律,还要编案例。"同年12月,最高人民法院颁布《关于人民法院工作若干问题的规定》,明确要求"总结审判工作经验,选择案例,指导工作"。

改革开放以来,案例指导工作得到进一步发展。20世纪70年代末,最高人民法院印发9个典型案例,具体指导全国各级法院纠正"文化大革命"期间形成的冤错案件。随着刑法、刑事诉讼法等法律的颁布施行,1984年最高人民法院以文件形式印发了《刑事犯罪案例选编》(共包含34个案例),对定罪量刑问题提出具体指导意见。1985年7月18日,最高人民法院下发《关于破坏军人婚姻罪的四个案件》的通知,发布了四个破坏军人婚姻罪案例。1985年5月,《最高人民法院公报》开始向社会公布各类典型案例,供各级法院参考借鉴。自20世纪90年代起,最高人民法院各审判业务庭和教学研究单位相继出版审判参考类刊物。

1999年最高人民法院制定的《人民法院五年改革纲要》明确提出,要编选典型案例,供下级法院审判类似案件时参考。2005年的《人民法院第二个五年改革纲要》第一次正式提出,要"建立和完善案例指导制度"。2008年12月,中央关于深化司法体制和工作机制改革若干问题的意见将案例指导制度作为国家司法改革的一项重要内容。2010年11月26日,最高人民法院颁布《关于案例指导工作的规定》,标志着中国特色案例指导制度正式确立。

二、案例指导制度在人民法院工作中发挥着重要作用

案例指导制度有利于统一法律适用和裁判尺度。受我国各地经济社会

发展不平衡、司法人员司法能力差异、地方执法环境不同等多种因素影响,在我国司法实践中长期存在"同案不同判"现象,影响了国家法律的统一适用,损害了司法公信力,人民群众反映强烈。建立案例指导制度,发布社会广泛关注,法律规定比较原则,具有典型性、疑难复杂或者新类型案例,为广大法官审理类似案件提供参考,可有效规范和限制自由裁量权,确保同类案件的法律适用基本统一,裁判尺度基本相同,处理结果基本一致。同时,以案例这种群众喜闻乐见的方式推动实现法律统一适用,可极大增强群众对司法的信任和支持,促进提升司法公信力。

案例指导制度有利于提升审判效率。案例具有及时性、灵活性、针对性强、易于把握的特点。用已决案例指导待决类似案件的裁判,可以在"抽象到具体"的法律适用中,增加一个"具体到具体"的参照,有助于缩短办案时间,提高司法效率。特别是对于新型、疑难、复杂案件而言,既能提升案件审判效率,也有助于减轻涉诉群众讼累。最高人民法院建立案例指导制度,定期发布指导性案例,以一个个具体案例来指导、规范众多类似案件的裁判,可以使广大法官审理同类案件的进程大大加快,为群众提供更为高效的司法服务。

案例指导制度有利于弘扬社会主义法治精神和社会主义核心价值观。案例是法制宣传教育的"活教材"。通过定期公布典型案例,可以增强全民的法治意识,使公众从案例中直观领悟法律的原则和精神,促进在全社会形成办事依法、遇事找法、解决问题用法、化解矛盾靠法的良好法治环境和尊重司法、信仰法律、崇尚法治的良好氛围。同时,通过发布案例这种群众看得见的方式,可以更好地发挥司法的指导引领作用,使群众更加深刻直接地了解什么行为是法律允许的、什么行为是法律禁止的,进而理解哪些行为是符合社会主义核心价值观的,哪些行为是违背社会主义核心价值观的,从而推动社会主义核心价值观建设,促进形成良好道德风尚和正确价值导向。

三、以改革创新精神进一步加强案例指导工作

党的十八大和十八届三中全会对全面深化改革、全面推进依法治国作

出了重大战略部署,党的十八届四中全会为法治中国建设描绘了新的宏伟蓝图。加强公正司法、推进依法治国是一项伟大的事业,人民法院促进法律统一正确实施的责任更加重大,任务更为艰巨,必须以改革创新精神进一步加强案例指导工作,为审判实践提供更多可资借鉴的指导性案例。

要把案例指导工作置于坚持和完善中国特色社会主义司法制度的战略高度来谋划。案例指导制度以其统一司法标准、规范裁判尺度的功能,进一步丰富和发展了中国特色社会主义司法制度的内涵。人民法院必须从坚持和完善中国特色社会主义司法制度的战略高度,持续推进人民法院案例指导工作,将其作为人民法院的一项常态性、基础性工作来规划和部署,以充分发挥案例指导制度在审判执行工作中的重要作用。

要把案例指导工作作为加强公正司法的有力抓手。在全面深化改革、全面推进依法治国背景下部署实施的人民法院新一轮司法改革,一个重要目的是确保依法独立公正行使审判权,实现司法公正,维护社会公平正义。通过编撰、发布指导性案例,总结审判经验,统一裁判标准,实施类案指导,有助于进一步规范司法行为、深化司法公开,让公平正义以看得见的方式实现。人民法院要以案例指导工作为抓手,以指导性案例为示范,引导一线办案法官在立案、审理、裁判、执行各个环节严格依法办案,确保司法公正。

要加强案例指导工作的规范化、标准化和信息化建设。各级法院要高度重视从维护国家安全和社会稳定、促进经济社会发展、维护市场秩序、服务保障民生等方面加强指导性案例编选工作,按照指导审判、宣传法治、促进和谐、引领进步的原则,及时编选发布裁判公正、效果良好、具有普遍指导价值的案例。要统筹研究和规划案例指导工作,规范各个层级、各种类型案例的编写体例、程序和发布主体,明确不同案例的效力和功能,方便广大法官和人民群众根据需要了解、掌握和运用司法案例。要积极适应信息技术快速发展与新媒体、大数据时代给案例指导工作带来的机遇、挑战和影响,切实加强案例指导工作信息化建设,努力建成全国法院案例信息汇集中心,更好地发挥指导性案例的作用。

要进一步完善案例指导工作机制。要逐步建立完善案例发现、论证、编发、考评等工作机制,确保广泛选择、精心编写、审慎公布案例。要积极引导和支持广大法官在审判执行工作中增强精品意识,强化法律思维,注重裁判说理,坚持程序公正和实体公正相统一,从一开始就努力把案件办成人民群众接受和认可的经典案例。要不断健全表彰激励机制,激发全国四级法院法官参与案例指导工作的积极性和主动性,推动人民法院案例指导工作不断迈上新台阶,为完善中国特色社会主义司法制度、促进实施依法治国基本方略作出新的更大贡献。

是为序。

2014 年 10 月 28 日

编辑说明

中国特色的案例指导制度是国家司法机关为总结司法经验,指导司法工作,统一司法尺度和裁判标准,促进司法公正,提升司法公信,充分发挥指导性案例作用的一项具有中国特色的司法制度。党的十八届四中全会通过的《中共中央关于全面推进依法治国若干重大问题的决定》指出:“加强和规范司法解释和案例指导,统一法律适用标准。”这是党的文献首次对案例指导工作提出明确要求,体现了党中央对案例指导制度的高度重视。加强和规范案例指导,对于总结审判经验,统一公正司法,提升司法公信,宣传和弘扬法治,建设公正高效权威的社会主义司法制度,让人民群众在每一个司法案件中感受到公平正义,具有特别重要的意义。

为加强审判工作业务指导,及时交流案例指导工作经验,更好地为案例应用、法治宣传、案例教学和研究等工作服务,最高人民法院决定编辑《中国案例指导》丛书,搭建案例指导工作平台和交流载体。本丛书首次以指导性案例为主体,是最高人民法院案例指导工作办公室指导案例工作的唯一公开连续出版物,是指导性案例的权威性、标志性、集成性发布平台。丛书重点围绕指导性案例和案例指导工作,主要设置以下栏目:

一、指导案例

根据《最高人民法院关于案例指导工作的规定》第一条规定,对全国法院审判、执行工作具有指导作用的指导性案例,由最高人民法院确定并统一发布。本栏目刊载三部分内容:一是最高人民法院发布的指导性案例及新闻稿;二是指导性案例的裁判者、编选者撰写的指导性案例的理解与参照文章,全面、深入阐明指导性案例的编选经过和指导价值,审判实践中需要明确的问题和参照适用中应当注意的情况,为准确理解和参照适用指导性案例、依法裁判案件提供指导和帮助;三是与指导性案例相关的法律法规、司法解释、裁判文书、推荐单位和编写人等。需要注意的是,根据《最高人民法院关于案例指导工作的规定》第七条规定,各级人民法院在审判类似案件时应当参照指导性案例。

二、参考案例

《最高人民法院关于规范上下级人民法院审判业务关系的若干意见》第九条规定,高级人民法院可以发布参考性案例,对辖区内各级人民法院和专门人民法院的审判业务工作进行指导。本栏目刊载各高级人民法院根据上述文件发布的参考性案例,以及相关案例解读文章。

三、典型案例

本栏目刊载最高人民法院公布的具有典型意义的案例,通过具体案例阐明法律规定、宣传法院工作、普及法治教育、弘扬法治精神。

四、研讨案例

本栏目刊载全国各级人民法院推荐的其他具有研讨价值的典型案例,针对法律适用中的重大、疑难、争议问题,进行深入分析和探讨,倡导学术争鸣,促进案例研究。

五、案例论坛

本栏目刊载专家、学者、法官及社会各界人士撰写的与案例或案例指导制度相关的论文和评论,对案例指导工作进行理论研究和实务探讨,促进学术智慧共享,推动案例指导发展。

六、案例工作

本栏目刊载最新的与案例指导工作相关的规范性文件,最高人民法院院领导的重要讲话和案例指导工作会议纪要,以及各地法院开展案例指导工作的经验和做法,指导案例工作开展,展示案例指导工作成效。

本丛书的主旨在于及时刊登指导性案例及其相关资料,总结和交流案例指导工作经验,推动案例指导制度理论和实务方面的研究和探索,为审判工作提供及时的指导和服务,为司法理论研究和案例教学提供生动鲜活、内容充实的参考资料。希望法学理论界和司法实务部门关心案例指导工作的专家、学者、司法工作者、热心读者踊跃投稿,多提宝贵意见和建议,共同促进中国特色案例指导制度的贯彻落实和发展完善,为全面推进依法治国、建设社会主义法治国家做出更大贡献。

目　录

【指导案例】

【参考案例】

【案例论坛】

【案例工作】

【指导案例】

最高人民法院
关于发布第19批指导性案例的通知

（2018年12月19日　法〔2018〕338号）

各省、自治区、直辖市高级人民法院，解放军军事法院，新疆维吾尔自治区高级人民法院生产建设兵团分院：

经最高人民法院审判委员会讨论决定，现将王力军非法经营再审改判无罪案等五个案例（指导案例97～101号），作为第19批指导性案例发布，供在审判类似案件时参照。

指导案例97号

王力军非法经营再审改判无罪案

（最高人民法院审判委员会讨论通过　2018年12月19日发布）

关键词　刑事/非法经营罪/严重扰乱市场秩序/社会危害性/刑事违法性/刑事处罚必要性

裁判要点

1. 对于刑法第二百二十五条第四项规定的“其他严重扰乱市场秩序的非法经营行为”的适用，应当根据相关行为是否具有与刑法第二百二十五条前三项规定的非法经营行为相当的社会危害性、刑事违法性和刑事处罚必要性进行判断。

2. 判断违反行政管理有关规定的经营行为是否构成非法经营罪,应当考虑该经营行为是否属于严重扰乱市场秩序。对于虽然违反行政管理有关规定,但尚未严重扰乱市场秩序的经营行为,不应当认定为非法经营罪。

相关法条

《中华人民共和国刑法》第225条

基本案情

内蒙古自治区巴彦淖尔市临河区人民检察院指控被告人王力军犯非法经营罪一案,内蒙古自治区巴彦淖尔市临河区人民法院经审理认为,2014年11月至2015年1月期间,被告人王力军未办理粮食收购许可证,未经工商行政管理机关核准登记并颁发营业执照,擅自在临河区白脑包镇附近村组无证照违法收购玉米,将所收购的玉米卖给巴彦淖尔市粮油公司杭锦后旗蛮会分库,非法经营数额218288.6元,非法获利6000元。案发后,被告人王力军主动退缴非法获利6000元。2015年3月27日,被告人王力军主动到巴彦淖尔市临河区公安局经侦大队投案自首。原审法院认为,被告人王力军违反国家法律和行政法规规定,未经粮食主管部门许可及工商行政管理机关核准登记并颁发营业执照,非法收购玉米,非法经营数额218288.6元,数额较大,其行为构成非法经营罪。鉴于被告人王力军案发后主动到公安机关投案自首,主动退缴全部违法所得,有悔罪表现,对其适用缓刑确实不致再危害社会,决定对被告人王力军依法从轻处罚并适用缓刑。宣判后,王力军未上诉,检察机关未抗诉,判决发生法律效力。

最高人民法院于2016年12月16日作出(2016)最高法刑监6号再审决定,指令内蒙古自治区巴彦淖尔市中级人民法院对本案进行再审。

再审中,原审被告人王力军及检辩双方对原审判决认定的事实无异议,再审查明的事实与原审判决认定的事实一致。内蒙古自治区巴彦淖尔市人民检察院提出了原审被告人王力军的行为虽具有行政违法性,但不具有与刑法第二百二十五条规定的非法经营行为相当的社会危害性和刑事处罚必要性,不构成非法经营罪,建议再审依法改判。原审被告人王力军在庭审中对原审认定的事实及证据无异议,但认为其行为不构成非法经营罪。辩护人提出了原审被告人王力军无证收购玉米的行为,不具有社会危害性、刑事违法性和应受惩罚性,不符合刑法规定的非法经营罪的构成要件,也不符合刑法谦抑性原则,应宣告原审被告人王力军无罪。

裁判结果

内蒙古自治区巴彦淖尔市临河区人民法院于2016年4月15日作出(2016)内

0802 刑初 54 号刑事判决，认定被告人王力军犯非法经营罪，判处有期徒刑一年，缓刑二年，并处罚金人民币二万元；被告人王力军退缴的非法获利款人民币六千元，由侦查机关上缴国库。最高人民法院于 2016 年 12 月 16 日作出（2016）最高法刑监 6 号再审决定，指令内蒙古自治区巴彦淖尔市中级人民法院对本案进行再审。内蒙古自治区巴彦淖尔市中级人民法院于 2017 年 2 月 14 日作出（2017）内 08 刑再 1 号刑事判决：一、撤销内蒙古自治区巴彦淖尔市临河区人民法院（2016）内 0802 刑初 54 号刑事判决；二、原审被告人王力军无罪。

裁判理由

内蒙古自治区巴彦淖尔市中级人民法院再审认为，原判决认定的原审被告人王力军于 2014 年 11 月至 2015 年 1 月期间，没有办理粮食收购许可证及工商营业执照买卖玉米的事实清楚，其行为违反了当时的国家粮食流通管理有关规定，但尚未达到严重扰乱市场秩序的危害程度，不具备与刑法第二百二十五条规定的非法经营罪相当的社会危害性、刑事违法性和刑事处罚必要性，不构成非法经营罪。原审判决认定王力军构成非法经营罪适用法律错误，检察机关提出的王力军无证照买卖玉米的行为不构成非法经营罪的意见成立，原审被告人王力军及其辩护人提出的王力军的行为不构成犯罪的意见成立。

（生效裁判审判人员：辛永清、百灵、何莉）

指导案例 98 号

张庆福、张殿凯诉朱振彪生命权纠纷案

（最高人民法院审判委员会讨论通过 2018 年 12 月 19 日发布）

关键词 民事/生命权/见义勇为

裁判要点

行为人非因法定职责、法定义务或约定义务，为保护国家、社会公共利益或者他人的人身、财产安全，实施阻止不法侵害者逃逸的行为，人民法院可以认定为见义勇为。

相关法条

《中华人民共和国侵权责任法》第 6 条

《中华人民共和国道路交通安全法》第 70 条

基本案情

原告张庆福、张殿凯诉称:2017 年 1 月 9 日,被告朱振彪驾驶奥迪小轿车追赶骑摩托车的张永焕。后张永焕弃车在前面跑,被告朱振彪也下车在后面继续追赶,最终导致张永焕在迁曹线 90 公里 495 米处(滦南路段)撞上火车身亡。朱振彪在追赶过程中散布和传递了张永焕撞死人的失实信息;在张永焕用语言表示自杀并撞车实施自杀行为后,朱振彪仍然追赶,超过了必要限度;追赶过程中,朱振彪手持木凳、木棍,对张永焕的生命造成了威胁,并数次漫骂张永焕,对张永焕的死亡存在主观故意和明显过错,对张永焕死亡应承担赔偿责任。

被告朱振彪辩称:被告追赶交通肇事逃逸者张永焕的行为属于见义勇为行为,主观上无过错,客观上不具有违法性,该行为与张永焕死亡结果之间不存在因果关系,对张永焕的意外死亡不承担侵权责任。

法院经审理查明:2017 年 1 月 9 日上午 11 时许,张永焕由南向北驾驶两轮摩托车行驶至古柳线青坨鹏盛水产门口,与张雨来无证驾驶同方向行驶的无牌照两轮摩托车追尾相撞,张永焕跌倒、张雨来倒地受伤、摩托车受损,后张永焕起身驾驶摩托车驶离现场。此事故经曹妃甸交警部门认定:张永焕负主要责任,张雨来负次要责任。

事发当时,被告朱振彪驾车经过肇事现场,发现肇事逃逸行为即驾车追赶。追赶过程中,朱振彪多次向柳赞边防派出所、曹妃甸公安局"110"指挥中心等公安部门电话报警。报警内容主要是:柳赞镇一道档北两辆摩托车相撞,有人受伤,另一方骑摩托车逃逸,报警人正在跟随逃逸人,请出警。朱振彪驾车追赶张永焕过程中不时喊"这个人把人怼了逃跑呢"等内容。张永焕驾驶摩托车行至滦南县胡各庄镇西梁各庄村内时,弃车从南门进入该村村民郑如深家,并从郑如深家过道屋拿走菜刀一把,从北门走出。朱振彪见张永焕拿刀,即从郑如深家中拿起一个木凳,继续追赶。后郑如深赶上朱振彪,将木凳讨回,朱振彪则拿一木棍继续追赶。追赶过程中,有朱振彪喊"你怼死人了往哪跑！警察马上就来了",张永焕称"一会儿我就把自己砍了",朱振彪说"你把刀扔了我就不追你了"之类的对话。

走出西梁各庄村后,张永焕跑上滦海公路,有向过往车辆冲撞的行为。在被李江波驾驶的面包车撞倒后,张永焕随即又站起来,在路上行走一段后,转向铁路方向的开阔地跑去。在此过程中,曹妃甸区交通局路政执法大队副大队长郑作亮等人加入，与朱振彪一起继续追赶，并警告路上车辆，小心慢行，这个人想往车上撞。

张永焕走到迁曹铁路时，翻过护栏，沿路堑而行，朱振彪亦翻过护栏继续跟随。朱振彪边追赶边劝阻张永焕说："被撞到的那个人没事儿，你也有家人，知道了会惦记你的，你自首就中了。"2017 年 1 月 9 日 11 时 56 分，张永焕自行走向两铁轨中间，51618 次火车机车上的视频显示，朱振彪挥动上衣，向驶来的列车示警。2017 年 1 月 9 日 12 时 02 分，张永焕被由北向南行驶的 51618 次火车撞倒，后经检查被确认死亡。

在朱振彪跟随张永焕的整个过程中，两人始终保持一定的距离，未曾有过身体接触。朱振彪有劝张永焕投案的语言，也有责骂张永焕的言辞。

另查明，张雨来在与张永焕发生交通事故受伤后，当日先后被送到曹妃甸区医院、唐山市工人医院救治，于当日回家休养，至今未进行伤情鉴定。张永焕死亡后其第一顺序法定继承人有二人，即其父张庆福、其子张殿凯。

2017 年 10 月 11 日，大秦铁路股份有限公司大秦车务段滦南站作为甲方，与原告张殿凯作为乙方，双方签订《铁路交通事故处理协议》，协议内容"2017 年 1 月 9 日 12 时 02 分，51618 次列车运行在曹北站至滦南站之间 90 公里 495 米处，将擅自进入铁路线路的张永焕撞死，构成一般 B 类事故；死者张永焕负事故全部责任；铁路方在无过错情况下，赔偿原告张殿凯 4 万元。"

裁判结果

河北省滦南县人民法院于 2018 年 2 月 12 日作出（2017）冀 0224 民初 3480 号民事判决：驳回原告张庆福、张殿凯的诉讼请求。一审宣判后，原告张庆福、张殿凯不服，提出上诉。审理过程中，上诉人张庆福、张殿凯撤回上诉。河北省唐山市中级人民法院于 2018 年 2 月 28 日作出（2018）冀 02 民终 2730 号民事裁定：准许上诉人张庆福、张殿凯撤回上诉。一审判决已发生法律效力。

裁判理由

法院生效裁判认为：张庆福、张殿凯在本案二审审理期间提出撤回上诉的请求，不违反法律规定，准许撤回上诉。

本案焦点问题是被告朱振彪行为是否具有违法性；被告朱振彪对张永焕的死亡是否具有过错；被告朱振彪的行为与张永焕的死亡结果之间是否具备法律上的因果关系。

首先，案涉道路交通事故发生后张雨来受伤倒地昏迷，张永焕驾驶摩托车逃离。被告朱振彪作为现场目击人，及时向公安机关电话报警，并驱车、徒步追赶张永焕，敦促其投案，其行为本身不具有违法性。同时，根据《中华人民共和国道路交通安全法》第七十条规定，交通肇事发生后，车辆驾驶人应当立即停车、保护现场、抢救伤者，张永焕肇事逃逸的行为违法。被告朱振彪作为普通公民，挺身而出，制止正在发生的违法犯罪行为，属于见义勇为，应予以支持和鼓励。

其次，从被告朱振彪的行为过程看，其并没有侵害张永焕生命权的故意和过失。根据被告朱振彪的手机视频和机车行驶影像记录，双方始终未发生身体接触。在张永焕持刀声称自杀意图阻止他人追赶的情况下，朱振彪拿起木凳、木棍属于自我保护的行为。在张永焕声称撞车自杀，意图阻止他人追赶的情况下，朱振彪和路政人员进行了劝阻并提醒来往车辆。考虑到交通事故事发突然，当时张雨来处于倒地昏迷状态，在此情况下被告朱振彪未能准确判断张雨来伤情，在追赶过程中有时喊话传递的信息不准确或语言不文明，但不构成民事侵权责任过错，也不影响追赶行为的性质。在张永焕为逃避追赶，跨越铁路围栏、进入火车运行区间之后，被告朱振彪及时予以高声劝阻提醒，同时挥衣向火车司机示警，仍未能阻止张永焕死亡结果的发生。故该结果与朱振彪的追赶行为之间不具有法律上的因果关系。

综上，原告张庆福、张殿凯一审中提出的诉讼请求理据不足，不予支持。

（生效裁判审判人员：李学静、刘群勇、徐万启）

指导案例99号

葛长生诉洪振快名誉权、荣誉权纠纷案

（最高人民法院审判委员会讨论通过　2018年12月19日发布）

关键词　民事/名誉权/荣誉权/英雄烈士/社会公共利益

裁判要点

1. 对侵害英雄烈士名誉、荣誉等行为，英雄烈士的近亲属依法向人民法院提起诉讼的，人民法院应予受理。

2. 英雄烈士事迹和精神是中华民族的共同历史记忆和社会主义核心价值观的重要体现，英雄烈士的名誉、荣誉等受法律保护。人民法院审理侵害英雄烈士名誉、荣誉等案件，不仅要依法保护相关个人权益，还应发挥司法彰显公共价值功能，维护社会公共利益。

3. 任何组织和个人以细节考据、观点争鸣等名义对英雄烈士的事迹和精神进行污蔑和贬损，属于歪曲、丑化、亵渎、否定英雄烈士事迹和精神的行为，应当依法承担法律责任。

相关法条

《中华人民共和国侵权责任法》第 2 条、第 15 条

基本案情

原告葛长生诉称：洪振快发表的《小学课本〈狼牙山五壮士〉有多处不实》一文以及《"狼牙山五壮士"的细节分歧》一文，以历史细节考据、学术研究为幌子，以细节否定英雄，企图达到抹黑"狼牙山五壮士"英雄形象和名誉的目的，请求判令洪振快停止侵权、公开道歉、消除影响。

被告洪振快辩称：案涉文章是学术文章，没有侮辱性的言词，关于事实的表述有相应的根据，不是凭空捏造或者歪曲，不构成侮辱和诽谤，不构成名誉权的侵害，不同意葛长生的全部诉讼请求。

法院经审理查明：1941 年 9 月 25 日，在易县狼牙山发生了著名的狼牙山战斗。在这场战斗中，"狼牙山五壮士"英勇抗敌的基本事实和舍生取义的伟大精神，赢得了全中国人民的高度认同和广泛赞扬。新中国成立后，五壮士的事迹被编入义务教育教科书，五壮士被人民视为当代中华民族抗击外敌入侵的民族英雄。

2013 年 9 月 9 日，时任《炎黄春秋》杂志社执行主编的洪振快在财经网发表《小学课本〈狼牙山五壮士〉有多处不实》一文。文中写道：据《南方都市报》2013 年 8 月 31 日报道，广州越秀警方于 8 月 29 日晚间将一位在新浪微博上"污蔑狼牙山五壮士"的网民抓获，以虚构信息、散布谣言为由予以行政拘留 7 日。所谓"污蔑狼牙山五壮士"的"谣言"原本就有。据媒体报道，该网友实际上是传播了 2011 年 12 月 14 日百度贴吧里一篇名为《狼牙山五壮士真相原来是这样！》的帖子的内容，该帖子说五壮士"5 个人中有 3 个是当场被打死的，后来清理战场把尸体丢下悬崖。另两个当场被活捉，只是后来不知道什么原因又从日本人手上逃了出来。"2013 年第 11 期《炎黄春秋》杂志刊发洪振快撰写的《"狼牙山五壮士"的细节分歧》一文，亦发表于《炎黄春秋》杂志网站。该文分为"在何处跳崖""跳崖是怎么跳的""敌我双方战斗伤亡""'五壮士'是否拔了群众的萝卜"等部分。文章通过援引不同来源、不同内容、不同时期的报刊资料等，对"狼牙山五壮士"事迹中的细节提出质疑。

裁判结果

北京市西城区人民法院于 2016 年 6 月 27 日作出（2015）西民初字第 27841 号

民事判决:一、被告洪振快立即停止侵害葛振林名誉、荣誉的行为;二、本判决生效后三日内,被告洪振快公开发布赔礼道歉公告,向原告葛长生赔礼道歉,消除影响。该公告须连续刊登五日,公告刊登媒体及内容需经本院审核,逾期不执行,本院将在相关媒体上刊登判决书的主要内容,所需费用由被告洪振快承担。一审宣判后,洪振快向北京市第二中级人民法院提起上诉,北京市第二中级人民法院于2016年8月15日作出(2016)京02民终6272号民事判决:驳回上诉,维持原判。

裁判理由

法院生效裁判认为:1941年9月25日,在易县狼牙山发生的狼牙山战斗,是被大量事实证明的著名战斗。在这场战斗中,“狼牙山五壮士”英勇抗敌的基本事实和舍生取义的伟大精神,赢得了全国人民高度认同和广泛赞扬,是五壮士获得“狼牙山五壮士”崇高名誉和荣誉的基础。“狼牙山五壮士”这一称号在全军、全国人民中已经赢得了普遍的公众认同,既是国家及公众对他们作为中华民族的优秀儿女在反抗侵略、保家卫国中作出巨大牺牲的褒奖,也是他们应当获得的个人名誉和个人荣誉。“狼牙山五壮士”是中国共产党领导的八路军在抵抗日本帝国主义侵略伟大斗争中涌现出来的英雄群体,是中国共产党领导的全民抗战并取得最终胜利的重要事件载体。“狼牙山五壮士”的事迹经由广泛传播,已成为激励无数中华儿女反抗侵略、英勇抗敌的精神动力之一;成为人民军队誓死捍卫国家利益、保障国家安全的军魂来源之一。在和平年代,“狼牙山五壮士”的精神,仍然是我国公众树立不畏艰辛、不怕困难、为国为民奋斗终身的精神指引。这些英雄烈士及其精神,已经获得全民族的广泛认同,是中华民族共同记忆的一部分,是中华民族精神的内核之一,也是社会主义核心价值观的重要内容。而民族的共同记忆、民族精神乃至社会主义核心价值观,无论是从我国的历史看,还是从现行法上看,都已经是社会公共利益的一部分。

案涉文章对于“狼牙山五壮士”在战斗中所表现出的英勇抗敌的事迹和舍生取义的精神这一基本事实,自始至终未作出正面评价。而是以考证“在何处跳崖”“跳崖是怎么跳的”“敌我双方战斗伤亡”以及“‘五壮士’是否拔了群众的萝卜”等细节为主要线索,通过援引不同时期的材料、相关当事者不同时期的言论,全然不考虑历史的变迁,各个材料所形成的时代背景以及各个材料的语境等因素。在无充分证据的情况下,案涉文章多处作出似是而非的推测、质疑乃至评价。因此,尽管案涉文章无明显侮辱性的语言,但通过强调与基本事实无关或者关联不大的细节,引导读者对“狼牙山五壮士”这一英雄烈士群体英勇抗敌事迹和舍生取义精神产生质疑,从而否定基本事实的真实性,进而降低他们的英勇形象和精神价值。洪振快的行为方式符合以贬损、丑化的方式损害他人名誉和荣誉权益的特征。

案涉文章通过刊物发行和网络传播，在全国范围内产生了较大影响，不仅损害了葛振林的个人名誉和荣誉，损害了葛长生的个人感情，也在一定范围和程度上伤害了社会公众的民族和历史情感。在我国，由于“狼牙山五壮士”的精神价值已经内化为民族精神和社会公共利益的一部分，因此，也损害了社会公共利益。洪振快作为具有一定研究能力和熟练使用互联网工具的人，应当认识到案涉文章的发表及其传播将会损害到“狼牙山五壮士”的名誉及荣誉，也会对其近亲属造成感情和精神上的伤害，更会损害到社会公共利益。在此情形下，洪振快有能力控制文章所可能产生的损害后果而未控制，仍以既有的状态发表，在主观上显然具有过错。

（生效裁判审判人员：王平、何江恒、赵胤晨）

指导案例 100 号

山东登海先锋种业有限公司诉陕西农丰种业有限责任公司、山西大丰种业有限公司侵害植物新品种权纠纷案

（最高人民法院审判委员会讨论通过　2018 年 12 月 19 日发布）

关键词　民事/侵害植物新品种权/特征特性/DNA 指纹鉴定/DUS 测试报告/特异性

裁判要点

判断被诉侵权繁殖材料的特征特性与授权品种的特征特性相同是认定构成侵害植物新品种权的前提。当 DNA 指纹鉴定意见为两者相同或相近似时，被诉侵权方提交 DUS 测试报告证明通过田间种植，被控侵权品种与授权品种对比具有特异性，应当认定不构成侵害植物新品种权。

相关法条

《中华人民共和国植物新品种保护条例》第 2 条、第 6 条

基本案情

先锋国际良种公司是“先玉335”植物新品种权的权利人，其授权山东登海先锋种业有限公司(以下简称“登海公司”)作为被许可人对侵害该植物新品种权提起民事诉讼。登海公司于2014年3月16日向陕西省西安市中级人民法院起诉称，2013年山西大丰种业有限公司(以下简称“大丰公司”)生产、陕西农丰种业有限责任公司(以下简称“农丰种业”)销售的外包装为“大丰30”的玉米种子侵害“先玉335”的植物新品种权。北京玉米种子检测中心于2013年6月9日对送检的被控侵权种子依据NY/T1432－2007玉米品种DNA指纹鉴定方法，使用3730XL型遗传分析仪，384孔PCR仪进行检测，结论为，待测样品编号YA2196与对照样品编号BGG253“先玉335”比较位点数40，差异位点数0，结论为相同或极近似。

山西省农业种子总站于2014年4月25日出具的《“大丰30”玉米品种试验审定情况说明》记载：“大丰30”作为大丰公司2011年申请审定的品种，由于北京市农林科学院玉米研究中心所作的DNA指纹鉴定认为“大丰30”与“先玉335”的40个比较位点均无差异，判定结论为两个品种无明显差异，2011年未通过审定。大丰公司提出异议，该站于2011年委托农业部植物新品种测试中心对“大丰30”进行DUS测试，即特异性(Distinctness)、一致性(Uniformity)和稳定性(Stability)测试，结论为“大丰30”具有特异性、一致性、稳定性，与“先玉335”为不同品种。“大丰30”玉米种作为审定推广品种，于2012年2月通过山西省、陕西省农作物品种审定委员会的审定。

大丰公司在一审中提交了农业部植物新品种测试中心2011年12月出具的《农业植物新品种测试报告》原件，测试地点为农业部植物新品种测试(杨凌)分中心测试基地，依据的测试标准为《植物新品种DUS测试指南—玉米》，测试材料为农业部植物新品种测试中心提供，测试时期为一个生长周期。测试报告特异性一栏记载，近似品种名称：鉴2011－001B先玉335，有差异性状：41 * 果穗：穗轴颖片青甙显色强度，申请品种描述：8强到极强，近似品种描述：5中。所附数据结果表记载，鉴2011－001A(大丰30)与鉴2011－001B的测试结果除“41 * 果穗”外，差别还在“9雄穗：花药花青甙显色强度”，分别为“6中到强、7强”“24.2 * 植株：高度”，分别为“5中”“7高”“27.2 * 果穗：长度”分别为“5中”“3短”。结论为，“大丰30”具有特异性、一致性、稳定性。

二审法院审理中，大丰公司提交了于2014年4月28日测试审核的《农业植物新品种DUS测试报告》，加盖有农业部植物新品种测试(杨凌)分中心和农业部植物新品种保护办公室的印鉴。该报告依据的测试标准为《植物新品种特异性、一致性和稳定性测试指南 玉米》。测试时期为两个生长周期“2012年4月～8月、2013

年4月~8月”，近似品种为“先玉335”。所记载的差异性状为：“11.雄穗：花药花青甙显色强度，申请品种为7.强，近似品种为6.中到强”“41.籽粒：形状，申请品种为5.楔形，近似品种为4.近楔形”“42.果穗：穗轴颖片花青甙显色强度，申请品种为9.极强，近似品种为6.中到强”。测试结论为“大丰30”具有特异性、一致性、稳定性。

裁判结果

陕西省西安市中级人民法院于2014年9月29日作出(2014)西中民四初字第132号判决，判令驳回登海公司的诉讼请求。登海公司不服，提出上诉。陕西省高级人民法院于2015年3月20日作出(2015)陕民三终字第1号判决，驳回上诉，维持原判。登海公司不服，向最高人民法院申请再审。最高人民法院于2015年12月11日作出(2015)民申字第2633号裁定，驳回登海公司的再审申请。

裁判理由

最高人民法院审查认为，本案主要涉及以下两个问题：

一、关于判断“大丰30”具有特异性的问题

我国对主要农作物进行品种审定时，要求申请审定品种必须与已审定通过或本级品种审定委员会已受理的其他品种具有明显区别。“大丰30”在2011年的品种审定中，经DNA指纹鉴定，被认定与“先玉335”无差异，视为同一品种而未能通过当年的品种审定。大丰公司对结论提出异议，主张两个品种在性状上有明显的差异，为不同品种，申请进行田间种植测试。根据《主要农作物品种审定办法》的规定，申请者对审定结果有异议的，可以向原审定委员会申请复审。品种审定委员会办公室认为有必要的，可以在复审前安排一个生产周期的品种试验。大丰公司在一审中提交的DUS测试报告正是大丰公司提出异议后，山西省农业种子总站委托农业部植物新品种测试中心完成的测试。该测试报告由农业部植物新品种测试中心按照《主要农作物品种审定办法》的规定，指定相应的DUS测试机构进行田间种植，依据相关测试指南整理测试数据，进行性状描述，编制测试报告。该测试报告真实、合法，与争议的待证事实具有关联性。涉案DUS测试报告记载，“大丰30”与近似品种“先玉335”存在明显且可重现的差异，符合NY/T2232－2012《植物新品种特异性、一致性和稳定性测试指南 玉米》关于“当申请品种至少在一个性状与近似品种具有明显且可重现的差异时，即可判定申请品种具备特异性”的规定。因此，可以依据涉案测试报告认定“大丰30”具有特异性。

二、关于是否应当以DNA指纹鉴定意见认定存在侵权行为的问题

DNA指纹鉴定技术作为在室内进行基因型身份鉴定的方法，经济便捷，不受环境影响，测试周期短，有利于及时保护权利人的利益，同时能够提高筛选近似品种

提高特异性评价效率,实践中多用来检测品种的真实性、一致性,并基于分子标记技术构建了相关品种的指纹库。DNA 指纹鉴定所采取的核心引物(位点)与 DUS 测试的性状特征之间并不一定具有对应性,而植物新品种权的审批机关对申请品种的特异性、一致性和稳定性进行实质审查所依据的是田间种植 DUS 测试。在主要农作物品种审定时,也是以申请审定品种的选育报告、比较试验报告等为基础,进行品种试验,针对品种在田间种植表现出的性状进行测试并作出分析和评价。因此,作为繁殖材料,其特征特性应当依据田间种植进行 DUS 测试所确定的性状特征为准。因此,DNA 鉴定意见为相同或高度近似时,可直接进行田间成对 DUS 测试比较,通过田间表型确定身份。当被诉侵权一方主张以田间种植 DUS 测试确定的特异性结论推翻 DNA 指纹鉴定意见时,应当由其提交证据予以证明。由于大丰公司提交的涉案 DUS 测试报告证明,通过田间种植,“大丰 30”与“先玉 335”相比,具有特异性。根据认定侵害植物新品种权行为,以“被控侵权物的特征特性与授权品种的特征特性相同,或者特征特性不同是因为非遗传变异所导致”的判定规则,“大丰 30”与“先玉 335”的特征特性并不相同,并不存在“大丰 30”侵害“先玉 335”植物新品种权的行为。大丰公司生产、农丰种业销售的“大丰 30”并未侵害“先玉 335”的植物新品种权。综上,驳回登海公司的再审申请。

(生效裁判审判人员:周翔、钱小红、罗霞)

指导案例 101 号

罗元昌诉重庆市彭水苗族土家族自治县地方海事处政府信息公开案

(最高人民法院审判委员会讨论通过 2018 年 12 月 19 日发布)

关键词 行政/政府信息公开/信息不存在/检索义务

裁判要点

在政府信息公开案件中,被告以政府信息不存在为由答复原告的,人民法院应审查被告是否已经尽到充分合理的查找、检索义务。原告提交了该政府信息系由被告制作或者保存的相关线索等初步证据后,若被告不能提供相反证据,并举证证明已尽到充分合理的查找、检索义务的,人民法院不予支持被告有关政府信息不存在的主张。

相关法条

《中华人民共和国政府信息公开条例》第 2 条、第 13 条

基本案情

原告罗元昌是兴运 2 号船的船主,在乌江流域从事航运、采砂等业务。2014 年 11 月 17 日,罗元昌因诉重庆大唐国际彭水水电开发有限公司财产损害赔偿纠纷案需要,通过邮政特快专递向被告重庆市彭水苗族土家族自治县地方海事处(以下简称"彭水县地方海事处")邮寄书面政府信息公开申请书,具体申请的内容为:1. 公开彭水苗族土家族自治县港航管理处(以下简称"彭水县港航处")、彭水县地方海事处的设立、主要职责、内设机构和人员编制的文件。2. 公开下列事故的海事调查报告等所有事故材料:兴运 2 号在 2008 年 5 月 18 日、2008 年 9 月 30 日的 2 起安全事故及鑫源 306 号、鑫源 308 号、高谷 6 号、荣华号等船舶在 2008 年至 2010 年发生的安全事故。

彭水县地方海事处于 2014 年 11 月 19 日签收后,未在法定期限内对罗元昌进行答复,罗元昌向彭水苗族土家族自治县人民法院(以下简称"彭水县法院")提起行政诉讼。2015 年 1 月 23 日,彭水县地方海事处作出(2015)彭海处告字第 006 号《政府信息告知书》,载明:一是对申请公开的彭水县港航处、彭水县地方海事处的内设机构名称等信息告知罗元昌获取的方式和途径;二是对申请公开的海事调查报告等所有事故材料经查该政府信息不存在。彭水县法院于 2015 年 3 月 31 日对该案作出(2015)彭法行初字第 00008 号行政判决,确认彭水县地方海事处在收到罗元昌的政府信息公开申请后未在法定期限内进行答复的行为违法。

2015 年 4 月 22 日,罗元昌以彭水县地方海事处作出的(2015)彭海处告字第 006 号《政府信息告知书》不符合法律规定,且与事实不符为由,提起行政诉讼,请求撤销彭水县地方海事处作出的(2015)彭海处告字第 006 号《政府信息告知书》,并由彭水县地方海事处向罗元昌公开海事调查报告等涉及兴运 2 号船的所有事故材料。

另查明,罗元昌提交了涉及兴运 2 号船于 2008 年 5 月 18 日在彭水高谷长滩子发生整船搁浅事故以及于 2008 年 9 月 30 日在彭水高谷煤炭沟发生沉没事故的《乌江彭水水电站断航碍航问题调查评估报告》《彭水县地方海事处关于近两年因乌江彭水万足电站不定时蓄水造成船舶搁浅事故的情况报告》《重庆市发展和改革委员

会关于委托开展乌江彭水水电站断航碍航问题调查评估的函(渝发改能函〔2009〕562号)》等材料。在案件二审审理期间,彭水县地方海事处主动撤销了其作出的(2015)彭海处告字第006号《政府信息告知书》,但罗元昌仍坚持诉讼。

裁判结果

重庆市彭水苗族土家族自治县人民法院于2015年6月5日作出(2015)彭法行初字第00039号行政判决,驳回罗元昌的诉讼请求。罗元昌不服一审判决,提起上诉。重庆市第四中级人民法院于2015年9月18日作出(2015)渝四中法行终字第00050号行政判决,撤销(2015)彭法行初字第00039号行政判决;确认彭水苗族土家族自治县地方海事处于2015年1月23日作出的(2015)彭海处告字第006号《政府信息告知书》行政行为违法。

裁判理由

法院生效裁判认为:《中华人民共和国政府信息公开条例》第十三条规定,除本条例第九条、第十条、第十一条、第十二条规定的行政机关主动公开的政府信息外,公民、法人或者其他组织还可以根据自身生产、生活、科研等特殊需要,向国务院部门、地方各级人民政府及县级以上地方人民政府部门申请获取相关政府信息。彭水县地方海事处作为行政机关,负有对罗元昌提出的政府信息公开申请作出答复和提供政府信息的法定职责。根据《中华人民共和国政府信息公开条例》第二条"本条例所称政府信息,是指行政机关在履行职责过程中制作或者获取的,以一定形式记录、保存的信息"的规定,罗元昌申请公开彭水县港航处、彭水县地方海事处的设立、主要职责、内设机构和人员编制的文件,属于彭水县地方海事处在履行职责过程中制作或者获取的,以一定形式记录、保存的信息,当属政府信息。彭水县地方海事处已为罗元昌提供了彭水编发(2008)11号《彭水苗族土家族自治县机构编制委员会关于对县港航管理机构编制进行调整的通知》的复制件,明确载明了彭水县港航处、彭水县地方海事处的机构性质、人员编制、主要职责、内设机构等事项,罗元昌已知晓,予以确认。

罗元昌申请公开涉及兴运2号船等船舶发生事故的海事调查报告等所有事故材料的信息,根据《中华人民共和国内河交通事故调查处理规定》的相关规定,船舶在内河发生事故的调查处理属于海事管理机构的职责,其在事故调查处理过程中制作或者获取的,以一定形式记录、保存的信息属于政府信息。彭水县地方海事处作为彭水县的海事管理机构,负有对彭水县行政区域内发生的内河交通事故进行立案调查处理的职责,其在事故调查处理过程中制作或者获取的,以一定形式记录、保存的信息属于政府信息。罗元昌提交了兴运2号船于2008年5月18日在彭水高谷长滩子发生整船搁浅事故以及于2008年9月30日在彭水高谷煤炭沟发生沉没事故的相关线索，而彭水县地方海事处作出的（2015）彭海处告字第006号《政府信息告知书》第二项告知罗元昌申请公开的该项政府信息不存在，仅有彭水县地方海事处的自述，没有提供印证证据证明其尽到了查询、翻阅和搜索的义务。故彭水县地方海事处作出的（2015）彭海处告字第006号《政府信息告知书》违法，应当予以撤销。在案件二审审理期间，彭水县地方海事处主动撤销了其作出的（2015）彭海处告字第006号《政府信息告知书》，罗元昌仍坚持诉讼。根据《中华人民共和国行政诉讼法》第七十四条第二款第二项之规定，判决确认彭水县地方海事处作出的政府信息告知行为违法。

（生效裁判审判人员：张红梅、蒲开明、王宏）

最高人民法院发布
第19批指导性案例的指导意义

近日,最高人民法院发布第19批共5件指导性案例,包括1件刑事案例、3件民事案例和1件行政案例,供各级人民法院审判类似案件时参照。

指导案例97号《王力军非法经营再审改判无罪案》旨在明确《刑法》第二百二十五条非法经营罪第四项的适用问题,裁判要点确认对于虽然违反行政管理有关规定,但尚未严重扰乱市场秩序的经营行为,不应当认定为非法经营罪。该案再审法院撤销原一审判决,改判王力军无罪,用个案推动以良法善治为核心的法治进程及经济行政管理领域的改革,取得了法律效果和社会效果的统一。

指导案例98号《张庆福、张殿凯诉朱振彪生命权纠纷案》旨在明确人民法院可以对见义勇为行为进行认定,依法保护见义勇为行为人的合法权益。该案例以公正裁判树立正确的行为规范和法律责任承担原则,有力地弘扬了社会主义核心价值观。

指导案例99号《葛长生诉洪振快名誉权、荣誉权纠纷案》明确对于侵害英雄烈士名誉、荣誉等行为,英雄烈士的近亲属可以向人民法院提起诉讼。英雄烈士事迹和精神是中华民族的共同历史记忆和社会主义核心价值观的重要体现,英雄烈士的名誉、荣誉等受法律保护,任何组织和个人不得歪曲、丑化、亵渎、否定英雄烈士事迹和精神。该案推动了英烈保护法的出台,弘扬了保护英雄的社会正气,对类似案件的审判起到了示范指引作用。

指导案例100号《山东登海先锋种业有限公司诉陕西农丰种业有限责任公司、山西大丰种业有限公司侵害植物新品种权纠纷案》进一步明确了品种权侵权判定中,DUS测试和DNA指纹鉴定这两种不同鉴定方法意见出现不一致时的证据规则和法律适用问题。该案例确立的规则被UPOV联盟(国际植物新品种保护联盟)确定为亚洲国家对植物新品种保护执法工作作出的第一个司法贡献,对类似案件的审理具有重要的指导价值。

指导案例101号《罗元昌诉重庆市彭水苗族土家族自治县地方海事处政府信

息公开案》明确在政府信息公开案件中，被告以政府信息不存在为由答复原告的，人民法院应审查被告是否已经尽到充分合理的查找、检索义务。该案例确认的裁判规则进一步明确了此类案件的审查标准，指导价值较强，对有效监督政府依法公开信息，依法保障公民政府信息知情权具有重要意义。

指导案例97号《王力军非法经营再审改判无罪案》的理解与参照

——正确理解适用非法经营罪中的“其他严重扰乱市场秩序的非法经营行为”

2018年12月19日,最高人民法院发布了第19批指导性案例,包括第97号至第101号共5件指导性案例,总结了审判实践中某些普遍的疑难复杂法律适用问题,有利于进一步明确裁判规则,统一司法尺度。其中,第97号指导案例为《王力军非法经营再审改判无罪案》。为了正确理解和准确参照适用该指导案例,现对该指导案例的选编过程、裁判要点、参照适用等有关情况予以解释和说明。

一、选编过程及指导意义

2017年12月6日,内蒙古自治区高级人民法院向案例指导工作办公室推荐该案例作为备选指导性案例。该案例被列为党的十八大以来十大“公正司法大案要案”,被评为“全国法院系统2017年度优秀案例分析”一等奖。该案件原一审判决生效后,在网络上引起了法学专家、新闻记者及民众的广泛关注。最高人民法院经再审决定,指令内蒙古自治区巴彦淖尔市中级人民法院对该案进行再审。再审法院撤销原一审判决,改判王力军无罪,用个案推动以良法善治为核心的法治进程及经济领域的改革,处理结果达到了法律效果和社会效果的统一。案例指导工作办公室经过初审认为,该案例基本符合指导性案例要求,并提交研究室室务会讨论。2018年3月6日,研究室室务会经讨论,同意推荐该案例,并要求进行修改后向我院刑二庭、审监庭征求意见。最高人民法院刑二庭、审监庭及研究室刑事处均同意推荐该案例作为指导性案例。2018年12月4日,该案例经最高人民法院刑专会第326次会议讨论,同意作为指导性案例。12月19日,最高人民法院以法〔2018〕338号文件将该案例编入第19批指导性案例予以发布。

二、关于本案例的相关情况

本案的基本情况:2014 年 11 月至 2015 年 1 月,王力军未办理粮食收购许可证,未经工商行政管理机关核准登记并颁发营业执照,擅自在临河区白脑包镇附近村组无证照经营违法收购玉米,将所收购的玉米卖给巴彦淖尔市粮油公司杭锦后旗蛮会分库,非法经营数额 218288.6 元,非法获利 6000 元。案发后,王力军主动投案自首、退缴非法获利 6000 元。内蒙古自治区巴彦淖尔市临河区人民法院经审理认为,被告人王力军违反国家法律和行政法规规定,未经粮食主管部门许可及工商行政管理机关核准登记并颁发营业执照,非法收购玉米,非法经营数额 218288.6 元,数额较大,其行为构成非法经营罪。鉴于被告人王力军案发后主动到公安机关投案自首,主动退缴全部违法所得,有悔罪表现,对其适用缓刑确实不致再危害社会,决定对被告人王力军依法从轻处罚并适用缓刑。内蒙古自治区巴彦淖尔市临河区人民法院于 2016 年 4 月 15 日作出(2016)内 0802 刑初 54 号刑事判决:被告人王力军犯非法经营罪,判处有期徒刑一年,缓刑二年,并处罚金二万元;被告人王力军退缴的非法获利款人民币六千元,由侦查机关上缴国库。

2016 年 12 月 16 日,最高人民法院作出(2016)最高法刑监 6 号再审决定,指令内蒙古自治区巴彦淖尔市中级人民法院再审本案。

内蒙古自治区巴彦淖尔市中级人民法院经再审认为,原判决认定的原审被告人王力军没有办理粮食收购许可证及工商营业执照买卖玉米的事实清楚,其行为违反了当时的国家粮食流通管理有关规定,但尚未达到严重扰乱市场秩序的危害程度,不具备与《刑法》第二百二十五条规定的非法经营罪相当的社会危害性和刑事处罚的必要性,不构成非法经营罪。原审判决认定王力军构成非法经营罪适用法律错误,检察机关提出的王力军无证照买卖玉米的行为不构成非法经营罪的意见成立,原审被告人王力军及其辩护人提出的王力军的行为不构成犯罪的意见成立。内蒙古自治区巴彦淖尔市中级人民法院于 2017 年 2 月 14 日作出(2017)内 08 刑再 1 号刑事判决:一、撤销内蒙古自治区巴彦淖尔市临河区人民法院(2016)内 0802 刑初 54 号刑事判决;二、原审被告人王力军无罪。

该案件再审改判所体现的指导意义:明确了对于《刑法》第二百二十五条第四项规定的“其他严重扰乱市场秩序的非法经营行为”的适用,应当根据相关行为是否具有与《刑法》第二百二十五条前三项规定的非法经营行为相当的社会危害性、刑事违法性和刑事处罚必要性进行判断。同时,应当考虑该经营行为是否属于严重扰乱市场秩序,要充分考量立法背景及该罪的构成要件。

三、裁判要点的理解与说明

该指导案例的裁判要点确认:1. 对于《刑法》第二百二十五条第四项规定的"其他严重扰乱市场秩序的非法经营行为"的适用,应当根据相关行为是否具有与《刑法》第二百二十五条前三项规定的非法经营行为相当的社会危害性、刑事违法性和刑事处罚必要性进行判断。2. 判断违反行政管理有关规定的经营行为是否构成非法经营罪,应当考虑该经营行为是否属于严重扰乱市场秩序。对于虽然违反行政管理有关规定,但尚未严重扰乱市场秩序的经营行为,不应当认定为非法经营罪。

现围绕与该裁判要点相关的问题逐一解释和说明如下:

(一)《刑法》第二百二十五条第四项的适用规则

《刑法》第二百二十五条关于非法经营罪的规定中,第四项"其他严重扰乱市场秩序的非法经营行为"是在前三项规定明确列举的三类非法经营行为具体情形的基础上规定的条款。

有学者指出:"对于其他严重扰乱市场秩序的非法经营行为,必须根据有关的法律和司法解释加以规定,只有在有关的法律、司法解释明确地对某一种非法经营行为规定的情况下,才能根据法律、司法解释规定认定为其他严重扰乱市场秩序的非法经营行为。如果在法律、司法解释中没有明确规定,就不得认定为其他严重扰乱市场秩序的非法经营行为。"①也有学者认为:"设立非法经营罪并非意图将所有扰乱市场秩序的非法经营行为都纳入调控范围,而是要保护通过特定许可管理形成的市场经营秩序。"②故在适用该条款时,应当深刻理解法律体系结构及立法背景,区别行政规范与刑法规定的边界,分析适用条款后产生的社会后果,遵循罪刑法定原则进行严格解释,对于非法经营罪第四项规定的适用,应当要有充足的法律依据,而且要具备与前面三项行为相当的社会危害性和刑法处罚的必要性。本案中王力军的行为确实违反了当时《粮食流通管理条例》的相关规定,但还达不到严重扰乱市场秩序的程度。

(二)适用《刑法》第二百二十五条第四项应当考虑的因素

1. 从犯罪特性上分析,犯罪行为应当具有刑事违法性、严重社会危害性、应受刑事处罚必要性。第一,从刑事违法性看,本案王力军没有办理粮食经营许可证和工商营业执照而进行粮食收购活动,确实违反了当时粮食流通管理条例的相关规定。但违反行政管理有关规定并不等同于刑事违法,是否构成犯罪还要看其行为是否

---

① 陈兴良:《口授刑法学》,中国人民大学出版社2007年版,第765页。

② 王作富、刘树德:《刑法分则专题研究》,中国人民大学出版社2013年版,第256页。

符合定罪的特征和构成要件。第二,从严重社会危害性看,入罪行为应具有与前三项规定行为严重程度相当的社会危害性,严重与否需要从实质危害性上判断,严格区别“其他严重扰乱市场秩序的非法经营行为”的质与量,并在情节和危害后果上加以限定。本案王力军收购玉米,没有取得行政许可,但其收购行为达不到严重扰乱市场秩序、情节严重的程度与非法经营罪的社会危害性相当。第三,从应受刑事处罚的必要性看,即便具备了刑事违法性和实质的严重社会危害性,也应当考虑处罚方式带来的社会效果。本案中王立军的行为不具有与《刑法》第二百二十五条前三项规定的非法经营行为相当的社会危害性,因此不具有刑事处罚的必要性。

2. 应当充分考量所适用的法律产生的社会背景及社会效果。“在追究嫌疑人刑事责任时注意克制,不能超过公正报应、有效预防和必要矫正所需要的限度配置和适用刑罚,防止定罪量刑过度。在现有法律范围内不逾越法律规定的框架,在有罪和无罪判断上不勉强定罪。”①也即综合案件情况对是否必须施以刑事处罚的必要性进行考量,能够用政策、行政规范调整的,可通过民事、行政法律手段妥善处理的,不使用刑事强制措施,不必要施以严厉的刑事处罚。市场经济的本质属性要求刑法对经济自由的介入方式、程度应慎重,保持谦抑性的价值取向,尽量限制和减少刑罚权的适用。

四、参照适用时应注意的问题

为增强司法实践中的可操作性,最高人民法院先后发布的若干司法解释,对于在司法实践中正确理解和适用非法经营罪起到了积极作用。从非法经营罪规定的四种情形看,前三项是对专营专卖物品、经营许可证以及经营金融业务等方面的违反。据此,可以推导第四项行为的性质和危害性应当与前三项情形具有相当性。对于非法经营行为是否启动刑事处罚,司法实践中应当特别慎重。

(执笔人:内蒙古自治区高级人民法院　梁宏
最高人民法院案例指导工作办公室　马蓓蓓)

指导案例 97 号　王力军非法经营再审改判无罪案

最高人民法院案例指导工作办公室编选人:马蓓蓓

1. 案例推荐单位:内蒙古自治区高级人民法院

2. 案例编写人:内蒙古自治区高级人民法院　梁宏

---

① 胡云腾:《谈谈谦抑原则在办案中的适用》,载《中国审判》2016 年总第 142 期。

3.案件裁判法院:内蒙古自治区巴彦淖尔市中级人民法院(一审)
4.案件承办人:辛永清(一审)

相关规定

1.《中华人民共和国刑法》(2020年12月26日修正)

第二百二十五条 违反国家规定,有下列非法经营行为之一,扰乱市场秩序,情节严重的,处五年以下有期徒刑或者拘役,并处或者单处违法所得一倍以上五倍以下罚金;情节特别严重的,处五年以上有期徒刑,并处违法所得一倍以上五倍以下罚金或者没收财产:

(一)未经许可经营法律、行政法规规定的专营、专卖物品或者其他限制买卖的物品的;

(二)买卖进出口许可证、进出口原产地证明以及其他法律、行政法规规定的经营许可证或者批准文件的;

(三)未经国家有关主管部门批准非法经营证券、期货、保险业务的,或者非法从事资金支付结算业务的;

(四)其他严重扰乱市场秩序的非法经营行为。

2.《中华人民共和国刑事诉讼法》①(2012年3月14日修正)

第一百九十五条 在被告人最后陈述后,审判长宣布休庭,合议庭进行评议,根据已经查明的事实、证据和有关的法律规定,分别作出以下判决:

……

(二)依据法律认定被告人无罪的,应当作出无罪判决;

……

第二百四十三条第二款 最高人民法院对各级人民法院已经发生法律效力的判决和裁定,上级人民法院对下级人民法院已经发生法律效力的判决和裁定,如果发现确有错误,有权提审或者指令下级人民法院再审。

第二百四十五条 人民法院按照审判监督程序重新审判的案件,由原审人民法院审理的,应当另行组成合议庭进行。如果原来是第一审案件,应当依照第一审程序进行审判,所作的判决、裁定,可以上诉、抗诉;如果原来是第二审案件,或者是上级人民法院提审的案件,应当依照第二审程序进行审判,所作的判决、裁定,是终审的判决、裁定。

……

3.《最高人民法院关于适用〈中华人民共和国刑事诉讼法〉的解释》②(2012年12月20日 法释〔2012〕21号)

第三百八十九条 再审案件经过重新审理后,应当按照下列情形分别处理:

① 2018年10月26日刑事诉讼法修正,修正后对应法条分别为第二百条、第二百五十四条、第二百五十六条。

② 2021年1月26日新的刑事诉讼法司法解释发布,对应法条为第四百七十二条。

……

（三）原判决、裁定认定事实没有错误，但适用法律错误或者量刑不当的，应当撤销原判决、裁定，依法改判；

……

4.《最高人民法院关于准确理解和适用刑法中“国家规定”的有关问题的通知》（2011年4月8日 法发〔2011〕155号）

三、各级人民法院审理非法经营犯罪案件，要依法严格把握刑法第二百二十五条第（四）的适用范围。对被告人的行为是否属于刑法第二百二十五条第（四）规定的“其它严重扰乱市场秩序的非法经营行为”，有关司法解释未作明确规定的，应当作为法律适用问题，逐级向最高人民法院请示。

内蒙古自治区巴彦淖尔市
中级人民法院刑事判决书

(2017)内08刑再1号

原公诉机关:内蒙古自治区巴彦淖尔市临河区人民检察院。

原审被告人:王力军,又名王长在,男,1970年9月13日出生于内蒙古自治区巴彦淖尔市临河区,汉族,初中文化,住巴彦淖尔市临河区,农民。因涉嫌犯非法经营罪于2015年3月27日被巴彦淖尔市临河区公安局刑事拘留,同年3月31日取保候审。

辩护人:王殿学,北京京师(天津)律师事务所律师。

辩护人:张雪峰,北京京师律师事务所律师。

巴彦淖尔市临河区人民检察院指控原审被告人王力军犯非法经营罪一案,巴彦淖尔市临河区人民法院于2016年4月15日作出(2016)内0802刑初54号刑事判决。宣判后,原审被告人王力军未上诉,检察机关未抗诉,判决发生法律效力。最高人民法院依照《中华人民共和国刑事诉讼法》第二百四十三条第二款之规定,于2016年12月16日作出(2016)最高法刑监6号再审决定,指令本院对本案进行再审。本院依法组成合议庭,于2017年2月13日公开开庭审理了本案。巴彦淖尔市人民检察院检察员甄磊、助理检察员李颖出庭履行职务。原审被告人王力军及其辩护人王殿学、张雪峰到庭参加诉讼。本案现已审理终结。

原审判决认定,2014年11月13日至2015年1月20日,被告人王力军未办理粮食收购许可证,未经工商行政管理机关核准登记并颁发营业执照,擅自在临河区白脑包镇附近村组无证照经营违法收购玉米,将所收购的玉米卖给巴彦淖尔市粮油公司杭锦后旗蛮会分库,非法经营数额218288.6元,非法获利6000元。案发后,被告人王力军主动退缴非法获利6000元。2015年3月27日被告人王力军主动到巴彦淖尔市临河区公安局经侦大队投案自首。

原审判决认定上述事实的证据有,巴彦淖尔市临河区工商行政管理局涉嫌犯罪案件移送书和受案登记表,银行资金往来明细,玉米收购结算记账单据,粮食局和工商管理机关的证明,公安机关出具的归案情况,证人证言,被告人王力军的供述及上缴非法所得缴款书等。

原审法院认为,被告人王力军违反国家法律和行政法规规定,未经粮食主管部门许可及工商行政管理机关核准登记并颁发营业执照,非法收购玉米,非法经营数额218288.6元,数额较大,其行为构成非法经营罪。鉴于被告人王力军案发后主动到公安机关投案自首,主动退缴全部违法所得,有悔罪表现,对其适用缓刑确实不致再危害社会,决定对被告人王力军依法从轻处罚并适用缓刑。依照《中华人民共和国刑法》第二百二十五条第一款第(四)项、第七十二条第一款、第七十三条第二款、第三款、第五十二条、第五十三条之规定,认定被告人王力军犯非法经营罪,判处有期徒刑一年,缓刑二年,并处罚金人民币二万元;被告人王力军退缴的非法获利款人民币六千元,由侦查机关上缴国库。

再审中,检察机关提出了原审被告人王力军的行为虽具有行政违法性,但不具有与刑法第二百二十五条规定的非法经营行为相当的社会危害性和刑事处罚必要性,不构成非法经营罪,建议再审依法判决的意见。

原审被告人王力军在庭审中对原审认定的事实及证据无异议,但认为其行为不构成非法经营罪。

辩护人提出了原审被告人王力军无证收购玉米的行为,不具有社会危害性、刑事违法性和应受惩罚性,不符合刑法规定的非法经营罪的构成要件,也不符合刑法谦抑性原则,应宣告原审被告人王力军无罪的意见。

经本院再审,原审被告人王力军及检辩双方对原审判决认定的事实无异议,再审查明的事实与原审判决认定的事实一致。

本院再审认为,原判决认定的原审被告人王力军于2014年11月至2015年1月,没有办理粮食收购许可证及工商营业执照买卖玉米的事实清楚,其行为违反了当时的国家粮食流通管理有关规定,但尚未达到严重扰乱市场秩序的危害程度,不具备与刑法第二百二十五条规定的非法经营罪相当的社会危害性和刑事处罚的必要性,不构成非法经营罪。原审判决认定王力军构成非法经营罪适用法律错误,检察机关提出的王力军无证照买卖玉米的行为不构成非法经营罪的意见成立,原审被告人王力军及其辩护人提出的王力军的行为不构成犯罪的意见成立,本院均予以采纳。经本院审判委员会决定,依照《中华人民共和国刑事诉讼法》第二百四十五条第一款、第一百九十五条第(二)项、《最高人民法院关于适用〈中华人民共和国刑事诉讼法〉的解释》第三百八十九条第一款第(三)项之规定,判决如下:

一、撤销内蒙古自治区巴彦淖尔市临河区人民法院(2016)内0802刑初54号刑事判决。

二、原审被告人王力军无罪。

如不服本判决,可在接到判决书的第二日起十日内,通过本院或者直接向内蒙古自治区高级人民法院提出上诉。书面上诉的,应当提交上诉状正本一份,副本两份。

审 判 长　辛永清
审 判 员　百　灵
审 判 员　何　莉
二〇一七年二月十四日
书 记 员　韩　姣

指导案例98号《张庆福、张殿凯诉朱振彪生命权纠纷案》的理解与参照

——见义勇为行为在诉讼中的认定

2018年12月19日，最高人民法院发布了第19批指导性案例，包括第97号至第101号共5件指导性案例，总结了审判实践中某些普遍的疑难复杂法律适用问题，有利于进一步明确裁判规则，统一司法尺度。其中，第98号指导案例为《张庆福、张殿凯诉朱振彪生命权纠纷案》。为了正确理解和准确参照适用该指导案例，现对该指导案例的选编过程、裁判要点、参照适用等有关情况予以解释和说明。

一、选编过程及指导意义

2018年6月21日，河北省高级人民法院向案例指导工作办公室推荐该案例作为备选指导性案例。案例指导工作办公室经过初审认为，该案例基本符合指导性案例要求，并提交研究室室务会讨论。2018年9月30日，研究室室务会经讨论，同意推荐该案例，并建议征求研究室民事处和民一庭意见。研究室民事处、民一庭均同意推荐该案例为指导性案例。2018年11月20日，该案例经最高人民法院民专会第302次会议讨论，同意作为指导性案例。12月19日，最高人民法院以法〔2018〕338号文件将该案例编入第19批指导性案例予以发布。

二、关于本案例的相关情况

本案的基本情况是：2017年1月9日，张永焕由南向北驾驶两轮摩托车行驶至古柳线青坨鹏盛水产门口时发生交通事故，张永焕跌倒，对方倒地受伤、摩托车受损，后张永焕起身驾驶摩托车驶离现场。事发当时，被告朱振彪驾车经过肇事现场，并驾车追赶张永焕。追赶过程中，朱振彪多次向公安部门电话报警。追赶过程中，张永焕走到迁曹铁路，翻过护栏，沿路堑而行，朱振彪亦翻过护栏继续跟随，朱振彪追赶的同时亦在劝阻张永焕。后张永焕自行走向两铁轨中间，被由北向南行驶的

火车撞倒,后经检查被确认死亡。其间,朱振彪挥动上衣,向驶来的列车示警。张永焕之父张庆福、之子张殿凯向河北省滦南县人民法院起诉请求朱振彪对张永焕的死亡承担赔偿责任。2018 年 2 月 12 日,河北省滦南县人民法院一审判决认定:张永焕肇事逃逸构成违法,朱振彪的追赶行为是对张永焕逃逸行为的制止,属于见义勇为,应予支持和鼓励。驳回原告张庆福、张殿凯的诉讼请求。原告不服,提出上诉。审理过程中,上诉人张庆福、张殿凯撤回上诉。2018 年 2 月 28 日,河北省唐山市中级人民法院作民事裁定,准许上诉人张庆福、张殿凯撤回上诉。

本案的发生引发了社会的高度关注,继"扶不扶""劝不劝"后,又形成了"追不追"的社会话题,社会各界期待人民法院给出明确答案。法院经审理认为,因《中华人民共和国道路交通安全法》第七十条明确规定,交通肇事发生后,车辆驾驶人应当立即停车、保护现场、抢救伤者,故张永焕肇事逃逸的行为构成违法,朱振彪作为普通公民,发现违法行为,挺身而出,予以制止,属于见义勇为。该案的审理对于传统严格适用法律解决纠纷裁判模式进行适当拓展,承担起对社会主导价值观和行为模式的引导责任,通过司法裁判的方式认定见义勇为行为,并旗帜鲜明地予以支持和鼓励,以公正裁判树立行为规则,引领社会风尚。

三、裁判要点的理解与说明

该指导案例的裁判要点确认:行为人非因法定职责、法定义务或约定义务,为保护国家、社会公共利益或者他人的人身、财产安全,实施阻止不法侵害者逃逸的行为,人民法院可以认定为见义勇为。

现围绕与该裁判要点相关的问题逐一解释和说明如下:

在此类案件的审判中我们必须面对的问题就是:一何为见义勇为;二在民事审判中能否认定见义勇为。《论语·为证》中说:"见义不为,无勇也。"看到合乎道义的事,便勇敢地去做,甚至不顾个人安危,是大义。见义勇为是中华民族的传统美德,属于传统的道德规范范畴。博登海默认为,虽然道德和法律代表着不同的规范性命令,然而它们控制的领域却在部分上是重叠的。那些被视为是社会交往的基本而必要的道德正当原则,通过转化为法律规则,而在所有的社会中被赋予了具有强大力量的强制性质。在那些已成为法律一部分的道德原则与那些仍处于法律范围之外的道德原则之间有一条不易确定的分界线,且这条分界线也不是一成不变的,是受到社会发展影响的。① 在我国,绝大部分地方都制定了关于见义勇为的地

① [美]E. 博登海默:《法理学:法律哲学与法律方法》,邓正来译,中国政法大学出版社 2004 年修订版,第 391 ~399 页。

方性法规和规章，体现了各地对见义勇为行为的鼓励和重视，但由于各地情况不同，对见义勇为行为的界定也不尽相同，这就可能会存在对同一行为作出不同认定的情形。因而，为避免对于同一行为产生不同认定的情形，在全国范围内进一步统一对于见义勇为行为的认定就显得十分必要了。

现代社会的复杂性对司法裁判提出了新要求和新期待，司法裁判要确保政治上的正确性，法律上的合法性以及伦理上的正当性，要弘扬社会主义核心价值，要让司法公正得到更广泛的社会认同。司法裁判要承担起对社会主导价值观和行为模式的引导责任，势必要对传统严格适用法律解决纠纷裁判模式进行适当拓展。具体到本案，因《中华人民共和国道路交通安全法》第七十条明确规定，交通肇事发生后，车辆驾驶人应当立即停车、保护现场、抢救伤者，故张永焕肇事逃逸的行为构成违法。朱振彪作为普通公民，事发当时，驾车经过肇事现场，发现肇事逃逸行为即驾车追赶，属于为了保护他人的利益，在紧急情况下自愿实施的紧急救助行为，故应当认定朱振彪的行为属于见义勇为。

四、参照适用时应注意的问题

本案中，朱振彪目睹交通事故的发生，并看到张永焕事故后起身驾驶摩托车驶离现场。朱振彪为了保护他人的利益，及时报警，并追赶肇事逃逸者张永焕。发生交通事故，驾驶人应当立即停车、保护现场、抢救伤者，这是法定义务。遵守法律，不仅是对法律的尊重，也是对自身安全的最好保护。朱振彪的行为符合行为人非因法定职责、法定义务或约定义务，为保护国家、社会公共利益或者他人的人身、财产安全，实施阻止不法侵害者逃逸的行为，故最终法院认定朱振彪的行为构成见义勇为。

（执笔人：河北省高级人民法院　王佳
最高人民法院案例指导工作办公室　马蓓蓓）

指导案例 98 号　张庆福、张殿凯诉朱振彪生命权纠纷案

最高人民法院案例指导工作办公室编选人：马蓓蓓

1. 案例推荐单位：河北省高级人民法院

2. 案例编写人：河北省高级人民法院　赵倩、宣建新、王佳

3. 案件裁判法院：河北省滦南县人民法院（一审）、河北省唐山市中级人民法院（二审）

4. 案件承办人：潘楷（一审）、李学静（二审）

相关规定

1.《中华人民共和国民法典》(2020年5月28日)

第一千一百六十五条　行为人因过错侵害他人民事权益造成损害的,应当承担侵权责任。

依照法律规定推定行为人有过错,其不能证明自己没有过错的,应当承担侵权责任。

第一千一百七十三条　被侵权人对同一损害的发生或者扩大有过错的,可以减轻侵权人的责任。

第一千一百七十四条　损害是因受害人故意造成的,行为人不承担责任。

2.《中华人民共和国侵权责任法》①(2009年12月26日)

第六条　行为人因过错侵害他人民事权益,应当承担侵权责任。

根据法律规定推定行为人有过错,行为人不能证明自己没有过错的,应当承担侵权责任。

第二十六条　被侵权人对损害的发生也有过错的,可以减轻侵权人的责任。

第二十七条　损害是因受害人故意造成的,行为人不承担责任。

3.《中华人民共和国道路交通安全法》(2011年4月22日修正)

第七十条　在道路上发生交通事故,车辆驾驶人应当立即停车,保护现场;造成人身伤亡的,车辆驾驶人应当立即抢救受伤人员,并迅速报告执勤的交通警察或者公安机关交通管理部门。因抢救受伤人员变动现场的,应当标明位置。乘车人、过往车辆驾驶人、过往行人应当予以协助。

在道路上发生交通事故,未造成人身伤亡,当事人对事实及成因无争议的,可以即行撤离现场,恢复交通,自行协商处理损害赔偿事宜;不即行撤离现场的,应当迅速报告执勤的交通警察或者公安机关交通管理部门。

在道路上发生交通事故,仅造成轻微财产损失,并且基本事实清楚的,当事人应当先撤离现场再进行协商处理。

---

① 2021年1月1日《民法典》正式实施,《侵权责任法》等九部法律同时废止。

河北省滦南县人民法院民事判决书

(2017)冀0224民初3480号

原告:张庆福,男,1932年10月15日出生,汉族,现住河北省唐山市滦南县。

委托代理人:张殿凯,系张庆福之孙。

原告:张殿凯,男,1985年2月4日出生,汉族,现住河北省滦南县。

被告:朱振彪,男,1988年10月22日出生,汉族,现住河北省唐山市。

原告张庆福、张殿凯与被告朱振彪生命权纠纷一案,本院于2017年11月30日立案受理后,依法适用普通程序,公开开庭进行了审理。原告张殿凯及二原告共同委托代理人杨慧萌,被告朱振彪及其委托诉讼代理人周存鹏到庭参加诉讼。本案现已审理终结。

原告张庆福、张殿凯向本院提出诉讼请求:1.判令被告朱振彪赔偿张永焕的死亡赔偿金564980元、丧葬费28493.5元,以及原告张庆福的生活费16330元,共计609803.5元。2.本案的诉讼费用由被告承担。

事实和理由:原告张庆福系张永焕之父,原告张殿凯系张永焕之子。2017年1月9日,被告朱振彪驾驶奥迪小轿车追赶骑摩托车的张永焕。后张永焕弃车在前面跑,被告朱振彪也下车在后面继续追赶,最终导致张永焕在迁曹线90公里495米处(滦南路段)撞上火车身亡。朱振彪在追赶过程中散布和传递了张永焕撞死人的失实信息;在张永焕用语言表示自杀并撞车实施自杀行为后,朱振彪仍然追赶,超过了必要限度;追赶过程中,朱振彪手持木凳、木棍,对张永焕的生命造成了威胁,并数次漫骂张永焕,对张永焕的死亡存在主观故意和明显过错,对张永焕死亡应承担赔偿责任。

被告朱振彪辩称:被告追赶交通肇事逃逸者张永焕的行为属于见义勇为行为,主观上无过错,客观上不具备违法性,该行为与张永焕死亡结果之间不存在因果关系,对张永焕的意外死亡不承担侵权责任。

当事人围绕诉讼请求依法提交了证据,本院组织当事人进行了证据交换和质证。

原告张庆福、张殿凯提交的证据如下:

1. 小圈村民委员会在2017年11月30日的证明;张永焕、张庆福的户籍常住人口登记卡;太原铁路公安局秦皇岛公安处滦南车站派出所出具的张永焕死亡证明;

2. 唐山精通市政园林绿化工程有限公司2017年1月25日的证明;

3. 张永焕生前使用的手机在2017年1月9日(显示为2017年1月10日和2017年1月15日)通话记录的截图一张;

4. 申请本院调取的自太原铁路局秦皇岛公安处关于迁曹线90公里760米铁路交通事故的案件材料中的朱振彪的手机视频和机车行车记录视频;

5. 申请本院调取的滦南县公安局胡各庄派出所对朱振彪的询问笔录及西梁各庄村监控视频资料;

6. 向本院申请证人张某1、张某2、刘某1、刘某2、刘某35人出庭作证,证明张永焕生前生活状况;证人郑某出庭作证,证明朱振彪持棍追赶;证人麻某、张某32人出庭作证,证明二人在曹妃甸交警部门曾看到张永焕交通肇事发生时录像资料显示的有关情况。

被告朱振彪认为,原告提交的大部分证据与被告申请法院调取的证据重复,其在质证意见中说明证明目的后不再重复提交。此外,被告为支持其主张向本院提交了如下证据:

申请本院调取的唐山市曹妃甸区公安局、滦南县公安局2017年1月9日接处警综合记录单及当事人报警的部分录音资料。

为查明案件事实,本院对调取的唐山市曹妃甸区公安交通警察支队一大队道路交通事故认定书、对张永焕前妻白顺玲(曾用名白淑君)的调查笔录、对交通事故伤者张雨来的调查笔录、张永焕生前受到刑事处罚的判决书、铁路交通事故处理协议、被告朱振彪的手机号码(130××××××××)在2017年1月9日的通话记录,组织原、被告进行了质证。

本院经审理查明,2017年1月9日上午11时许,张永焕由南向北驾驶两轮摩托车行驶至古柳线青坨鹏盛水产门口,与张雨来无证驾驶同方向行驶的无牌照两轮摩托车追尾相撞,张永焕跌倒、张雨来倒地受伤、摩托车受损,后张永焕起身驾驶摩托车驶离现场。此事故经曹妃甸交警部门认定:张永焕负主要责任,张雨来负次要责任。

事发当时,被告朱振彪驾车经过肇事现场,发现肇事逃逸行为即驾车追赶。追赶过程中,朱振彪多次向柳赞边防派出所、曹妃甸公安局“110”指挥中心等公安部门电话报警。报警内容主要是:柳赞镇一道档北两辆摩托车相撞,有人受伤,另一方骑摩托车逃逸,报警人正在跟随逃逸人,请出警。朱振彪驾车追赶张永焕过程中不时喊“这个人把人怼了逃跑呢”等内容。张永焕驾驶摩托车行至滦南县胡各庄镇西梁各庄村内时，弃车从南门进入该村村民郑如深家，并从郑如深家过道屋拿走菜刀一把，从北门走出。朱振彪见张永焕拿刀，即从郑如深家中拿起一个木凳，继续追赶。后郑如深赶上朱振彪，将木凳讨回，朱振彪则拿一木棍继续追赶。追赶过程中，有朱振彪喊“你怼死人了往哪跑！警察马上就来了”，张永焕称“一会儿我就把自己砍了”，朱振彪说“你把刀扔了我就不追你了”之类的对话。

走出西梁各庄村后，张永焕跑上滦海公路，有向过往车辆冲撞的行为。在被李江波驾驶的面包车撞倒后，张永焕随即又站起来，在路上行走一段后，转向铁路方向的开阔地跑去。在此过程中，曹妃甸区交通局路政执法大队副大队长郑作亮等人加入，与朱振彪一起继续追赶，并警告路上车辆，小心慢行，这个人想往车上撞。

张永焕走到迁曹铁路时，翻过护栏，沿路堑而行，朱振彪亦翻过护栏继续跟随。此时，与朱振彪一起追赶张永焕的郑作亮等离开。朱振彪边追赶边劝阻张永焕说：被撞到的那个人没事儿，你也有家人，知道了会惦记你的，你自首就中了。2017 年 1 月 9 日 11 时 56 分张永焕自行走向两铁轨中间，51618 次火车机车上的视频显示，朱振彪挥动上衣，向驶来的列车示警。2017 年 1 月 9 日 12 时 02 分，张永焕被由北向南行驶的 51618 次火车撞倒，后经检查被确认死亡。

在朱振彪跟随张永焕的整个过程中，两人始终保持一定的距离，未曾有过身体接触。朱振彪有劝张永焕投案的语言，也有责骂张永焕的言辞。

另查明，张雨来在与张永焕发生交通肇事后受伤后，当日先后被送到曹妃甸区医院、唐山市工人医院救治，于当日回家休养，至今未进行伤情鉴定。张永焕死亡后其第一顺序法定继承人有二人，即其父张庆福、其子张殿凯。

2017 年 10 月 11 日，大秦铁路股份有限公司大秦车务段滦南站作为甲方，与原告张殿凯作为乙方，双方签订《铁路交通事故处理协议》，协议内容“2017 年 1 月 9 日 12 时 02 分 51618 次列车运行在曹北站至滦南站之间 90 公里 495 米处，将擅自进入铁路线路的张永焕撞死，构成一般 B 类事故；死者张永焕负事故全部责任；铁路方在无过错情况下，赔偿原告张殿凯 4 万元。”

以上事实有当事人陈述、曹妃甸区公安交通警察支队一大队道路交通事故认定书、太原铁路局秦皇岛公安处关于迁曹线 90 公里 760 米铁路交通事故的全部案件材料、视频资料复制件、本院对张雨来等人做的调查笔录等证据在卷予以证实。

本院认为，原告张庆福、张殿凯作为死者张永焕的近亲属，起诉要求被告朱振彪对张永焕的死亡承担侵权赔偿责任，根据一般侵权责任的构成要件及双方诉辩主张，本案审查的重点问题是被告朱振彪行为是否具有违法性；被告朱振彪对张永焕的死亡是否具有过错；被告朱振彪的行为与张永焕的死亡结果之间是否具备法律上的因果关系。首先,案涉道路交通事故发生后张雨来受伤倒地昏迷,张永焕驾驶摩托车逃离。被告朱振彪作为现场目击人,及时向公安机关电话报警,并驱车、徒步追赶张永焕,敦促其投案,其行为本身不具有违法性。同时,根据《中华人民共和国道路交通安全法》第七十条规定,交通肇事发生后,车辆驾驶人应当立即停车、保护现场、抢救伤者,张永焕肇事逃逸的行为构成违法。被告朱振彪作为普通公民,挺身而出,制止正在发生的违法犯罪行为,属于见义勇为,应予以支持和鼓励。其次,从被告朱振彪的行为过程看,其并没有侵害张永焕生命权的故意和过失。根据被告朱振彪的手机视频和机车行驶影像记录,双方始终未发生身体接触。在张永焕持刀声称自杀意图阻止他人追赶的情况下,朱振彪拿起木凳、木棍属于自我保护的行为。在张永焕声称撞车自杀,意图阻止他人追赶的情况下,朱振彪和路政人员进行了劝阻并提醒来往车辆。考虑到交通事故事发突然,当时张雨来处于倒地昏迷状态,在此情况下被告朱振彪未能准确判断张雨来伤情,在追赶过程中有时喊话传递的信息不准确或语言不文明,但不构成民事侵权责任过错,也不影响追赶行为的性质。在张永焕为逃避追赶,跨越铁路围栏、进入火车运行区间之后,被告朱振彪及时予以高声劝阻提醒,同时挥衣向火车司机示警,仍未能阻止张永焕死亡结果的发生。故该结果与朱振彪的追赶行为之间不具有法律上的因果关系。

综上所述,原告张庆福、张殿凯的诉讼请求理据不足,本院不予支持。依照《中华人民共和国侵权责任法》第六条第一款之规定,判决如下:

驳回原告张庆福、张殿凯的诉讼请求。

案件受理费3350元,由原告张庆福、张殿凯负担。

如不服本判决,可在判决书送达的次日起十五日内,向本院递交上诉状,并按对方当事人的人数提出副本,上诉于河北省唐山市中级人民法院。

审　判　长　潘　楷
审　判　员　杨会军
审　判　员　任作新
人民陪审员　鲁　敏
人民陪审员　高彩香
二〇一八年二月十二日
书　记　员　牛　超

河北省唐山市中级人民法院民事裁定书

（2018）冀02民终2730号

上诉人（原审原告）：张庆福，男，现住河北省唐山市滦南县。

委托代理人：张殿凯（系张庆福之孙），男，现住河北省滦南县。

上诉人（原审原告）：张殿凯，男，现住河北省滦南县。

被上诉人（原审被告）：朱振彪，男，现住河北省唐山市。

委托代理人：周存鹏，河北存鹏律师事务所律师。

上诉人张庆福、张殿凯因与被上诉人朱振彪生命权、健康权、身体权纠纷一案，不服河北省滦南县人民法院（2017）冀0224民初3480号民事判决，向本院提起上诉。本院依法组成合议庭对本案进行了审理。

本院在审理过程中，上诉人张庆福、张殿凯向本院提交申请，申请撤回上诉。

本院经审查认为，上诉人张庆福、张殿凯在本案审理期间提出撤回上诉的请求，不违反法律规定，本院予以准许。依照《中华人民共和国民事诉讼法》第一百七十三条之规定，裁定如下：

准许上诉人张庆福、张殿凯撤回上诉。一审判决自本裁定书送达之日起发生法律效力。

二审案件受理费3349元，减半收取1674.5元，由上诉人张庆福、张殿凯负担。

本裁定为终审裁定。

审　判　长　李学静

审　判　员　刘群勇

审　判　员　徐万启

二〇一八年二月二十八日

书　记　员　赵亚征

指导案例99号《葛长生诉洪振快名誉权、荣誉权纠纷案》的理解与参照

——以细节考据、观点争鸣等方式对英雄烈士的事迹和精神进行贬损、丑化的行为构成对英雄烈士名誉权、荣誉权的侵害

2018年12月19日,最高人民法院发布了第19批指导性案例,包括第97号至第101号共5件指导性案例,总结了审判实践中某些普遍的疑难复杂法律适用问题,有利于进一步明确裁判规则,统一司法尺度。其中,第99号指导案例为《葛长生诉洪振快名誉权、荣誉权纠纷案》。为了正确理解和准确参照适用该指导案例,现对该指导案例的选编过程、裁判要点、参照适用等有关情况予以解释和说明。

一、选编过程及指导意义

北京市高级人民法院向案例指导工作办公室推荐该案例作为备选指导性案例。该案是近年来保护英雄烈士人格权益的典型案例,对类似案件的审判具有指导意义,且推动了《民法典》中相关内容的立法和《英雄烈士保护法》的出台,意义重大。案例指导工作办公室经过初审认为,该案例基本符合指导性案例要求,并提交研究室室务会讨论。2018年9月30日,研究室室务会经讨论,同意推荐该案例,并建议征求研究室民事处和民一庭意见。研究室民事处、民一庭均同意推荐该案例为指导性案例。2018年11月20日,该案例经最高人民法院民专会第302次会议讨论,同意作为指导性案例。12月19日,最高人民法院以法〔2018〕338号文件将该案例编入第19批指导性案例予以发布。

二、关于本案例的相关情况

近年来,社会上出现了以各种手段歪曲历史事实,侮辱、诽谤英雄人物和烈士的现象。这种现象,不仅损害了英雄、烈士的个人名誉、荣誉等人格权益,更直接或

间接损害了英雄人物及其历史事件所体现的全民族的共同记忆和情感，同时也损害了这些英雄、烈士等英雄人物所代表的社会主义核心价值观。葛长生诉洪振快名誉权、荣誉权纠纷案件是这种现象的集中反映。依法审理好该系列案件，涉及英雄烈士个人名誉、荣誉等民事权益的保护问题，更涉及以法治手段、法治思维弘扬社会主义核心价值观，维护社会公共利益的重大问题。

本案的基本情况：1941 年 9 月 25 日，在易县狼牙山发生了著名的狼牙山战斗。在这场战斗中，"狼牙山五壮士"英勇抗敌的基本事实和舍生取义的伟大精神，赢得了全中国人民的高度认同和广泛赞扬。中华人民共和国成立后，五壮士的事迹被编入义务教育教科书，五壮士被人民视为当代中华民族抗击外敌入侵的民族英雄。2013 年 9 月 9 日，时任《炎黄春秋》杂志社执行主编的洪振快在财经网发表《小学课本〈狼牙山五壮士〉有多处不实》一文。文中写道：据《南方都市报》2013 年 8 月 31 日报道，广州越秀警方于 8 月 29 日晚间将一位在新浪微博上"污蔑狼牙山五壮士"的网民抓获，以虚构信息、散布谣言为由予以行政拘留 7 日。所谓"污蔑狼牙山五壮士"的"谣言"原本就有。据媒体报道，该网友实际上是传播了 2011 年 12 月 14 日百度贴吧里一篇名为《狼牙山五壮士真相原来是这样！》的帖子的内容，该帖子说五壮士"5 个人中有 3 个是当场被打死的，后来清理战场把尸体丢下悬崖。另两个当场被活捉，只是后来不知道什么原因又从日本人手上逃了出来。"2013 年第 11 期《炎黄春秋》杂志刊发洪振快撰写的《"狼牙山五壮士"的细节分歧》一文，亦发表于《炎黄春秋》杂志网站。该文分为"在何处跳崖""跳崖是怎么跳的""敌我双方战斗伤亡""'五壮士'是否拔了群众的萝卜"等部分。文章通过援引不同来源、不同内容、不同时期的报刊资料等，对"狼牙山五壮士"事迹中的细节提出质疑。

北京市西城区人民法院于 2016 年 6 月 27 日判决：一、被告洪振快立即停止侵害葛振林名誉、荣誉的行为；二、本判决生效后三日内，被告洪振快公开发布赔礼道歉公告，向原告葛长生赔礼道歉，消除影响。该公告须连续刊登五日，公告刊登媒体及内容需经本院审核，逾期不执行，本院将在相关媒体上刊登判决书的主要内容，所需费用由被告洪振快承担。一审宣判后，洪振快向北京市第二中级人民法院提起上诉，北京市第二中级人民法院于 2016 年 8 月 15 日作出判决：驳回上诉，维持原判。

随着社会的不断发展，此类侵权行为的表现形态更为多样化，经常表现为学术文章、观点争论等。涉案文章无明显侮辱性的语言，但通过强调与基本事实无关或者关联不大的细节，引导读者对"狼牙山五壮士"这一英雄人物群体英勇抗敌事迹和舍生取义精神产生质疑，对此，人民法院应依据现行法更为实质性地把握名誉权侵权行为的表现方式。该案的审理，分析了"狼牙山五壮士"获得个人名誉及荣誉的历史事实,并以这一英雄群体在我国当代史上发挥的作用为依据,将其精神归纳为民族的共同记忆、民族精神和社会主义价值观的一部分,因而构成了社会公共利益的一部分。该案的判决,保护了英雄烈士的名誉和荣誉,维护了社会公共利益,被最高人民法院确定为"依法保护英雄烈士名誉等人格权益,弘扬社会主义核心价值观典型案例",被评为"2016 年度十大民事行政案件",推动了《中华人民共和国民法总则》关于英雄烈士等人格权益保护及《中华人民共和国英雄烈士保护法》的立法进程,为网络言论、学术研究、历史人物评价确立了是非标准,划出了法律底线。

三、裁判要点的理解与说明

该指导案例的裁判要点确认:1. 对侵害英雄烈士名誉、荣誉等行为,英雄烈士的近亲属依法向人民法院提起诉讼的,人民法院应予受理。2. 英雄烈士事迹和精神是中华民族的共同历史记忆和社会主义核心价值观的重要体现,英雄烈士的名誉、荣誉等受法律保护。人民法院审理侵害英雄烈士名誉、荣誉等案件,不仅要依法保护相关个人权益,还应发挥司法彰显公共价值功能,维护社会公共利益。3. 任何组织和个人以细节考据、观点争鸣等名义对英雄烈士的事迹和精神进行污蔑和贬损,属于歪曲、丑化、亵渎、否定英雄烈士事迹和精神的行为,应当依法承担法律责任。

现围绕与该裁判要点相关的问题逐一解释和说明如下:

(一)关于第一个裁判要点的说明

《中华人民共和国民事诉讼法》第一百一十九条第(一)项规定,原告是与本案有利害关系的公民、法人和其他组织。《最高人民法院关于确定民事侵权精神损害赔偿责任若干问题的解释》第三条规定,自然人死亡后,其近亲属因侮辱、诽谤、贬损、丑化或者违反社会公共利益、社会公德的其他方式侵害死者姓名、肖像、名誉、荣誉的,有权向人民法院提起诉讼。《最高人民法院关于适用〈中华人民共和国民事诉讼法〉的解释》第六十九条规定,对侵害死者遗体、遗骨以及姓名、肖像、名誉、荣誉、隐私等行为提起诉讼的,死者的近亲属为当事人。由此可知,死者的近亲属有权就侵害死者名誉、荣誉等行为提起民事诉讼,死者的近亲属是正当当事人。具体到本案,根据在案证据可以认定,葛振林与葛长生系父子关系,葛振林系狼牙山五壮士之一,其已去世,葛长生作为近亲属有权就侵害葛振林名誉、荣誉的行为提起民事诉讼,葛长生作为本案原告适格。2018 年 5 月 1 日起施行的《中华人民共和国英雄烈士保护法》对此也予以明确,该法第二十五条第一款规定,"对侵害英雄烈士的姓名、肖像、名誉、荣誉的行为,英雄烈士的近亲属可以依法向人民法院提起诉讼。"

值得注意的是,从法律规定的近亲属范围以及革命英烈的亲属现状来看,很多革命英烈已经逝世多年,没有人为其提起诉讼,或者即便有,也没有能力诉至法院,这就使得革命英烈的名誉权保护可能出现真空地带。值得欣慰的是,2018 年 5 月 1 日起施行的《中华人民共和国英雄烈士保护法》第二十五条第二款规定:"英雄烈士没有近亲属或者近亲属不提起诉讼的,检察机关依法对侵害英雄烈士的姓名、肖像、名誉、荣誉,损害社会公共利益的行为向人民法院提起诉讼。"第三款规定:"负责英雄烈士保护工作的部门和其他有关部门在履行职责过程中发现第一款规定的行为,需要检察机关提起诉讼的,应当向检察机关报告。"对英雄烈士的名誉权、荣誉权给予了周到、全面的保护。

(二)关于第二个裁判要点的说明

本案的特殊价值在于,以"狼牙山五壮士"这一英雄群体在我国当代史上发挥的作用为依据,将其精神归纳为民族的共同记忆、民族精神和社会主义价值观的一部分,因而构成了社会公共利益的一部分。英雄人物的人格权益成为社会公共利益的一部分,是价值判断和选择的结果。英雄烈士的人格利益作为英雄烈士依法享有的法律上利益,首先表现为英雄烈士的个人利益。但英雄烈士的人格利益及建立在其人格利益基础之上的英雄烈士的形象、事迹和精神,在战争年代,是表征中华女儿不畏强敌、不怕牺牲、英勇奋争精神的具体载体;在和平年代,是体现中华儿女不惧艰难、勇于开拓、敢于创新的形象空间。英雄烈士的人格利益及建立在其人格利益基础之上的英雄烈士的形象、事迹和精神,已经成为中华民族的共同的历史记忆,是中华儿女共同的宝贵的精神财富,已经衍生为社会公众的民族情感和历史情感,从而构成了社会公共利益的重要组成部分,因此它具有浓厚的社会公共利益的属性色彩,对它的保护,究其实质,是对社会公共利益的保护。

《中华人民共和国民法总则》《中华人民共和国英雄烈士保护法》相继作出规定。《中华人民共和国民法总则》第一百八十五条规定,"侵害英雄烈士等的姓名、肖像、名誉、荣誉,损害社会公共利益的,应当承担民事责任。"《中华人民共和国英雄烈士保护法》第二十六条规定,"以侮辱、诽谤或者其他方式侵害英雄烈士的姓名、肖像、名誉、荣誉,损害社会公共利益的,依法承担民事责任。"在案件审理中,判断英雄烈士的人格权益是否构成社会公共利益的一部分,要以事实为依据,特别要以历史事实和社会现实为依据,审查这些英雄烈士之所以被认定为英雄烈士的英雄事件、历史背景。审判实践中,如何认定英雄烈士人格利益与社会公共利益之间的关系,本案确立的裁判规则可以提供参考。

(三)关于第三个裁判要点的说明

涉案两篇文章《小学课本〈狼牙山五壮士〉有多处不实》《"狼牙山五壮士"的细节分歧》的主要内容是对我国抗日战争史中的狼牙山五壮士英雄事迹的解构。尽管两篇文章无明显侮辱性的语言,但被告采取的行为方式却是,通过强调与基本事实无关或者关联不大的细节,引导读者对“狼牙山五壮士”这一英雄人物群体英勇抗敌事迹和舍生取义精神产生质疑,从而否定基本事实的真实性,进而降低他们的英勇形象和精神价值,必然应当依法承担法律责任。

值得注意的是,该案的审理推动了我国立法的完善。《中华人民共和国英雄烈士保护法》通过“其他方式”的规定对此予以明确。该法第二十二条第二款规定,“任何组织和个人不得在公共场所、互联网或者利用广播电视、电影、出版物等,以侮辱、诽谤或者其他方式侵害英雄烈士的姓名、肖像、名誉、荣誉。”第二十六条规定,“以侮辱、诽谤或者其他方式侵害英雄烈士的姓名、肖像、名誉、荣誉,损害社会公共利益的,依法承担民事责任。”

四、参照适用时应注意的问题

在无充分证据的情况下,对英雄烈士进行似是而非的推测、质疑乃至评价,通过强调与基本事实无关或者关联不大的细节,引导公众对英雄烈士英勇事迹和舍生取义精神产生质疑,从而否定基本事实的真实性,进而降低他们的英勇形象和精神价值,贬损、丑化英雄烈士的名誉和荣誉,损害社会公共利益,这就超越了边界,应当依法承担法律责任。

(执笔人:北京市高级人民法院　凌巍
北京市第二中级人民法院　何江恒
最高人民法院案例指导工作办公室　马蓓蓓)

指导案例99号　葛长生诉洪振快名誉权、荣誉权纠纷案

最高人民法院案例指导工作办公室编选人:马蓓蓓

1. 案例推荐单位:北京市高级人民法院
2. 案例编写人:北京市第二中级人民法院　何江恒
3. 案件裁判法院:北京市西城区人民法院(一审)、北京市第二中级人民法院(二审)
4. 案件承办人:姜涛(一审)、何江恒(二审)

相关规定

1.《中华人民共和国宪法》(2018年3月11日修正)

第三十三条第四款　任何公民享有宪法和法律规定的权利,同时必须履行宪法和法律规定的义务。

第三十五条　中华人民共和国公民有言论、出版、集会、结社、游行、示威的自由。

第三十八条　中华人民共和国公民的人格尊严不受侵犯。禁止用任何方法对公民进行侮辱、诽谤和诬告陷害。

第四十七条　中华人民共和国公民有进行科学研究、文学艺术创作和其他文化活动的自由。国家对于从事教育、科学、技术、文学、艺术和其他文化事业的公民的有益于人民的创造性工作，给以鼓励和帮助。

第五十一条　中华人民共和国公民在行使自由和权利的时候，不得损害国家的、社会的、集体的利益和其他公民的合法的自由和权利。

2.《中华人民共和国民法典》(2020 年 5 月 28 日)

第一百一十条　自然人享有生命权、身体权、健康权、姓名权、肖像权、名誉权、荣誉权、隐私权、婚姻自主权等权利。

法人、非法人组织享有名称权、名誉权和荣誉权。

第一百七十六条　民事主体依照法律规定或者按照当事人约定，履行民事义务，承担民事责任。

第一百七十九条　承担民事责任的方式主要有：

(一)停止侵害；

(二)排除妨碍；

(三)消除危险；

(四)返还财产；

(五)恢复原状；

(六)修理、重作、更换；

(七)继续履行；

(八)赔偿损失；

(九)支付违约金；

(十)消除影响、恢复名誉；

(十一)赔礼道歉。

法律规定惩罚性赔偿的，依照其规定。

本条规定的承担民事责任的方式，可以单独适用，也可以合并适用。

第一百八十五条　侵害英雄烈士等的姓名、肖像、名誉、荣誉，损害社会公共利益的，应当承担民事责任。

第一千一百六十四条　本编调整因侵害民事权益产生的民事关系。

第一千一百六十五条　行为人因过错侵害他人民事权益造成损害的，应当承担侵权责任。

依照法律规定推定行为人有过错，其不能证明自己没有过错的，应当承担侵权责任。

3.《中华人民共和国民法通则》①(2009年8月27日修正)

第一百零一条　公民、法人享有名誉权,公民的人格尊严受法律保护,禁止用侮辱、诽谤等方式损害公民、法人的名誉。

第一百零六条第二款　公民、法人由于过错侵害国家的、集体的财产,侵害他人财产、人身的应当承担民事责任。

4.《最高人民法院关于贯彻执行〈中华人民共和国民法通则〉若干问题的意见(试行)》(1988年4月2日,现已失效)

第140条第1款　以书面、口头形式宣扬他人的隐私,或者捏造事实公然丑化他人人格,以及用侮辱、诽谤等方式损害他人名誉,造成一定影响的,应当认定为侵害公民名誉权的行为。

5.《最高人民法院关于确定民事侵权精神损害赔偿责任若干问题的解释》②(2001年3月8日　法释〔2001〕7号)

第三条　自然人死亡后,其近亲属因下列侵权行为遭受精神痛苦,向人民法院起诉请求赔偿精神损害的,人民法院应当依法予以受理:

(一)以侮辱、诽谤、贬损、丑化或者违反社会公共利益、社会公德的其他方式,侵害死者姓名、肖像、名誉、荣誉;

(二)非法披露、利用死者隐私,或者以违反社会公共利益、社会公德的其他方式侵害死者隐私;

(三)非法利用、损害遗体、遗骨,或者以违反社会公共利益、社会公德的其他方式侵害遗体、遗骨。

6.《中华人民共和国英雄烈士保护法》(2018年4月27日)

第二十二条第一款　禁止歪曲、丑化、亵渎、否定英雄烈士事迹和精神。

第二款　英雄烈士的姓名、肖像、名誉、荣誉受法律保护。任何组织和个人不得在公共场所、互联网或者利用广播电视、电影、出版物等,以侮辱、诽谤或者其他方式侵害英雄烈士的姓名、肖像、名誉、荣誉。任何组织和个人不得将英雄烈士的姓名、肖像用于或者变相用于商标、商业广告,损害英雄烈士的名誉、荣誉。

第二十五条　对侵害英雄烈士的姓名、肖像、名誉、荣誉的行为,英雄烈士的近亲属可以依法向人民法院提起诉讼。

英雄烈士没有近亲属或者近亲属不提起诉讼的,检察机关依法对侵害英雄烈士的姓名、肖像、名誉、荣誉,损害社会公共利益的行为向人民法院提起诉讼。

负责英雄烈士保护工作的部门和其他有关部门在履行职责过程中发现第一款规定的行为,需要检察机关提起诉讼的,应当向检察机关报告。

---

①　2021年1月1日《民法典》正式实施,《民法通则》同时废止。

②　该司法解释已于2020年12月29日修正。

英雄烈士近亲属依照第一款规定提起诉讼的，法律援助机构应当依法提供法律援助服务。

第二十六条　以侮辱、诽谤或者其他方式侵害英雄烈士的姓名、肖像、名誉、荣誉，损害社会公共利益的，依法承担民事责任；构成违反治安管理行为的，由公安机关依法给予治安管理处罚；构成犯罪的，依法追究刑事责任。

北京市西城区人民法院民事判决书

(2015)西民初字第27841号

原告:葛长生,男,1952年9月21日出生。

委托代理人:王立华,男。

被告:洪振快,男,1974年10月28日出生。

原告葛长生与被告洪振快名誉权、荣誉权纠纷一案,本院受理后,依法组成合议庭,公开开庭进行了审理。本案原告葛长生之委托代理人赵小鲁、王立华,被告洪振快到庭参加了诉讼。被告洪振快在诉讼中委托北京市泽博律师事务所律师周泽和北京汉鼎联合律师事务所律师张庆方作为其委托代理人。在本案庭审过程中,被告洪振快解除了与周泽、张庆方的委托代理关系,并未经法庭许可中途退庭。本院依法缺席审理,现已审理终结。

原告葛长生诉称,2013年8月27日,张姓网民在网络公开发表歪曲狼牙山五壮士的言论,造成不良的社会影响。经公安机关侦查,张姓网民承认自己虚构信息、散布谣言的违法事实,公安机关依法对其予以行政拘留7日。2013年9月9日,被告洪振快针对上述事实,在财经网公开发表《小学课本"狼牙山五壮士"有多处不实》一文,称"越秀警方以虚构信息、散布谣言的罪名直接抓人,这开了一个谈论历史有可能获罪被抓的先河"。该文迅即被多个网站转载。其后,被告又在《炎黄春秋》杂志2013年第11期上发表了《"狼牙山五壮士"的细节分歧》一文。该文不顾狼牙山五壮士英勇抗击日寇,为掩护老百姓和主力部队转移,主动将日寇引上与主力部队撤退方向相反的山峰绝路,且战且退,直至退至狼牙山绝顶,最后弹尽毁枪,高呼口号,英勇跳崖,慷慨就义的事实,而是用隐晦阴暗的手法,通过所谓考据历史的名义或者假借网民、红卫兵之口等手段,引用不同信息来源细节表述上的轻微差异,以断章取义、主观推断和故意误导等方式,污蔑、抹黑"狼牙山五壮士"。其言:狼牙山五壮士不是五个人,是六人,其中一人中途当了汉奸;五壮士不是掩护老百姓和主力部队,只是追赶主力部队;五壮士不是跳崖,其中二人是溜下山坡;五壮士战斗期间拔地里萝卜,违反三大纪律等。被告洪振快的微博和文章言论,肆意抹黑狼牙山五壮士,在社会上产生了恶劣的负面影响。

原告认为:狼牙山五壮士的英雄事迹,早在抗日战争年代就广为流传。1943年晋察冀军区授予五名战士“狼牙山五壮士”荣誉称号。狼牙山五壮士,是中国人民解放军的英雄,是中国共产党的英雄,是中华民族的英雄。狼牙山五壮士的英名,决不允许侮辱诽谤。侮辱诽谤狼牙山五壮士英雄名誉,就是侮辱诽谤中国人民解放军,侮辱诽谤我们社会主义国家,侮辱诽谤我们中华民族。被告洪振快以历史细节考据,学术研究为幌子,以细节否定英雄,企图达到抹黑狼牙山五壮士英雄形象和名誉,进而否定中国革命斗争史,否定共产党领导和社会主义道路的历史必然性,是典型的历史虚无主义手法,也是近几年,一股历史虚无主义的阴暗势力,系统抹黑中华民族英雄计划的一部分。

原告依据《宪法》第三十八条“中华人民共和国公民的人格尊严不受侵犯。禁止用任何方法对公民进行侮辱、诽谤和诬告陷害”之规定和《中华人民共和国侵权责任法》等相关法律及司法解释的规定提起如下诉讼请求:1.判令被告洪振快立即停止侮辱、诽谤、侵犯葛振林等狼牙山五壮士的民族英雄名誉;2.判令被告洪振快在其新浪微博上公开道歉,并在《人民日报》、《解放军报》、《中国日报》、人民网、新浪网、搜狐网、财经网公开向原告赔礼道歉,消除影响,并向葛振林等狼牙山五壮士在天英灵登报谢罪。

被告洪振快在其参加的庭前会议及庭审过程中,针对原告葛长生的起诉内容辩称:被告洪振快不能确定原告葛长生与葛振林的关系。如果原告葛长生不是葛振林之子,其不具备诉讼主体资格。王立华与狼牙山红色文化发展研究会没有任何法律关系,其作为原告葛长生委托代理人,不符合我国民事诉讼法的相关规定,其代理资格应认定无效。针对原告葛长生提出的第一项诉讼请求,被告洪振快认为没有事实根据,认为所发表的文章是学术文章,没有侮辱性的言词,且这些文章每一个事实的表述都有相应的根据,而不是自己凭空捏造或者歪曲的,不构成侮辱和诽谤。被告还认为,原告葛长生在起诉书中也没有指出被告发表的文章哪一处不真实,哪一处有侮辱性的语言,因此不构成对原告名誉权的侵害。被告辩称,进行历史研究的目的是探求历史真相,行使的是宪法赋予公民的思想自由、学术自由、言论自由权利,任何人无权剥夺。针对原告葛长生第二项诉讼请求,被告洪振快认为,只有建立在被告发表的文章存在侮辱、诽谤侵权的情形才可能产生侵权的后果,由于被告发表的文章不存在侮辱和诽谤,因此不存在向谁道歉的问题。被告还认为,原告要求被告向五壮士在天英灵登报谢罪的诉讼请求,没有任何法律根据。原告起诉书中所述事实和理由,是一种意识形态领域观点的表达,更多的是对被告写作目的、写作动机的一厢情愿的推断和主观臆测,没有事实依据。被告洪振快不同意原告的全部诉讼请求。

本院经审理查明:葛振林、宋学义分别曾系八路军晋察冀军区第一军分区一团二营七连六班副班长和战士。

1940年秋,我八路军发起了著名的“百团大战”,晋察冀边区军民积极参战,粉碎了华北日军对我八路军的“囚笼”政策。日军战略后方产生极大恐慌,其迅速灭亡中国的阴谋破产。为巩固其所谓战略后方,从1941年起,驻华北日军司令长官冈村宁次多次组织日伪军对我易县、涞源、涞水等抗日根据地进行报复性扫荡。1941年9月下旬,驻华北日军高见部纠集3500名日伪军,完成了对我狼牙山根据地的铁壁合围,在包围圈中,有当地群众和部分政府机关人员、八路军部分非战斗人员大约4万人,战斗部队仅有一团七连。9月23日,日伪军占领易县塘湖、南淇村、北淇村,并开始屠杀我抗日军民。如日伪军合围进击成功,4万抗日军民的生死难以预料。

在这生死关头,我晋察冀军区第一军分区杨成武将军于9月24日急令一分区二十团,穿过上、下隘剎村两个村子,突然向南管头村的日伪军发起猛烈攻击。同时命令三团猛攻北管头村和松山村的日伪军。在北边碾子台、九莲山一带的日伪军,以为八路军的主力在管头村方向,急忙回援。由于杨成武将军“围魏救赵”战术的成功,九莲山至沙岭子一带出现了大约二十里宽的口子,为被围困在狼牙山上的4万多军民提供了难得的突围良机。

为了掩护被围军民的突围,一团团长邱蔚命令七连在狼牙山阻击由南向北进攻的日伪军。9月25日七连接到任务后,立即派班长马宝玉率六班的葛振林、胡福才、胡德林、宋学义和机枪班的两名战士,利用狼牙山的险要地形正面阻击敌人。狼牙山战斗由此打响。

从9月25日早上开始,五壮士在七连其他战友们的配合下,利用狼牙山极为险要的地形,与日伪军展开了殊死战斗。他们利用机枪、步枪、手榴弹、地雷、滚石,在石门口、阎王鼻子(袖筒沟)大量杀死杀伤日伪军,最后且战且走,退至棋盘岭与七连主力会合。

为了保证被围军民的全部突围,七连全体官兵在棋盘岭与日军展开了更为惨烈的战斗。日军优势炮火打得山石横飞,硝烟弥漫。七连顽强抵抗,誓死不退,利用有利地形,令日军尸积沟粱,损失惨重。激战数小时后,七连伤亡过半,连长刘福山负伤。在完成上级交给的掩护突围的任务后,指导员蔡展鹏决定率七连主动转移。为掩护七连主力和剩余干部群众转移,六班长马宝玉再次率全班请战。

指导员蔡展鹏批准了马宝玉的请求。七连撤出棋盘岭至老道庵小横岭以南后,六班立即在老道庵山口设伏,掩护部队和其他群众转移。日军冲过棋盘岭至三岔路口后,马宝玉为引诱敌人,防止其向部队转移方向追击,命令全体战士用机枪、步枪一起向敌人开火。猛烈的火力使日军以为八路军一团主力在老道庵山口,便直接向老道庵山口扑来。伴随着地雷、手榴弹的爆炸,激烈机枪、步枪的火力,又一批敌人倒下。

为保证转移部队更为安全,马宝玉与其他四位战友边打边撤,引诱敌人往牛角壶、大、小莲花峰方向前进。已经打红眼的日军紧追不放。五壮士又在牛角壶利用有利地形与日军展开了激战。激战中,又有一批日军被地雷、石头、手榴弹、子弹击中,或倒在狭窄的山道边,或滚落在深不见底的悬崖下。随后,五壮士边打边退,顺着盘陀路上了小莲花峰。至此,五壮士已经弹尽,且无路可退。面对已上峰顶的敌人,五壮士临危不惧,砸毁枪支,高呼口号,在各自抗击日军处跳下悬崖。跳崖后,马宝玉、胡福才、胡德林英勇献身,葛振林、宋学义因跳崖方向有小树、灌木,在山腰被挂住获救。

狼牙山五壮士的英雄事迹发生后,晋察冀军区政治部发布训令并决定:"一、在每次战斗中,高度发扬英勇顽强的搏斗精神,以战斗的胜利纪念他们。二、在烈士牺牲的地点建纪念碑,并命名为狼牙山三烈士碑。三、决定马宝玉等烈士作为一团模范连七连的荣誉战士,每逢纪念日点名时,首先应由荣誉战士点起。四、对光荣负伤的葛振林、宋学义二同志,除通令嘉奖外,并各赠荣誉奖章一枚。"1941 年 11 月 5 日,《晋察冀日报》刊登名为《棋盘坨上的五个"神兵"》的通讯,对狼牙山五壮士的事迹进行报道。狼牙山五壮士的英雄事迹自此被广泛传播、颂扬。

新中国成立后,五壮士的事迹被编入义务教育教科书,五壮士被人民视为当代中华民族抗击外敌入侵的民族英雄。宋学义 1971 年去世,1979 年被追认为革命烈士。葛振林先后获得"民族英雄勋章"、"解放勋章"和"红星功勋荣誉章"。

2013 年 8 月 27 日,新浪微博网民张广红发布信息称,"狼牙山五壮士实际上是几个土八路,当年逃到狼牙山一带后,用手中的枪欺压当地村民,致当地村民不满。后来村民将这 5 个人的行踪告诉日军,又引导这 5 个人向绝路方向逃跑。……"网民张广红被抓获后,承认自己虚构信息、散布谣言的违法事实,被警方依法行政拘留 7 日。

2013 年 9 月 9 日,时任《炎黄春秋》杂志社执行主编的被告洪振快在财经网发表《小学课本"狼牙山五壮士"有多处不实》一文。文中写道:据《南方都市报》2013 年 8 月 31 日报道,广州越秀警方于 8 月 29 日晚间将一位在新浪微博上"污蔑狼牙山五壮士"的网民抓获,以虚构信息、散布谣言的罪名予以行政拘留 7 日。所谓"污蔑狼牙山五壮士"的"谣言"其来有自。据媒体报道,该网友实际上是传播了 2011 年 12 月 14 日百度贴吧里一篇名为《狼牙山五壮士真相原来是这样!》的帖子的内容,该帖子说五壮士"5 个人中有 3 个是当场被打死的,后来清理战场把尸体丢下悬崖。另两个当场被活捉,只是后来不知道什么原因又从日本人手上逃了出来。”

2013年11月8日,被告洪振快在《炎黄春秋》杂志发表了其本人撰写的《“狼牙山五壮士”的细节分歧》一文。该文分为几个部分,分别为“在何处跳崖”“跳崖是怎么跳的”“敌我双方战斗伤亡”“五壮士是否拔了群众的萝卜”。文章通过援引不同来源、不同内容、不同时期的报刊资料等,对狼牙山五壮士事迹中的细节提出质疑。文中写道:“当我们深入狼牙山五壮士有关叙述的细节时,就发现上述人员在不同时间、不同场合下的陈述存在诸多相互矛盾之处。而对于同一件事,相互矛盾的描述可能都不符合事实,也可能有一个符合事实,但不可能同时都符合事实。”关于跳崖地点,被告在文中写道:“训令和《神兵》给人造成的印象,是五壮士在棋盘坨顶峰跳下了‘万丈’或‘二十丈’的悬崖,三人在沟底成了‘三堆血肉’,‘壮烈殉国’,而两人‘给树枝挂在半空’,‘光荣负伤’,这也正是壮烈的狼牙山五壮士故事的核心所在。……可是按照1957年7月15日出版的《红旗飘飘》第二集刊出了葛振林的口述,最后跳崖的地方并不是在棋盘坨顶峰。”关于“跳崖是怎么跳的”,被告在文中写道:“‘狼牙山五壮士’的核心情节是跳崖,训令和《神兵》对跳崖的细节都不明确,……文革中红卫兵对此表示怀疑,……实际上,从1957年刊出的葛振林自己的口述中,也是可以印证‘溜’的说法。……后来葛振林又有新的说法。根据在葛振林《狼牙山跳崖那悲壮的一幕》回忆,似乎跳下去后也不是‘溜’,而是在树间‘窜’。”关于“五壮士”是否拔了群众的萝卜,被告在文中写道:“葛振林说:‘刚才忙着打仗倒不觉得,这会歇下来,才觉得又饿又渴……正巧山地里有些散种的萝卜,我们顾不得了,每人拔个吃着。’……”

本院审理还查明,原告葛长生与葛振林系父子关系,原告葛长生提供了中国人民解放军湖南省衡阳警备区离职干部休养所出具的《证明》,其中载明,“我部原离休干部葛振林……育有四子,无女儿,姓名分别为葛长生(身份证号440××××××××××××12)……”经本院核实,该居民身份证号码与原告葛长生立案时在湖南省衡阳市雁城公证处公证的本人身份证号码一致。

本案审理过程中,保定狼牙山红色文化发展研究会推荐王立华为原告葛长生的委托代理人。经本院调查,王立华、葛长生于2015年3月15日被狼牙山红色文化发展研究会(社会团体)增补为副会长,会议记录、社会团体负责人备案表等相关材料已于2016年1月22日在该社会团体所在地河北省保定市民政局备案。

上述事实,有当事人所举证据、庭前会议笔录和庭审笔录等在案佐证。

本院认为:1941年9月25日,在易县狼牙山发生的狼牙山战斗,是被大量事实证明的著名战斗。在这场战斗中,狼牙山五壮士英勇抗敌的基本事实和舍生取义的伟大精神,赢得了全中国人民高度认同和广泛赞扬,是五壮士获得“狼牙山五壮士"崇高名誉和荣誉的基础。我国法律规定,公民享有名誉权、荣誉权,禁止用侮辱、诽谤等方式损害公民的名誉、荣誉等民事权益。公民的姓名、肖像、名誉、荣誉受到侵害的,相关当事人有权要求侵权人停止侵害,恢复名誉,消除影响,赔礼道歉,并可以要求赔偿损失。

根据双方当事人诉辩主张及理由,本案的争议焦点概括起来涉及以下法律问题:一、葛长生是不是本案适格的原告?二、王立华作为原告葛长生委托代理人代理资格是否有效?三、被告洪振快发表的《小学课本"狼牙山五壮士"有多处不实》、《"狼牙山五壮士"的细节分歧》等案涉文章是否构成名誉侵权,如构成名誉侵权,应如何承担侵权责任?

一、关于葛长生是不是本案适格原告的问题。《中华人民共和国民事诉讼法》第一百一十九条第(一)项规定,原告是与本案有利害关系的公民、法人和其他组织。《最高人民法院关于确定民事侵权精神损害赔偿责任若干问题的解释》第三条规定,自然人死亡后,其近亲属因侮辱、诽谤、贬损、丑化或者违反社会公共利益、社会公德的其他方式侵害死者姓名、肖像、名誉、荣誉的,有权向人民法院提起诉讼。《最高人民法院关于适用〈中华人民共和国民事诉讼法〉的解释》第六十九条规定,对侵害死者遗体、遗骨以及姓名、肖像、名誉、荣誉、隐私等行为提起诉讼的,死者的近亲属为当事人。由此可知,死者的近亲属有权就侵害死者名誉、荣誉等行为提起民事诉讼,死者的近亲属是正当当事人。具体到本案,根据中国人民解放军湖南省衡阳警备区离职干部休养所提供的证明材料以及公证书等证据可以认定,葛振林与原告葛长生系父子关系,葛振林系狼牙山五壮士之一,其已去世,葛长生作为近亲属有权就侵害葛振林名誉、荣誉的行为提起民事诉讼,葛长生作为本案原告适格。因此,被告洪振快对本案原告葛长生主体资格提出的异议不能成立。

二、关于王立华是否具有原告委托代理人的代理资格问题。根据《中华人民共和国民事诉讼法》第五十八条第二款第(三)项之规定,当事人所在社区、单位以及有关社会团体推荐的公民可以被委托为诉讼代理人。根据原告葛长生提供的相关材料,葛长生、王立华已于2015年3月被补选为保定狼牙山红色文化发展研究会副会长,会议记录、社会团体负责人备案表等资料已交当地民政部门登记备案。本院经调查后,对上述材料的真实性予以认定。保定狼牙山红色文化发展研究会作为社会团体,推荐王立华为原告葛长生的委托代理人,符合《最高人民法院关于适用〈中华人民共和国民事诉讼法〉的解释》第八十七条和第八十八条的相关规定,故本院认定,王立华具有原告葛长生委托代理人的代理资格。

三、被告洪振快发表的案涉文章是否构成名誉侵权是本案的核心问题。对此,本院分析如下:

关于案涉文章侵害的权益是否受法律保护问题。《中华人民共和国民法通则》第一百零六条第二款规定,公民、法人由于过错侵害国家的、集体的财产,侵害他人财产、人身的,应当承担民事责任。《中华人民共和国侵权责任法》第二条规定,侵害民事权益,应当承担侵权责任。从上述法律规定来看,我国现行法关于侵权的客体范围包含了权利和利益。《最高人民法院关于确定民事侵权精神损害赔偿责任若干问题的解释》第三条规定,自然人死亡后,他人仍不得以侮辱、诽谤、贬损、丑化或者违反社会公共利益、社会公德的方式,侵害死者的姓名、肖像、名誉、荣誉。由此可知,自然人死亡后,其生前人格利益仍然受法律的保护。

从本案涉及的事实来看,案涉文章涉及的人物之一是原告的父亲葛振林。1941年10月18日,时任晋察冀军区司令员兼政治委员的聂荣臻签发训令,对宁死不屈、光荣殉国的马宝玉、胡德林、胡福才三位烈士及跳崖负伤的葛振林、宋学义两位同志予以表彰,并号召全体指战员学习。之后,几十年中,"狼牙山五壮士"这一称号在全军、全国人民中广泛传播,获得了普遍的公众认同,成为全军、全国人民学习的榜样和楷模。从这些英雄人物的角度看,他们的英雄事迹反映了他们不怕牺牲、宁死不屈、英勇抗敌的精神。"狼牙山五壮士"的英雄称号,既是国家及公众对他们作为中华民族的优秀儿女在反抗侵略、保家卫国作出巨大牺牲的褒奖,也是他们应当获得的个人名誉和个人荣誉。

不仅如此,"狼牙山五壮士"是中国共产党领导的八路军在抵抗日本帝国主义侵略伟大斗争中涌现出来的英雄群体,是中国共产党领导的全民抗战并取得最终胜利的重要事件载体。这一系列英雄人物及其事迹,经由广泛传播,在抗日战争时期,成为激励无数中华儿女反抗侵略、英勇抗敌的精神动力之一;成为人民军队誓死捍卫国家利益、保障国家安全的军魂来源之一;在和平年代,狼牙山五壮士的精神,仍然是我国公众树立不畏艰辛、不怕困难、为国为民奋斗终身的精神指引。这些英雄人物及其精神,已经获得全民族的广泛认同,是中华民族共同记忆的一部分,既是中华民族精神的内核之一,也是社会主义核心价值观的重要内容。而民族的共同记忆、民族精神乃至社会主义核心价值观,无论是从我国的历史看,还是从现行法上看,都已经是社会公共利益的一部分。

在此意义上,案涉文章侵害的不仅仅是葛振林个人的名誉和荣誉,并且侵害的是由英雄人物的名誉、荣誉融入的社会公共利益。

关于案涉文章是否实施了加害行为的问题。《中华人民共和国民法通则》第一百零一条规定,公民、法人享有名誉权,公民的人格尊严受法律保护,禁止用侮辱、诽谤等方式损害公民、法人的名誉。《最高人民法院关于贯彻执行若干问题的意见(试行)》第140条将侵害名誉权的行为类型,确定为"宣扬他人的隐私,或者捏造事实公然丑化他人人格,以及用侮辱、诽谤等方式”。《最高人民法院关于审理名誉权案件若干问题的解答》之七、之八规定的行为类型包括“侮辱或者诽谤”、“新闻报道严重失实”或者撰写、发表的批评文章“基本内容失实”等。《最高人民法院关于确定民事侵权精神损害赔偿责任若干问题的解释》第三条则规定“以侮辱、诽谤、贬损、丑化或者违反社会公共利益、社会公德的方式”等行为类型。本院认为:第一,上述法律或司法解释关于行为类型的规定,是列举式的而非穷尽式的。这一点,上述法律或司法解释规定中的“等”字,可以说明。第二,侵害名誉或者名誉权的行为通常表现为侮辱、诽谤,但不以此为限,它还包括“贬损、丑化或者违反社会公共利益、社会公德的方式”以及其他行为类型。第三,进一步说,前述法律和司法解释所规定的行为类型的具体表现形态,应当根据侵权行为方式的变化而变化。只有这样,才能让法律更好地保护公民的人格权益不受非法侵害。

具体到本案,被告发表的《小学课本“狼牙山五壮士”有多处不实》、《“狼牙山五壮士”的细节分歧》两篇文章,其所描述的主要内容是对我国抗日战争史中的狼牙山五壮士英雄事迹的解构。案涉文章具有如下特征:狼牙山五壮士在狼牙山战斗中所表现的英勇抗敌的事迹和舍生取义的精神这一基本事实,案涉文章自始至终未作出正面评价。而是以考证“在何处跳崖”、“跳崖是怎么跳的”、“敌我双方战斗伤亡”以及“‘五壮士’是否拔了群众的萝卜”等细节为主要线索,通过援引不同时期的材料、相关当事者不同时期的言论,甚至“文革”时期红卫兵迫害宋学义的言论为主要证据,全然不考虑历史的变迁、各个材料所形成的时代背景以及各个材料的语境。在无充分证据的情况下,案涉文章多处作出似是而非的推测、质疑乃至评价。本院认为,尽管案涉文章无明显侮辱性的语言,但被告采取的行为方式却是,通过强调与基本事实无关或者关联不大的细节,引导读者对“狼牙山五壮士”这一英雄人物群体英勇抗敌事迹和舍生取义精神产生质疑,从而否定基本事实的真实性,进而降低他们的英勇形象和精神价值。被告的行为方式符合以贬损、丑化的方式损害他人名誉和荣誉权益的特征。被告主张其行为方式不符合侮辱、诽谤特征就不构成名誉侵权的抗辩理由于法无据,本院不予支持。

在损害后果上,案涉文章经由互联网传播,已经在全国范围内产生了较大的影响。这一点,从案涉文章所引发的后果即可明知,它们不仅损害了原告之父葛振林的名誉及荣誉,而且伤害了原告的个人感情,在一定范围和程度上伤害了社会公众的民族和历史情感。如前所述,在我国,由于“狼牙山五壮士”的精神价值已经内化为民族精神和社会公共利益的一部分,因此,也损害了社会公共利益。

除此之外,被告在主观方面存在过错。通常情形下,侵害名誉或者名誉权案件中的过错,是指明知或应当预见到其行为造成他人社会评价降低的后果而仍然为之或认为仍可避免的主观状态。在侵害名誉或者名誉权益的案件中,对行为人主观过错的认定往往依据通常人的认知并辅之以社会常识、行为人的职业或专业及控制危险的成本等客观因素加以判断。

本案中,被告作为生活在中国的一位公民,对“狼牙山五壮士”的历史事件所蕴含的精神价值,应当具有一般公民所拥有的认知。对“狼牙山五壮士”及其所体现的民族精神和民族感情,应当具有通常成年人所具有的体悟。尤其是作为具有一定研究能力和能够熟练使用互联网工具的人,更应当认识到案涉文章的发表及其传播将会损害到“狼牙山五壮士”的名誉及荣誉,也会对其近亲属造成感情和精神上的伤害,更会损害到社会公共利益。在此情形下,被告有能力控制文章所可能产生的损害后果而未控制,仍以既有的状态发表,在主观上显然具有过错。

本院也注意到,除了前述构成要件之外,本案的裁判结果尚涉及被告的言论自由问题,这也是被告在本案中提出的主要抗辩理由。依法保护当事人的言论自由是我国现行法律的明确规定,也是本案裁判需要考虑的重要因素之一。从民法的角度看,表达自由已经成为民事主体一般人格尊严的重要内容。案涉文章在形式上表现为学术文章,判断其是否构成侵权将涉及被告的言论自由。但是,也要看到,言论自由并非没有边界,如果超出合理的限度,则会侵害他人的合法权益以及更为重要的社会公共利益。

本院认为,学术自由、言论自由以不侵害他人合法权益、社会公共利益和国家利益为前提。这是我国宪法所确立的关于自由的一般原则,是为言论自由和学术自由所划定的边界。任何公民在行使言论自由、学术自由及其他自由时,都负有不得超过自由界限的法定义务。这是法治国家和法治社会对公民的基本要求,也是任何一个公民应当承担的社会责任。本案中,“狼牙山五壮士”及其事迹所凝聚的民族感情和历史记忆以及所展现的民族精神,是当代中国社会主义核心价值观的重要来源和组成部分,具有巨大的精神价值,也是我国作为一个民族国家所不可或缺的精神内核。对“狼牙山五壮士”名誉的损害,既是对原告之父葛振林的名誉、荣誉的损害,也是对中华民族的精神价值的损害。被告完全可以在不损害五壮士名誉、荣誉和社会公共利益的前提下,自由地进行学术研究和自由发表言论,包括对狼牙山战斗的某些细节进行研究,但被告却未采用这种方式,而是通过所谓的细节研究,甚至与网民张广红对狼牙山五壮士的污蔑性谣言相呼应,质疑五壮士英勇抗敌、舍生取义的基本事实,颠覆五壮士的英勇形象,贬损、降低五壮士的人格评价。这种“学术研究”、“言论自由”不可避免地会侵害五壮士的名誉、荣誉,以及融入了这种名誉、荣誉的社会公共利益。因此,被告以侵害他人合法权益和社会公共利益的言论自由,作为其侵权责任的抗辩理由,本院不予支持。

最后，由于被告的行为侵害了原告之父葛振林的名誉和荣誉，应当承担相应的侵权责任。现原告葛长生要求被告洪振快立即停止侵犯葛振林等狼牙山五壮士的民族英雄名誉，及要求被告在网站、媒体公开向原告葛长生赔礼道歉、消除影响等诉讼请求于法有据，根据《中华人民共和国侵权责任法》第十五条的规定，应予支持。关于赔礼道歉及消除影响的范围和持续时间，由本院根据侵权言论造成不良影响的范围予以认定。

至于原告诉请被告向葛振林等狼牙山五壮士在天英灵登报谢罪的诉讼请求问题，从我国的现行法上看，其实质仍然是请求被告赔礼道歉、消除影响，该请求已被原告的第一项诉讼请求所吸收，本院不再单独处理。

庭审中，被告洪振快未经法庭许可中途退庭，应视为其自行放弃了当庭进行答辩、举证、质证等诉讼权利。

综上所述，依照《中华人民共和国民法通则》第一百零一条、第一百零六条第二款，《最高人民法院关于贯彻执行〈中华人民共和国民法通则〉若干问题的意见（试行）》第140条，《中华人民共和国侵权责任法》第二条、第十五条，《最高人民法院关于确定民事侵权精神损害赔偿责任若干问题的解释》第三条，《最高人民法院关于审理名誉权案件若干问题的解答》之七、之八，《中华人民共和国民事诉讼法》第五十八条第二款第（三）项、第一百一十九条第（一）项、第一百四十四条，《最高人民法院关于适用〈中华人民共和国民事诉讼法〉的解释》第六十九条、第八十七条、第八十八条第（六）项之规定，判决如下：

一、被告洪振快立即停止侵害葛振林名誉、荣誉的行为。

二、本判决生效后三日内，被告洪振快公开发布赔礼道歉公告，向原告葛长生赔礼道歉，消除影响。该公告须连续刊登五日，公告刊登媒体及内容需经本院审核，逾期不执行，本院将在相关媒体上刊登本判决书的主要内容，所需费用由被告洪振快承担。

案件受理费三百元，由被告洪振快负担（于本判决生效后七日内交纳）。

如不服本判决，可在判决书送达之日起十五日内，向本院递交上诉状，并按对方当事人的人数提出副本，同时交纳上诉费，上诉于北京市第二中级人民法院。如在上诉期满后七日内未交纳上诉案件受理费的，按照撤回上诉处理。

审 判 长 姜 涛
审 判 员 王 建
人民陪审员 果振敏
二〇一六年六月二十七日
书 记 员 陈 楠 王 锋

北京市第二中级人民法院民事判决书

(2016)京02民终6272号

上诉人(原审被告):洪振快,男,1974年10月28日出生。

委托代理人:周泽,北京泽博律师事务所律师。

被上诉人(原审原告):葛长生,男,1952年9月21日出生。

委托代理人:赵小鲁,北京市赵晓鲁律师事务所律师。

委托代理人:王立华,男,1955年9月5日出生,原总参政治部退休干部,现任保定狼牙山红色文化发展研究会副会长,住北京市西城区。

上诉人洪振快因与被上诉人葛长生名誉权、荣誉权纠纷一案,不服北京市西城区人民法院(2015)西民初字第27841号民事判决,向本院提起上诉。本院于2016年7月13日立案后,依法组成合议庭,公开开庭进行了审理。上诉人洪振快及其委托代理人周泽,被上诉人葛长生之委托代理人赵小鲁、王立华到庭参加诉讼。本案现已审理终结。

2015年8月,葛长生起诉至一审法院称:2013年8月27日,张姓网民在网络公开发表歪曲狼牙山五壮士的言论,造成不良的社会影响。经公安机关侦查,张姓网民承认自己虚构信息、散布谣言的违法事实,公安机关依法对其予以行政拘留7日。2013年9月9日,洪振快针对上述事实,在财经网公开发表《小学课本〈狼牙山五壮士〉有多处不实》一文,称"越秀警方以虚构信息、散布谣言的罪名直接抓人,这开了一个谈论历史有可能获罪被抓的先河"。该文迅即被多个网站转载。其后,洪振快又在《炎黄春秋》杂志2013年第11期上发表了《"狼牙山五壮士"的细节分歧》一文。该文不顾狼牙山五壮士英勇抗击日寇,为掩护老百姓和主力部队转移,主动将日寇引上与主力部队撤退方向相反的山峰绝路,且战且退,直至退至狼牙山绝顶,最后弹尽毁枪,高呼口号,英勇跳崖,慷慨就义的事实,而是用隐晦阴暗的手法,通过所谓考据历史名义或者假借网民、红卫兵之口等手段,引用不同信息来源细节表述上的微小差异,以断章取义、主观推断和故意误导等方式,污蔑、抹黑狼牙山五壮士。其言:狼牙山五壮士不是五个人,是六人,其中一人中途当了汉奸;五壮士不是掩护老百姓和主力部队,只是追赶主力部队;五壮士不是跳崖,其中二人是溜下山坡;五壮士战斗期间拔地里萝卜,违反三大纪律等。洪振快的微博和文章言论,肆意抹黑狼牙山五壮士,在社会上产生了恶劣的负面影响。

葛长生认为,狼牙山五壮士的英雄事迹,早在抗日战争年代就广为流传。1943年晋察冀军区授予五名战士"狼牙山五壮士"荣誉称号。狼牙山五壮士,是中国人民解放军的英雄,是中国共产党的英雄,是中华民族的英雄。狼牙山五壮士的英名,决不允许侮辱诽谤。侮辱诽谤狼牙山五壮士英雄名誉,就是侮辱诽谤中国人民解放军,侮辱诽谤我们社会主义国家,侮辱诽谤我们中华民族。洪振快以历史细节考据,学术研究为幌子,以细节否定英雄,企图达到抹黑狼牙山五壮士英雄形象和名誉,进而否定中国革命斗争史,否定共产党领导和社会主义道路的历史必然性,是典型的历史虚无主义手法,也是近几年,一股历史虚无主义的阴暗势力,系统抹黑中华民族英雄计划的一部分。

葛长生依据宪法第三十八条"中华人民共和国公民的人格尊严不受侵犯。禁止用任何方法对公民进行侮辱、诽谤和诬告陷害"之规定和《中华人民共和国侵权责任法》等相关法律及司法解释的规定提起如下诉讼请求:1.判令洪振快立即停止侮辱、诽谤、侵犯葛振林等狼牙山五壮士的民族英雄名誉;2.判令洪振快在其新浪微博上公开道歉,并在《人民日报》、《解放军报》、《中国日报》、人民网、新浪网、搜狐网、财经网公开向葛长生赔礼道歉,消除影响,并向葛振林等狼牙山五壮士在天英灵登报谢罪。

洪振快在其参加的一审庭前会议及庭审过程中,针对葛长生的起诉内容,辩称:洪振快不能确定葛长生与葛振林的关系。如果葛长生不是葛振林之子,其不具备诉讼主体资格。王立华与保定狼牙山红色文化发展研究会(以下简称研究会)没有任何法律关系,其作为葛长生委托代理人,不符合民事诉讼法的相关规定,其代理资格应认定无效。葛长生的第一项诉讼请求没有事实根据,洪振快所发表的文章是学术文章,没有侮辱性的言词,且这些文章每一个事实的表述都有相应的根据,而不是自己凭空捏造或者歪曲了史实,不构成侮辱和诽谤。葛长生在起诉书中也没有指出洪振快发表的文章哪一处不真实,哪一处有侮辱性的语言,因此不构成对葛长生名誉权的侵害。进行历史研究的目的是探求历史真相,行使的是宪法赋予公民的思想自由、学术自由、言论自由权利,任何人无权剥夺。针对葛长生的第二项诉讼请求,洪振快认为,只有建立在洪振快发表的文章存在侮辱、诽谤侵权的情形下,才可能产生侵权的后果,由于洪振快发表的文章不存在侮辱和诽谤,因此不存在向谁道歉的问题。葛长生要求洪振快向五壮士在天英灵登报谢罪的诉讼请求,没有任何法律根据。葛长生起诉书中所述事实和理由,是一种意识形态领域观点的表达,更多的是对洪振快写作目的、写作动机的一厢情愿的推断和主观臆测,没有事实依据。洪振快不同意葛长生的全部诉讼请求。

一审法院认定的事实为:葛振林、宋学义分别曾系八路军晋察冀军区第一军分区一团二营七连六班副班长和战士。

1940年秋,我八路军发起了著名的“百团大战”,晋察冀边区军民积极参战,粉碎了华北日军对我八路军的“囚笼”政策。日军战略后方产生极大恐慌,其迅速灭亡中国的阴谋破产。为巩固其所谓战略后方,从1941年起,驻华北日军司令长官冈村宁次多次组织日伪军对我易县、涞源、涞水等抗日根据地进行报复性扫荡。1941年9月下旬,驻华北日军高见部纠集3500名日伪军,完成了对我狼牙山根据地的铁壁合围,在包围圈中,有当地群众和部分政府机关人员、八路军部分非战斗人员4万人左右,战斗部队仅有一团七连。9月23日,日伪军占领易县塘湖、南淇村、北淇村,并开始屠杀我抗日军民。如日伪军合围进击成功,4万抗日军民的生死难以预料。

在这生死关头,我晋察冀军区第一军分区杨成武将军于9月24日急令一分区二十团,穿过上、下隘刹村两个村子,突然向南管头村的日伪军发起猛烈攻击。同时命令三团猛攻北管头村和松山村的日伪军。在北边碾子台、九莲山一带的日伪军,以为八路军的主力在管头村方向,急忙回援。由于杨成武将军“围魏救赵”战术的成功,九莲山至沙岭子一带出现了大约20里宽的口子,为被围困在狼牙山上的4万多军民提供了难得的突围良机。

为了掩护被围军民的突围,一团团长邱蔚命令七连在狼牙山阻击由南向北进攻的日伪军。9月25日七连接到任务后,立即派班长马宝玉率六班的葛振林、胡福才、胡德林、宋学义和机枪班的两名战士,利用狼牙山的险要地形正面阻击敌人。狼牙山战斗由此打响。

从9月25日早上开始,五壮士在七连其他战友们的配合下,利用狼牙山极为险要的地形,与日伪军展开了殊死战斗。他们利用机枪、步枪、手榴弹、地雷、滚石,在石门口、阎王鼻子(袖筒沟)大量杀死杀伤日伪军,最后且战且走,退至棋盘岭与七连主力会合。

为了保证被围军民的全部突围,七连全体官兵在棋盘岭与日军展开了更为惨烈的战斗。日军优势炮火打得山石横飞,硝烟弥漫。七连顽强抵抗,誓死不退,利用有利地形,令日军尸积沟梁,损失惨重。激战数小时后,七连伤亡过半,连长刘福山负伤。在完成上级交给的掩护突围的任务后,指导员蔡展鹏决定率七连主动转移。为掩护七连主力和剩余干部群众转移,六班长马宝玉再次率全班请战。

指导员蔡展鹏批准了马宝玉的请求。七连撤出棋盘岭至老道庵小横岭以南后,六班立即在老道庵山口设伏,掩护部队和其他群众转移。日军冲过棋盘岭至三岔路口后，马宝玉为引诱敌人，防止其向部队转移方向追击，命令全体战士用机枪、步枪一起向敌人开火。猛烈的火力使日军以为八路军一团主力在老道庵山口，便直接向老道庵山口扑来。伴随着地雷、手榴弹的爆炸，激烈机枪、步枪的火力，又一批敌人倒下。

为保证转移部队更为安全，马宝玉与其他四位战友边打边撤，引诱敌人往牛角壶、大、小莲花峰方向前进。已经打红眼的日军紧追不放。五壮士又在牛角壶利用有利地形与日军展开了激战。激战中，又有一批日军被地雷、石头、手榴弹、子弹击中，或倒在狭窄的山道边，或滚落在深不见底的悬崖下。随后，五壮士边打边退，顺着盘陀路上了小莲花峰。至此，五壮士已经弹尽，且无路可退。面对已上峰顶的敌人，五壮士临危不惧，砸毁枪支，高呼口号，在各自抗击日军处跳下悬崖。跳崖后，马宝玉、胡福才、胡德林英勇献身，葛振林、宋学义因跳崖方向有小树、灌木，在山腰被挂住获救。

狼牙山五壮士的英雄事迹发生后，晋察冀军区政治部发布训令并决定："一、在每次战斗中，高度发扬英勇顽强的搏斗精神，以战斗的胜利纪念他们。二、在烈士牺牲的地点建纪念碑，并命名为狼牙山三烈士碑。三、决定马宝玉等烈士作为一团模范连七连的荣誉战士，每逢纪念日点名时，首先应由荣誉战士点起。四、对光荣负伤的葛振林、宋学义二同志，除通令嘉奖外，并各赠荣誉奖章一枚。"1941 年 11 月 5 日，《晋察冀日报》刊登名为《棋盘陀上的五个"神兵"》的通讯，对狼牙山五壮士的事迹进行报道。狼牙山五壮士的英雄事迹自此被广泛传播、颂扬。

新中国成立后，五壮士的事迹被编入义务教育教科书，五壮士被人民视为当代中华民族抗击外敌入侵的民族英雄。宋学义 1971 年去世，1979 年被追认为革命烈士。葛振林先后获得"民族英雄勋章"、"解放勋章"和"红星功勋荣誉章"。

2013 年 8 月 27 日，新浪微博网民张广红发布信息称，"狼牙山五壮士实际上是几个土八路，当年逃到狼牙山一带后，用手中的枪欺压当地村民，致当地村民不满。后来村民将这 5 个人的行踪告诉日军，又引导这 5 个人向绝路方向逃跑。……"网民张广红被抓获后，承认自己虚构信息、散布谣言的违法事实，被警方依法行政拘留 7 日。

2013 年 9 月 9 日，时任《炎黄春秋》杂志社执行主编的洪振快在财经网发表《小学课本〈狼牙山五壮士〉有多处不实》一文。文中写道：据《南方都市报》2013 年 8 月 31 日报道，广州越秀警方于 8 月 29 日晚间将一位在新浪微博上"污蔑狼牙山五壮士"的网民抓获，以虚构信息、散布谣言的罪名予以行政拘留 7 日。所谓"污蔑狼牙山五壮士"的"谣言"其来有自。据媒体报道，该网友实际上是传播了 2011 年 12 月 14 日百度贴吧里一篇名为《狼牙山五壮士真相原来是这样!》的帖子的内容，该帖子说五壮士“5个人中有3个是当场被打死的,后来清理战场把尸体丢下悬崖。另两个当场被活捉,只是后来不知道什么原因又从日本人手上逃了出来。”

2013年11月8日,洪振快在《炎黄春秋》杂志发表了其本人撰写的《“狼牙山五壮士”的细节分歧》一文。该文分为几个部分,分别为“在何处跳崖”“跳崖是怎么跳的”“敌我双方战斗伤亡”“‘五壮士’是否拔了群众的萝卜”。文章通过援引不同来源、不同内容、不同时期的报刊资料等,对狼牙山五壮士事迹中的细节提出质疑。文中写道:“当我们深入‘狼牙山五壮士’有关叙述的细节时,就发现上述人员在不同时间、不同场合下的陈述存在诸多相互矛盾之处。而对于同一件事,相互矛盾的描述可能都不符合事实,也可能有一个符合事实,但不可能同时都符合事实。”关于跳崖地点,洪振快在文中写道:“训令和《神兵》给人造成的印象,是五壮士在棋盘陀顶峰跳下了‘万丈’或‘二十丈’的悬崖,三人在沟底成了‘三堆血肉’,‘壮烈殉国’,而两人‘给树枝挂在半空’,‘光荣负伤’,这也正是壮烈的狼牙山五壮士故事的核心所在。……可是按照1957年7月15日出版的《红旗飘飘》第2集刊出了葛振林的口述,最后跳崖的地方并不是在棋盘陀顶峰。”关于“跳崖是怎么跳的”,洪振快在文中写道:“‘狼牙山五壮士’的核心情节是跳崖,训令和《神兵》对跳崖的细节都不明确……文革中红卫兵对此表示怀疑……实际上,从1957年刊出的葛振林自己的口述中,也是可以印证‘溜’的说法。……后来,葛振林又有新的说法。根据在葛振林《狼牙山跳崖那悲壮的一幕》回忆,似乎跳下去后也不是‘溜’,而是在树间‘窜’。”关于“五壮士”是否拔了群众的萝卜,洪振快在文中写道:“葛振林说:‘刚才忙着打仗倒不觉得,这会歇下来,才觉得又饿又渴……正巧山地里有些散种的萝卜,我们顾不得了,每人拔个吃着……’”

一审法院还查明,葛长生与葛振林系父子关系,葛长生提供了中国人民解放军湖南省衡阳警备区离职干部休养所出具的《证明》,其中载明,“我部原离休干部葛振林……育有四子,无女儿,姓名分别为葛长生(身份证号×××)……”经一审法院核实,该居民身份证号码与葛长生立案时在湖南省衡阳市雁城公证处公证的本人身份证号码一致。

一审中,研究会推荐王立华为葛长生的委托代理人。经一审法院调查,王立华、葛长生于2015年3月15日被研究会(社会团体)增补为副会长,会议记录、社会团体负责人备案表等相关材料已于2016年1月22日在该社会团体所在地河北省保定市民政局备案。

一审法院受理本案后,依法组成合议庭,公开开庭进行了审理。葛长生之委托代理人赵小鲁、王立华,洪振快到庭参加了诉讼。洪振快在诉讼中委托北京泽博律师事务所律师周泽和北京市汉鼎联合律师事务所律师张庆方作为其委托代理人。

庭审中，洪振快解除了与周泽、张庆方的委托代理关系，并未经法庭许可中途退庭。一审法院依法缺席审理。

一审法院认为：1941 年 9 月 25 日，在易县狼牙山发生的狼牙山战斗，是被大量事实证明的著名战斗。在这场战斗中，狼牙山五壮士英勇抗敌的基本事实和舍生取义的伟大精神，赢得了全中国人民高度认同和广泛赞扬，是五壮士获得“狼牙山五壮士”崇高名誉和荣誉的基础。我国法律规定，公民享有名誉权、荣誉权，禁止用侮辱、诽谤等方式损害公民的名誉、荣誉等民事权益。公民的姓名、肖像、名誉、荣誉受到侵害的，相关当事人有权要求侵权人停止侵害，恢复名誉，消除影响，赔礼道歉，并可以要求赔偿损失。

根据双方当事人诉辩主张及理由，本案的争议焦点概括起来涉及以下法律问题：一、葛长生是否是本案适格的原告？二、王立华作为葛长生委托代理人代理资格是否有效？三、洪振快发表的《小学课本〈狼牙山五壮士〉有多处不实》、《“狼牙山五壮士”的细节分歧》等案涉文章是否构成名誉侵权，如构成名誉侵权，应如何承担侵权责任？

一、关于葛长生是不是本案适格原告的问题。《中华人民共和国民事诉讼法》第一百一十九条第（一）项规定，原告是与本案有利害关系的公民、法人和其他组织。《最高人民法院关于确定民事侵权精神损害赔偿责任若干问题的解释》第三条规定，自然人死亡后，其近亲属因侮辱、诽谤、贬损、丑化或者违反社会公共利益、社会公德的其他方式侵害死者姓名、肖像、名誉、荣誉的，有权向人民法院提起诉讼。《最高人民法院关于适用〈中华人民共和国民事诉讼法〉的解释》第六十九条规定，对侵害死者遗体、遗骨以及姓名、肖像、名誉、荣誉、隐私等行为提起诉讼的，死者的近亲属为当事人。由此可知，死者的近亲属有权就侵害死者名誉、荣誉等行为提起民事诉讼，死者的近亲属是正当当事人。具体到本案，根据中国人民解放军湖南省衡阳警备区离职干部休养所提供的证明材料以及公证书等证据可以认定，葛振林与葛长生系父子关系，葛振林系狼牙山五壮士之一，其已去世，葛长生作为近亲属有权就侵害葛振林名誉、荣誉的行为提起民事诉讼，葛长生作为本案原告适格。因此，洪振快对本案原告葛长生主体资格提出的异议不能成立。

二、关于王立华是否具有葛长生委托代理人的代理资格问题。根据《中华人民共和国民事诉讼法》第五十八条第二款第（三）项之规定，当事人所在社区、单位以及有关社会团体推荐的公民可以被委托为诉讼代理人。根据葛长生提供的相关材料，葛长生、王立华已于 2015 年 3 月被补选为研究会副会长，会议记录、社会团体负责人备案表等资料已交当地民政部门登记备案。法院经调查后，对上述材料的真实性予以认定。研究会作为社会团体，推荐王立华为葛长生的委托代理人，符合

《最高人民法院关于适用〈中华人民共和国民事诉讼法〉的解释》第八十七条和第八十八条的相关规定,故法院认定,王立华具有葛长生委托代理人的代理资格。

三、洪振快发表的案涉文章是否构成名誉侵权是本案的核心问题。对此,法院分析如下:

关于案涉文章侵害的权益是否受法律保护问题。《中华人民共和国民法通则》第一百零六条第二款规定,公民、法人由于过错侵害国家的、集体的财产,侵害他人财产、人身的,应当承担民事责任。《中华人民共和国侵权责任法》第二条规定,侵害民事权益,应当承担侵权责任。从上述法律规定来看,我国现行法关于侵权的客体范围包含了权利和利益。《最高人民法院关于确定民事侵权精神损害赔偿责任若干问题的解释》第三条规定,自然人死亡后,他人仍不得以侮辱、诽谤、贬损、丑化或者违反社会公共利益、社会公德的方式,侵害死者的姓名、肖像、名誉、荣誉。由此可知,自然人死亡后,其生前人格利益仍然受法律的保护。

从本案涉及的事实来看,案涉文章涉及的人物之一是葛长生的父亲葛振林。1941年10月18日,时任晋察冀军区司令员兼政治委员的聂荣臻签发训令,对宁死不屈、光荣殉国的马宝玉、胡德林、胡福才三位烈士及跳崖负伤的葛振林、宋学义两位同志予以表彰,并号召全体指战员学习。之后,几十年中,"狼牙山五壮士"这一称号在全军、全国人民中广泛传播,获得了普遍的公众认同,成为全军、全国人民学习的榜样和楷模。从这些英雄人物的角度看,他们的英雄事迹反映了他们不怕牺牲、宁死不屈、英勇抗敌的精神。"狼牙山五壮士"的英雄称号,既是国家及公众对他们作为中华民族的优秀儿女在反抗侵略、保家卫国作出巨大牺牲的褒奖,也是他们应当获得的个人名誉和个人荣誉。

不仅如此,"狼牙山五壮士"是中国共产党领导的八路军在抵抗日本帝国主义侵略伟大斗争中涌现出来的英雄群体,是中国共产党领导的全民抗战并取得最终胜利的重要事件载体。这一系列英雄人物及其事迹,经由广泛传播,在抗日战争时期,成为激励无数中华儿女反抗侵略、英勇抗敌的精神动力之一;成为人民军队誓死捍卫国家利益、保障国家安全的军魂来源之一;在和平年代,狼牙山五壮士的精神,仍然是我国公众树立不畏艰辛、不怕困难、为国为民奋斗终身的精神指引。这些英雄人物及其精神,已经获得全民族的广泛认同,是中华民族共同记忆的一部分,既是中华民族精神的内核之一,也是社会主义核心价值观的重要内容。而民族的共同记忆、民族精神乃至社会主义核心价值观,无论是从我国的历史看,还是从现行法上看,都已经是社会公共利益的一部分。

在此意义上,案涉文章侵害的不仅仅是葛振林个人的名誉和荣誉,并且侵害的是由英雄人物的名誉、荣誉融入的社会公共利益。

关于案涉文章是否实施了加害行为的问题。《中华人民共和国民法通则》第一百零一条规定，公民、法人享有名誉权，公民的人格尊严受法律保护，禁止用侮辱、诽谤等方式损害公民、法人的名誉。《最高人民法院关于贯彻执行〈中华人民共和国民法通则〉若干问题的意见（试行）》第140条将侵害名誉权的行为类型，确定为“宣扬他人的隐私，或者捏造事实公然丑化他人人格，以及用侮辱、诽谤等方式”。《最高人民法院关于审理名誉权案件若干问题的解答》之七、之八规定的行为类型包括“侮辱或者诽谤”、“新闻报道严重失实”或者撰写、发表的批评文章“基本内容失实”等。《最高人民法院关于确定民事侵权精神损害赔偿责任若干问题的解释》第三条则规定“以侮辱、诽谤、贬损、丑化或者违反社会公共利益、社会公德的方式”等行为类型。法院认为：第一，上述法律或司法解释关于行为类型的规定，是列举式的而非穷尽式的。这一点，上述法律或司法解释规定中的“等”字，可以说明。第二，侵害名誉或者名誉权的行为通常表现为侮辱、诽谤，但不以此为限，它还包括“贬损、丑化或者违反社会公共利益、社会公德的方式”以及其他行为类型。第三，进一步说，前述法律和司法解释所规定的行为类型的具体表现形态，应当根据侵权行为方式的变化而变化。只有这样，才能让法律更好地保护公民的人格权益不受非法侵害。

具体到本案，洪振快发表的《小学课本〈狼牙山五壮士〉有多处不实》、《“狼牙山五壮士”的细节分歧》两篇文章，其所描述的主要内容是对我国抗日战争史中的狼牙山五壮士英雄事迹的解构。案涉文章具有如下特征：狼牙山五壮士在狼牙山战斗中所表现的英勇抗敌的事迹和舍生取义的精神这一基本事实，案涉文章自始至终未作出正面评价。而是以考证“在何处跳崖”、“跳崖是怎么跳的”、“敌我双方战斗伤亡”以及“‘五壮士’是否拔了群众的萝卜”等细节为主要线索，通过援引不同时期的材料、相关当事者不同时期的言论，甚至“文革”时期红卫兵迫害宋学义的言论为主要证据，全然不考虑历史的变迁、各个材料所形成的时代背景以及各个材料的语境。在无充分证据的情况下，案涉文章多处作出似是而非的推测、质疑乃至评价。法院认为，尽管案涉文章无明显侮辱性的语言，但洪振快采取的行为方式却是，通过强调与基本事实无关或者关联不大的细节，引导读者对“狼牙山五壮士”这一英雄人物群体英勇抗敌事迹和舍生取义精神产生质疑，从而否定基本事实的真实性，进而降低他们的英勇形象和精神价值。洪振快的行为方式符合以贬损、丑化的方式损害他人名誉和荣誉权益的特征。洪振快主张其行为方式不符合侮辱、诽谤特征就不构成名誉侵权的抗辩理由于法无据，法院不予支持。

在损害后果上，案涉文章经由互联网传播，已经在全国范围内产生了较大的影响。这一点，从案涉文章所引发的后果即可明知，它们不仅损害了葛长生之父葛振林的名誉及荣誉,而且伤害了葛长生的个人感情,在一定范围和程度上伤害了社会公众的民族和历史情感。如前所述,在我国,由于“狼牙山五壮士”的精神价值已经内化为民族精神和社会公共利益的一部分,因此,也损害了社会公共利益。

除此之外,洪振快在主观方面存在过错。通常情形下,侵害名誉或者名誉权案件中的过错,是指明知或应当预见到其行为造成他人社会评价降低的后果而仍然为之或认为仍可避免的主观状态。在侵害名誉或者名誉权益的案件中,对行为人主观过错的认定往往依据通常人的认知并辅之以社会常识、行为人的职业或专业及控制危险的成本等客观因素加以判断。

本案中,洪振快作为生活在中国的一位公民,对“狼牙山五壮士”的历史事件所蕴含的精神价值,应当具有一般公民所拥有的认知。对“狼牙山五壮士”及其所体现的民族精神和民族感情,应当具有通常成年人所具有的体悟。尤其是作为具有一定研究能力和能够熟练使用互联网工具的人,更应当认识到案涉文章的发表及其传播将会损害到“狼牙山五壮士”的名誉及荣誉,也会对其近亲属造成感情和精神上的伤害,更会损害到社会公共利益。在此情形下,洪振快有能力控制文章所可能产生的损害后果而未控制,仍以既有的状态发表,在主观上显然具有过错。

一审法院也注意到,除了前述构成要件之外,本案的裁判结果尚涉及洪振快的言论自由问题,这也是洪振快在本案中提出的主要抗辩理由。依法保护当事人的言论自由是我国现行法律的明确规定,也是本案裁判需要考虑的重要因素之一。从民法的角度看,表达自由已经成为民事主体一般人格尊严的重要内容。案涉文章在形式上表现为学术文章,判断其是否构成侵权将涉及洪振快的言论自由。但是,也要看到,言论自由并非没有边界,如果超出合理的限度,则会侵害他人的合法权益以及更为重要的社会公共利益。

一审法院认为,学术自由、言论自由以不侵害他人合法权益、社会公共利益和国家利益为前提。这是我国宪法所确立的关于自由的一般原则,是为言论自由和学术自由所划定的边界。任何公民在行使言论自由、学术自由及其他自由时,都负有不得超过自由界限的法定义务。这是法治国家和法治社会对公民的基本要求,也是任何一个公民应当承担的社会责任。本案中,“狼牙山五壮士”及其事迹所凝聚的民族感情和历史记忆以及所展现的民族精神,是当代中国社会主义核心价值观的重要来源和组成部分,具有巨大的精神价值,也是我国作为一个民族国家所不可或缺的精神内核。对“狼牙山五壮士”名誉的损害,既是对葛长生之父葛振林的名誉、荣誉的损害,也是对中华民族的精神价值的损害。洪振快完全可以在不损害五壮士名誉、荣誉和社会公共利益的前提下,自由地进行学术研究和自由发表言论,包括对狼牙山战斗的某些细节进行研究,但洪振快却未采用这种方式,而是通过所谓的细节研究，甚至与网民张广红对狼牙山五壮士的污蔑性谣言相呼应，质疑五壮士英勇抗敌、舍生取义的基本事实，颠覆五壮士的英勇形象，贬损、降低五壮士的人格评价。这种“学术研究”、“言论自由”不可避免地会侵害五壮士的名誉、荣誉，以及融入了这种名誉、荣誉的社会公共利益。因此，洪振快以侵害他人合法权益和社会公共利益的言论自由，作为其侵权责任的抗辩理由，法院不予支持。

最后，由于洪振快的行为侵害了葛长生之父葛振林的名誉和荣誉，应当承担相应的侵权责任。现葛长生要求洪振快立即停止侵犯葛振林等狼牙山五壮士的民族英雄名誉，及要求洪振快在网站、媒体公开向葛长生赔礼道歉、消除影响等诉讼请求于法有据，根据《中华人民共和国侵权责任法》第十五条的规定，应予支持。关于赔礼道歉及消除影响的范围和持续时间，由法院根据侵权言论造成不良影响的范围予以认定。

至于葛长生诉请洪振快向葛振林等狼牙山五壮士在天英灵登报谢罪的诉讼请求问题，从我国的现行法上看，其实质仍然是请求洪振快赔礼道歉、消除影响，该请求已被葛长生的第一项诉讼请求所吸收，法院不再单独处理。

庭审中，洪振快未经法庭许可中途退庭，应视为其自行放弃了当庭进行答辩、举证、质证等诉讼权利。

据此，一审法院于2016年6月判决：一、洪振快立即停止侵害葛振林名誉、荣誉的行为；二、判决生效后三日内，洪振快公开发布赔礼道歉公告，向葛长生赔礼道歉，消除影响。该公告须连续刊登五日，公告刊登媒体及内容需经法院审核，逾期不执行，法院将在相关媒体上刊登判决书的主要内容，所需费用由洪振快承担。

洪振快不服一审判决，提起上诉，请求二审法院撤销原判，驳回葛长生的所有诉讼请求，或者发回重审。事实和理由：1. 一审判决查明的狼牙山战斗事实存在错误。根据《冈山步兵第百十联队史》等史料，训令等文件关于作战对象、被困军民四万人突围、敌军死伤情况等的描述全系撒谎，是虚假战绩；葛振林荣誉的获得，与其撒谎有关，存在重大瑕疵，是不当得利，不能将其所得荣誉视为理所应当并竭力维护；葛振林欺骗组织，夸大战绩，自我美化；其是否跳崖、如何跳崖难免让人生疑。2. 质疑“狼牙山五壮士”历史实际真实性，认为“狼牙山五壮士”的事迹和精神不是民族共同记忆、不是民族精神，认定狼牙山五壮士已经获得全民族的广泛认同，这是法院的主观臆断；“核心价值观”不能与“狼牙山五壮士”画等号，“核心价值观”要建立在真实的历史之上，虚假、不诚信违背核心价值观；所谓“公共利益”实际是狼牙山五壮士后人和相关既得利益者的利益，是中国共产党的利益，不是国家、民族和人民大众的利益；案涉文章提出质疑，是为了抵制历史谣言，还原历史真相，追求历史正义，满足公众的知情权，是维护公共利益。3. 案涉文章的内容都有充分证据，洪振快主观上没有过错，葛长生也没有提供任何证据证明造成危害后果；撰写案涉文章的目的，是探求历史真相，行使公民对国家机关提出批评的权利，应受法律保护，葛长生及其父均有不当得利，应接受公众的批评；无论是《晋察冀日报》报道的《棋盘陀上的五个"神兵"》，还是据此改编的小学语文教科书，还是新华社、人民日报的报道，全部存在严重的"虚构信息"问题。4. 王立华代理资格不合法。王立华、葛长生都不是保定人，根据法规，没有资格成为研究会的会员或者副会长；研究会的会议记录及"社会团体负责人备案表"均存在伪造嫌疑；根据军队政策，王立华、葛长生没有参加研究会的资格；研究会在二审期间出具的一份推荐信的落款日期早于一审判决日期，出具证明日期随便、作伪证。5. 葛长生的诉讼请求中未要求法院就"狼牙山五壮士"事实真相作出认定，一审判决以审理查明方式垄断历史真相，以动机揣测方式认定案涉文章存在贬损、丑化的方式损害他人名誉，剥夺了公民的思想自由和学术自由，否定质疑的权利，违背宪法。

葛长生针对上诉辩称：1. 洪振快的上诉状自相矛盾，恶意推测，继续恶意贬损狼牙山五壮士，不应采纳。2. 洪振快的案涉文章体现出将证据碎片化、断章取义的特点，对其他可以相互印证的材料视而不见，不是将历史资料完整地、辩证地、综合地分析，很难认为洪振快是善意的历史研究者、尽到了审慎的注意义务。3. 洪振快提交的《冈山步兵第百十联队史》复印件系域外形成的证据，未经公证认证，违反证据规则的要求，其证据的真实性、合法性、关联性均不予认可；且该证据显示是1991年在日本印刷的非正式刊物，是在狼牙山作战过去50年后，一些侵华日军编辑出版，没有史料支持和其他证据支持，这些证据不能采信，不能因此否认五壮士的英雄事迹；日本冈山大学教授姜克实关于狼牙山作战的描述，基本依据也是《冈山步兵第百十联队史》，经不起推敲；国内大量的史料证据证明了"狼牙山五壮士"英雄事迹的真实性。4. "狼牙山五壮士"英雄事迹的来源，有多个直接当事人和直接目击者；洪振快明知"狼牙山五壮士"英雄事迹有多方印证，却故意说那只是葛振林、宋学义两人归队后的口述，还污蔑他们隐瞒实情，骗取公众信任，这说明洪振快具有恶意歪曲贬损"狼牙山五壮士"的主观故意。5. 洪振快用侵华日军编写的所谓史料贬损中国共产党领导的八路军抗战史实，通过似是而非的推测故意否定英雄和先烈，污蔑活下来的英雄"撒谎"，其行为已经侵害了社会公共利益，应当承担相应的侵权责任；一审判决结合名誉侵权法律责任的四个要件，作出了正确的认定；同意一审判决。6. 王立华被研究会推荐为本案诉讼代理人，是研究会的真实意思表示，且手续合法。

本院二审期间，洪振快就其上诉请求提交了证据。本院组织当事人进行了证据交换和质证。洪振快提出的主要证据是《冈山步兵第百十联队史》复印件共四页及作者为姜克实的文章《狼牙山作战》等。

本院另查明：

1. 2013年8月29日22时许，广州市公安局越秀分局将张广红抓获，经调查，认定张广红散布关于"狼牙山五壮士"的相关谣言，虚构事实扰乱公共秩序。同月30日，广州市公安局越秀分局决定对张广红处以行政拘留七日。

2. 洪振快撰写的《"狼牙山五壮士"的细节分歧》一文发表于《炎黄春秋》杂志2013年第11期，该文亦发表于《炎黄春秋》杂志网站。

本院对一审查明的其他事实予以认定。

本院认为：本案二审的焦点问题有两个，一是王立华是否具有本案的诉讼代理人资格，二是洪振快发表的案涉文章是否侵害了葛长生之父葛振林的名誉、荣誉权益。

一、关于王立华是否具有本案诉讼代理人资格的问题。

根据《中华人民共和国民事诉讼法》第五十八条第二款第（三）项之规定，当事人所在社区、单位以及有关社会团体推荐的公民可以被委托为诉讼代理人。根据《最高人民法院关于适用〈中华人民共和国民事诉讼法〉的解释》第八十七条第一款第（二）、（四）项的规定，被代理人属于该社会团体的成员，或者当事人一方住所地位于该社会团体的活动地域，以及被推荐的公民是该社会团体的负责人或者与该社会团体有合法劳动人事关系的工作人员是有关社会团体推荐公民担任诉讼代理人应当符合的条件。本案中，研究会向本院及一审法院出具的推荐信记载，葛长生、王立华均系研究会的副会长，故二者在研究会中的身份符合司法解释关于被代理人为社会团体成员、被推荐的公民为社会团体负责人的条件要求，因此王立华具有葛长生委托代理人的资格。

洪振快提出二审中研究会出具的一份推荐信的落款日期早于一审判决日期，主张研究会出具证明日期随便、作伪证。研究会在本院审理期间另行出具了一份落款日期位于一审判决日期之后的推荐信，符合法律规定。本院认为，洪振快主张的上述情节不能否定研究会推荐王立华作为葛长生二审诉讼委托代理人的意见，亦不能据此认定研究会存在作伪证的事实，故本院经审查可以认定研究会同意推荐王立华作为葛长生二审诉讼委托代理人。对于洪振快的上述意见，本院不予采纳。

关于洪振快上诉提出葛长生、王立华担任研究会副会长在选举程序、备案手续、是否符合社团管理规定、是否符合军队政策等方面存在问题一节，本院认为，研究会认可葛长生、王立华系该会副会长，至于葛长生、王立华被选举为研究会副会长是否存在洪振快所述的问题，应依法向相关部门反映，并非本案民事诉讼审查的范围,故本院对于洪振快以此为由对王立华诉讼代理资格提出的异议,不予采纳。

二、关于洪振快发表的案涉文章是否侵犯了葛长生之父葛振林的名誉、荣誉权益的问题。

1941年9月25日,在易县狼牙山发生的狼牙山战斗,是被大量事实证明的著名战斗。在这场战斗中,狼牙山五壮士英勇抗敌的基本事实和舍生取义的伟大精神,赢得了全中国人民的高度认同和广泛赞扬,是五壮士获得"狼牙山五壮士"崇高名誉和荣誉的基础。本案中,虽然洪振快上诉对五壮士跳崖等相关事实提出疑问,但是洪振快提交的证据并不充分,不能推翻狼牙山五壮士英勇抗敌的基本事实。在本院审理期间,洪振快提交的《冈山步兵第百十联队史》复印件未经公证、认证,本院对其证据的真实性、合法性不予认定。洪振快提交的姜克实撰写的文章等其他证据不能推翻一审判决认定的事实,洪振快此项上诉理由不能成立。

洪振快发表的《小学课本〈狼牙山五壮士〉有多处不实》、《"狼牙山五壮士"的细节分歧》两篇案涉文章,以考证"在何处跳崖"、"跳崖是怎么跳的"、"敌我双方战斗伤亡"以及"'五壮士'是否拔了群众的萝卜"等细节为主要线索。洪振快在文中援引了资料并注明出处,从资料内容看,洪振快以不同时期的材料、相关当事者不同时期的言论为主要证据。本院认为,对于言论的分析、理解,应当放到特定的语境下,探究言论的原意并努力查证该言论是否具有其他证据予以佐证,同时应尽可能穷尽关于同一问题的其他研究资料,对资料进行综合分析判断。案涉文章在没有充分证据的情况下,以引而不发的手法,在多处作出似是而非的推测、质疑乃至评价。在本院审理阶段,洪振快一改过去引而不发的手法,在上诉状和庭审中公开否认狼牙山五壮士英勇抗敌、舍生取义的基本事实,并明确表示,训令等文件关于作战对象、被困军民四万人突围、敌军死伤情况等的描述全系撒谎,是虚假战绩,葛振林荣誉的获得,与其撒谎有关,存在重大瑕疵,是不当得利,不能将其所得荣誉视为理所应当并竭力维护。洪振快在二审中的自认足以说明,一审判决认定洪振快撰写文章的行为方式是通过所谓"细节"探究,引导读者对狼牙山五壮士英勇抗敌事迹和舍生取义精神产生质疑,从而否定基本事实的真实性,进而降低他们的英勇形象和精神价值,是正确的,本院予以认可。一审法院在上述认定的基础上认为洪振快的行为方式符合以贬损、丑化的方式损害他人名誉和荣誉权益的特征,本院予以支持。洪振快上诉以其文章发表时提供了证据、文章没有侮辱他人人格内容为由抗辩不构成名誉、荣誉侵权的意见,缺乏依据,本院不予采纳。

关于洪振快的行为是否构成对公共利益的侵害的问题。洪振快在本院二审中认为自己的行为不构成对公共利益的侵害主要基于以下理由:一是认为狼牙山五壮士已经获得全民族的广泛认同,是法院的主观臆断;二是认为狼牙山五壮士的事迹和精神已经成为民族共同记忆缺乏事实依据；三是认为狼牙山五壮士的事迹是虚假的，其精神不能同核心价值观画等号；四是认为狼牙山五壮士的精神构成的不是公共利益，而是狼牙山五壮士后人和相关既得利益者的利益，是中国共产党的利益。本院认为，首先，狼牙山五壮士英勇抗敌和舍生取义的基本事实，已经是被大量的历史事实证明的不争事实，一审和本院二审审理期间亦有大量的证据在案佐证，洪振快的质疑缺乏事实依据。其次，“狼牙山五壮士”英勇抗敌的事实发生后，经各种途径广泛传播，在抗日战争、解放战争、抗美援朝战争等为民族独立、人民解放和保卫国家安全战斗的时期，成为激励无数中华儿女反抗侵略、英勇抗敌的精神动力之一；成为人民军队誓死捍卫国家利益、保障国家安全的军魂来源之一。在和平年代，狼牙山五壮士的精神，仍然是我国公众树立不畏艰辛、不怕困难、为国为民奋斗终身的精神指引。这些英雄人物及其精神，已经获得全民族的广泛认同，成为广大民众精神需求的重要组成部分，是社会公共利益的一部分，这也是不争的社会现实和历史事实。同时，中国共产党是中国人民和中华民族的先锋队，代表全国人民的共同利益，没有脱离国家、民族利益之外的任何私利。中国共产党宣扬“狼牙山五壮士”的事迹和精神体现的也是国家利益、民族利益，没有任何私利可言。因此，洪振快上诉关于这仅是狼牙山五壮士后人和相关既得利益者的利益、是中国共产党的利益，不是公共利益的主张显然不能成立。根据前文的认定，洪振快发表的案涉文章否认狼牙山五壮士英勇抗敌的事实和舍生取义的精神，不仅对狼牙山五壮士的名誉和荣誉构成侵害，同时构成了对英雄人物的名誉、荣誉所融入的社会公共利益的侵害。

洪振快上诉主张其发表案涉文章，目的是要抵制历史谣言，还原历史真相，追求历史正义，对公众人物进行批评和质疑是为了满足公众的知情权。本院认为，抵制历史谣言，还原历史真相，追求历史正义，满足公众知情权，我国现行法律均予以保护和支持。但从本院查明的事实看，洪振快之所以要写案涉文章，其目的是要为散布历史谣言、污蔑狼牙山五壮士的张广红鸣不平，这在洪振快的文章中有明确表述。要还原历史真相，追求历史正义，满足公众的知情权，应当建立在严肃认真地对历史的研究上，但洪振快在没有充分证据的情况下，极不严肃地、轻率地否认狼牙山五壮士英勇抗敌的事迹和舍生取义的精神这一基本事实，误导社会公众对狼牙山五壮士的认知，这显然与洪振快自己的上诉主张是相互矛盾的。本院认为，满足公众的知情权与保护公民的人格权不受侵害并不矛盾。洪振快提出的满足公众知情权的行为，是建立在否认狼牙山五壮士英勇抗敌事迹和舍生取义精神这一基本事实基础上，且这种否认无确凿真实的证据，这就决定了他的所谓“满足公众知情权”的行为不可避免地会成为误导社会公众的侵权行为。故洪振快以满足公众知情权为由主张免责，不能成立。

从损害后果看，案涉文章通过刊物发行和网络传播，客观上已经在社会上产生较大影响，损害了葛长生之父葛振林的名誉及荣誉，同时伤害了葛长生的个人情感。洪振快上诉关于葛长生没有提供任何证据证明案涉文章造成危害后果的主张，与客观事实不符，本院对洪振快该项意见不予采纳。

洪振快上诉提出其撰写案涉文章的动机并非针对葛长生之父葛振林，没有主观过错。但其上诉主张葛振林欺骗组织，夸大战绩，自我美化，其是否跳崖、如何跳崖难免让人生疑等。这一自认证明，洪振快撰写文章确有贬低葛振林的主观目的。为此，本院认为，洪振快明知其行为会造成他人社会评价降低的后果而仍然为之，其主观过错明显，本院对于洪振快的该项上诉主张不予支持。

最后，关于洪振快上诉提出的言论自由、学术自由及与人格权利冲突的平衡问题，本院认为，我国现行法律保护公民言论的自由和进行科学研究的自由，同样也保护公民的人格尊严不受侵犯，保护公民享有的名誉、荣誉等权益。公民享有法律规定的权利，同时也必须履行法律规定的义务，包括公民在行使自由和权利的时候，不得损害国家的、社会的、集体的利益和其他公民的合法的自由和权利。因此，自由和权利的行使，并非没有边界，这个边界就是法律。具体到本案中，洪振快上诉所称的其行使言论自由和学术自由的权利，需要在法律范围内进行，洪振快应当采取适当的方式从事研究及发表言论，同时应当充分考虑可能造成的社会影响。洪振快撰写的案涉文章侵害了葛振林的名誉和荣誉，侵害了社会公共利益，违反了法律规定，洪振快的行为已经超出了法律允许的范围，不受法律保护。因此，洪振快以言论自由、学术自由作为其不承担侵权责任的抗辩理由，不能成立，本院不予支持。

综上所述，洪振快的上诉请求不能成立，应予驳回；一审判决认定事实清楚，适用法律正确，应予维持。依照《中华人民共和国民事诉讼法》第一百七十条第一款第（一）项之规定，判决如下：

驳回上诉，维持原判。

二审案件受理费300元，由洪振快负担（已交纳）。

本判决为终审判决。

审　判　长　王　平
审　判　员　何江恒
代理审判员　赵胤晨
二〇一六年八月十五日
法官助理　何海云
书　记　员　祝　石

指导案例100号《山东登海先锋种业有限公司诉陕西农丰种业有限责任公司、山西大丰种业有限公司侵害植物新品种权纠纷案》的理解与参照

2018年12月19日，最高人民法院发布了第19批指导性案例，包括第97号至第101号共5件指导性案例，总结了审判实践中一些普遍的疑难复杂法律适用问题，有利于进一步明确裁判规则，统一司法尺度。其中，第100号指导案例为《山东登海先锋种业有限公司诉陕西农丰种业有限责任公司、山西大丰种业有限公司侵害植物新品种权纠纷案》。为了正确理解和准确参照适用该指导案例，现对该指导案例的选编过程、裁判要点、参照适用等有关情况予以解释和说明。

一、选编过程及指导意义

2017年10月26日，最高人民法院民三庭向案例指导工作办公室推荐该案例作为备选指导性案例。该案例曾入选最高人民法院公报案例，以及最高人民法院知识产权审判典型案例和2015年知识产权五十大案例，并被写入2015年最高人民法院知识产权年度报告。在2016年越南河内召开的植物新品种保护执法会议中，该案件确立的规则被UPOV联盟（国际植物新品种保护联盟）确定为亚洲国家对植物新品种保护执法工作做出的第一个司法贡献，被UPOV联盟确定列入执法工作会议内容，在UPOV联盟官网中供品种权人以及执法部门参考。案例指导工作办公室经过初审认为，该案例基本符合指导性案例要求，并提交研究室室务会讨论。2018年6月19日，研究室室务会经讨论，同意推荐该案例，并要求征求相关专家学者意见。办公室征求了农业农村部科技发展中心陈红、中国社会科学院法学研究所李菊丹两位专家意见，均表示同意推荐该案例。11月20日，该案例经最高人民法院民专会第302次会议讨论，同意作为指导性案例。12月19日，最高人民法院以法〔2018〕338号文件将该案例列在第19批指导性案例予以发布。

该案例与2017年11月15日发布的指导案例92号《莱州市金海种业有限公司诉张掖市富凯农业科技有限责任公司侵犯植物新品种权纠纷案》裁判要点均涉及

品种权侵权判定规则,但各有侧重。两个指导性案例通过正确严谨的论证和说明,分析了田间种植测试与DNA鉴定这两种侵权判断方法的证明力,并阐明了各自的优缺点和适用范围,结合举证责任,明确了品种权侵权“同一性”判定的规则,为今后各级人民法院查明和审理品种权侵权案件提供了有力的参照适用规则。

二、关于本案例的相关情况

先锋国际良种公司是“先玉335”植物新品种权的权利人,其授权山东登海先锋种业有限公司(以下简称登海公司)作为被许可人对侵害该植物新品种权提起民事诉讼。登海公司于2014年3月16日向陕西省西安市中级人民法院起诉称,2013年山西大丰种业有限公司(以下简称大丰公司)生产、陕西农丰种业有限责任公司(以下简称农丰种业)销售的外包装为“大丰30”的玉米种子侵害“先玉335”的植物新品种权。北京玉米种子检测中心于2013年6月9日对送检的被控侵权种子依据NY/T1432-2007玉米品种DNA指纹鉴定方法,使用3730XL型遗传分析仪,384孔PCR仪进行检测,结论为待测样品编号YA2196与对照样品编号BGG253“先玉335”比较位点数40,差异位点数0,待测样品与对照样品相同或极近似。

山西省农业种子总站于2014年4月25日出具的《“大丰30”玉米品种试验审定情况说明》记载:“大丰30”作为大丰公司2011年申请审定的品种,由于北京市农林科学院玉米研究中心所作的DNA指纹鉴定认为“大丰30”与“先玉335”的40个比较位点均无差异,判定结论为两个品种无明显差异,2011年未通过审定。大丰公司提出异议,该站于2011年委托农业部植物新品种测试中心对“大丰30”进行DUS测试,即特异性(Distinctness)、一致性(Uniformity)和稳定性(Stability)测试,结论为“大丰30”具有特异性、一致性、稳定性,与“先玉335”为不同品种。“大丰30”玉米种作为审定推广品种,于2012年2月通过山西省、陕西省农作物品种审定委员会的审定。

大丰公司在一审中提交了农业部植物新品种测试中心2011年12月出具的《农业植物新品种测试报告》原件,测试地点为农业部植物新品种测试(杨凌)分中心测试基地,依据的测试标准为《植物新品种DUS测试指南—玉米》,测试材料为农业部植物新品种测试中心提供,测试时期为一个生长周期。测试报告特异性一栏记载,近似品种名称:鉴2011-001B先玉335,有差异性状:41*果穗:穗轴颖片青甙显色强度,申请品种描述:8强到极强,近似品种描述:5中。所附数据结果表记载,鉴2011-001A(大丰30)与鉴2011-001B的测试结果除“41*果穗”外,差别还在“9雄穗:花药花青甙显色强度”,分别为“6中到强、7强”“24.2*植株:高度”,分别为“5中”“7高”“27.2*果穗:长度”分别为“5中”“3短”。结论为,“大丰30”具有特异性、一致性、稳定性。

二审法院审理中，大丰公司提交了于2014年4月28日测试审核的《农业植物新品种DUS测试报告》，加盖有农业部植物新品种测试（杨凌）分中心和农业部植物新品种保护办公室的印鉴。该报告依据的测试标准为《植物新品种特异性、一致性和稳定性测试指南—玉米》。测试时期为两个生长周期“2012年4月~8月、2013年4月~8月”，近似品种为“先玉335”。所记载的差异性状为：“11.雄穗：花药花青甙显色强度，申请品种为7.强，近似品种为6.中到强”“41.籽粒：形状，申请品种为5.楔形，近似品种为4.近楔形”“42.果穗：穗轴颖片花青甙显色强度，申请品种为9.极强，近似品种为6.中到强”。测试结论为“大丰30”具有特异性、一致性、稳定性。

陕西省西安市中级人民法院于2014年9月29日作出（2014）西中民四初字第132号判决，判令驳回登海公司的诉讼请求。登海公司不服，提出上诉。陕西省高级人民法院于2015年3月20日作出（2015）陕民三终字第1号判决，驳回上诉，维持原判。登海公司不服，向最高人民法院申请再审。最高人民法院于2015年12月11日作出（2015）民申字第2633号裁定，驳回登海公司的再审申请。

本案是侵害植物新品种纠纷案件，焦点在于判断被诉侵权繁殖材料的特征特性与授权品种的特征特性相同，即判定“同一性”。根据《最高人民法院关于审理侵犯值物新品种权纠纷案件具体应用法律问题的若干规定》（以下简称侵犯品种权司法解释）第二条的规定，是以被控侵权繁殖材料的特征、特性与授权品种的特征、特性进行比对，排除存在非遗传变异因素导致的特征、特性的不同。关于侵权“同一性”的专门性问题，该司法解释第四条规定，可以采取田间观察检测、基因指纹图谱检测等方法鉴定。对于所作出的鉴定结论，人民法院依法质证后，认定其证明力。本案中，涉案品种“先玉335”的权利人，提交DNA鉴定报告的结论为“该样品电泳谱带与对照样先玉335电泳谱带比对一致。”被诉侵权方辩称不侵权，提交了结论为被诉侵权的品种与“先玉335”比对具有特异性的DUS测试报告。本案中，DNA鉴定报告和DUS测试报告结论存在不一致，如何审查认定其证明力是本案的关键所在。

近年来，我国利用当前主要推广品种和亲本进行改造的育种方式在不断增加，通过DNA检测，授权品种与侵权繁殖材料的差异位点数小于阈值，鉴定结论为相同或高度近似品种的纠纷数量有上升趋势。最高人民法院连续两年审理的植物新品种权侵权纠纷案件中，均涉及授权品种与被诉侵权品种进行DNA检测后，结论为相同或极近似的事实。我院指导案例92号《莱州市金海种业有限公司诉张掖市富凯农业科技有限责任公司侵犯植物新品种权纠纷案》，被诉侵权繁殖材料与农业部授权品种的标准样品通过DNA指纹测试比较，40个位点上只有1个位点差异，DNA检测结论为“与待测样品为近似品种”。指导案例92号明确，无法进行DUS

测试情况下,举证责任分配给被诉侵权人有利于对品种权人的保护。该指导案例针对的是DNA检测差异位点数小于品种的阈值的情况,而本案出现的情况则更为典型,DNA检测差异位点数为0,而且还存在通过田间种植,DUS测试结果为具有特异性的实际情况。如何解读DNA检测结论为"无明显差异"、"高度近似"、"极近似"甚至"相同",如何认定DNA鉴定报告的证明力,以及在已存在DNA鉴定的情况下,是否允许当事人进行田间种植测试的申请,有较大分歧。有观点认为,将差异至少两个位点作为距离来判定是两个不同的品种,品种间差异位点数等于1,表明两个品种非常接近,可以适用专利案件的"等同侵权"原则。也有观点认为,只有差异位点为零时才能认定被诉侵权的繁殖材料的性状特征与授权品种的性状特征相同。还有观点认为,可采取扩大检测位点进行加测及提交审定样品进行测定等方式对鉴定结论做补充,但不允许进行田间种植检测。审查认定结论为"无明显差异的DNA"鉴定报告的证明力,以及统一司法实践关于当事人田间种植测试的申请,成为司法审判中的新问题。

本案裁定书对于审查认定DNA鉴定报告、DUS测试报告的证明力进行了很好的阐述,明确了能否通过田间种植检测进行"同一性"判断的问题。首先,本案裁定审查分析了涉案DUS测试及田间种植检测行为的合法性问题。我国对主要农作物进行品种审定时,要求申请审定品种必须与已审定通过或本级品种审定委员会已受理的其他品种具有明显区别。涉案品种"大丰30"在2011年的品种审定中,经DNA指纹鉴定,被认定与"先玉335"无差异,视为同一品种而未能通过当年的品种审定。涉案DUS测试报告是大丰公司对DNA指纹鉴定结论提出异议,根据《主要农作物品种审定办法》关于"申请者对审定结果有异议的,可以向原审定委员会申请复审。品种审定委员会办公室认为有必要的,可以在复审前安排一个生产周期的品种试验"的规定,申请进行田间种植测试后,山西省农业种子总站委托农业部植物新品种测试中心完成的测试。涉案DUS测试报告具有合法性。该测试报告由农业部植物新品种测试中心按照《主要农作物品种审定办法》的规定,指定相应的DUS测试机构进行田间种植,依据相关测试指南整理测试数据进行的性状描述,测试报告具有真实性。经DUS测试,"大丰30"与近似品种"先玉335"存在明显且可重现的差异,所作测试对象与争议的待证事实具有关联性。依据《植物新品种特异性、一致性和稳定性测试指南 玉米》(NY/T2232-2012),"当申请品种至少在一个性状与近似品种具有明显且可重现的差异时,即可判定申请品种具备特异性"的规定,"大丰30"与近似品种"先玉335"相比,特征特性并不相同。该结论真实可信。其次,对于本案存在DNA鉴定结论与上述DUS测试报告不一致的问题,本案裁定明确本案DNA鉴定报告的证明力问题。裁定书认为,DNA指纹鉴定技术作为在室内进行基因型身份鉴定的方法，经济便捷，不受环境影响，测试周期短，有利于及时保护权利人的利益，同时能够提高筛选近似品种提高特异性评价效率，实践中多用来检测品种的真实性、一致性，并基于分子标记技术构建了相关品种的指纹库。DNA 指纹鉴定所采取的核心引物（位点）与 DUS 测试的性状特征之间并不一定具有对应性，而植物新品种权的审批机关对申请品种的特异性、一致性和稳定性进行实质审查所依据的是田间种植 DUS 测试。在主要农作物品种审定时，也是以申请审定品种的选育报告、比较试验报告等为基础，进行品种试验，针对品种在田间种植表现出的性状进行测试并作出分析和评价。因此，被诉侵权繁殖材料的特征特性应当依据田间种植所确定的性状特征为准。当 DNA 鉴定意见为相同或高度近似时，可通过田间表型确定身份。被诉侵权一方主张以田间种植测试推翻 DNA 鉴定意见时，应当由其提交证据予以证明。本案中，由于被诉侵权一方的大丰公司提交 DUS 测试报告证明，通过田间种植，“大丰 30”与“先玉 335”相比，具有特异性。根据侵害植物新品种权“同一性”的判定规则，“大丰 30”与“先玉 335”的特征特性不相同，因此，不存在“大丰 30”侵害“先玉 335”植物新品种权的行为。大丰公司生产农丰种业销售的“大丰 30”并未侵害“先玉 335”的植物新品种权。

三、裁判要点的理解与说明

该指导案例的裁判要点确认：判断被诉侵权繁殖材料的特征特性与授权品种的特征特性相同是认定构成侵害植物新品种权的前提。当 DNA 指纹鉴定意见为两者相同或相近似时，被诉侵权方证明通过田间种植，被控侵权品种与授权品种对比具有特异性，应当认定不构成侵害植物新品种权。

植物新品种保护审批机关采用《DUS 审查及性状描述总则》以及《DUS 测试指南等测试技术与标准》，通过田间种植试验、室内分析的方法，以申请品种的特异性、一致性和稳定性对繁殖材料进行评价的过程就是 DUS 测试。DUS 测试是植物新品种管理的基本技术依据，不仅植物新品种权的审批机关对申请品种进行实质审查依据 DUS 测试，DUS 测试也是品种审定和登记的基础依据。一般测试需要繁殖植物的两个生长周期才能得出测试结论。虽然 DUS 测试是品种权授权的基础，也是国内外公认准确度最高，当事人最为认可的检测方式，但 DUS 测试耗时长，诉讼效率低。DNA 检测通过基因型身份进行鉴定，测试周期短，实践中基于分子标记技术构建了相关品种的指纹库。借助其准确度高、速度快，DNA 指纹检测技术在品种区试审定、品种权保护、种子市场监督抽查等多个领域得到了广泛应用。在品种审定区试中，依据不同品种 DNA 指纹谱带对品种的一致性和真实性的判定，将 DNA 指纹的检测结果作为试验品种的淘汰、继续试验和推荐审定的依据，发现实验品种与已知品种在遗传上差异微小,即相同或高度近似(差异位点数≤1)的停止试验。如农业行业标准《玉米品种鉴定DNA指纹方法》NY/T1432－2014检测及判定标准规定,品种间差异位点数等于1,判定为近似品种;品种间差异位点数大于等于2,判定为不同品种。

DNA检测在证伪性事实上有其绝对的优势,但对于证实性事实,存在与田间种植测试结论不一致的可能。DNA检测是通过人为设定阈值来区分品种,超过该阈值就能够判断与已知品种不同,没有超过则表明判定两品种不同的条件不充分,此时仍然需要通过田间种植进行判断。如玉米品种鉴定DNA指纹方法和管理办法(NY/T1432－2007)规定,“两个品种若在所规定的20对基本核心引物＋20对辅助核心引物检测范围内未发现差异,说明该两品种间遗传上相同或高度相近。但若通过田间种植,能够发现和证明两品种间至少一个质量性状差异或两个数量性状有至少一个数量级别差异或一个数量性状相差两个数量级别,则也可以认定该两品种间有明确差别,所测试品种具有特异性。”可见,不能以DNA检测的对应位点数量进行侵权“同一性”判断。DNA检测所采取的核心引物(位点)与DUS测试的性状特征之间并不直接对应,授予植物新品种权是以田间种植进行DUS测试所确定的性状特征为基础,因此,对于DNA指纹鉴定意见为两者相同或相近似,而真实合法有效的田间种植检测报告证明两者具有明显且可重现的差异时,就不能得出两者的特征特性相同的结论。

四、参照适用时应注意的问题

本案针对在原告提交DNA检测报告及被告提交DUS测试报告时,如何判断证据的证明力的情形。需要强调的一点是,不能以DNA检测所采取的核心引物(位点)与田间测试的性状特征无对应性为由,轻易否定DNA鉴定的证明力。实践中,品种权侵权纠纷通常都是借助DNA指纹检测技术开展,因此,需要重视举证责任的分配以及证据证明力的审查判断,尤其是要重视,不能以田间种植测试的权威性轻易否定DNA鉴定的证明力,否则会导致品种权人维权困难,诉讼久拖不决。对于已经存在“同一性”的DNA鉴定结论时,证明不侵权的责任转移由被诉侵权一方完成。当DNA指纹鉴定意见为两者相同或相近似时,被诉侵权方举证证明通过田间种植,被控侵权品种与授权品种对比具有特异性,才能推翻构成侵害植物新品种权的主张。

(执笔人:最高人民法院知识产权法庭　罗霞
最高人民法院案例指导工作办公室　石磊)

指导案例100号　山东登海先锋种业有限公司诉陕西农丰种业有限责任公司、山西大丰种业有限公司侵害植物新品种权纠纷案

最高人民法院案例指导工作办公室编选人：石磊

1. 案例推荐单位：最高人民法院民三庭
2. 案例编写人：最高人民法院民三庭　罗霞
3. 案件裁判法院：最高人民法院（再审）
4. 案件承办人：罗霞（再审）

相关规定

1.《中华人民共和国植物新品种保护条例》（2014年7月29日修订）

第二条　本条例所称植物新品种，是指经过人工培育的或者对发现的野生植物加以开发，具备新颖性、特异性、一致性和稳定性并有适当命名的植物品种。

第六条　完成育种的单位或者个人对其授权品种，享有排他的独占权。任何单位或者个人未经品种权所有人（以下称品种权人）许可，不得为商业目的生产或者销售该授权品种的繁殖材料，不得为商业目的将该授权品种的繁殖材料重复使用于生产另一品种的繁殖材料；但是，本条例另有规定的除外。

2.《最高人民法院关于审理侵犯值物新品种权纠纷案件具体应用法律问题的若干规定》（2007年1月12日　法释〔2007〕1号）

第二条　未经品种权人许可，生产、繁殖或者销售授权品种的繁殖材料，或者为商业目的将授权品种的繁殖材料重复使用于生产另一品种的繁殖材料的，人民法院应当认定为侵害植物新品种权。

被诉侵权物的特征、特性与授权品种的特征、特性相同，或者特征、特性的不同是因非遗传变异所致的，人民法院一般应当认定被诉侵权物属于生产、繁殖或者销售授权品种的繁殖材料。

被诉侵权人重复以授权品种的繁殖材料为亲本与其他亲本另行繁殖的，人民法院一般应当认定属于为商业目的将授权品种的繁殖材料重复使用于生产另一品种的繁殖材料。

第四条　对于侵害植物新品种权纠纷案件涉及的专门性问题可以采取田间观察检测、基因指纹图谱检测等方法鉴定。

对采取前款规定方法作出的鉴定意见，人民法院应当依法质证，认定其证明力。

陕西省西安市中级人民法院民事判决书

(2014)西中民四初字第00132号

原告:山东登海先锋种业有限公司,住所地山东省莱州市三山岛特别工业区。

法定代表人:吴树科,该公司董事长。

委托代理人:贾广善,男,该公司职员。

委托代理人:高景贺,河南鸿润律师事务所律师。

被告:陕西农丰种业有限责任公司,住所地陕西省西安市未央区北二环西段陕西农用物资市场B138-139号。

法定代表人:赵永强,该公司总经理。

委托代理人:郑学义,北京市博人律师事务所律师。

委托代理人:高瞻,陕西树理律师事务所律师。

被告:山西大丰种业有限公司,住所地山西省太原市小店区郇城南路49号。

法定代理人:郭国亮,该公司董事长。

委托代理人:郑学义,北京市博人律师事务所律师。

委托代理人:赵振凯,陕西树理律师事务所律师。

原告山东登海先锋种业有限公司(以下简称登海公司)诉被告陕西农丰种业有限责任公司(以下简称农丰公司)、山西大丰种业有限公司(以下简称大丰公司)侵犯植物新品种权纠纷一案,本院受理后依法组成合议庭公开开庭进行了审理。登海公司委托代理人贾广善、高景贺,农丰公司、大丰公司共同委托代理人郑学义,农丰公司委托代理人高瞻,大丰公司委托代理人赵振凯到庭参加诉讼。本案现已审理终结。

原告登海公司诉称,玉米新品种"先玉335"于2004年、2006年通过国家农作物品种审定委员会审定,并于2010年1月1日被农业部授予植物新品种权,品种权号为CNA20050280.8,品种权人为先锋国际良种公司。2010年6月登海公司经先锋国际良种公司授权,有权以自己名义对侵犯"先玉335"植物新品种权的行为单独提起民事诉讼并承担诉讼义务。2013年5月,登海公司发现农丰公司对外销售外包装为"大丰30"而实际为"先玉335"的玉米种,该产品由大丰公司生产。农丰公司、大丰公司未经品种权人许可为商业目的生产或销售“先玉335”玉米种的行为，侵犯了“先玉335”植物新品种权。请求判令农丰公司、大丰公司：1. 立即停止侵犯“先玉335”植物新品种权行为；2. 赔偿登海公司经济损失30万元并承担本案诉讼费用。

被告农丰公司辩称，一、登海公司不具有起诉主体资格。“先玉335”新品种的品种权人为先锋国际良种公司，登海公司须取得品种权人的有效授权，才能代品种权人或以利害关系人的名义提起诉讼。而登海公司提交的所谓授权证据不符合相关规定，不能证明其主体适格。二、农丰公司销售“大丰30”，不侵犯任何第三方权益。“大丰30”是大丰公司选育具有自主品种权的玉米新品种，大丰公司已经向农业部植物新品种保护办公室申请对“大丰30”的植物新品种保护，农业部植物新品种测试中心于2011年12月出具的《农业植物新品种测试报告》（DUS测试）结论为：测试品种“大丰30”与“先玉335”比对具有特异性，“大丰30”具有植物新品种的特异性、一致性、稳定性特征；该品种于2012年2月分别获得山西省、陕西省农作物品种审定委员会审定。因此农丰公司的销售行为合法。三、登海公司提交的检验报告不具备认定侵权证据的效力。1. 扶风县农业综合执法大队2013年4月17日到农丰公司扶风分公司的人员有朱青锋、李银科、李娜，武根周根本就没有来，两份笔录也都是朱青锋写的。因此执法行为不符合规定，以不合法程序取得的证据当属无效。2. 登海公司提交的两份检验报告中的检测样品，取样程序违反规定，农丰公司对其送检样品的真实性亦不予认可。请求驳回登海公司的诉讼请求。

被告大丰公司辩称，一、登海公司未取得有效授权，不具有诉讼主体资格。登海公司提交的有关授权的证据，存在瑕疵，不能作为其诉讼主体资格的证据。二、“大丰30”是大丰公司精心选育的玉米新品种。该品种2009～2010年完成山西省春播早熟区区试，2011年完成山西省中晚熟区区试和生产试验等程序。2010～2011年完成陕西省春、夏播玉米区试和生产试验。同期还完成了宁夏回族自治区品种审定程序。2010年大丰公司向山西省农作物品种审定委员会报请“大丰30”新品种审定时，北京玉米种子检测中心对“大丰30”的DNA指纹检测曾出具与“先玉335”没有明显差异的检验报告。但该项检测仅采用了40对SSR引物作为分子标记，且该40对引物的标记位点并未被证明与任何玉米品种间的性状差异相关联。当该项检测不能做出有差异的结果时，根据相关规定有必要和可以采取其他途径，或者增加分子标记的数量继续检测，而且，我国没有对采用SSR的DNA指纹检测规定分子标记的数量和种类。为此，大丰公司根据我国对农作物品种审定的原则和国际普遍采用的测试做法，委托国家玉米专业委员会和国家玉米改良中心分别在海南省三亚市和山西省文水县良种场对“大丰30”、“先玉335”及其母本自交系进行田间鉴定；增加引物数量，再次做DNA指纹检测；向山西省农业种子总站申请报农业部植物新品种保护办公室委托农业部植物新品种测试中心对“大丰30”做品种特异性、一致性和稳定性测试(DUS测试)。相关鉴定、测试报告结论均证明“大丰30”与“先玉335”具有明显且可重现的差异,具备特异性。鉴定、测试报告结论被政府主管部门采纳,通过对“大丰30”玉米新品种的审(认)定。三、大丰公司生产、经营“大丰30”不侵犯任何第三方权益。大丰公司已经向农业部植物新品种保护办公室申请对“大丰30”的植物新品种保护;“大丰30”已于2012年通过山西、陕西和宁夏三省(区)审(认)定。大丰公司在审定区域生产、经营或允许他人经营“大丰30”,不侵犯任何第三方权益。四、登海公司提交的两份“检验报告”,不具认定侵权证据效力。1. 大丰公司申请对植物新品种保护时,已按规定将样品送交农业部植物新品种保护办公室植物新品种保藏中心保藏,如认定被查封的“大丰30”是否侵犯其他已被授权保护的植物新品种,应首先将提取的所谓侵权“大丰30”封样与大丰公司申报植物新品种保护时送交植物新品种保藏中心保藏样品进行鉴定比对,以鉴定其真实性;如与保藏样品不一致,则再与所谓的被侵权品种进行比对,借以确认是否侵权。2. NY/T449－2001《玉米种子纯度盐溶蛋白电泳鉴定方法》,仅“适用于玉米单交种及亲本的真实性和品种纯度鉴定”,其效力无法与农业部植物新品种测试中心于2011年12月出具的《农业植物新品种测试报告》结论抗衡。3. NY/T－1432－2007《玉米品种鉴定DNA指纹方法》,虽适用于玉米自交系和单交种的品种鉴定,因其引用标准为GB/T19557.1－2004《植物新品种特异性、一致性和稳定性测试指南—总则》,根据总则4.6规定,农业部植物新品种测试中心进行DUS测试出具的《农业植物新品种测试报告》为最具证据效力证据。4. 登海公司提交的两份“检验报告”中的检测样品,取样程序违反规定,大丰公司对其送检样品的真实性亦不予认可。综上,请求法院依法驳回其诉讼请求。

经审理查明,先锋国际良种公司(系美国公司)于2005年5月18日向农业部申请“先玉335”植物新品种权,2010年1月1日获得授权。属或者种为玉米,品种权号为CNA20050280.8,品种权保护期为十五年。2013年11月14日该品种权年费予以缴纳。

2010年6月,先锋国际良种公司授权登海公司在内的三个被许可人以自己的名义,对任何侵犯和损害其植物新品种权的单位和个人单独或共同提起民事诉讼。上述被许可人有权委托中国律师代表其在以下代理权限内对任何侵权单位或个人采取法律行动:调查取证,在民事诉讼中提交诉状、参加庭审、变更诉讼请求、申请执行、接受经济赔偿等。授权的期限至书面撤销之日终止。该《授权书》已经美国公证人员证明,并经中国驻芝加哥总领事馆认证。

2013年4月17日,扶风县种子管理站、扶风县农业行政综合执法大队在农丰公司扶风分公司门店进行检查，制作了现场检查（勘验）笔录，笔录记载该门店经营的种子为大丰公司生产的“大丰30”，该批种子共订购40大袋，每大袋内20小袋，现场进行了抽样。同日，扶风县种子管理站、扶风县农业行政综合执法大队委托河南省依斯特种子质量检测有限公司对“大丰30”进行品种真实性检测，并出具具有法律效力的检测报告（涉嫌品种为“先玉335”）。4月22日，河南省依斯特种子质量检测有限公司做出检测报告，结论为“依据NY/T449－2001，该样品电泳谱带与对照样‘先玉335’电泳谱带比对一致。”同日，扶风县农业局向农丰公司扶风分公司下发查封（扣押）决定书。决定书内容为，因该分公司涉嫌经营假种子一案，依据《中华人民共和国种子法》之规定，对该分公司经营的玉米杂交种“大丰30”予以查封（扣押）柒日。4月27日，扶风县种子管理站、扶风县农业行政综合执法大队委托北京市种子检测中心对邮寄来的样品用DNA作品种一致性和真实性检测。5月10日，扶风县种子管理站工作人员在陕西省扶风县公证处工作人员的监督下，对封有“农作物种子监督抽检样品封条”的包装袋（包装袋表面记录作物：玉米，品种：大丰30，数量：1000g）完整性进行检查后，现场拆分包装物，并分别装入两个纸袋中，用订书机封口后，进行封样。将其中一袋通过中国邮政速递邮寄给北京玉米种子检测中心。6月9日，北京玉米种子检测中心出具检验报告，依据NY/T1432－2007玉米品种鉴定DNA指纹方法，待测样品与对照样品“先玉335”，比较位点数40，差异位点数0，结论是相同或极近似。

另查，2013年9月26日，江苏省南京市中级人民法院（2011）宁知民初字第748号民事判决，2013年9月3日，山东省济南市中级人民法院作出（2012）济民三初字第101号民事判决，该两份判决均认定“先玉335”的品种权人为先锋国际良种公司，登海公司经授权有权对侵害“先玉335”植物新品种权的行为提起诉讼，对于登海公司作为原告的主体资格进行了确认。该两份判决均发生了法律效力。

审理中，大丰公司为了证明“大丰30”与“先玉335”不是同一品种，向本院提交了以下证据：

1.《农业植物新品种测试报告》，该报告内容为，测试编号：鉴2011－001A；委托单位：农业部值物新品种保护办公室，测试地点：陕西杨凌西北农林科技大学农作三站一杨凌分中心测试基地；品种名称：大丰30；测试日期：第一个生长周期，2011年4月25日－8月29日；材料来源：农业部植物新品种测试中心提供，邮政特快专递，2011年3月10日收到种子；实验设计：实验地为褐土，前茬休闲，2011年4月25日播种，开沟点播。申请品种和近似品种相邻排列，设2次重复，小区面积16.4平方米，行长4.9米，行距0.67米，株距0.35米，每行定苗15株，4行区，每小区60株，标准品种种2行共30株，无重复。在特异性一栏中，近似品种名称：鉴2011－

001B 先玉335;有差异性状:41 * 果穗:穗轴颖片青甙显色强度;申请品种描述:8 强到极强;近似 品种描述:5 中。结论是具备特异性、一致性、稳定性。该报告加盖有农业部植物新品种测试(杨凌)分中心和农业部植物新品种测试中心的印鉴,测试中心盖章的时间为2011年12月26日。其中“大丰30”和“先玉335”字样系手工填写。

2. 北京市农林科学院玉米研究中心出具的说明,该说明称,根据农业部颁布标准方法(NY/T1432-2007)玉米品种鉴定DNA指纹方法和管理办法,两个品种之间若在所规定的20对基本核心引物+20对辅助核心引物检测范围内未发现差异,说明该两品种间遗传上相同或高度相近。但若通过田间种植,能够发现和证明两品种间至少一个质量性状差异或两个数量性状有至少一个数量级别差异或一个数量性状相差两个数量级别,则也可以认定该两品种间有明确差别,所测试品种具有特异性。

3. 2010年12月26日出具的专家鉴定意见,该专家鉴定意见称,由国家玉米专业委员会组织有关专家对“大丰30”杂交种及其母本A311自交系在三亚市进行了果穗和籽粒鉴定并审阅了育种档案,经专家鉴定认为:自交系A311与PH6WC果穗性状有显著差异,玉米杂交种“大丰30”与“先玉335”亦有显著差异,“大丰30”是一个新选育的玉米新品种。

4. 戴景瑞于2011年1月13日出具的意见,其认为可以将A311与PH6WC看作是不同的自交系与杂交种。

5. 国家玉米改良中心出具的《玉米品种大丰30、先玉335及其亲本材料DNA指纹鉴定报告》,该报告称受山西省种子管理站委托,国家玉米改良中心进行了玉米新品种“大丰30”、“先玉335”及其样本DNA指纹鉴定,鉴定结论为“大丰30”与“先玉335”在三对引物检测结果存在差异性。

6.《对“大丰30”杂交种及A311自交系的田间鉴定意见》,该意见称专家组一致认为A311与PH6WC是两个不同的自交系“大丰30”与“先玉335”是两个不同的杂交种。该意见后附有专家组成员名单。

7. 山西省农业种子总站2014年4月25日出具的《“大丰30”玉米品种试验审定情况说明》,该说明记载,大丰公司2011年申请审定,由于北京市农林科学院玉米研究中心所作的DNA指纹鉴定中,“大丰30”与“先玉335”的40个比较位点均无差异,判定结论为两个品种无明显差异,当年未通过审定,大丰公司提出异议,为此该站于2011年委托农业部植物新品种测试中心对“大丰30”进行DUS测试,与“先玉335”进行了比较,结论是“大丰30”具有特异性、一致性、稳定性,与“先玉335”为不同品种。后“大丰30”于2012年通过山西省农作物审定委员会审定。

8. 山西省农业厅晋农种子发〔2012〕4 号文件、山西省、陕西省农作物品种审定委员会颁布的审定证书，证明“大丰 30”已经通过审定，准予推广。

针对以上证据，登海公司发表如下质证意见：

对于证据 1—证据 6 的真实性、合法性、关联性均有异议。

对于证据 1，该测试报告使用的种子来源不明，且“大丰 30”、“先玉 335”字样系事后手工填写，不能确认所进行的 DUS 测试是针对“大丰 30”“先玉 335”进行的比对，该测试报告依据的标准并未生效，报告不具有合法性，按照《植物新品种特异性、一致性、稳定性测试指南—玉米》规定，测试周期至少为两个独立的生长周期，但该报告仅测试了一个生长周期，而且 DUS 测试解决的是植物新品种能否被授予保护权的问题，本案属于侵权纠纷，DUS 报告不能证明其生产销售的被控侵权产品不侵权。

对于证据 2，该证据属于证人证言，出具人应当出庭接受质证，该说明违反了法律规定，不具有合法性，也不能推翻 DNA 的检测结论。

对于证据 3、证据 4，证据 3 上没有国家玉米专业委员会的印章，也没有鉴定人资质的证明，有鉴定成员与大丰公司有利害关系，可能影响“大丰 30”鉴定结果的公正性。证据 3、证据 4 中涉及的人员没有出庭，不能作为定案依据。

对于证据 5，国家玉米改良中心不具有玉米品种 DNA 指纹鉴定资质，该鉴定程序未按照行业标准规定的 40 对核心引物进行检测，鉴定程序不合法。

对于证据 6，质证意见同证据 3。

对于证据 7，真实性无异议，依照法律规定，2010 年的 DNA 指纹鉴定已证明“大丰 30”与“先玉 335”的 40 个比较位点均无差异，两个品种无明显差异，“大丰 30”依法应当停止试验，但实验未停止，也未向国家农作物品种审定委员会提出复议，而是由山西省农业种子总站委托农业部植物新品种测试中心进行 DNA 测试，并通过审定，该审定程序违法。该证据不能证明“大丰 30”和“先玉 335”存在差异，反而能证明“大丰 30”侵权。

对于证据 8，真实性无异议，不能证明“大丰 30”审定或引进合法，也不能推翻大丰公司产品侵权的事实。

审理中，大丰公司认可对于“先玉 335”和“大丰 30”采用 DNA 鉴定时 40 个位点 0 差异，此外，此外，双方当事人均表示不申请启动司法鉴定程序。

以上事实，有植物新品种权证书，缴纳年费的票据，委托书、现场检查笔录、检测委托书、说明、检验报告、查封（扣押）决定书、公证书、《农业植物新品种测试报告》、专家鉴定意见、说明、指纹鉴定报告、田间鉴定意见、晋农种子发〔2014〕4 号文件、农作物品种审定证书等证据及庭审笔录在卷佐证。

本院认为，围绕双方当事人的诉辩主张，本案争议的焦点问题如下：

一、登海公司的诉讼主体是否适格

根据“先玉335”植物新品种权证书的记载，先锋国际良种公司系“先玉335”的品种权人，品种权年费已按期缴纳，品种权处于合法有效状态，其权利应受到法律保护。登海公司根据品种权人的授权，对侵犯植物新品种权的行为有权以自己的名义提起民事诉讼。大丰公司对于登海公司的授权提出异议，由于登海公司提交的授权书内容明确且已经办理过公证认证手续，登海公司的授权亦在授权期限内，同时已经发生法律效力的判决书亦认定登海公司已取得了先锋国际良种公司的授权，依照《最高人民法院关于民事诉讼证据的若干规定》第九条规定，已为人民法院发生法律效力的裁判所确认的事实，当事人无须举证证明，当事人有相反证据足以推翻的除外，大丰公司未提交相反证据证明其异议的存在，故本院认定登海公司的诉讼主体适格。

二、大丰公司生产、销售“大丰30”的行为是否构成侵权

《最高人民法院关于审理侵犯植物新品种权纠纷案件具体应用法律问题的若干规定》第四条规定，对于侵犯植物新品种纠纷案件涉及的专门问题可以采用田间观察检测、基因指纹图谱检测等方法鉴定。对于田间观察检测与基因指纹图谱检测结果间的效力问题，解释并没有规定。本案中，双方认可通过DNA检测的结论为40个位点无差异，但大丰公司认为在此种情况下DUS检测即田间观察检测如能确认属于不同品种的，应以该结论为准。对于大丰公司提交的关于“大丰30”DUS检测结论，登海公司不予认可，对真实性、合法性、关联性均提出异议。大丰公司向本院提交的证明DUS检测结论的证据中有农业部植物新品种测试中心出具的《农业植物新品种测试报告》，大丰公司已提交该报告的原件，山西省农业种子总站所写的《“大丰30”玉米品种试验审定情况说明》也从另一角度印证该测试报告的真实性，同时，登海公司未提交相关的反驳证据，故对于该测试报告的真实性，本院予以确认。关于该报告的效力问题，该报告的结论为“大丰30”具有特异性、一致性、稳定性，该测试报告显示的测试时期为一个生长周期，登海公司认为《植物新品种特异性、一致性和稳定性测试指南—玉米》规定测试周期至少为两个独立的生长周期，而该报告的测试周期只有一个生长周期，故测试报告的依据不合法，由于该报告系针对田间观察检测鉴定进行，与用于解决品种授权的DUS检测不同，在实验设计时已经给申请品种设计了2次重复，故登海公司的此项异议本案不予支持。由于该报告系农业部植物新品种测试中心出具，该机构与大丰公司无利害关系，报告结论有相应数据支持，故该报告的结论合法有效。关于该报告能否证明“大丰30”与“先玉335”不是同一个品种的问题，登海公司认为该报告不能作为否定其所提交

DNA检测结论的依据,登海公司所提供的DNA检测结论是建立在40对引物基础上的,这种检测方法实践中虽然常被用来证明两品种间遗传上相同或高度近似,但是由于40对引物所占引物数量的比例较小,与DUS检测相比,DUS检测法更为准确。因为通过田间种植,两品种间是否存在差异,差异是否显著均可进行现场观测,数据、结论更为可靠。依据该报告,可以认定"大丰30"与"先玉335"相比具有特异性、一致性、稳定性,即"大丰30"和"先玉335"不是同一个玉米品种,因此大丰公司生产、销售"大丰30"的行为不构成侵权,本院对登海公司要求判令农丰公司、大丰公司承担侵权责任的诉讼请求不予支持。

综上,本院判决如下:

驳回山东登海先锋种业有限公司诉讼请求。

案件受理费6800元由山东登海先锋种业有限公司承担。

如不服本判决,可在判决书送达之日起十五日内向本院递交上诉状,并按对方当事人人数提出副本,上诉于陕西省高级人民法院。

审　判　长　蒋　智
审　判　员　文　艳
人民陪审员　李培龙
二〇一四年九月二十九日
书　记　员　乌　博

陕西省高级人民法院民事判决书

(2015)陕民三终字第00001号

上诉人(原审原告):山东登海先锋种业有限公司,住所地山东省莱州市三山岛特别工业区。

法定代表人:吴树科,该公司董事长。

委托代理人:董慧芳,北京市永新智财律师事务所律师。

委托代理人:贾庆忠,北京市永新智财律师事务所律师。

被上诉人(原审被告):陕西农丰种业有限责任公司,住所地陕西省西安市未央区北二环西段陕西农用物资市场B138-139号。

法定代表人:赵永强,该公司总经理。

委托代理人:郑学义,北京市博人律师事务所律师。

委托代理人:高瞻,陕西树理律师事务所律师。

被上诉人(原审被告):山西大丰种业有限公司,住所地山西省太原市小店区郚城×××。

法定代理人:郭国亮,该公司董事长。

委托代理人:郑学义,北京市博人律师事务所律师。

委托代理人:赵振凯,陕西树理律师事务所律师。

山东登海先锋种业有限公司(以下简称登海公司)与陕西农丰种业有限责任公司(以下简称农丰公司)、山西大丰种业有限公司(以下简称大丰公司)侵犯植物新品种权纠纷一案,西安市中级人民法院于2014年9月29日作出(2014)西中民四初字第00132号判决书,登海公司不服,向本院提起上诉。本院依法组成合议庭,公开开庭审理了本案。上诉人委托代理人董慧芳、贾庆忠,被上诉人农丰公司委托代理人郑学义、高瞻,被上诉人大丰公司委托代理人郑学义、赵振凯到庭参加了诉讼。本案现已审理终结。

原审认定,先锋国际良种公司(系美国公司)于2005年5月18日向农业部申请"先玉335"植物新品种权,2010年1月1日获得授权。属或者种为玉米,品种权号为CNA200502080.8,品种权保护期为十五年。2013年11月14日该品种权年费予以缴纳。

2010年6月,先锋国际良种公司授权登海公司在内的三个被许可人以自己的名义,对任何侵犯和损害其植物新品种权的单位和个人单独或共同提起民事诉讼。上述被许可权人有权委托中国律师代表其在以下代理权限内对任何侵权单位或个人采取法律行动:调查取证,在民事诉讼中提交诉状、参加庭审、变更诉讼请求、申请执行、接受经济赔偿等。授权人的期限至书面撤销之日终止。该《授权书》已经美国公证人员证明,并经中国驻芝加哥总领事馆认证。

2013年4月17日,扶风县种子管理站、扶风县农业行政综合执法大队在农丰公司扶风分公司门店进行检查,制作了现场检查(勘验)笔录,笔录记载该门店经营的种子为大丰公司生产的"大丰30",该批种子共订购40大袋,每大袋内20小袋,现场进行了抽样。同日,扶风县种子管理站、扶风县农业行政综合执法大队委托河南省依斯特种子质量检测有限公司对"大丰30"进行品种真实性检测,并出具具有法律效力的检测报告(涉嫌品种为"先玉335")。4月22日,河南省依斯特种子质量检测有限公司做出检测报告,结论为"依据NY/T449-2001,该样品电泳谱带与对照样先玉335电泳谱带比对一致。"同日,扶风县农业局向农丰公司扶风分公司下发查封(扣押)决定书。决定书内容为,因该分公司涉嫌经营假种子一案,依据《中华人民共和国种子法》之规定,对该分公司经营的玉米杂交种"大丰30"予以查封(扣押)柒日。4月27日,扶风县种子管理站、扶风县农业行政综合执法大队委托北京市种子检测中心对邮寄来的样品用DNA作品种一致性和真实性检测。5月10日,扶风县种子管理站工作人员在陕西省扶风县公证处工作人员的监督下,对封有"农作物种子监督抽样样品封条"的包装袋(包装袋表面记录作物:玉米,品种:大丰30,数量:1000g)完整性进行检查后,现场拆分包装物,并分别装入两个纸袋中,用订书机封口后,进行封样。将其中一袋通过中国邮政速递邮寄给北京玉米种子检测中心。6月9日,北京玉米种子检测中心出具检验报告,依据NY/T1432-2007玉米品种鉴定DNA指纹方法,待测样品与对照样品"先玉335",比较位点数40,差异位点数0,结论是相同或极近似。

另查,2013年9月26日,江苏省南京市中级人民法院作出(2011)宁知民初字第748号民事判决,2013年9月3日,山东省济南市中级人民法院作出(2012)济民三初字第101号民事判决,该两份判决均认定"先玉335"的品种权人为先锋国际良种公司,登海公司经授权有权对侵害"先玉335"植物新品种权的行为提起诉讼,对于登海公司作为原告的主体资格进行了确认。该两份判决均发生了法律效力。

登海公司诉称,玉米新品种"先玉335"于2004年、2006年通过国家农作物品种审定委员会审定,并于2010年1月1日被农业部授予植物新品种权,品种权号为

CNA20050280.8品种权人为先锋国际良种公司。2010年6月登海公司经先锋国际良种公司授权,有权以自己名义对侵犯“先玉335”植物新品种权的行为单独提起民事诉讼并承担诉讼义务。2013年5月,登海公司发现农丰公司对外销售外包装为“大丰30”而实际为“先玉335”的玉米种,该产品由大丰公司生产。农丰公司、大丰公司未经品种权人许可为商业目的生产或销售“先玉335”玉米种的行为,侵犯了“先玉335”植物新品种权。请求判令农丰公司、大丰公司:1.立即停止侵犯“先玉335”植物新品种权行为;2.赔偿登海公司经济损失30万元并承担本案诉讼费用。

被告农丰公司辩称,一、登海公司不具有起诉主体资格。“先玉335”新品种的品种权人为先锋国际良种公司,登海公司须取得品种权人的有效授权,才能代品种权人或以利害关系人的名义提起诉讼。而登海公司提交的所谓授权证据不符合相关规定,不能证明其主体资格。二、农丰公司销售“大丰30”,不侵犯任何第三方权益。“大丰30”是大丰公司选育具有自主品种权的玉米新品种,大丰公司已经向农业部植物新品种保护办公室申请对“大丰30”的植物新品种保护,农业部植物新品种测试中心于2011年12月出具的《农业植物新品种测试报告》(DUS测试)结论为:测试品种“大丰30”与“先玉335”比对具有特异性,“大丰30”具有植物新品种的特异性、一致性、稳定性特征;该品种于2012年2月分别获得山西省、陕西省农作物品种审定委员会审定。因此农丰公司的销售行为合法。三、登海公司提交的检验报告不具备认定侵权证据的效力。1.扶风县农业综合执法大队2013年4月17日到农丰公司扶风分公司的人员有朱青锋、李银科、李娜,周根武根本就没有来,两份笔录也都是朱青锋写的。因此执法行为不符合规定,以不合法程序取得的证据当属无效。2.登海公司提交的两份检验报告中的检测样品,取样程序违反规定,农丰公司对其送检样品的真实性亦不予认可。请求驳回登海公司的诉讼请求。

被告大丰公司辩称,一、登海公司未取得有效授权,不具有诉讼主体资格。登海公司提交的有关授权的证据,存在瑕疵,不能作为其诉讼主体资格的证据。二、“大丰30”是大丰公司精心选育的玉米新品种。该品种2009~2010年完成山西省春播早熟区区试,2011年完成山西省中晚熟区区试和生产试验等程序;2010~2011年完成陕西省春、夏播玉米区试和生产试验。同期还完成了宁夏回族自治区品种审定程序。2010年大丰公司向山西省农作物品种审定委员会报请“大丰30”的DNA指纹检测曾出具与“先玉335”没有明显差异的检验报告。但该项检测仅采用了40对SSR引物作为分子标记,且该40对引物的标记位点并未被证明与任何玉米品种间的性状差异相关联。当该项检测不能做出有差异的结果时,根据相关规定有必要和可以采取其他途径,或者增加分子标记的数量和种类。为此,大丰公司根据我国对农作物品种审定的原则和国际普遍采用的测试做法,委托国家玉米专业委员会和国家玉米改良中心分别在海南省三亚市和山西省文水县良种场对“大丰30”、“先玉335”及其母本自交系进行田间鉴定；增加引物数量，再次做DNA检测；向山西省农业种子总站申请报农业部植物新品种保护办公室委托农业部植物新品种测试中心对“大丰30”做品种特异性、一致性和稳定性测试（DUS测试）。相关鉴定、测试报告结论均证明“大丰30”与“先玉335”具有明显且可重现的差异，具备特异性。鉴定、测试报告结论被政府主管部门采纳，通过对“大丰30”玉米新品种的审（认）定。三、大丰公司生产、经营“大丰30”不侵犯任何第三方权益。大丰公司已经向农业部植物新品种保护办公室申请对“大丰30”的植物新品种保护；“大丰30”已于2012年通过山西、陕西和宁夏三省（区）审（认）定。大丰公司在审定区域生产、经营或允许他人经营“大丰30”，不侵犯任何第三方权益。四、登海公司提交的两份“检验报告”，不具认定侵权证据效力。1. 大丰公司申请对植物新品种保护时，已按规定将样品送交农业部植物新品种保护办公室植物新品种保藏中心保藏，如认定被查封的“大丰30”是否侵犯其他已被授权保护的植物新品种，应首先将提取的所谓侵权“大丰30”封样与大丰公司申报植物新品种保护时送交植物新品种保藏中心保藏样品进行鉴定比对，对鉴定其真实性；如与保藏样品不一致，则再与所谓的被侵权品种进行比对，借以确认是否侵权。2. NY/T449－2001《玉米种子纯度盐溶蛋白电泳鉴定方法》，仅“适用于玉米单交种及亲本的真实性和品种纯度鉴定”，其效力无法与农业部植物新品种测试中心于2011年12月出具的《农业植物新品种测试报告》结论抗衡。3. NY/T－1432－2007《玉米品种鉴定DNA指纹方法》，虽适用于玉米自交系和单交种的品种鉴定，因其引用标准为GB/T19557.1－2004《植物新品种特异性、一致性和稳定性测试指南—总则》，根据总则4.6规定，农业部植物新品种测试中心进行DUS测试出具的《农业植物新品种测试报告》为最具证据效力证据。4. 登海公司提交的两份“检测报告”中的检测样品，取样程序违反规定，大丰公司对其送检样品的真实性亦不予认可。综上，请求法院依法驳回其诉讼请求。

原审法院认为，本案争议的焦点问题是：一、登海公司的诉讼主体资格是否适格。大丰公司对于先锋公司对登海公司的授权提出异议，由于登海公司提交的授权书内容明确且已通过公证认证手续，登海公司的授权亦在授权期限内，同时已发生法律效力的判决书亦认定登海公司已取得了先锋国际良种公司的授权，故认定登海公司的诉讼主体适格。二、大丰公司生产、销售“大丰30”的行为是否构成侵权。《最高人民法院关于审理侵犯植物新品种权纠纷案件具体应用法律问题的若干规定》第四条规定，对于侵犯植物新品种权纠纷案件涉及的专门问题可以采取田间观察检测、基因指纹图谱检测等方法鉴定。对于田间观察检测与基因指纹谱检测结果间的效力问题，解释并没有规定。本案中双方认可通过DNA检测的结论为

40个位点无差异,但大丰公司认为在此种情况下DUS检测即田间观察检测如能确认属于不同品种的,应以该结论为准。对于大丰公司提交的关于“大丰30”DUS检测结论,登海公司不予认可,对真实性、合法性、关联性均提出异议。大丰公司向原审法院提交的证明DUS检测结论的证据中有农业部植物新品种测试中心出具的《农业植物新品种测试报告》,大丰公司已提交该报告的原件,山西省农业种子总站所写的《“大丰30”玉米品种试验审定情况说明》也从另一角度印证该测试报告的真实性,同时,登海公司未提交相应的反驳证据,故对于该测试报告的真实性,该院予以确认。关于该报告的效力问题,该报告的结论为“大丰30”具有特异性、一致性、稳定性,该测试报告显示的测试时间为一个生长周期,登海公司认为《植物新品种特异性、一致性和稳定性测试指南—玉米》规定测试周期至少为两个独立的生长周期,而该报告的测试周期只有一个生长周期,故测试报告的依据不合法,由于该报告系针对田间观察检测鉴定进行,与用于解决品种授权的DUS检测不同,在实验设计时已经给申请品种设计了2次重复,故登海公司的此项异议本院不予支持。由于该报告系农业部植物新品种测试中心出具,该机构与大丰公司无利害关系,报告结论有相应数据支持,故该报告的结论合法有效。关于该报告能否证明“大丰30”与“先玉335”不是同一个品种的问题,登海公司认为该报告不能作为否定其所提交DNA检测结论的证据,登海公司所提供的DNA检测结论是建立在40对引物基础上的,这种检测方法实践中虽然常被用来证明两品种间遗传上相同或高度近似,但是由于40对引物所占引物数量的比例较小,与DUS检测相比,DUS检测法更为准确。因为通过田间种值,两品种间是否存在差异、差异是否显著均可进行现场观测,数据、结论更为可靠。依据该报告,可以认定“大丰30”与“先玉335”相比具有特异性、一致性、稳定性,即“大丰30”和“先玉335”不是同一个玉米品种,因此大丰公司生产、销售“大丰30”的行为不构成侵权。综上,判决:驳回山东登海先锋种业有限公司诉讼请求。案件受理费6800元由山东登海先锋种业有限公司承担。

登海公司不服原审判决,向本院上诉称:1. 大丰公司提交的《农业植物新品种测试报告》不具有关联性、合法性、真实性。该报告的委托单位和测试种子的来源与本案无关。该报告的委托单位是农业植物新品种保护办公室,不是本案当事人,且该报告针对的是2011年提供的“大丰30”种子,并而非本案2013年被扣押的被控侵权产品。该报告不具有合法性,该报告显示测试周期为1个生长周期和试验设计2次重复,违反了《植物新品种特异性、一致性和稳定性测试指南—总则》、《植物新品种特异性、一致性和稳定性测试指南—玉米》和《主要农作物品种审定办法》中关于“DUS测试周期至少为2个独立的生长周期、试验重复不少于3次”的规定。该报告不具有真实性,该报告检测材料来源不合法,人工填写品种名称与测试报告所依据标准的存在与否未查明。2. 一审法院认定“DNA 检测方法与 DUS 检测相比，DUS 检测更为准确”缺少事实和法律依据。

被上诉人大丰公司答辩称：1. 大丰公司提交的《农业植物新品种测试报告》具有关联性、合法性、真实性。该报告的委托单位和测试种子来源和本案具有关联性。大丰公司向山西省农业种子总站申请做田间种植鉴定，山西省农业种子总站取样后送交农业部植物新品种保护办公室后再转交给农业部植物新品种检测中心用于 DUS 测试。涉案 2013 年被扣押的种子与做 DUS 测试的种子都是“大丰 30”，上诉人没有证据证明 2013 年被扣押的种子不是“大丰 30”。该报告具有合法性。该报告的出具单位合法，没有相关法律规定判定是否侵犯植物新品种权的“田间观察检测”必须 2 个或以上生产周期。该报告具有真实性。报告中手写的被测试品种名称和比对品种的名称确系测试中心工作人员所为，上诉人没有证据证明是大丰公司所为。2. 最高人民法院司法解释明确规定，一般认为，田间观察检测方法比基因指纹图谱检测方法更为可靠和准确。国际植物新品种保护联盟采用的就是 DUS 测试方法。我国是 1999 年参加的成员国。

被上诉人农丰公司答辩称：农丰公司获大丰公司授权销售“大丰 30”，是合法的经营行为，不侵犯任何第三方权益。其他答辩意见同大丰公司。

经审理，原审法院查明的事实清楚，本院予以确认。

本院认为，本案争议的焦点问题是：大丰公司生产、农丰公司销售的涉案“大丰 30”种子是否侵犯了登海公司“先玉 335”的植物新品种权。

关于大丰公司提交的《农业植物新品种测试报告》是否具关联性、合法性、真实性的问题。关于登海公司提出的该报告的委托单位和种子来源与本案没有关联性的问题。经审查，该报告的实际委托单位是大丰公司，故上诉人认为该报告的委托单位与本案没有关联性的理由不能成立。上诉人认为该报告的种子来源是 2011 年的“大丰 30”种子，而非涉案 2013 年被扣押的外包装为“大丰 30”而实为“先玉 335”的种子。经审查，“大丰 30”是大丰公司自行研发、生产的在审定区域内授权由农丰公司销售的玉米品种。上诉人未能提供充分证据证明涉案被扣押的种子是外包装为“大丰 30”而实为“先玉 335”，且其在一审中对涉案被扣押的种子是否为“大丰 30”的问题明确表示不申请司法鉴定，二审中又因涉案被扣押的种子已不存在无法申请司法鉴定，故上诉人认为该测试报告的种子来源与本案没有关联性的理由不能成立。关于上诉人提出的该报告显示的 1 年的测试周期不符合《植物新品种特异性、一致性和稳定性测试指南—总则》等问题。由于该报告是针对判定是否侵犯植物新品种权的田间观察检测鉴定进行，而非针对解决授权予植物新品种权的 DUS 检测，且在实验设计时已设计了 2 次重复，没有法律规定判定是否侵权的田间观察检测鉴定必须测试2个以上的生产周期,故上诉人认为该报告不具有合法性的理由不能成立。关于上诉人提出的该报告不具有真实性问题。经审查,该报告是农业部植物新品种测试中心出具的原件,报告中手写的被测试品种名称和比对品种的名称是测试中心工作人员所为,内容真实,故上诉人认为该报告不具有真实性的理由不能成立。

《最高人民法院关于审理侵犯植物新品种权纠纷案件具体应用法律问题的若干规定》第四条规定,对于侵犯植物新品种权纠纷涉及的专门问题可以采用田间观察检测、基因指纹图谱检测等方法鉴定。依据《最高人民法院关于对〈最高人民法院关于审理侵犯值物新品种权纠纷案件具体应用法律问题的若干规定〉理解与适用》的说明,一般认为,基因指纹图谱检测具有快捷、方便、成本低的优点,田间观察检测是最根本的方法,比较可靠,但需要的时间长。本案中,登海公司提交的电泳谱带及DNA检测结论与大丰公司提交的DUS检测结论存在矛盾,登海公司不能提供更强的证据来否定大丰公司提交的DUS检测结论。根据"谁主张,谁举证"的原则,登海公司主张大丰公司及农丰公司侵权的理由不能成立,本院依法不予支持。

综上,原审判决认定事实清楚,适用法律正确,应予维持。根据《中华人民共和国民事诉讼法》第一百七十条第一款第(一)项之规定,判决如下:

驳回上诉,维持原判。

原审案件受理费6800元按原审判决执行,二审案件受理费6800元,由山东登海先锋种业有限公司负担。

本判决为终审判决。

审　判　长　宋小敏
审　判　员　张润民
代理审判员　罗亚维
二〇一五年三月二十日
书　记　员　唐智勇

中华人民共和国最高人民法院民事裁定书

(2015)民申字第2633号

再审申请人(一审原告、二审上诉人):山东登海先锋种业有限公司。住所地:山东省莱州市三山岛特别工业区。

法定代表人:吴树科,该公司董事长。

被申请人(一审被告、二审被上诉人):陕西农丰种业有限责任公司。住所地:陕西省西安市未央区北二环西段陕西农用物资市××××××××××。

法定代表人:赵永强,该公司总经理。

被申请人(一审被告、二审被上诉人):山西大丰种业有限公司。住所地:山西省太原市小店区×××××××。

法定代理人:钮笑晓,该公司董事长。

再审申请人山东登海先锋种业有限公司(以下简称登海公司)因与被申请人陕西农丰种业有限责任公司(以下简称农丰种业)、山西大丰种业有限公司(以下简称大丰公司)侵害植物新品种权纠纷一案,不服陕西省高级人民法院(2015)陕民三终字第1号民事判决,向本院申请再审。本院依法组成合议庭对本案进行了审查,现已审查终结。

登海公司申请再审称:(一)根据《国家玉米品种试验DNA指纹鉴定管理办法》第二条有关DNA指纹鉴定检测结果作为试验品种的淘汰、继续试验和推荐审定的规定以及第九条“发现实验品种与已知品种在遗传上差异微小,即相同或高度近似(差异位点数≤1)的停止试验”的规定。“大丰30”品种在2011年审定时已经有北京市农林科学院玉米研究中心出具的DNA指纹鉴定报告,“大丰30”与已知品种“先玉335”DNA指纹比对40个位点0个位点差异,“大丰30”此时就应当从试验品种中淘汰出局,退出品种审定试验,没有资格再进入DUS测试继续进行品种试验。后来所谓的《植物新品种测试报告》(以下简称涉案DUS测试报告)根本就不应该产生,更不应当被采信。大丰公司提供的涉案DUS测试报告不具有合法性。(二)一审、二审法院认为DUS测试就是田间种植测试,定性错误,二者在适用范围、判定标准和具体涵盖的内容方面均存在巨大差异。DUS测试解决的是品种能否得到授权获得植物新品种权保护的问题,而田间种植测试解决的是相关品种是否具有真实性的问题。DUS测试的是品种的特异性,而田间种植测试的是品种的真实性,两者的判定标准存在巨大差异。DUS测试中的特异性测试的只是品种全部性状中的部分性状,田间种植测试则针对的是品种全部性状。一审、二审法院认为涉案DUS测试报告就是判定是否构成植物新品种侵权的田间种植测试,没有法律依据,属于定性错误。(三)判断生物的真实性是通过分析生物的基因型,而非简单的通过表型去判断。“大丰30”与“先玉335”DNA指纹一致,一审、二审法院仅依据单一的表型机械地进行判断,不符合客观实际。依据涉案DUS测试报告作出不侵权判决,是完全错误的。(四)“大丰30”并非大丰公司合法自育品种。大丰公司提交的《玉米品种大丰30、先玉335及其亲本材料DNA指纹鉴定报告》记载的检测材料为:A311(大丰30母本),PH6WC(先玉335母本),PH4CV(大丰30和先玉335共用父本),大丰30(F1杂交种),先玉335(F1杂交种)。可见,大丰公司生产“大丰30”所使用的父本就是“先玉335”的父本PH4CV。农业部“大丰30”植物新品种权的申请公告记载:本申请品种(大丰30)是以自选A311为母本,PH4CV为父本杂交组配而成,母本A311是由Mo17与PH6WC杂交后与PH6WC回交两代再经2代自交选育而成。根据相关文献记载,Mo17是20世纪美国育成的自交系,1971年中国农林代表团访问加拿大时引进,北京农林科学院的代表于1976年在北方春玉米试验材料交流大会上向与会者赠送了Mo17自交系种子。依据遗传理论,“大丰30”母本是通过对PH6WC连续回交转育的方式改造后所获得,品种的性状基本上体现的就是PH6WC的性状,几乎没有Mo17的性状。因此,从遗传育种学的角度来说,大丰公司获得了“先玉335”的父本和母本,就等于获得了“先玉335”杂交种子。大丰公司生产、农丰种业销售“大丰30”的行为构成对“先玉335”植物新品种权的侵害。请求本院撤销一审、二审判决,对本案进行再审,判令大丰公司、农丰种业立即停止侵害“先玉335”植物新品种权的行为;赔偿登海公司经济损失30万元。

农丰种业提交书面意见认为:(一)登海公司提交的DNA检验报告中的检测样品和取样程序违反农作物种子检验规程的规定,该样品作为检验依据不具有合法性。(二)大丰公司提交的DUS测试报告等证据证明,“大丰30”与“先玉335”比对具有特异性,“大丰30”是大丰公司具有自主品种权的玉米新品种,并获得了品种审定委员会的审定。在品种权人许可下销售“大丰30”为合法的经营行为,不侵害第三方的权益。(三)登海公司没有证据证明本案被控侵权产品外包装为“大丰30”玉米种子而实际为“先玉335”的事实。登海公司在一审审理中对涉案扣押的种子是否为“大丰30”明确表示不申请司法鉴定。二审审理中,由于被扣押的种子已经不存在,无法进行司法鉴定,该举证不能之责应当由登海公司承担。请求本院驳回登海公司再审申请请求。

大丰公司提交书面意见与农丰种业的意见相同,同时补充认为:(一)在品种审定时对“大丰30”所做的DUS测试,程序合法合规。一审、二审对大丰公司认定涉案DUS测试报告正确。(二)“大丰30”与“先玉335”是两个不同的杂交种。“大丰30”的母本A311的选育方法以及亲本的使用并不违反法律规定。请求本院驳回登海公司申请再审请求。

本院经审查查明:登海公司于2014年3月16日向陕西省西安市中级人民法院提起本案诉讼,指控2013年大丰公司生产、农丰种业销售的外包装为“大丰30”的玉米种子侵害“先玉335”的植物新品种权。北京玉米种子检测中心于2013年6月9日对送检的被控侵权种子进行了检验,依据NY/T1432-2007玉米品种鉴定DNA指纹方法,使用3730XL型遗传分析仪,384孔PCR仪,检验结果为,待测样品编号YA2196与对照样品编号BGG253“先玉335”比较位点数40,差异位点数0,结论为相同或极近似。

登海公司对涉案被扣押的种子是否为“大丰30”,在一审中明确表示不申请司法鉴定。

“大丰30”玉米种子于2012年2月通过山西省、陕西省农作物品种审定委员会的审定,为审定推广品种。“大丰30”的品种来源为A311 PH4CV。

山西省农业种子总站于2014年4月25日出具的《“大丰30”玉米品种试验审定情况说明》记载:“大丰30”作为大丰公司2011年申请审定的品种,由于北京市农林科学院玉米研究中心所作的DNA指纹鉴定认为“大丰30”与“先玉335”的40个比较位点均无差异,判定结论为两个品种无明显差异,当年未通过审定。大丰公司提出异议,为此该站于2011年委托农业部植物新品种测试中心对“大丰30”进行DUS测试,与“先玉335”进行了比较,结论是“大丰30”具有特异性、一致性、稳定性,与“先玉335”为不同品种。

涉案DUS测试报告加盖有农业部植物新品种测试(杨凌)分中心和农业部植物新品种测试中心的印鉴,盖章时间分别为2011年12月8日和2011年12月26日,所记载的相关内容如下:材料来源“农业部植物新品种测试中心提供,邮政特快专递,2011年3月10日收到种子”,测试编号为鉴2011-001A,品种名称为大丰30。测试地点为陕西杨凌西北农林科技大学农作三站-杨凌分中心测试基地。测试时期“第一个生长周期,2011年4月25日-8月29日”,在试验设计中记载,“2011年4月25日播种,开沟点播。申请品种和近似品种相邻排列,设2次重复,小区面积16.4平方米,行长4.9米,行距0.67米,株距0.35米,每行定苗15株,4行区,每小区60株,标准品种种2行共30株,无重复”,特异性一栏记载,“近似品种名称:鉴2011－001B先玉335,有差异性状:41*果穗:穗轴颖片青甙显色强度,申请品种描述:8强到极强,近似品种描述:5中"。所附数据结果表记载,鉴2011－001A与鉴2011－001B的测试结果除"41*果穗"外,差别还在"9雄穗:花药花青甙显色强度",分别为"6中到强、7强""24.2*植株:高度",分别为"5中""7高""27.2*果穗:长度"分别为"5中""3短"。涉案DUS测试报告结论为,"大丰30"具备特异性、一致性、稳定性。该报告依据的测试标准为《植物新品种DUS测试指南—玉米》(2010)报批稿。

二审法院审理中,大丰公司提交了作出时间为2014年1月23日的《农业植物新品种DUS测试报告》,加盖有农业部植物新品种测试(杨凌)分中心和农业部植物新品种保护办公室的印鉴。该报告依据的测试标准为《植物新品种特异性、一致性和稳定性测试指南—玉米》2012版。该测试报告记载,测试编号为2011－0819A,测试时期为两个生长周期"2012年4月－8月、2013年4月－8月"。材料来源为农业部植物新品种测试中心提供,近似品种为先玉335。该报告记载的差异性状为:"11.雄穗:花药花青甙显色强度,申请品种为7.强,近似品种为6.中到强""41.籽粒:形状,申请品种为5.楔形,近似品种为4.近楔形""42.果穗:穗轴颖片花青甙显色强度,申请品种为9.极强,近似品种为6.中到强"。测试结论为具备特异性、一致性、稳定性。《农业植物新品种DUS审查报告》记载,申请号20110059.3,品种名称大丰30,测试编号2011－0819A,测试单位农业部植物新品种测试(杨凌)分中心,结论具备特异性、一致性、稳定性,审核时间2014年4月28日"

"A311"玉米品种于2015年9月1日被授予植物新品种权,申请日为2011年1月21日,保护期限自授权之日起15年,大丰公司为品种权人。大丰公司于2011年1月21日申请"大丰30"植物新品种保护,申请号为20110059.3,公告日2011年7月1日,公告号为CNA007603E。

本院认为,本案的争议焦点为:一审、二审判决认定大丰公司生产、农丰种业销售的被控侵权玉米种子"大丰30"不侵害"先玉335"植物新品种权是否存在错误。

关于登海公司申请再审主张大丰公司提供的涉案DUS测试报告是否具有合法性的问题。《中华人民共和国种子法》(2013年修正)(以下简称《种子法》)第十八条规定,"审定未通过的农作物新品种和林木品种,申请人有异议的,可以向原审定委员会或者上一级审定委员会申请复审",《主要农作物品种审定办法》第三十四条也规定,"申请者对审定结果有异议的,可以向原审定委员会申请复审。品种审定委员会办公室认为有必要的,可以在复审前安排一个生产周期的品种试验"。品种试验包括区域试验、生产试验和DUS测试,大丰公司对"大丰30"在品种审定中的DNA检测结论提出异议后,山西省农业种子总站委托农业部植物新品种测试中心进行DUS测试,并不违反上述法律法规的规定。涉案DUS测试报告由农业部植物新品种测试中心按照《主要农作物品种审定办法》第十六条规定的“DUS测试由农业部植物新品种测试中心组织实施”,指定相应的测试机构,根据测试任务验收测试材料进行了田间种植。测试人员进行田间试验设计与测试,并依据相关测试指南整理测试数据,进行性状描述,编制的测试报告由测试机构负责人审核、签字、盖章后提交到了测试中心。该测试报告真实、合法,与争议的待证事实具有关联性,登海公司申请再审主张涉案DUS测试报告不具有合法性缺乏事实和法律依据,本院不予支持。本院注意到,《植物新品种特异性、一致性和稳定性测试指南—玉米》规定测试周期至少为两个独立的生长周期,涉案测试报告显示的测试时期“2011年4月25日—8月29日”为一个生长周期。鉴于大丰公司在二审中提交的作出时间为2014年1月23日的《农业植物新品种DUS测试报告》中,测试品种有两个生长周期,且有三个性状与近似品种“先玉335”存在明显且可重现的差异,符合NY/T2232-2012《植物新品种特异性一致性和稳定性测试指南—玉米》关于“当申请品种至少在一个性状与近似品种具有明显且可重现的差异时,即可判定申请品种具备特异性”的规定。因此,可以依据涉案测试报告认定“大丰30”具有特异性。

关于登海公司申请再审主张涉案DUS测试报告不是田间种植检测的相关理由,本院认为,对主要农作物进行品种审定时,要求申请审定品种必须与已审定通过或本级品种审定委员会已受理的其他品种具有明显区别。“大丰30”在2011年的申请品种审定中,由于经DNA指纹检测,认定与“先玉335”无差异,被视为同一品种而未能通过当年的品种审定。大丰公司对该DNA指纹检测提出异议,申请进行田间种植检测的主要理由就是两个品种在性状上有明显的差异,为不同品种。涉案DUS测试报告是通过田间种植鉴定“大丰30”与“先玉335”是否存在差异,通过田间种植表现出的特征特性核实两个品种是否具有差异。尽管所进行的DUS测试并非为了判断能否授予植物新品种权,但测试内容仍涉及试测品种“大丰30”与近似品种“先玉335”是否具有特异性。测试任务和测试对象的不同并未影响其依据同一测试标准进行的育种评价。登海公司申请再审关于一审、二审法院认为DUS测试就是田间种植测试,定性错误的主张,概念含混不清,其主张涉案DUS测试报告不具有证明力的理由,本院不予支持。

关于登海公司申请再审主张DNA指纹鉴定结论认定存在侵权行为的理由。本院认为,《种子法》、《中华人民共和国植物新品种保护条例》(以下简称《植物新品种保护条例》)均规定,繁殖材料是指可繁殖植物的种子和植物体的其他部分,包括籽粒、果实和根、茎、苗、芽叶等,同时将繁殖材料必须具备新颖性、特异性、一致性和稳定性作为植物新品种权的授权要件。品种权的审批机关对申请品种的特异性、一致性和稳定性进行实质审查所依据的是田间种植DUS测试。在主要农作物品种审定时,也是以申请审定品种的选育报告、比较试验报告等为基础,进行品种试验,针对品种在田间种植表现出的性状进行测试并作出分析和评价。因此,作为活体的繁殖材料,其特征特性应当依据田间种植进行DUS测试所确定的性状特征为准。DNA指纹技术作为在室内进行基因型身份鉴定的方法,经济便捷,不受环境影响,测试周期短,有利于及时保护权利人的利益,同时能够提高筛选近似品种提高特异性评价效率,实践中多用来检测品种的真实性、一致性,并基于分子标记技术构建了相关品种的指纹库。由于DNA检测所采取的核心引物(位点)与DUS测试的性状特征之间并不一定具有对应性,而植物新品种授权所依据的是田间种植的DUS测试,因此,当DNA鉴定结论为相同或高度近似时,可直接进行田间成对DUS测试比较,通过田间表型确定身份。当被诉侵权一方主张以田间种植DUS测试确定的特异性结论推翻DNA指纹检测结论时,应当由其提交证据予以证明。由于大丰公司提交的涉案DUS测试报告证明,通过田间种植,"大丰30"与"先玉335"相比,具有特异性。根据认定侵害植物新品种权行为,以"被控侵权物的特征特性与授权品种的特征特性相同,或者特征特性不同是因为非遗传变异所导致"的判定规则。"大丰30"与"先玉335"的特征特性并不相同,不存在侵害植物新品种权的行为。登海公司申请再审关于应当依据涉案DNA鉴定结论认定"大丰30"与"先玉335"不具有特异性的主张,本院不予支持。本案中,扣押的被控侵权产品外包装为"大丰30",是否存在内容物为"先玉335"而以"大丰30"进行套牌经销的事实,登海公司并未申请进行司法鉴定,一审、二审法院依据涉案DUS测试报告认定大丰公司生产、农丰种业销售的"大丰30"并未侵害"先玉335"的植物新品种权,并无不当,但二审法院在判决主文中依据《最高人民法院关于对最高人民法院关于审理侵犯值物新品种权纠纷案件具体应用法律问题的若干规定理解与适用》,对本案进行审查认定,法律适用有所不当,本院予以纠正。

登海公司申请再审主张,"大丰30"的父本使用的是"先玉335"的父本PH4CV,母本A311是"先玉335"的母本PH6WC加上公共自交系Mo17经过细微改造而来,"大丰30"构成对"先玉335"植物新品种权的侵害。本院认为,根据《植物新品种保护条例》第六条以及《最高法院关于审理侵犯植物新品种权纠纷案件具体应用法律问题的若干规定》第二条的规定,未经品种权人的许可,为商业目的生产销售授权品种的繁殖材料或者为商业目的将授权品种的繁殖材料重复使用于另一品种的繁殖材料的,应当认定为侵害植物新品种权。大丰公司生产"大丰30"所使用的父本PH4CV与"先玉335"的父本相同,但登海公司并未提交证据证明PH4CV为授权保护的植物新品种,使用该父本与其他自交系进行配伍培育杂交种并不存在侵害植物新品种权的行为。即便如登海公司所述,"大丰30"的母本A311是由"先玉335"的母本PH6WC与赠送获得的公共自交系Mo17培育的,但A311已不同于PH6WC自交系,已授权获得了植物新品种的保护,作为A311植物新品种的品种权人,大丰公司不仅享有该品种的生产和销售权,还享有将A311与另一亲本配伍选育另一品种,或者与其他品种生产另一品种的重复生产权。大丰公司以其授权保护的自交系A311作为母本与公共自交系父本PH4CV培育"大丰30",并不存在侵害"先玉335"植物新品种权的行为。登海公司关于大丰公司通过对以回交转育的方式改造母本后,再按原组合方式组配属于侵害植物新品种权的行为的主张,本院不予支持。

综上,登海公司的再审申请不符合《中华人民共和国民事诉讼法》第二百条规定的情形。依照《中华人民共和国民事诉讼法》第二百零四条第一款的规定,裁定如下:

驳回山东登海先锋种业有限公司的再审申请。

审 判 长 周 翔
审 判 员 钱小红
代理审判员 罗 霞
二〇一五年十二月十一日
书 记 员 张 博

指导案例101号《罗元昌诉重庆市彭水苗族土家族自治县地方海事处政府信息公开案》的理解与参照

——行政机关应对政府信息不存在承担举证责任

2018年12月19日,最高人民法院发布了第19批指导性案例,包括第97号至第101号共5件指导性案例,总结了审判实践中某些普遍的疑难复杂法律适用问题,有利于进一步明确裁判规则,统一司法尺度。其中,第101号指导案例为《罗元昌诉重庆市彭水苗族土家族自治县地方海事处政府信息公开案》。为了正确理解和准确参照适用该指导案例,现对该指导案例的选编过程、裁判要点、参照适用等有关情况予以解释和说明。

一、选编过程及指导意义

重庆市第四中级人民法院认为该案例较为典型,对人民法院审理类似案件具有指导价值,遂作为备选参考性案例向重庆市高级人民法院参考性案例编选委员会推荐。重庆市高级人民法院参考性案例编选委员会经审查,认为该案例所涉法律适用问题相关法律规定不明确,该案例提炼的裁判要点所确立的裁判规则具有指导意义,遂作为参考性案例和备选指导性案例提交重庆市高级人民法院审判委员会讨论。经重庆市高级人民法院2017年第9次审判委员会讨论,同意将该案例作为重庆人民法院第26号参考性案例发布,并作为备选指导性案例向最高人民法院推荐。2017年7月7日,最高人民法院案例指导工作办公室收到该案例,经过初审,认为基本符合指导性案例的要求,建议提交研究室室务会讨论。2018年6月19日,研究室室务会讨论同意推荐该案例,并要求征求最高人民法院行政庭意见。经征求意见后,案例指导工作办公室对该案例进行了修改,并报审委会讨论。11月20日,最高人民法院民专会第302次会议讨论通过该案例。12月19日,最高人民法院以法〔2018〕338号文件将该案例列在第19批指导性案例予以发布。

二、关于本案例的相关情况

(一)本案例的基本案情

本案中,原告罗元昌是兴运2号船的船主,在乌江流域从事航运、采砂等业务。2014年11月17日,罗元昌通过邮政特快专递向被告重庆市彭水苗族土家族自治县地方海事处(以下简称彭水县地方海事处)邮寄书面政府信息公开申请书,申请公开的其中一项内容为:公开兴运2号船2008年5月18日、2008年9月30日两起安全事故的海事调查报告等所有事故材料。2015年1月23日,彭水县地方海事处作出(2015)彭海处告字第006号《政府信息告知书》,其第二项载明:对申请公开的海事调查报告等所有事故材料经查该政府信息不存在。2015年4月22日,罗元昌以彭水县地方海事处作出的(2015)彭海处告字第006号《政府信息告知书》不符合法律规定,且与事实不符为由,提起行政诉讼,请求撤销彭水县地方海事处作出的(2015)彭海处告字第006号《政府信息告知书》,并由彭水县地方海事处向罗元昌公开海事调查报告等涉及兴运2号船的所有事故材料。罗元昌提供被告已制作或获取并保存案涉政府信息的相关线索。在案件二审审理期间,彭水县地方海事处主动撤销了其作出的(2015)彭海处告字第006号《政府信息告知书》,罗元昌仍坚持诉讼。

重庆市彭水苗族土家族自治县人民法院于2015年6月5日作出(2015)彭法行初字第00039号行政判决,驳回罗元昌的诉讼请求。罗元昌不服一审判决,提起上诉。重庆市第四中级人民法院于2015年9月18日作出(2015)渝四中法行终字第00050号行政判决,撤销(2015)彭法行初字第00039号行政判决;确认彭水苗族土家族自治县地方海事处于2015年1月23日作出的(2015)彭海处告字第006号《政府信息告知书》行政行为违法。

(二)本案例的推荐理由及指导价值

我国《政府信息公开条例》颁布实施以来,政府工作透明度及依法行政水平不断提高,公民的知情权得到更加有效的保障。但是,在政府信息公开实践中,行政机关对政府信息公开申请的答复频繁出现以信息不存在为由拒绝公开的情形。通常而言,政府信息不存在是行政机关处理公开申请的一种答复方式。但在政府信息公开行政案件中,行政机关处于信息优势地位,原告一般处于信息劣势地位。一方面,如果将证明责任分配给原告(信息申请者)极不公平,如果没有被告(被申请机关)的配合,这将是一项"不可能完成的任务"。[①] 另一方面,若将"信息不存在"这

---

① 章剑生:《知情权及其保障——以〈政府信息公开条例〉为例》,载《中国法学》2008年第4期。

一否定性事实的举证责任分配给被告承担，又有违背“肯定者应证明，否定者不应证明”这一证明责任分配的古老法谚。① 司法实践中，法院在对该类案件进行裁判时处于两难境地，由于举证责任分配标准不统一，往往会出现“同案（或类案）不同判”的情形。因此，人民法院对行政机关政府信息不存在答复是否合法，应如何审查判断，事关保障公众政府信息知情权，也是审理该类案件的关键所在。

该案例旨在明确在政府信息公开案件中，被告以政府信息不存在为由答复原告的，人民法院应审查被告是否已经尽到充分合理的查找、检索义务。该案例确认的裁判规则进一步明确了此类案件的审查标准，指导价值较强，对有效监督政府依法公开信息、依法保障公民政府信息知情权具有重要意义。

三、裁判要点的理解与说明

该指导案例的裁判要点确认：在政府信息公开案件中，被告以政府信息不存在为由答复原告的，人民法院应审查被告是否已经尽到充分合理的查找、检索义务。原告提交了该政府信息系由被告制作或者保存的相关线索等初步证据后，若被告不能提供相反证据，并举证证明已尽到充分合理的查找、检索义务的，人民法院不予支持被告有关政府信息不存在的主张。现围绕与该裁判要点相关的问题逐一解释和说明如下：

（一）关于政府信息不存在诉讼司法审查相关规定

根据我国《政府信息公开条例》第二条的规定，政府信息是指行政机关在履行职责过程中制作或者获取的，以一定形式记录、保存的信息。在审理行政机关以政府信息不存在为答复的案件中，首先应当明确行政机关是否具有制作或获取涉案政府信息的职责，同时这也是政府信息是否存在的前提条件。若行政机关不具有相应职责，就没有合理理由和机会制作或获取该政府信息。本案中，根据我国《内河交通事故调查处理规定》的相关规定，彭水县地方海事处作为彭水县的海事管理机构，负有对彭水县行政区域内发生的内河交通事故进行立案调查处理的职责，其在事故调查处理过程中制作或者获取的，以一定形式记录、保存的信息属于政府信息。据此，即可断定彭水县地方海事处具有制作或获取涉案政府信息的职责。但若行政机关能够说明其不可能制作或获取信息的，如申请公开的信息不属于被告的职权范围，无合理理由和机会制作或获取政府信息，在此情况下无须进一步提供证据。

我国《政府信息公开条例》第十三条、第二十一条、第三十三条规定：公民、法人

---

① 郑涛：《政府信息不存在诉讼之证明责任分配探析》，载《清华法学》2016年第6期。

或者其他组织还可以根据自身生产、生活、科研等特殊需要，向国务院部门、地方各级人民政府及县级以上地方人民政府部门申请获取相关政府信息。[①] 依法不属于本行政机关公开或者该政府信息不存在的，应当告知申请人。公民、法人或者其他组织认为行政机关不依法履行政府信息公开义务的，可以向上级行政机关、监察机关或者政府信息公开工作主管部门举报。公民、法人或者其他组织认为行政机关在政府信息公开工作中的具体行政行为侵犯其合法权益的，可以依法申请行政复议或者提起行政诉讼。据此，对行政机关答复政府信息不存在的，相关信息申请人可以向人民法院提起诉讼。针对政府信息不存在的司法审查，《最高人民法院关于审理政府信息公开行政案件若干问题的规定》第五条第一、二、五款规定：被告拒绝向原告提供政府信息的，应当对拒绝的根据以及履行法定告知和说明义务的情况举证；因公共利益决定公开涉及商业秘密、个人隐私政府信息的，被告应当对认定公共利益以及不公开可能对公共利益造成重大影响的理由进行举证和说明；被告主张政府信息不存在，原告能够提供该政府信息系由被告制作或者保存的相关线索的，可以申请人民法院调取证据。第十二条第一项规定：不属于政府信息、政府信息不存在、依法属于不予公开范围或者依法不属于被告公开的，被告已经履行法定告知或者说明理由义务的，人民法院应当判决驳回原告的诉讼请求。根据上述规定，在政府信息公开诉讼中，被告拒绝提供政府信息的，应当对拒绝的根据以及履行法定告知和说明理由义务的情况举证。如果原告能够提供该政府信息系由被告制作或者保存的相关线索的，可以申请人民法院调取证据。

（二）关于政府信息是否存在的举证责任分配

我国《行政诉讼法》第三十四条第一款规定，“被告对作出的行政行为负有举证责任，应当提供作出该行政行为的证据和所依据的规范性文件。”但在政府信息公开诉讼中，对于政府信息是否存在的举证责任如何分配问题则尤其特殊性，主要存在两种认识：一是认为行政诉讼中被告对被诉行政行为的合法性承担举证责任，被告既然主张政府信息不存在，就有责任提供证据；二是认为在被告主张政府信息不存在的特殊情形下，原告认为政府信息存在，则由原告提供证据，否则法院不能否定行政机关的这一认定。从举证责任分配的一般理论来说，一方面，当事人对其认为不存在的事实不应承担直接举证责任。由此，在政府信息不存在案件中，被告行政机关就没有必要对信息不存在提供证据。另一方面，如果由原告证明“信息存在”，同样存在障碍，因为政府信息是由行政机关掌握的，要求明显处于弱势地位的

① 本案适用的是2007年4月5日公布的《政府信息公开条例》，2019年4月3日，该条例进行了修订，已删去了原来第13条规定的“三需要”等相关规定。

原告承担全部的证明责任,几乎等同于直接宣布其败诉。①

由于举证责任的分配关系到行政诉讼的结果,在没有法律明确规定的前提下,法院应从公平正义的角度出发,结合行政法律关系的特殊性,对原被告的举证责任作适当的分配。在具体分配的过程中,需要考虑的因素包括:行政行为的特点、举证的难易程度、行政机关与行政相对人的举证能力、举证的便利性、公民权益的保障、行政机关行使职权的实际状况以及纠纷解决的可能性。②

对此,《最高人民法院关于行政最诉讼证据若干问题的规定》第一条规定,根据行政诉讼法第三十二条和第四十三条的规定,被告对做出的具体行政行为负有举证责任,应当在收到起诉状副本之日起10日内,提供据以做出被诉具体行政行为的全部证据和所依据的规范性文件。被告不提供或者无正当理由逾期提供证据的,视为被诉具体行政行为没有相应的证据。根据上述规定,在政府信息公开诉讼中,被告对做出的政府信息不存在的具体行政行为的合法性承担举证责任。虽然政府信息不存在作为一个否定性事实,一般由主张事实存在的一方举证,但是考虑到双方的举证能力等因素,法院依然要对行政机关主张政府信息不存在的事实和理由进行合法性审查,否则容易助长被告以政府信息不存在为由规避公开责任和诉讼风险。因此,在政府信息公开诉讼中,被告承担主要的举证责任,同时原告承担补充证明责任。由于否定性事实难以从正面直接予以证明,被告需要通过向法院提供能够证明其已经尽到合理搜索义务的材料,从而完成证明信息不存在的举证责任。③

(三)关于原告对政府信息存在的补充证明责任

如上所述,在政府信息不存在的案件中,被告需举证证明其对涉案政府信息进行了合理检索责任,但由于对不存在的事实很难证明,法院同时可以要求原告提供被告已制作或获取并保存涉案政府信息的相关线索。一般来讲,原告向被告申请政府信息公开,对涉案政府信息是否存在有一定的了解,原告应承担提供政府信息存在线索及涉案政府信息系由被告制作或保存的补充证明责任。

第一,如果原告不能提供任何相关政府信息存在线索线索,人民法院可依据《最高人民法院关于审理政府信息公开行政案件若干问题的规定》第十二条第一项"不属于政府信息、政府信息不存在、依法属于不予公开范围或者依法不属于被告公开的,被告已经履行法定告知或者说明理由义务的,人民法院应当判决驳回原告的诉讼请求"之规定,认定涉案政府信息不存在,判决驳回原告的诉讼请求。

---

① 包蕾、何斐明、余韬:《政府信息公开诉讼中的信息不存在》,载《人民司法》2013年第7期。
② 江必新、梁凤云:《行政诉讼法理论与实务》(上卷),北京大学出版社2009年版,第506页。
③ 陈振宇:《政府信息不存在情形下举证责任的分配》,载《人民司法》2010年第24期。

第二,如果原告进一步提供了政府信息实际存在的证据或线索的情况下,比如其他政府文件已明确将被申请信息作为依据、有明确的文号等,应认定原告已经达到了其相应的证明责任。在此情况下,若行政机关未能举示相关证据材料或作出合理说明,人民法院可以判令撤销"政府信息不存在"的答复,责令被告重新作出相应的行政行为;亦可依据最高人民法院《关于审理政府信息公开行政案件若干问题的规定》第五条第五款"被告主张政府信息不存在,原告能够提供该政府信息系由被告制作或者保存的相关线索的,可以申请人民法院调取证据"之规定,申请人民法院调取证据。若行政机关在诉讼中主动撤销其作出的"政府信息不存在"答复,原告仍坚持诉讼的,应确认其之前作出"政府信息不存在"答复的行政行为违法。

(四)关于行政机关对政府信息合理检索义务的审查

"政府信息不存在"的含义应当是明确的,也就是"从未制作过或者获取过",[①]这是法院处理该类案件时应当明确的问题。在因政府信息不存在而引发的政府信息公开诉讼中,行政机关对于政府信息不存在负有证明责任,应举证证明其对相关政府信息尽到合理、充分的查找、检索义务。对该类案件进行裁判时,应着重对被告的告知义务的履行情况、搜寻与说明理由义务的合法性进行审查。[②] 行政机关对政府信息不存在应当承担何种举证责任,是准确审理此类案件的关键所在,一般以被告提供其已经尽到了合理搜索义务的证据材料或合理说明为判断标准。被告主张政府信息不存在的,必须提供相应的证据材料或对其查找经过作出合理说明来证明其尽到了合理的搜索义务,没有提供相关检索或工作记录的,法院对其"政府信息不存在"的主张,不予支持。

行政机关对涉案政府信息是否尽到合理检索义务是司法审查的重点。那么,如何判断行政机关达到合理检索的标准?一般情况下,法院对行政机关是否正确履行检索义务应从以下几个方面进行判断:第一,用以检索的载体(如数据库、信息目录)包含的信息资料是否全面。检索载体收纳的数据越多,检索结果越具有合理性。第二,检索方法是否妥当。选用不同的检索关键词、采用不同的检索方法会产生不同的检索结果,选取适当的检索方法是确保检索合理性的重要内容;检索的方法包括人工检索、浏览目录、网页检索等。第三,检索人员的工作态度是否认真。检索看似一个技术性工作,但不同的工作态度直接会对检索方法的选取以及最后的检索结果产生不同的影响。若有证据证明检索工作人员的工作态度是为了尽其可能帮助申请人获取信息的话,其检索结果便更具有合理性。[③]

---

① 殷勇:《"政府信息不存在"情形下的司法审查》,载《法学》2012 年第 1 期。

② 郑涛:《政府信息不存在诉讼之证明责任分配探析》,载《清华法学》2016 年第 6 期。

③ 陈振宇:《政府信息不存在情形下举证责任的分配》,载《人民司法》2010 年第 24 期。

具体而言,法院可从以下几个方面进行审查:第一,根据原告提供的线索,要求被告提供其进行了相关搜索的证据材料,并对搜索方法和搜索结果作出说明;第二,根据原告提供的信息制作时间线索,要求被告提供相关信息公开指南、年度报告、公开目录等关联性证据;第三,根据原告提供的信息文号线索,要求被告提供相关政府信息文件编号方式以及涉诉文号的对应文件名称、时间、制作机关证据材料;第四,根据原告提供的信息出处线索,要求行政机关提供相关调查结果或者相关卷宗材料,必要时法院可以依申请调查。如果经过上述途径依旧无法证实原告所申请公开的信息存在,而原告又坚持认为该信息存在的,应由原告承担举证责任,由其提供证据证明其申请公开的政府信息在被告处实际存在。[①] 此外,在审查行政机关检索是否合理时,检索关键词的选择应以有利于检索到申请人申请获取的政府信息为原则,被告提供的生成其检索记录的数据库应是专门制作的用以开展信息公开工作的数据库,应包含其所掌握的全部政府信息。本案中,法院以行政机关是否尽到合理的查找、检索义务作为审查行政机关政府信息不存在答复是否合法的标准,符合法理、情理和事理,符合社会公众的正义观和社会发展的趋势,对法院裁判类案具有指导价值,有利于促使行政机关及其工作人员依法行政,对于依法保障公民知情权、推进法治政府建设具有重要的社会导向意义。二审中,行政机关主动撤销作出的《政府信息告知书》亦说明该裁判规则被原、被告双方认可,实现了法律效果和社会效果的统一。

四、参照适用时应注意的问题

合法性审查原则是行政诉讼的一项基本原则,人民法院应当围绕行政行为证据是否确凿,适用法律、法规是否正确,是否符合法定程序进行审查。对因政府信息不存在而引发的政府信息公开的诉讼,审查被告是否已经尽到充分合理的查找、检索义务,建立在合理分配举证责任的基础之上,但这主要涉及行政机关"政府信息不存在"答复的证据是否确凿这一方面。值得进一步指出的是,除此外还应当对被诉行政行为适用法律、法规是否正确,程序是否合法进行全面审查,进而对行政机关所作"政府信息不存在"答复是否合法进行准确的裁判。

(执笔人:重庆市高级人民法院研究室　游中川
重庆市市第四中级人民法院　王宏
最高人民法院案例指导工作办公室　石磊)

---

① 李广宇:《政府信息公开诉讼理念、方法与案例》,法律出版社 2009 年版,第 76 页。

指导案例 101 号　罗元昌诉重庆市彭水苗族土家族自治县地方海事处政府信息公开案

最高人民法院案例指导工作办公室编选人：石磊

1. 案例推荐单位：重庆市高级人民法院

2. 案例编写人：重庆市高级人民法院　游中川/重庆市第四中级人民法院　王宏、刘津坤

3. 案件裁判法院：重庆市第四中级人民法院（二审）

4. 案件承办人：王宏（二审）

相关规定

《中华人民共和国政府信息公开条例》①（2008 年 5 月 1 日起施行）

第二条　本条例所称政府信息，是指行政机关在履行职责过程中制作或者获取的，以一定形式记录、保存的信息。

第十三条　除本条例第九条、第十条、第十一条、第十二条规定的行政机关主动公开的政府信息外，公民、法人或者其他组织还可以根据自身生产、生活、科研等特殊需要，向国务院部门、地方各级人民政府及县级以上地方人民政府部门申请获取相关政府信息。

① 该条例于 2019 年 4 月 3 日修订。

彭水苗族土家族自治县人民法院行政判决书

(2015)彭法行初字第00039号

原告:罗元昌,男,1968年2月23日出生,汉族,重庆市彭水苗族土家族自治县人,居民。

委托代理人:王前进,重庆中渡律师事务所律师。

被告:重庆市彭水苗族土家族自治县地方海事处。住所地:重庆市彭水苗族土家族自治县汉葭街道文庙×××。

法定代表人:向建波,该处主任。

委托代理人:张聪,该处主任助理。

委托代理人:刘德均,重庆才学律师事务所律师。

原告罗元昌诉被告重庆市彭水苗族土家族自治县地方海事处(以下简称彭水县地方海事处)政府信息公开一案,本院于2015年4月22日立案受理后,于2015年4月30日向被告送达了起诉状副本、应诉通知书、行政诉讼举证通知书等权利义务告知书。本院依法组成合议庭,于2015年5月28日就本案与孙维奎诉彭水县地方海事处政府信息公开案进行了合并公开开庭审理。原告罗元昌的委托代理人王前进,被告彭水县地方海事处的法定代表人向建波因处理上访纠纷未到庭,被告的委托代理人张聪、刘德均到庭参加了诉讼。本案现已审理终结。

原告罗元昌诉称:原告为兴运2号的船主,常年在乌江流域从事航运、采砂等业务。因原告诉重庆大唐国际彭水水电开发有限公司财产损害赔偿纠纷案需要,原告于2014年11月7日通过邮政特快专递向被告申请政府信息公开,具体公开请求为:1.公开彭水苗族土家族自治县港航管理处、海事处的设立、主要职责、内设机构和人员编制的文件;2.公开下列事故的海事调查报告等所有事故材料:鑫源306号在2008年5月1日、2010年7月11日的2起安全事故,鑫源308号在2008年5月13日、2008年7月1日的2起安全事故,兴运2号在2008年5月18日、2008年9月30日的2起安全事故,长鸿2号在2008年6月18日、2008年8月6日的2起安全事故,高谷5号在2008年9月11日、2009年5月1日的2起安全事故,高谷6号在2008年8月19日的安全事故,高谷8号在2009年5月12日的安全事故,高谷16

号在2009年7月30日的安全事故,高谷18号在2009年2月1日的安全事故,高谷19号在2009年6月30日的安全事故,高谷28号在2009年5月1日的安全事故,荣华号在2008年9月1日的安全事故。被告签收后对原告的政府信息公开申请逾期没有答复,原告起诉至彭水县法院后被告才作出(2015)彭海处告字第006号《政府信息告知书》,且于2015年1月29日邮寄送达原告代理人。原告认为被告作出的《政府信息告知书》,不符合法律规定,且与事实不符,违反《政府信息公开条例》《重庆市人民政府信息公开指南》的规定。综上所述,请求人民法院判决撤销被告作出的(2015)彭海处告字第006号《政府信息告知书》,并判决被告履行政府信息公开的法定义务,立即向原告公开申请公开的政府信息,本案诉讼费由被告承担。

被告彭水县地方海事处辩称:1. 被告作出的(2015)彭海处告字第006号《政府信息告知书》的内容合法,法律依据充分;2. 被告档案信息中不存在原告诉称的"兴运2号在2008年5月18日、2008年9月30日的2起安全事故"的实际信息;3. 被告的机构编制文件在彭水县交通委员会网政务公开栏目早已向社会公开,同时以(2015)彭海处告字第006号《政府信息告知书》形式书面告知原告获取该信息的方式和途径。被告的告知符合法律规定;4. 被告已将原告申请的事项,以(2015)彭海处告字第006号《政府信息告知书》的形式邮寄给被告的特别委托代理人,已经履行了法定告知义务。故,请求人民法院依法驳回原告的诉讼请求。

在庭审中,原告罗元昌提交了以下证据:

1. 政府信息公开申请书;2. 乌江彭水水电站断航碍航问题调查评估报告;3. 彭水县地方海事处关于6月6日鸿福618等船舶搁浅事故的情况汇报;4. 彭水县地方海事处关于近两年因乌江彭水万足电站不定时蓄水造成船舶搁浅事故的情况报告;5. 重庆市发展和改革委员会关于委托开展乌江彭水电站断航碍航问题调查评估的函(渝发改能函〔2009〕562号);6. 关于开展乌江彭水水电站断航碍航补偿有关工作的通知(渝发改交〔2011〕665号);7. 乌江彭水电站断航碍航补偿方案及船舶第二次公示说明;8. 乌江彭水水电站断航碍航船舶补偿第三次公示说明;9. (2011)渝北法行初字第00393-1号行政裁定书;10. 彭水苗族土家族自治县机构编制委员会关于对县港航管理机构编制进行调整的通知(彭水编发〔2008〕11号);11. (2015)彭法行初字第00008号行政判决书;12. (2014)彭法民初字第00543号民事判决书。

经庭审质证,被告对原告提交证据1有异议,认为该证据形式不合法,主体不明确,内容不确定;对证据2—证据9、证据11—证据12的真实性、合法性无异议,但对其关联性有异议,不能证明被告档案中存在原告申请公开的政府信息的内容,不能达到原告的证明目的;对证据10无异议。

原告于2015年5月11日向本院提交了调取证据的申请,本院于2015年5月22日作出(2015)彭法行初字第00039－1号不予准许的决定书,并送达给原、被告。原告收到后于2015年5月22日向本院申请复议,本院于2015年5月25日作出(2015)彭法行初字第00039－2号复议决定书,驳回申请,维持原决定。

原告代理人在庭前向本院提交了证人出庭作证的申请,根据证人出庭作证申请书载明需要证人詹成志等人出庭证明安全事故发生和损失。本院认为,本案是一起政府信息公开案件,原告只需提供线索以证明政府信息存在即可,至于安全事故是否发生及损失等内容与本案并无关联,因此,按照《最高人民法院关于行政诉讼证据规则若干问题的规定》,对原告代理人的证人出庭作证的申请不予准许。

被告在法定期限内向本院提供了如下证据,并在庭审中举示、质证:

第一组证据:1.组织机构代码;2.法定代表人身份证明;3.授权委托书;4.律师函。证明被告具有主体资格及代理人身份情况。

第二组证据:5.(2015)彭海处告字第006号《政府信息告知书》及邮政特快专递单。证明被告已根据原告的申请回复了原告的请求事项,并邮寄送达给原告特别委托代理人的事实,被告已履行了法定职责。6.(2015)彭法行初字第00008号行政判决书。证明原告的特别委托代理人于2015年1月29日收到(2015)彭海处告字第006号《政府信息告知书》。7. 2015年2月4日行政审判笔录,证明原告诉称政府信息被告处不存在。8.彭水编发〔2008〕11号文件。证明彭水县港航管理处与彭水县地方海事处是一班人马,两块牌子。9.彭水县交通委员会网政务公开栏目网页。证明被告的编制文件早已在彭水县交通委员会网政务公开栏目公开的事实。

法律依据:10.《政府信息公开条例》第六条、第二十一条,《交通运输部施行〈政府信息公开条例〉办法》(交办发〔2008〕13号)第七条,《全国海事系统政府信息公开指导意见》第四条、第五条,《最高人民法院关于审理政府信息公开行政案件若干问题的规定》(法释〔2011〕17号)第二条第(四)款和第十二条第(一)款规定。11.《中华人民共和国内河交通事故调查处理规定》第七条、第八条、第九条、第十六条、第二十九条、第三十三条、第三十四条,《水上交通事故调查处理简易程序规定》第四条。

经庭审质证,原告对被告证据1—证据4无异议;对证据5—证据6的真实性无异议;对证据7的真实性无异议,但是不能达到被告想要证明的目的;对证据8无异议,并证明了被告和港航处是一套班子,两块牌子,港航处知道的事情被告也是知晓的;对证据9不予认可;对证据10、证据11的真实性无异议。

根据原、被告提供的证据以及举证、质证情况,对本案证据作如下认证:

原告举示的证据1证明原告向被告提出申请的事实,予以确认;对证据2—证据9、证据11—证据12的真实性、合法性被告无异议，予以确认，但该系列证据不能证明原告申请公开的政府信息由被告制作或保存，对其关联性不予确认；对证据10被告无异议，予以确认。被告举示的证据1—证据4证明其主体身份，予以确认；证据5系被告作出的告知书，证明行政行为的存在；证据6—证据7的真实性、合法性予以确认；证据8原告无异议，予以确认；证据9与本案无关联，不予确认。

根据原告、被告举示的证据及本院的认证情况，对本案作如下事实认定：

原告罗元昌是兴运2号船的船主，在乌江流域从事航运、采砂等业务。2014年11月17日原告通过邮政特快专递向被告邮寄书面政府信息公开申请书，具体申请的内容为："1. 公开彭水苗族土家族自治县港航管理处、海事处的设立、主要职责、内设机构和人员编制的文件；2. 公开下列事故的海事调查报告等所有事故材料：鑫源306号在2008年5月1日、2010年7月11日的2起安全事故，鑫源308号在2008年5月13日、2008年7月1日的2起安全事故，兴运2号在2008年5月18日、2008年9月30日的2起安全事故，长鸿2号在2008年6月18日、2008年8月6日的2起安全事故，高谷5号在2008年9月11日、2009年5月1日的2起安全事故，高谷6号在2008年8月19日的安全事故，高谷8号在2009年5月12日的安全事故，高谷16号在2009年7月30日的安全事故，高谷18号在2009年2月1日的安全事故，高谷19号在2009年6月30日的安全事故，高谷28号在2009年5月1日的安全事故，荣华号在2008年9月1日的安全事故。"被告于2014年11月19日签收后，未在法定期限内对原告进行答复，原告于2015年1月8日向本院提起行政诉讼。2015年1月23日，被告作出（2015）彭海处告字第006《政府信息告知书》，载明的主要内容有两项：一是对申请公开的彭水县地方海事处的内设机构名称等信息告知原告获取的方式和途径；二是对申请公开的海事调查报告等所有事故材料经查该政府信息不存在。本院于2015年3月31日对该案作出（2015）彭法行初字第00008号行政判决书，判决确认被告重庆市彭水苗族土家族自治县地方海事处在收到原告罗元昌的政府信息公开申请后未在法定期限内进行答复的行为违法。2015年4月22日原告罗元昌以被告作出的（2015）彭海处告字第006号《政府信息告知书》不符合法律规定，且与事实不符为由，诉至本院请求判令如前诉请。在庭审中，原告明确其诉讼请求：撤销被告作出的（2015）彭海处告字第006号《政府信息告知书》；被告重新对原告进行答复并向原告公开海事调查报告、电话值班记录、海事报告登记记录、救援记录、月度、年度涉及兴运2号船的所有事故材料。

庭审中，原告陈述发生事故后已向被告电话报告，被告陈述就原告诉称的海损事故原告未向被告报告，也未提交海事调查报告书，原告亦无事实方面的证据证明曾发生海损事故，且被告已对档案室的所有海损事故卷宗进行查询，确无原告诉称的海事调查报告等所有事故材料。

本院认为,根据《中华人民共和国政府信息公开条例》的规定,被告彭水县地方海事处作为行政机关,具有受理并处理向其提出的政府信息公开申请的法定职责。《最高人民法院关于审理政府信息公开行政案件若干问题的规定》第五条第五项规定被告主张政府信息不存在,原告能够提供该政府信息系由被告制作或者保存的相关线索的,可以申请人民法院调取证据。但在本案中,原告并未提供其申请公开的政府信息由被告制作或保存的相关线索。原告提供的《乌江彭水水电站断航碍航问题调查评估报告》中第33页彭水水上交通事故汇总表,只是一个统计表,并不能直接证明海事调查报告等所有事故材料存在以及由被告制作或保存,原告亦未提交其他证据证明原告申请公开的海事调查报告等信息由被告制作或保存,被告对原告的政府信息公开申请已经履行了法定告知义务。根据《最高人民法院关于审理政府信息公开行政案件若干问题的规定》第十二条"有下列情形之一,被告已经履行法定告知或者说明理由义务的,人民法院应当判决驳回原告的诉讼请求:(一)不属于政府信息、政府信息不存在、依法属于不予公开范围或者依法不属于被告公开的"的规定,原告的诉讼请求不能成立,依法应予驳回。

综上所述,依照《中华人民共和国政府信息公开条例》第二十一条第(三)项、《中华人民共和国行政诉讼法》第六十九条、《最高人民法院关于审理政府信息公开行政案件若干问题的规定》第十二条第(一)项的规定,判决如下:

驳回原告罗元昌的诉讼请求。

案件受理费50元,由原告罗元昌负担。

如不服本判决,可在判决书送达之日起十五日内,向本院递交上诉状,并按对方当事人或者代表人的人数提出副本,上诉于重庆市第四中级人民法院。

审　判　长　张咏梅
代理审判员　樊　洪
人民陪审员　马应德
二〇一五年六月五日
书　记　员　冉芙蓉

重庆市第四中级人民法院行政判决书

(2015)渝四中法行终字第00050号

上诉人(一审原告):罗元昌,男,汉族,1968年2月23日出生,住重庆市彭水苗族土家族自治县。

被上诉人(一审被告):重庆市彭水苗族土家族自治县地方海事处。住所地:重庆市彭水自治县汉葭街道文庙社区×××。

法定代表人:向建波,该处主任。

委托代理人:张聪,该处主任助理。

上诉人罗元昌因诉被上诉人重庆市彭水苗族土家族自治县地方海事处(以下简称彭水县地方海事处)政府信息公开一案,不服彭水苗族土家族自治县人民法院(以下简称彭水县法院)作出的(2015)彭法行初字第00039号行政判决,向本院提起上诉。本院依法组成合议庭,公开开庭审理了本案。上诉人罗元昌的委托代理人王前进,被上诉人彭水县地方海事处的委托代理人张聪、刘德均到庭参加诉讼。本案现已审理终结。

一审判决认定事实如下:罗元昌是兴运2号船的船主,在乌江流域从事航运、采砂等业务。2014年11月17日,罗元昌通过邮政特快专递向彭水县地方海事处邮寄书面政府信息公开申请书,具体申请的内容为:1.公开彭水苗族土家族自治县港航管理处(以下简称彭水县港航处)、海事处的设立、主要职责、内设机构和人员编制的文件。2.公开下列事故的海事调查报告等所有事故材料:鑫源306号在2008年5月1日、2010年7月11日的2起安全事故,鑫源308号在2008年5月13日、2008年7月1日的2起安全事故,兴运2号在2008年5月18日、2008年9月30日的2起安全事故,长鸿2号在2008年6月18日、2008年8月6日的2起安全事故,高谷5号在2008年9月11日、2009年5月1日的2起安全事故,高谷6号在2008年8月19日的安全事故,高谷8号在2009年5月12日的安全事故,高谷16号在2009年7月30日的安全事故,高谷18号在2009年2月1日的安全事故,高谷19号在2009年6月30日的安全事故,高谷28号在2009年5月1日的安全事故,荣华号在2008年9月1日的安全事故。”彭水县地方海事处于2014年11月19日签收后,未在法定期限内对罗元昌进行答复,罗元昌于2015年1月8日向彭水县法院提起行政诉讼。2015年1月23日,彭水县地方海事处作出(2015)彭海处告字第006号《政府信息告知书》,载明的主要内容有两项:一是对申请公开的彭水县地方海事处的内设机构名称等信息告知罗元昌获取的方式和途径;二是对申请公开的海事调查报告等所有事故材料经查该政府信息不存在。彭水县法院于2015年3月31日对该案作出(2015)彭法行初字第00008号行政判决,判决确认彭水县地方海事处在收到罗元昌的政府信息公开申请后未在法定期限内进行答复的行为违法。2015年4月22日,罗元昌以彭水县地方海事处作出的(2015)彭海处告字第006号《政府信息告知书》不符合法律规定,且与事实不符为由,提起行政诉讼。在庭审中,罗元昌明确其诉讼请求,请求撤销彭水县地方海事处作出的(2015)彭海处告字第006号《政府信息告知书》;彭水县地方海事处向罗元昌公开海事调查报告等涉及兴运2号船的所有事故材料。

庭审中,罗元昌陈述发生事故后已向彭水县地方海事处电话报告,彭水县地方海事处陈述就罗元昌诉称的海损事故,罗元昌未向彭水县地方海事处报告,也未提交海事调查报告书,罗元昌亦无事实方面的证据证明曾发生海损事故,且彭水县地方海事处已对档案室的所有海损事故卷宗进行查询,确无罗元昌诉称的海事调查报告等所有事故材料。

一审法院认为:根据《中华人民共和国政府信息公开条例》的规定,彭水县地方海事处作为行政机关,具有受理并处理向其提出的政府信息公开申请的法定职责。《最高人民法院关于审理政府信息公开行政案件若干问题的规定》第五条第五款规定,"被告主张政府信息不存在,原告能够提供该政府信息系由被告制作或者保存的相关线索的,可以申请人民法院调取证据。"但在本案中,罗元昌并未提供其申请公开的政府信息由彭水县地方海事处制作或保存的相关线索。罗元昌提供的《乌江彭水水电站断航碍航问题调查评估报告》中第33页彭水水上交通事故汇总表,只是一个统计表,并不能直接证明海事调查报告等所有事故材料存在以及由彭水县地方海事处制作或保存,罗元昌亦未提交其他证据证明其申请公开的海事调查报告等信息由彭水县地方海事处制作或保存,彭水县地方海事处对罗元昌的政府信息公开申请已经履行了法定告知义务。根据《最高人民法院关于审理政府信息公开行政案件若干问题的规定》第十二条之规定,"有下列情形之一,被告已经履行法定告知或者说明理由义务的,人民法院应当判决驳回原告的诉讼请求:(一)不属于政府信息、政府信息不存在、依法属于不予公开范围或者依法不属于被告公开的。"故罗元昌的诉讼请求不能成立,依法应予驳回。综上,依照《中华人民共和国政府信息公开条例》第二十一条第(三)项、《中华人民共和国行政诉讼法》第六十九条、《最高人民法院关于审理政府信息公开行政案件若干问题的规定》第十二条第(一)项的规定,判决驳回罗元昌的诉讼请求。案件受理费50元,由罗元昌负担。

上诉人罗元昌上诉称:罗元昌提供的《乌江彭水水电站断航碍航问题调查评估报告》中明确载明《彭水水上交通事故汇总表》据彭水县港航管理处提供,而彭水县港航处与彭水县地方海事处为"一套班子两块牌子",即《彭水水上交通事故汇总表》来源于彭水县地方海事处。该表虽为统计表,但是由彭水县地方海事处统计而来,彭水县地方海事处必然有统计的原始依据,但彭水县地方海事处未能就统计的原始依据和过程进行说明。彭水县地方海事处当庭认可其有值班电话记录、救援等记录,每月和年度都要进行事故统计,却一直辩称没有罗元昌诉称的事故资料,但又没有举证证明,故彭水县地方海事处应当承担举证不能的责任。一审判决认定《彭水水上交通事故汇总表》仅是一个统计表,但该表来源于《乌江彭水水电站断航碍航问题调查评估报告》,而该报告系重庆市发改委、重庆市交委委托重庆江河工程咨询中心有限公司、重庆西科水运工程咨询中心并经市港航局、彭水县地方海事处等参与形成,相关证人和单位清楚评估报告相关资料的来源,一审法院却违法不准许出庭,请二审法院依法予以纠正,通知证人出庭,并对相关单位和人员进行调查取证。综上所述,罗元昌所有的船舶发生事故是客观事实,且罗元昌已经提供明确线索,彭水县地方海事处作为彭水唯一的船舶管理机构,对罗元昌申请公开的安全事故清楚,保存有相关资料却不予公开,明显违法,故一审法院事实认定错误,适用法律错误,判决错误,特向贵院提起上诉,请求判决撤销彭水县法院于2015年6月5日作出的(2015)彭法行初字第00039号行政判决,依法改判撤销彭水县地方海事处作出的(2015)彭海处告字第006号《政府信息告知书》,并改判彭水县地方海事处立即向罗元昌公开申请公开安全事故的所有政府信息;判决本案一审、二审诉讼费由彭水县地方海事处承担。

被上诉人彭水县地方海事处答辩称:罗元昌在行政诉状中诉称的所列事实没有根据,理由不能成立。彭水县地方海事处已将罗元昌申请的事项以(2015)彭海处告字第006号《政府信息告知书》邮寄给罗元昌的特别委托代理人,已经履行了告知义务。一审法院作出的判决事实清楚,证据充分,程序合法,适用法律正确,请求判决驳回罗元昌的上诉请求,维持原判。

一审中,上诉人罗元昌向一审法院提交了以下证据:

1. 政府信息公开申请书;

2.《乌江彭水水电站断航碍航问题调查评估报告》;

3.《彭水县地方海事处关于6月6日鸿福618等船舶搁浅事故的情况汇报》;

4.《彭水县地方海事处关于近两年因乌江彭水万足电站不定时蓄水造成船舶

搁浅事故的情况报告》;

5.《重庆市发展和改革委员会关于委托开展乌江彭水电站断航碍航问题调查评估的函(渝发改能函〔2009〕562 号)》;

6.《关于开展乌江彭水水电站断航碍航补偿有关工作的通知(渝发改交〔2011〕665 号)》;

7. 乌江彭水电站断航碍航补偿方案及船舶第二次公示说明;

8. 乌江彭水水电站断航碍航船舶补偿第三次公示说明;

9. (2011)渝北法行初字第 00393－1 号行政裁定书;

10.《彭水苗族土家族自治县机构编制委员会关于对县港航管理机构编制进行调整的通知(彭水编发〔2008〕11 号)》;

11. (2015)彭法行初字第 00008 号行政判决书;

12. (2014)彭法民初字第 00543 号民事判决书。

经一审庭审质证,彭水县地方海事处对罗元昌提交的证据质证如下:证据 1 有异议,认为该证据形式不合法,主体不明确,内容有不可操作性以及地址不详。证据 2—证据 9、证据 11—证据 12 的真实性、合法性无异议,但对其关联性有异议,不能证明彭水县地方海事处档案中存在罗元昌申请公开的政府信息的内容,不能达到罗元昌的证明目的。证据 10 无异议。

一审中,被上诉人彭水县地方海事处在法定期限内向一审法院提交了如下证据:

第一组证据:1. 组织机构代码;2. 法定代表人身份证明;3. 授权委托书;4. 律师函。证明彭水县地方海事处具有主体资格及代理人身份情况。

第二组证据:5. (2015)彭海处告字第 006 号《政府信息告知书》及邮政特快专递单。证明彭水县地方海事处已根据罗元昌的申请回复了其请求事项,并邮寄送达给罗元昌特别委托代理人的事实,彭水县地方海事处已履行了法定职责。6. (2015)彭法行初字第 00008 号行政判决书。证明罗元昌的特别委托代理人于 2015 年 1 月 29 日收到(2015)彭海处告字第 006 号《政府信息告知书》。7. 2015 年 2 月 4 日行政审判笔录。证明罗元昌诉称的政府信息彭水县地方海事处不存在。8. 彭水编发(2008)11 号文件。证明彭水县港航管理处与彭水县地方海事处是一班人马,两块牌子。9. 彭水苗族土家族自治县交通委员会网政务公开栏目网页。证明彭水县地方海事处的编制文件早已在彭水苗族土家族自治县交通委员会网政务公开栏目公开的事实。

法律依据:10.《政府信息公开条例》第六条、第二十一条,《交通运输部施行政府信息公开条例办法》(交办发〔2008〕13 号)第七条,《全国海事系统政府信息公开指导意见》第四条、第五条,《最高人民法院关于审理政府信息公开行政案件若干问题的规定》(法释〔2011〕17 号)第二条第(四)项和第十二条第(一)项规定。11.《中华人民共和国内河交通事故调查处理规定》第七条、第八条、第九条、第十六条、第二十九条、第三十三条、第三十四条,《水上交通事故调查处理简易程序规定》第四条。

经一审庭审质证,罗元昌对彭水县地方海事处提交的证据质证如下:证据 1—证据 4 无异议。证据 5—证据 6 真实性无异议。证据 7 真实性无异议,但是不能达到彭水县地方海事处想要证明的目的。证据 8 无异议,证明了彭水县地方海事处和港航处是一套班子,两块牌子,彭水县港航处知道的事情彭水县地方海事处也是知晓的。证据 9 不予认可。证据 10、证据 11 真实性无异议。

一审法院根据举证、质证情况,对罗元昌、彭水县地方海事处提交的证据作如下认证:

1. 罗元昌举示的证据:证据 1 证明罗元昌向彭水县地方海事处提出申请的事实,予以确认。证据 2—证据 9、证据 11—证据 12 真实性、合法性,彭水县地方海事处无异议,予以确认,但该系列证据不能证明罗元昌申请公开的政府信息由彭水县地方海事处制作或保存,对其关联性不予确认。证据 10 彭水县地方海事处无异议,予以确认。

2. 彭水县地方海事处举示的证据:证据 1—证据 4 证明其主体身份,予以确认。证据 5 系彭水县地方海事处作出的告知书,证明行政行为的存在。证据 6—证据 7 真实性、合法性予以确认。证据 8 罗元昌无异议,予以确认。证据 9 与本案无关联,不予采信。

罗元昌、彭水县地方海事处一审时提交的证据,一审法院均已随案移送到本院。经本院审查认为:罗元昌举示的证据 2、证据 4—证据 5、证据 11—证据 12 与本案有关联,能够证明本案待证事实,本院予以采信。罗元昌提供的其余证据及彭水县地方海事处提供的证据,一审法院认证正确,符合证据规则,本院予以确认。

二审查明的事实与一审查明的事实一致,本院予以确认。本院另查明,2015 年 9 月 18 日,彭水县地方海事处作出(2015)彭海处撤字第 005 号《撤销决定书》,以查找资料程序存在瑕疵为由,决定撤销其作出的(2015)彭海处告字第 006 号《政府信息告知书》。罗元昌仍坚持本案诉讼。

本院认为,根据《中华人民共和国政府信息公开条例》第十三条规定,"除本条例第九条、第十条、第十一条、第十二条规定的行政机关主动公开的政府信息外,公民、法人或者其他组织还可以根据自身生产、生活、科研等特殊需要,向国务院部门、地方各级人民政府及县级以上地方人民政府部门申请获取相关政府信息。"彭水县地方海事处作为行政机关,负有对罗元昌提出的政府信息公开申请作出答复和提供政府信息的法定职责。本案的争议焦点是彭水县地方海事处作出的(2015)彭海处告字第006号《政府信息告知书》是否合法。

根据《中华人民共和国政府信息公开条例》第二条规定,"本条例所称政府信息,是指行政机关在履行职责过程中制作或者获取的,以一定形式记录、保存的信息。"本案中,罗元昌申请公开彭水县港航处、海事处的设立、主要职责、内设机构和人员编制的文件的信息,属于彭水县地方海事处在履行职责过程中制作或者获取的,以一定形式记录、保存的信息,当属政府信息。在一审审理期间,彭水县地方海事处已为罗元昌提供了彭水编发(2008)11号《彭水苗族土家族自治县机构编制委员会关于对县港航管理机构编制进行调整的通知》的复制件,该通知已明确载明了彭水县港航处、海事处的机构性质、人员编制、主要职责、内设机构等事项,罗元昌已知晓,本院予以确认。

罗元昌申请公开涉及兴运2号船等船舶发生事故的海事调查报告等所有事故材料的信息,根据《中华人民共和国内河交通事故调查处理规定》的相关规定,船舶在内河发生事故的调查处理属于海事管理机构的职责,其在事故调查处理过程中制作或者获取的,以一定形式记录、保存的信息属于政府信息。彭水县地方海事处作为彭水县的海事管理机构,负有对彭水县行政区域内发生的内河交通事故进行立案调查处理的职责,其在事故调查处理过程中制作或者获取的,以一定形式记录、保存的信息属于政府信息。根据《中华人民共和国政府信息公开条例》第二十一条规定,"对申请公开的政府信息,行政机关根据下列情况分别作出答复:(一)属于公开范围的,应当告知申请人获取该政府信息的方式和途径。"第二十六条规定,"行政机关依申请公开政府信息,应当按照申请人要求的形式予以提供;无法按照申请人要求的形式提供的,可以通过安排申请人查阅相关资料、提供复制件或者其他适当形式提供。"本案中,罗元昌提交了兴运2号船于2008年5月18日在彭水高谷长滩子发生整船搁浅事故以及于2008年9月30日在彭水高谷煤炭沟发生沉没事故的相关线索,而彭水县地方海事处作出的(2015)彭海处告字第006号《政府信息告知书》第二项告知罗元昌申请公开的该项政府信息不存在,仅有彭水县地方海事处的自述,没有提供印证证据证明其尽到了查询、翻阅和搜索的义务。且在一审庭审中,双方也未书面申请法院提交调取该政府信息,故彭水县地方海事处作出的(2015)彭海处告字第006号《政府信息告知书》违法,应当予以撤销。在本案二审审理期间,彭水县地方海事处主动撤销了其作出的(2015)彭海处告字第006号《政府信息告知书》。罗元昌仍坚持诉讼。根据《中华人民共和国行政诉讼法》第七十四条第二款第(二)项规定,"行政行为有下列情形之一,不需要撤销或者判决履行的，人民法院判决确认违法：（二）被告改变原违法行政行为，原告仍要求确认原行政行为违法的。”本院确认彭水县地方海事处作出的本诉政府信息告知行为违法。

综上所述，一审法院适用法律错误，依法予以撤销，因彭水县地方海事处已主动撤销本诉行政行为，本案作为新证据改判。彭水县地方海事处作出的本诉行政行为违法。上诉人罗元昌请求撤销一审判决的上诉请求成立，予以支持。依照《中华人民共和国行政诉讼法》第七十四条第二款第（二）项、第八十九条第一款第（二）项之规定，判决如下：

一、撤销彭水苗族土家族自治县人民法院作出的（2015）彭法行初字第00039号行政判决；

二、确认彭水苗族土家族自治县地方海事处于2015年1月23日作出的（2015）彭海处告字第006号《政府信息告知书》这一行政行为违法。

一审、二审案件受理费各50元，由被上诉人彭水苗族土家族自治县地方海事处负担。

本判决为终审判决。

审　判　长　张红梅
代理审判员　蒲开明
代理审判员　王　宏
二〇一五年九月十八日
书　记　员　王丽君

最高人民法院
关于发布第20批指导性案例的通知

(2018年12月25日　法〔2018〕347号)

各省、自治区、直辖市高级人民法院，解放军军事法院，新疆维吾尔自治区高级人民法院生产建设兵团分院：

经最高人民法院审判委员会讨论决定，现将付宣豪、黄子超破坏计算机信息系统案等五个案例(指导案例102－106号)，作为第20批指导性案例发布，供在审判类似案件时参照。

指导案例102号

付宣豪、黄子超破坏计算机信息系统案

(最高人民法院审判委员会讨论通过　2018年12月25日发布)

关键词　刑事/破坏计算机信息系统罪/DNS劫持/后果严重/后果特别严重

裁判要点

1.通过修改路由器、浏览器设置、锁定主页或者弹出新窗口等技术手段，强制网络用户访问指定网站的“DNS劫持”行为，属于破坏计算机信息系统，后果严重的，构成破坏计算机信息系统罪。

2.对于“DNS劫持”，应当根据造成不能正常运行的计算机信息系统数量、相关计算机信息系统不能正常运行的时间，以及所造成的损失或者影响等，认定其是

“后果严重”还是“后果特别严重”。

相关法条

《中华人民共和国刑法》第286条

基本案情

2013年年底至2014年10月，被告人付宣豪、黄子超等人租赁多台服务器，使用恶意代码修改互联网用户路由器的DNS设置，进而使用户登录“2345.com”等导航网站时跳转至其设置的“5w.com”导航网站，被告人付宣豪、黄子超等人再将获取的互联网用户流量出售给杭州久尚科技有限公司（系“5w.com”导航网站所有者），违法所得合计人民币754762.34元。

2014年11月17日，被告人付宣豪接民警电话通知后自动至公安机关，被告人黄子超主动投案，二被告人到案后均如实供述了上述犯罪事实。

被告人及辩护人对罪名及事实均无异议。

裁判结果

上海市浦东新区人民法院于2015年5月20日作出（2015）浦刑初字第1460号刑事判决：一、被告人付宣豪犯破坏计算机信息系统罪，判处有期徒刑三年，缓刑三年。二、被告人黄子超犯破坏计算机信息系统罪，判处有期徒刑三年，缓刑三年。三、扣押在案的作案工具以及退缴在案的违法所得予以没收，上缴国库。一审宣判后，二被告人均未上诉，公诉机关未抗诉，判决已发生法律效力。

裁判理由

法院生效裁判认为，根据《中华人民共和国刑法》第二百八十六条的规定，对计算机信息系统功能进行破坏，造成计算机信息系统不能正常运行，后果严重的，构成破坏计算机信息系统罪。本案中，被告人付宣豪、黄子超实施的是流量劫持中的“DNS劫持”。DNS是域名系统的英文首字母缩写，作用是提供域名解析服务。“DNS劫持”通过修改域名解析，使对特定域名的访问由原IP地址转入到篡改后的指定IP地址，导致用户无法访问原IP地址对应的网站或者访问虚假网站，从而实现窃取资料或者破坏网站原有正常服务的目的。二被告人使用恶意代码修改互联网用户路由器的DNS设置，将用户访问“2345.com”等导航网站的流量劫持到其设置的“5w.com”导航网站，并将获取的互联网用户流量出售，显然是对网络用户的计算机信息系统功能进行破坏，造成计算机信息系统不能正常运行，符合破坏计算机信息系统罪的客观行为要件。

根据《最高人民法院、最高人民检察院关于办理危害计算机信息系统安全刑事案件应用法律若干问题的解释》，破坏计算机信息系统，违法所得人民币二万五千元以上或者造成经济损失人民币五万元以上的,应当认定为“后果特别严重”。本案中,二被告人的违法所得达人民币754762.34元,属于“后果特别严重”。

综上,被告人付宣豪、黄子超实施的“DNS劫持”行为系违反国家规定,对计算机信息系统中存储的数据进行修改,后果特别严重,依法应处五年以上有期徒刑。鉴于二被告人在家属的帮助下退缴全部违法所得,未获取、泄露公民个人信息,且均具有自首情节,无前科劣迹,故依法对其减轻处罚并适用缓刑。

(生效裁判审判人员:李俊、白艳利、朱根初)

指导案例103号

徐强破坏计算机信息系统案

(最高人民法院审判委员会讨论通过 2018年12月25日发布)

关键词 刑事/破坏计算机信息系统罪/机械远程监控系统

裁判要点

企业的机械远程监控系统属于计算机信息系统。违反国家规定,对企业的机械远程监控系统功能进行破坏,造成计算机信息系统不能正常运行,后果严重的,构成破坏计算机信息系统罪。

相关法条

《中华人民共和国刑法》第286条第1款、第2款

基本案情

为了加强对分期付款的工程机械设备的管理,中联重科股份有限公司(以下简称中联重科)投入使用了中联重科物联网GPS信息服务系统,该套计算机信息系统由中联重科物联网远程监控平台、GPS终端、控制器和显示器等构成,该系统具备自动采集、处理、存储、回传、显示数据和自动控制设备的功能,其中,控制器、GPS终端和显示器由中联重科在工程机械设备的生产制造过程中安装到每台设备上。

中联重科对“按揭销售”的泵车设备均安装了中联重科物联网GPS信息服务系

统,并在产品买卖合同中明确约定“如买受人出现违反合同约定的行为,出卖人有权采取停机、锁机等措施”以及“在买受人付清全部货款前,产品所有权归出卖人所有。即使在买受人已经获得机动车辆登记文件的情况下,买受人未付清全部货款前,产品所有权仍归出卖人所有”的条款。然后由中联重科总部的远程监控维护平台对泵车进行监控,如发现客户有拖欠、赖账等情况,就会通过远程监控系统进行“锁机”,泵车接收到“锁机”指令后依然能发动,但不能作业。

2014 年 5 月间,被告人徐强使用“GPS 干扰器”先后为钟某某、龚某某、张某某名下或管理的五台中联重科泵车解除锁定。具体事实如下:

1. 2014 年 4 月初,钟某某发现其购得的牌号为贵 A77462 的泵车即将被中联重科锁机后,安排徐某某帮忙打听解锁人。徐某某遂联系龚某某告知钟某某泵车需解锁一事。龚某某表示同意后,即通过电话联系被告人徐强给泵车解锁。2014 年 5 月 18 日,被告人徐强携带“GPS 干扰器”与龚某某一起来到贵阳市清镇市,由被告人徐强将“GPS 干扰器”上的信号线连接到泵车右侧电控柜,再将“GPS 干扰器”通电后使用干扰器成功为牌号为贵 A77462 的泵车解锁。事后,钟某某向龚某某支付了解锁费用人民币 40000 元,龚某某亦按约定将其中人民币 9600 元支付给徐某某作为介绍费。当日及次日,龚某某还带着被告人徐强为其管理的其妹夫黄某从中联重科及长沙中联重科二手设备销售有限公司以分期付款方式购得的牌号分别为湘 AB0375、湘 AA6985、湘 AA6987 的三台泵车进行永久解锁。事后,龚某某向被告人徐强支付四台泵车的解锁费用共计人民币 30000 元。

2. 2014 年 5 月间,张某某从中联重科以按揭贷款的方式购买泵车一台,因拖欠货款被中联重科使用物联网系统将泵车锁定,无法正常作业。张某某遂通过电话联系到被告人徐强为其泵车解锁。2014 年 5 月 17 日,被告人徐强携带“GPS 干扰器”来到湖北襄阳市,采用上述同样的方式为张某某名下牌号为鄂 FE7721 的泵车解锁。事后,张某某向被告人徐强支付解锁费用人民币 15000 元。

经鉴定,中联重科的上述牌号为贵 A77462、湘 AB0375、湘 AA6985、湘 AA6987 泵车 GPS 终端被拆除及控制程序被修改后,中联重科物联网 GPS 信息服务系统无法对泵车进行实时监控和远程锁车。

2014 年 11 月 7 日,被告人徐强主动到公安机关投案。在本院审理过程中,被告人徐强退缴了违法所得人民币 45000 元。

裁判结果

湖南省长沙市岳麓区人民法院于 2015 年 12 月 17 日作出(2015)岳刑初字第 652 号刑事判决:一、被告人徐强犯破坏计算机信息系统罪,判处有期徒刑二年六个月。二、追缴被告人徐强的违法所得人民币四万五千元,上缴国库。被告人徐强不服,提出上诉。湖南省长沙市中级人民法院于2016年8月9日作出(2016)湘01刑终58号刑事裁定:驳回上诉,维持原判。该裁定已发生法律效力。

裁判理由

法院生效裁判认为,《最高人民法院、最高人民检察院关于办理危害计算机信息系统安全刑事案件应用法律若干问题的解释》第十一条规定,"计算机信息系统"和"计算机系统",是指具备自动处理数据功能的系统,包括计算机、网络设备、通信设备、自动化控制设备等。本案中,中联重科物联网GPS信息服务系统由中联重科物联网远程监控平台、GPS终端、控制器和显示器等构成,具备自动采集、处理、存储、回传、显示数据和自动控制设备的功能。该系统属于具备自动处理数据功能的通信设备与自动化控制设备,属于刑法意义上的计算机信息系统。被告人徐强利用"GPS干扰器"对中联重科物联网GPS信息服务系统进行修改、干扰,造成该系统无法对案涉泵车进行实时监控和远程锁车,是对计算机信息系统功能进行破坏,造成计算机信息系统不能正常运行的行为,且后果特别严重。根据刑法第二百八十六条的规定,被告人徐强构成破坏计算机信息系统罪。徐强犯罪以后自动投案,如实供述了自己的罪行,系自首,依法可减轻处罚。徐强退缴全部违法所得,有悔罪表现,可酌情从轻处罚。针对徐强及辩护人提出"自己系自首,且全部退缴违法所得,一审量刑过重"的上诉意见与辩护意见,经查,徐强破坏计算机信息系统,违法所得45000元,后果特别严重,应当判处五年以上有期徒刑,一审判决综合考虑其自首、退缴全部违法所得等情节,对其减轻处罚,判处有期徒刑二年六个月,量刑适当。该上诉意见、辩护意见,不予采纳。原审判决认定事实清楚,证据确实充分,适用法律正确,量刑适当,审判程序合法。

(生效裁判审判人员:黎璠、刘刚、何琳)

指导案例 104 号

李森、何利民、张锋勃等人破坏计算机信息系统案

（最高人民法院审判委员会讨论通过　2018 年 12 月 25 日发布）

关键词　刑事/破坏计算机信息系统罪/干扰环境质量监测采样/数据失真/后果严重

裁判要点

环境质量监测系统属于计算机信息系统。用棉纱等物品堵塞环境质量监测采样设备，干扰采样，致使监测数据严重失真的，构成破坏计算机信息系统罪。

相关法条

《中华人民共和国刑法》第 286 条第 1 款

基本案情

西安市长安区环境空气自动监测站（以下简称长安子站）系国家环境保护部（以下简称环保部）确定的西安市 13 个国控空气站点之一，通过环境空气质量自动监测系统采集、处理监测数据，并将数据每小时传输发送至中国环境监测总站（以下简称监测总站），一方面通过网站实时向社会公布，一方面用于编制全国环境空气质量状况月报、季报和年报，向全国发布。长安子站为全市两个国家直管监测子站之一，由监测总站委托武汉宇虹环保产业股份有限公司进行运行维护，不经允许，非运维方工作人员不得擅自进入。

2016 年 2 月 4 日，长安子站回迁至西安市长安区西安邮电大学南区动力大楼房顶。被告人李森利用协助子站搬迁之机私自截留子站钥匙并偷记子站监控电脑密码，此后至 2016 年 3 月 6 日间，被告人李森、张锋勃多次进入长安子站内，用棉纱堵塞采样器的方法，干扰子站内环境空气质量自动监测系统的数据采集功能。被告人何利民明知李森等人的行为而没有阻止，只是要求李森把空气污染数值降下来。被告人李森还多次指使被告人张楠、张肖采用上述方法对子站自动监测系统进行干扰，造成该站自动监测数据多次出现异常，多个时间段内监测数据严重失

真,影响了国家环境空气质量自动监测系统正常运行。为防止罪行败露,2016年3月7日、3月9日,在被告人李森的指使下,被告人张楠、张肖两次进入长安子站将监控视频删除。2016年2月、3月间,长安子站每小时的监测数据已实时传输发送至监测总站,通过网站向社会公布,并用于环保部编制2016年2月、3月和第一季度全国74个城市空气质量状况评价、排名。2016年3月5日,监测总站在例行数据审核时发现长安子站数据明显偏低,检查时发现了长安子站监测数据弄虚作假问题,后公安机关将五被告人李森、何利民、张楠、张肖、张锋勃抓获到案。被告人李森、被告人张锋勃、被告人张楠、被告人张肖在庭审中均承认指控属实,被告人何利民在庭审中辩解称其对李森堵塞采样器的行为仅是默许、放任,请求宣告其无罪。

裁判结果

陕西省西安市中级人民法院于2017年6月15日作出(2016)陕01刑初233号刑事判决:一、被告人李森犯破坏计算机信息系统罪,判处有期徒刑一年十个月。二、被告人何利民犯破坏计算机信息系统罪,判处有期徒刑一年七个月。三、被告人张锋勃犯破坏计算机信息系统罪,判处有期徒刑一年四个月。四、被告人张楠犯破坏计算机信息系统罪,判处有期徒刑一年三个月。五、被告人张肖犯破坏计算机信息系统罪,判处有期徒刑一年三个月。宣判后,各被告人均未上诉,判决已发生法律效力。

裁判理由

法院生效裁判认为,五被告人的行为违反了国家规定。《中华人民共和国环境保护法》第六十八条规定禁止篡改、伪造或者指使篡改、伪造监测数据,《中华人民共和国大气污染防治法》第一百二十六条规定禁止对大气环境保护监督管理工作弄虚作假,《中华人民共和国计算机信息系统安全保护条例》第七条规定不得危害计算机信息系统的安全。本案五被告人采取堵塞采样器的方法伪造或者指使伪造监测数据,弄虚作假,违反了上述国家规定。

五被告人的行为破坏了计算机信息系统。《最高人民法院、最高人民检察院关于办理危害计算机信息系统安全刑事案件应用法律若干问题的解释》第十一条规定,计算机信息系统和计算机系统,是指具备自动处理数据功能的系统,包括计算机、网络设备、通信设备、自动化控制设备等。根据《最高人民法院、最高人民检察院关于办理环境污染刑事案件适用法律若干问题的解释》第十条第一款的规定,干扰环境质量监测系统的采样,致使监测数据严重失真的行为,属于破坏计算机信息系统。长安子站系国控环境空气质量自动监测站点,产生的监测数据经过系统软件直接传输至监测总站,通过环保部和监测总站的政府网站实时向社会公布,参与计算环境空气质量指数并实时发布。空气采样器是环境空气质量监测系统的重要组成部分。PM10、PM2.5 监测数据作为环境空气综合污染指数评估中的最重要两项指标,被告人用棉纱堵塞采样器的采样孔或拆卸采样器的行为,必然造成采样器内部气流场的改变,造成监测数据失真,影响对环境空气质量的正确评估,属于对计算机信息系统功能进行干扰,造成计算机信息系统不能正常运行的行为。

五被告人的行为造成了严重后果。(1)被告人李森、张锋勃、张楠、张肖均多次堵塞、拆卸采样器干扰采样,被告人何利民明知李森等人的行为而没有阻止,只是要求李森把空气污染数值降下来。(2)被告人的干扰行为造成了监测数据的显著异常。2016 年 2 至 3 月间,长安子站颗粒物监测数据多次出现与周边子站变化趋势不符的现象。长安子站 PM2.5 数据分别在 2 月 24 日 18 时至 25 日 16 时、3 月 3 日 4 时至 6 日 19 时两个时段内异常,PM10 数据分别在 2 月 18 日 18 时至 19 日 8 时、2 月 25 日 20 时至 21 日 8 时、3 月 5 日 19 时至 6 日 23 时三个时段内异常。其中,长安子站的 PM10 数据在 2016 年 3 月 5 日 19 时至 22 时由 361 下降至 213,下降了 41%,其他周边子站均值升高了 14%(由 316 上升至 361),6 日 16 时至 17 时长安子站监测数值由 188 上升至 426,升高了 127%,其他子站均值变化不大(由 318 降至 310),6 日 17 时至 19 时长安子站数值由 426 下降至 309,下降了 27%,其他子站均值变化不大(由 310 降至 304)。可见,被告人堵塞采样器的行为足以造成监测数据的严重失真。上述数据的严重失真,与监测总站在例行数据审核时发现长安子站 PM10 数据明显偏低可以印证。(3)失真的监测数据已实时发送至监测总站,并向社会公布。长安子站空气质量监测的小时浓度均值数据已经通过互联网实时发布。(4)失真的监测数据已被用于编制环境评价的月报、季报。环保部在 2016 年二月、三月及第一季度的全国 74 个重点城市空气质量排名工作中已采信上述虚假数据,已向社会公布并上报国务院,影响了全国大气环境治理情况评估,损害了政府公信力,误导了环境决策。据此,五被告人干扰采样的行为造成了严重后果,符合刑法第二百八十六条规定的"后果严重"要件。

综上,五被告人均已构成破坏计算机信息系统罪。鉴于五被告人到案后均能坦白认罪,有悔罪表现,依法可以从轻处罚。

(生效裁判审判人员:张燕萍、骆成兴、袁兵)

指导案例105号

洪小强、洪礼沃、洪清泉、李志荣开设赌场案

（最高人民法院审判委员会讨论通过 2018年12月25日发布）

关键词 刑事/开设赌场罪/网络赌博/微信群

裁判要点

以营利为目的，通过邀请人员加入微信群的方式招揽赌客，根据竞猜游戏网站的开奖结果等方式进行赌博，设定赌博规则，利用微信群进行控制管理，在一段时间内持续组织网络赌博活动的，属于刑法第三百零三条第二款规定的“开设赌场”。

相关法条

《中华人民共和国刑法》第303条第2款

基本案情

2016年2月14日，被告人李志荣、洪礼沃、洪清泉伙同洪某1、洪某2(均在逃)以福建省南安市英都镇阀门基地旁一出租房为据点(后搬至福建省南安市英都镇环江路大众电器城五楼的套房)，雇用洪某3等人，运用智能手机、电脑等设备建立微信群[群昵称为“寻龙诀”，经多次更名后为“(新)九八届同学聊天”]拉拢赌客进行网络赌博。洪某1、洪某2作为发起人和出资人，负责幕后管理整个团伙；被告人李志荣主要负责财务、维护赌博软件；被告人洪礼沃主要负责后勤；被告人洪清泉主要负责处理与赌客的纠纷；被告人洪小强为出资人，并介绍了陈某某等赌客加入微信群进行赌博。该微信赌博群将启动资金人民币300000元分成100份资金股，并另设10份技术股。其中，被告人洪小强占资金股6股，被告人洪礼沃、洪清泉各占技术股4股，被告人李志荣占技术股2股。

参赌人员加入微信群，通过微信或支付宝将赌资转至庄家(昵称为“白龙账房”“青龙账房”)的微信或者支付宝账号计入分值(一元相当于一分)后，根据“PC蛋蛋”等竞猜游戏网站的开奖结果，以押大小、单双等方式在群内投注赌博。该赌博群24小时运转，每局参赌人员数十人，每日赌注累计达数十万元。截至案发时，该团伙共接受赌资累计达3237300元。赌博群运行期间共分红2次，其中被告人洪小强分得人民币36000元，被告人李志荣分得人民币6000元，被告人洪礼沃分得人民

币 12000 元,被告人洪清泉分得人民币 12000 元。

裁判结果

江西省赣州市章贡区人民法院于 2017 年 3 月 27 日作出(2016)赣 0702 刑初 367 号刑事判决:一、被告人洪小强犯开设赌场罪,判处有期徒刑四年,并处罚金人民币五万元。二、被告人洪礼沃犯开设赌场罪,判处有期徒刑四年,并处罚金人民币五万元。三、被告人洪清泉犯开设赌场罪,判处有期徒刑四年,并处罚金人民币五万元。四、被告人李志荣犯开设赌场罪,判处有期徒刑四年,并处罚金人民币五万元。五、将四被告人所退缴的违法所得共计人民币 66000 元以及随案移送的 6 部手机、1 台笔记本电脑、3 台台式电脑主机等供犯罪所用的物品,依法予以没收,上缴国库。宣判后,四被告人均未提出上诉,判决已发生法律效力。

裁判理由

法院生效裁判认为,被告人洪小强、洪礼沃、洪清泉、李志荣以营利为目的,通过邀请人员加入微信群的方式招揽赌客,根据竞猜游戏网站的开奖结果,以押大小、单双等方式进行赌博,并利用微信群进行控制管理,在一段时间内持续组织网络赌博活动的行为,属于刑法第三百零三条第二款规定的“开设赌场”。被告人洪小强、洪礼沃、洪清泉、李志荣开设和经营赌场,共接受赌资累计达 3237300 元,应认定为刑法第三百零三条第二款规定的“情节严重”,其行为均已构成开设赌场罪。

(生效裁判审判人员:杨菲、宋征鑫、蔡慧)

指导案例 106 号

谢检军、高垒、高尔樵、杨泽彬开设赌场案

(最高人民法院审判委员会讨论通过 2018 年 12 月 25 日发布)

关键词 刑事/开设赌场罪/网络赌博/微信群/微信群抢红包

裁判要点

以营利为目的,通过邀请人员加入微信群,利用微信群进行控制管理,以抢红

包方式进行赌博,在一段时间内持续组织赌博活动的行为,属于刑法第三百零三条第二款规定的“开设赌场”。

相关法条

《中华人民共和国刑法》第303条第2款

基本案情

2015年9月至2015年11月,向某(已判决)在杭州市萧山区活动期间,分别伙同被告人谢检军、高垒、高尔樵、杨泽彬等人,以营利为目的,邀请他人加入其建立的微信群,组织他人在微信群里采用抢红包的方式进行赌博。期间,被告人谢检军、高垒、高尔樵、杨泽彬分别帮助向某在赌博红包群内代发红包,并根据发出赌博红包的个数,从抽头款中分得好处费。

裁判结果

浙江省杭州市萧山区人民法院于2016年11月9日作出(2016)浙0109刑初1736号刑事判决:一、被告人谢检军犯开设赌场罪,判处有期徒刑三年六个月,并处罚金人民币25000元。二、被告人高垒犯开设赌场罪,判处有期徒刑三年三个月,并处罚金人民币20000元。三、被告人高尔樵犯开设赌场罪,判处有期徒刑三年三个月,并处罚金人民币15000元。四、被告人杨泽彬犯开设赌场罪,判处有期徒刑三年,并处罚金人民币10000元。五、随案移送的四被告人犯罪所用工具手机6只予以没收,上缴国库;尚未追回的四被告人犯罪所得赃款,继续予以追缴。宣判后,谢检军、高尔樵、杨泽彬不服,分别向浙江省杭州市中级人民法院提出上诉。浙江省杭州市中级人民法院于2016年12月29日作出(2016)浙01刑终1143号刑事判决:一、维持杭州市萧山区人民法院(2016)浙0109刑初1736号刑事判决第一项、第二项、第三项、第四项的定罪部分及第五项没收犯罪工具、追缴赃款部分。二、撤销杭州市萧山区人民法院(2016)浙0109刑初1736号刑事判决第一项、第二项、第三项、第四项的量刑部分。三、上诉人(原审被告人)谢检军犯开设赌场罪,判处有期徒刑三年,并处罚金人民币25000元。四、原审被告人高垒犯开设赌场罪,判处有期徒刑二年六个月,并处罚金人民币20000元。五、上诉人(原审被告人)高尔樵犯开设赌场罪,判处有期徒刑二年六个月,并处罚金人民币15000元。六、上诉人(原审被告人)杨泽彬犯开设赌场罪,判处有期徒刑一年六个月,并处罚金人民币10000元。

裁判理由

法院生效裁判认为,以营利为目的,通过邀请人员加入微信群,利用微信群进行控制管理,以抢红包方式进行赌博,设定赌博规则,在一段时间内持续组织赌博活动的行为,属于刑法第三百零三条第二款规定的“开设赌场”。谢检军、高垒、高尔樵、杨泽彬伙同他人开设赌场，均已构成开设赌场罪，且系情节严重。谢检军、高垒、高尔樵、杨泽彬在共同犯罪中地位和作用较轻，均系从犯，原判未认定从犯不当，依法予以纠正，并对谢检军予以从轻处罚，对高尔樵、杨泽彬、高垒均予以减轻处罚。杨泽彬犯罪后自动投案，并如实供述自己的罪行，系自首，依法予以从轻处罚。谢检军、高尔樵、高垒到案后如实供述犯罪事实，依法予以从轻处罚。谢检军、高尔樵、杨泽彬、高垒案发后退赃，二审审理期间杨泽彬的家人又代为退赃，均酌情予以从轻处罚。

（生效裁判审判人员：钱安定、胡荣、张茂鑫）

依法严惩网络犯罪专题指导性案例新闻发布会稿

最高人民法院研究室副主任　周加海

(2018年12月25日)

各位记者朋友们:

大家好!今天,最高人民法院召开新闻发布会,公开发布5件依法严惩网络犯罪指导性案例。

维护网络安全是信息网络健康发展和有效运用的前提。习近平总书记指出:"没有网络安全就没有国家安全,没有信息化就没有现代化。"党的十九大提出要"建立网络综合治理体系,营造清朗的网络空间"。近年来,网络犯罪呈上升趋势,各种传统犯罪日益向互联网迁移,危害计算机信息系统安全犯罪、电信网络诈骗、网络盗窃、网络赌博、网络侵犯公民个人信息等网络犯罪呈高发多发态势,严重危害总体国家安全、社会秩序和人民群众合法权益。网络空间并非"法外之地"。依法严惩网络犯罪,切实维护网络安全,是司法机关义不容辞的法定职责。为加大对网络犯罪案件的指导力度,最高人民法院审判委员会近日集中审议通过了一批涉网络犯罪的专题指导性案例。今天我们专门召开新闻发布会,向各位媒体朋友介绍一下这批指导性案例的意义和特点,以及最高人民法院最近几年来案例指导工作的进展情况和下一步工作打算。

一、集中发布有关网络犯罪专题指导性案例的意义

最高人民法院发布的第20批共5件指导性案例,均为涉及网络犯罪的指导性案例,涵盖破坏计算机信息系统、网上开设赌场等犯罪行为。

这批案例由最高人民法院研究室经过认真梳理总结,针对涉网络犯罪案件审判实践突出的法律适用问题,根据院内有关部门的意见,精心挑选,按照指导性案例规范进行编写、整理,在征求最高人民检察院、公安部及相关专家学者意见的基础上,提请审判委员会讨论通过。相关案件涉及较为复杂的计算机网络专业知识,

类型新颖,争议问题多,审理难度大,迫切需要通过指导性案例等形式统一法律适用。最高人民法院发布这批涉网络犯罪专题指导性案例,是回应司法实践需求和人民群众期待的重要工作举措,对统一司法适用、加强法治宣传、提升人民群众的网络风险防范意识,依法惩治和防范网络犯罪,必将发挥重要作用。

下面,我介绍一下这批指导性案例的指导意义和主要特点:

指导案例102号《付宣豪、黄子超破坏计算机信息系统案》旨在明确“DNS劫持”行为,破坏计算机信息系统功能,达到后果严重程度的,构成破坏计算机信息系统罪。“DNS劫持”通过篡改域名解析,使网络用户无法访问原IP地址对应的网站或者访问虚假网站,从而实现窃取数据资料或者破坏网站原有正常服务的目的。这种犯罪行为在实践中较为常见,发布该案例,对类似案件的审判具有指导意义。

指导案例103号《徐强破坏计算机信息系统案》旨在明确企业的机械远程监控系统属于计算机信息系统。违反国家规定,对企业的机械远程监控系统功能进行破坏,造成计算机信息系统不能正常运行,后果严重的,构成破坏计算机信息系统罪。发布该案例,有利于明确类似案件定罪量刑标准,依法有效维护企业财产权益。

指导案例104号《李森、何利民、张锋勃等人破坏计算机信息系统案》旨在明确环境质量监测系统属于计算机信息系统。用棉纱等物品堵塞环境监测采样器,干扰采样,造成监测数据失真的,属于破坏计算机信息系统,后果严重的,应以破坏计算机信息系统罪定罪量刑。该案系国内首例此类案件,既具有法律适用方面的指导意义,也具有法律宣传教育意义。

指导案例105号《洪小强、洪礼沃、洪清泉、李志荣开设赌场案》旨在明确以营利为目的,通过邀请人员加入微信群的方式招揽赌客,通过竞猜游戏网站的开奖结果等方式,以押大小、单双等方式进行赌博,利用微信群进行控制管理,在一段时间内持续组织网络赌博活动的行为,属于刑法第三百零三条第二款规定的“开设赌场”。该案例对于利用微信群作为平台开设赌场的性质认定予以明确,对于司法实践正确处理类似案件具有指导意义。

指导案例106号《谢检军、高垒、高尔樵、杨泽彬开设赌场案》旨在明确以营利为目的,通过邀请人员加入微信群的方式招揽赌客,并利用微信群进行控制管理,根据设定的赌博规则,以抢红包方式,在一段时间内持续组织网络赌博活动的行为,属于刑法第三百零三条第二款规定的“开设赌场”。近年来,利用微信群以抢红包的方式开设赌场的案件屡见不鲜,危害严重。发布该案例,既能指导司法机关依法办理类似案件,也能教育引导社会公众遵纪守法,同时也有助于促进完善网络管理。

二、最高人民法院案例指导工作的最新进展

最高人民法院第一批指导性案例于2011年12月发布,至今已发布20批共106件指导性案例。其中民商事案例61个,刑事案例22个,行政及国家赔偿案例23个。民商事案例涉及合同、侵权、劳动、公司、保险、知识产权、涉外商事、海事海商、执行等领域;刑事案例涉及贪污、受贿、故意杀人、抢劫、危险驾驶、拒不支付劳动报酬、非法经营、破坏计算机信息系统等罪名;行政案例涉及行政处罚、行政征收、行政批复、政府信息公开、工伤认定、行政程序等内容;国家赔偿案例涉及刑事赔偿、司法赔偿等领域相关问题。

近年来,案例指导工作已经成为我国社会主义司法制度的重要组成部分。党的十八届四中全会提出要"加强和规范司法解释和案例指导,统一法律适用标准",这是党中央文献中首次对案例指导提出明确要求,案例指导制度受到前所未有的高度重视。《中华人民共和国人民法院组织法》已于2018年10月由第十三届全国人民代表大会常务委员会第六次会议修订通过,自2019年1月1日起施行,其中第十八条规定,"最高人民法院可以对属于审判工作中具体应用法律的问题进行解释。最高人民法院可以发布指导性案例。"将指导性案例进一步上升为法律制度,充分说明经过实践检验,指导性案例在促进人民法院统一、公正地适用法律,规范法官自由裁量权的行使,以及弘扬社会主义核心价值观等方面的重要价值和功能得到了各方面的认同。

三、进一步加强案例指导工作的主要举措

近年来,案例指导工作受到社会各界的广泛关注,最高人民法院正在积极通过各种措施,不断完善案例指导的工作机制和运行机制,适应信息化时代特点和要求,与时俱进运用大数据思维、工具、方法开展平台建设、推进案例研究,为各级人民法院法官和社会各界查阅、检索、使用案例资源提供便利。为了全面贯彻中央关于司法体制改革的各项工作部署,认真落实"让审理者裁判,由裁判者负责"的改革要求,我们充分发挥指导性案例总结审判经验、统一裁判标准的作用,通过指导性案例不断完善类案参考、裁判指引等工作机制,确保类案裁判标准统一、法律适用统一。同时,为了进一步加强案例指导工作,我们积极调动全国四级法院法官,特别是最高人民法院各业务部门、各巡回法庭法官的主动性、积极性,共同参与和推动指导性案例编选工作,不断在质量数量上取得新突破;在继续加强巩固常规案例编选工作的同时,尝试通过专题案例的发布,更有针对性地加强相关领域案例指导;改变主要依靠法院系统逐级推荐编选的单一方式,运用"互联网+"思维,充分依靠大

数据、云计算等信息化手段,抓取、分析、编选指导性案例。

相信通过不断努力,人民法院案例指导工作制度必将不断完善,以指导性案例为引领的司法案例工作将进一步发挥传导正确司法理念、指引正确裁判方式、保障正确适用法律的功能,促进落实让人民群众在每一个司法案件中感受到公平正义的工作目标!

谢谢大家!

指导案例102号《付宣豪、黄子超破坏计算机信息系统案》的理解与参照

——“DNS劫持”型流量劫持行为的刑事司法认定

2018年12月25日,最高人民法院发布了第20批指导性案例,包括第102号至第106号共5件指导性案例。这批案例为涉网络犯罪专题指导性案例,总结了审判实践中某些普遍的疑难复杂法律适用问题,有利于进一步明确裁判规则,统一司法尺度。其中,第102号指导案例为《付宣豪、黄子超破坏计算机信息系统案》。为了正确理解和准确参照适用该指导案例,现对该指导案例的选编过程、裁判要点、参照适用等有关情况予以解释和说明。

一、案例选编过程

该案例为上海市高级人民法院研究室推荐报送。上海市浦东新区人民法院审判委员会于2016年第9次会议(2016年8月18日)讨论决定,将该案作为备选指导性案例提交上海市高级人民法院审判委员会讨论。上海市高级人民法院审判委员会于2016年第10次会议(2016年10月8日)经讨论,同意将该案作为备选指导性案例向最高人民法院案例指导工作办公室推荐。2018年4月19日,研究室室务会经过讨论,同意推荐,并要求征求相关部门意见。最高人民法院刑三庭、研究室刑事处以及最高人民检察院研究室、公安部法制局均回复同意推荐。12月4日,最高人民法院刑专会第326次会议讨论通过该案例。12月25日,最高人民法院以法〔2018〕347号文件将该案例列在第20批指导性案例予以发布。

二、关于本案例的相关情况

1. 基本案情及裁判结果

2013年年底至2014年10月,被告人付宣豪、黄子超等人租赁多台服务器,使用恶意代码修改互联网用户路由器的DNS设置,进而使用户登录“2345. com”等导航

网站时跳转至其设置的“5w. com”导航网站，被告人付宣豪、黄子超等人再将获取的互联网用户流量出售给杭州久尚科技有限公司（系“5w. com”导航网站所有者），违法所得合计人民币 754762.34 元。2014 年 11 月 17 日，被告人付宣豪接民警电话通知后自动至公安机关，被告人黄子超主动投案，2 名被告人到案后均如实供述了上述犯罪事实。被告人及辩护人对罪名及事实均无异议。法院审理期间，2 名被告人在亲友的帮助下退缴了全部违法所得。

上海市浦东新区人民法院于 2015 年 5 月 20 日作出（2015）浦刑初字第 1460 号刑事判决：一、被告人付宣豪犯破坏计算机信息系统罪，判处有期徒刑三年，缓刑三年。二、被告人黄子超犯破坏计算机信息系统罪，判处有期徒刑三年，缓刑三年。三、扣押在案的作案工具以及退缴在案的违法所得予以没收，上缴国库。一审宣判后，二被告人均未上诉，公诉机关未抗诉，判决已发生法律效力。

2. 相关法律规定、观点

我国《刑法》第二百八十六条第一款至第三款对破坏计算机信息系统罪早已进行了详尽的规定，《刑法修正案（九）》又对该罪增设了单位犯罪条款，明确了违反国家规定，对计算机信息系统功能进行删除、修改、增加、干扰，造成计算机信息系统不能正常运行，或违反国家规定，对计算机信息系统中存储、处理或者传输的数据和应用程序进行删除、修改、增加的操作，或故意制作、传播计算机病毒等破坏性程序，影响计算机系统正常运行，达到后果严重程度的，构成破坏计算机信息系统罪。但对“DNS 劫持”等流量劫持行为是否构成犯罪，构成何罪，学理上和实务中鲜有涉及。工业和信息化部电信研究院政策与经济研究所与腾讯互联网与社会研究院在首届互联网法律政策论坛上联合发布《中国互联网法律与政策研究报告（2013）》，提出流量劫持等新型的不正当竞争行为亟待规制[①]。奇虎 360 公司与百度公司的流量劫持[②]之争，法院最终认定奇虎 360 公司的导航网站流量劫持行为，违反了《反不正当竞争法》规定的诚实信用原则，构成不正当竞争，并判决奇虎 360 公司承担赔偿责任。在本案判决之前，对于流量劫持的犯罪行为样态及刑事司法定性尚无详尽的研究，公众的认知也主要限于将流量劫持不加区分地划为民事范畴，且因为犯罪主体的专业化、犯罪手法的隐蔽性、证据认定的困难等原因，面临入罪空白的问题。

本案在审理过程中及判决后，学理上和实务中仍存在不同的观点：第一种意见认为，“流量劫持”行为不构成犯罪。流量劫持行为人仅需要承担民事法律责任。

---

① 张维：《流量劫持客户端干扰等亟待规制》，载《法制日报》2014 年 7 月 16 日，第 6 版。

② 有学者认为这种没有采取技术手段破坏计算机信息系统，而是采取诱导等手段实现流量劫持目的的“软性的流量劫持”属于不正当竞争，而“DNS 劫持”等“硬性的流量劫持”构成破坏计算机信息系统罪。参见袁博：《流量劫持应当如何追责》，载《中国知识产权报》2015 年 12 月 9 日，第 8 版。

流量劫持行为人构成明显侵权和不正当竞争而承担相应的民事赔偿责任。另外,根据《消费者权益保护法》的相关规定,消费者享有知悉网络服务真实情况的权利和对网络服务的自主选择权。流量劫持行为明显侵犯了消费者的网络服务自主选择权。流量劫持行为人对网络用户承担赔偿责任。

第二种意见认为,本案中二被告人的行为构成盗窃罪。流量具有法律意义上的财产属性,未经本人许可,他人不能非法劫持。流量劫持行为就是非法窃取他人财产,构成盗窃罪。

第三种意见认为,2 名被告人的行为既符合盗窃罪的犯罪构成要件,也符合破坏计算机信息系统罪的犯罪构成要件,应当择一重罪论处,以盗窃罪追究 2 名被告人的刑事责任。①

3. 该案的指导价值

该案例旨在明确"DNS 劫持"行为,破坏计算机信息系统功能,达到后果严重程度的,构成破坏计算机信息系统罪以及认定"后果严重"还是"后果特别严重"的考虑因素和裁量标准。"DNS 劫持"是较为常见的网络安全问题,具有严重的社会危害性,而以往对于"DNS 劫持"行为基本上是做无罪化处理或者按照民事纠纷处理。本案系全国首例"流量劫持"行为入罪的刑事案件,首次以司法判决的方式确认了"DNS 劫持"流量的行为构成破坏计算机信息系统罪,彰显了样本意义,统一了类案的司法裁判标准,有利于推进网络空间法治建设,有利于打击"流量劫持"这一网络恶疾,促进互联网行业的健康、有序发展,系 2015 年度人民法院十大刑事案件之一,取得了良好的法律效果和社会效果。

三、裁判要点的理解与说明

该指导案例的裁判要点确认:(1)通过修改路由器、浏览器设置、锁定主页或者弹出新窗口等技术手段,强制网络用户访问指定网站的"DNS 劫持"行为,属于破坏计算机信息系统,后果严重的,构成破坏计算机信息系统罪。(2)对于"DNS 劫持",应当根据造成不能正常运行的计算机信息系统数量、相关计算机信息系统不能正常运行的时间以及所造成的损失或者影响等,认定其是"后果严重"还是"后果特别严重"。现围绕与该裁判要点相关的问题逐一解释和说明如下:

1. "DNS 劫持"的社会危害性

"流量劫持"行为系互联网安全问题的恶疾、顽疾之一,具有严重的社会危害

---

① 孟静:《付某、黄某破坏计算机信息系统案法律分析》,兰州大学 2018 年硕士学位论文。翟超:《流量劫持案的刑法定性研究》,南昌大学 2017 年硕士学位论文。

性,侵犯的是复杂客体。我国刑法虽然将破坏计算机信息系统犯罪列入妨害社会管理秩序罪一章,但其侵害的客体并不限于计算机信息系统的安全等社会管理秩序,也涉及公共安全、公私财产所有权(如计算机系统所有人的排他性权益:所有权、使用权和处置权等)甚至国防利益等,且客体侵害的反射效果严重,因为基于互联网信息传播的独有特点,其所带来的社会影响迅速而广泛,对公众心理的影响难以消除。对于网络用户而言,“流量劫持”行为会使其面临购买的流量被无端浪费的经济损失,同时面临主页被篡改、弹窗不断、网页强制跳转等,直接导致网络使用体验感极差,并且因恶意软件、代码强行植入造成计算机信息系统的破坏,可能泄露各类账户、密码等重要个人信息资料,危及网络账户安全。对于网络服务提供商而言,“流量劫持”行为将影响其网站的用户访问量和市场份额,致使网站用户大量流失,造成经济损失和名誉损害,商业利益受损,更会严重影响互联网行业的健康发展。对于网络管理秩序的维护者而言,“流量劫持”行为人开发各类木马插件、恶意代码、病毒程序等并恶意传播,隐蔽性强、功能强大、删除困难,且“流量劫持”行为稍纵即逝,监管尤为困难,严重扰乱了网络运行秩序,增加了互联网的运营、维护成本。“DNS 劫持”作为一种“硬性的流量劫持”,其危害性尤甚。

2.“DNS 劫持”行为人的主观故意

破坏计算机信息系统罪中行为人的主观方面是故意,即行为人主观方面积极追求或放任自己的行为对计算机信息系统功能进行删除、修改、增加、干扰,或对计算机信息系统中存储、处理或者传输的数据和应用程序进行删除、修改、增加的操作及制作、传播计算机病毒等破坏性程序。本案中 2 名被告人到案后均供述“共同商量搞 DNS 劫持能赚钱”,“通过植入代码,让用户路由器内的 DNS 的 IP 地址设置变更为我们的 DNS 服务器 IP 地址,使大量用户跳转到我们想让他们访问的网站”,“为了防止杀毒软件报毒而选择 DNS 劫持”等。2 名被告人对实施的“流量劫持”行为的违法性及危害后果等也有一定的认识,如二人在聊天记录中提到“最好隐藏窗口执行”,“如果想要收益高,用户就得更反感,因为用户体验会越差”等。为逃避侦查,被告人自己使用的电脑均不定期删除记录、重装系统,租用境外服务器并不定期格式化或重启等以销毁作案痕迹。被告人选择劫持导航网站的流量主要也是考虑到“把用户从一个导航网站劫持到另一个导航网站,用户不会很介意,不会引起大批量的投诉和网站的注意”。

3.“流量劫持”入罪的客观行为样态

我国《刑法》第二百八十六条第一款至第三款依次对破坏计算机信息系统罪规

定了三种行为样态:一是违反国家规定[①],对计算机信息系统功能进行删除、修改、增加、干扰;二是违反国家规定,对计算机信息系统中存储、处理或者传输的数据和应用程序进行删除、修改、增加的操作;三是故意制作、传播计算机病毒等破坏性程序。首先需要明确的是,《刑法》第二百八十六条第二款的规定中"数据和应用程序"系择一关系,即破坏计算机信息系统中的数据或破坏计算机系统中的应用程序,均可以构成破坏计算机信息系统罪,至于被破坏的数据或应用程序是否可以恢复到被破坏前的状态,并非入罪与否的考量要素。违反本款规定构成破坏计算机信息系统罪的,并不要求达到"造成计算机信息系统不能正常运行"或"影响计算机系统正常运行"的结果。[②]

"流量劫持"有多种技术手法。网络用户访问网站的过程,是用户发出访问请求、到达某网站服务器、服务器返回访问请求给用户、最终网站获得流量、用户获得访问结果的过程。与此相对应,流量劫持主要有三种形式:第一种形式是客户端劫持。主要通过运行恶意插件、病毒、软件以及恶意弹窗等手段来劫持用户对网站的正常访问。第二种形式是 DNS 劫持。DNS 是负责域名解析的服务器,是将网络用户访问的网站域名转化成具体的 IP 地址的工具。DNS 劫持又称域名劫持,是指通过某些手段修改域名解析,使对特定域名的访问由原 IP 地址转入到篡改后的指定 IP,导致用户无法访问原 IP 地址对应的网站或访问虚假网站,从而实现窃取资料或者破坏网站原有正常服务的目的。第三种形式是运营商劫持。主要指电信、网通等基础电信服务商及互联网服务提供商利用其负责基础网络设施运营、网络数据传输、网络数据接入等便利,将用户访问第三方网站的流量劫持到己方或己方指定的网站,或在第三方网站页面弹出己方或己方指定的广告或其他信息。需要指出的是,对于行为人没有采取技术手段破坏他人计算机系统,而是采取其他手段(如带有误导性的广告、下拉框、菜单或者关键词等)诱导其他网站的潜在用户自行进入特定网站,从而实现流量劫持目的的行为,不宜评价为犯罪行为,可认定为不正当竞争。[③]

本案中 2 名被告人实施的是 DNS 劫持。首先,被告人修改互联网用户的路由器 DNS 设置。架设好租用的 DNS 服务器,在网上购买广告流量,在弹窗广告内植入能修改用户 DNS 设置的代码,并以"看片神器"等名称诱导网络用户点击弹窗广

---

① 《刑法》第二百八十六条中的"国家规定"主要是指全国人大常委会《关于维护互联网安全的决定》以及国务院颁布的《计算机信息系统安全保护条例》《计算机信息网络国际联网管理暂行规定》《计算机信息网络国际联网安全保护管理办法》《商用密码管理条例》《电信条例》《互联网信息服务管理办法》等。

② 冯江:《刑法全厚细》(第 4 版),中国法制出版社 2018 年版,第 960 页。

③ 袁博:《流量劫持应当如何追责》,载《中国知识产权报》2015 年 12 月 9 日,第 8 版。

告,从而让用户路由器内 DNS 的 IP 地址设置变更为被告人设置的 DNS 服务器 IP 地址。其次,将互联网用户访问网站的流量劫持到被告人设置的指定网站。在 DNS 服务器及其他相关的服务器内进行设置,使得使用“2345. com”等导航网站访问网页的用户被强制跳转到被告人设置的“5w. com”导航网站,从而将用户对其他导航网站的访问流量劫持到被告人设置的 5w. com”导航网站并根据用户访问数进行结算牟利。在此过程中,2 名被告人利用恶意代码攻击 DNS 解析的行为,明显对网络用户的计算机信息系统中存储的数据进行了修改,符合《刑法》第二百八十六条第二款规定的“违反国家规定,对计算机信息系统中存储、处理或者传输的数据和应用程序进行删除、修改、增加的操作”的行为样态。

4.“流量劫持”行为入罪的标准

“通常而言,法律发展要滞后于科技的发展,科技的普及应用达到一定程度后,其消极作用到了社会无法容忍的地步时才用刑法予以规制。”①刑法具有谦抑性,“流量劫持”行为虽然具有严重的社会危害性,但要满足破坏计算机信息系统罪的犯罪构成要件,并达到“后果严重”的程度方能入罪。根据《最高人民法院、最高人民检察院关于办理危害计算机信息系统安全刑事案件应用法律若干问题的解释》,“流量劫持”行为,具有以下四种情形之一的应当认定为“后果严重”:(1)造成十台以上计算机信息系统的主要软件或者硬件不能正常运行的;(2)对二十台以上计算机信息系统中存储、处理或者传输的数据进行删除、修改、增加操作的;(3)违法所得人民币五千元以上或者造成经济损失一万元以上的;(4)造成为一百台以上计算机信息系统提供域名解析、身份认证、计费等基础服务或者为一万元以上用户提供服务的计算机信息系统不能正常运行累计一小时以上的。在第(1)项标准中,需要指出的是,“计算机信息系统的主要软件或者硬件不能正常运行,不能仅仅理解为计算机信息系统不能启动或者不能进入操作系统等极端情况,而是既包括计算机信息系统主要软件或者硬件的全部功能不能正常运行,也包括计算机信息系统主要软件或者硬件的部分功能不能正常运行。”②在第(3)项标准中,经济损失包括危害计算机信息系统犯罪行为给用户直接造成的经济损失,以及用户为恢复数据、功能而支出的必要费用,至于预期利益等间接损失不能计入经济损失的数额。第(4)项标准要注意是适用于特殊类型的计算机信息系统,该类信息系统多为其他计算机信息系统提供基础服务,即使行为人表面上只破坏了一台服务器的功能,但是可

① 谢国刚:《关于破坏计算机信息系统罪的理论思考》,载《宜宾学院学报》2006 年第 9 期。

② 喻海松:《解读〈关于办理危害计算机信息系统安全刑事案件应用法律若干问题的解释〉》,载李少平主编:《解读最高人民法院司法解释、指导性案例》(刑事卷·下),人民法院出版社 2016 年版,第 662 页。

能造成大量的计算机信息系统无法正常使用,因此司法解释作出了专门规定。司法实践中,是否属于该类计算机信息系统的服务用户数量标准可以采用如下方法:“有注册用户的按照其注册用户数量统计,没有注册用户的按照其服务对象的数量统计。”①此外,对于后果特别严重的认定,在实务中应严格按照该司法解释规定的标准,从严把握。

本案中可以查实的能够量化的危害后果只有违法所得,经济损失及受影响的计算机台数、受影响的时长等均无证据证实。而根据前述司法解释的规定,数额达到违法所得人民币5000元的5倍以上,应当认定为破坏计算机信息系统“后果特别严重”。据此,本案中,两名被告人的违法所得人民币75万余元,系人民币5000元的5倍以上,依法属于“后果特别严重”。

5. 本罪与盗窃罪的界分

流量作为一种虚拟财产,会带来相应的经济利益,具有财产属性,且根据《刑法》第二百八十七条的规定,利用计算机实施金融诈骗、盗窃、贪污、挪用公款、窃取国家秘密或者其他犯罪的,依照本法有关规定定罪处罚,故有观点认为流量等虚拟财产可以成为盗窃罪的犯罪对象,“将非法获取他人虚拟财产的行为认定为财产犯罪具有合理性”②。但从我国刑法的体系上看,“DNS”劫持等流量劫持行为不能认定为盗窃罪,而应认定为破坏计算机信息系统罪:

第一,主观要素不同。破坏计算机信息系统罪主观方面为故意,包括直接故意和间接故意,但行为人的犯罪目的与动机,不影响犯罪的成立。盗窃罪的主观方面是直接故意,盗窃罪是目的犯,要求必须以非法占有为目的。以“流量劫持”为例,行为人可能是出于非法占有的目的,也可能出于其他任何目的,但其主观目的并不影响破坏计算机信息系统罪的成立。第二,侵犯客体不同。如前所述,破坏计算机信息系统罪侵犯的客体是复杂客体,而盗窃罪的客体是公私财产所有权。本案中,两名被告人利用恶意代码破坏DNS解析的过程,导致网络终端用户流量转向其设置的网站,网络用户的流量并未减少。这个过程中受到侵犯的主要是计算机信息系统的安全。第三,流量等虚拟财产无法估价,其法律意义上的价值难以评价,如果将流量认定为盗窃罪的犯罪对象,在流量尚未出售变现的情形下,将面临因价值无法认定而难以定罪的境地,并不利于打击犯罪。破坏计算机信息系统罪的入罪标准有多种情形,符合其中之一即可认定,对于流量等虚拟财产的保护更为有利和有

---

① 喻海松:《解读〈关于办理危害计算机信息系统安全刑事案件应用法律若干问题的解释〉》,载李少平主编:《解读最高人民法院司法解释、指导性案例》(刑事卷·下),人民法院出版社2016年版,第663页。

② 张明楷:《非法获取虚拟财产的行为性质》,载《法学》2015年第3期。

效。第四,综观国外的立法,均无将虚拟财产作为盗窃罪等侵犯财产罪的犯罪对象的情形。我国台湾地区"刑法"也是将计算机信息系统数据作为一种电磁记录加以保护。从我国的刑事立法来看,通过几次修正案的补充,关于计算机犯罪的相关立法已经相对完备,对于非法获取计算机信息系统数据、非法控制计算机信息系统、破坏计算机信息系统、提供侵入、非法控制计算机信息系统程序、工具等行为已经进行了明确而详尽的规定,在此情况下,适用计算机犯罪的相关条文已能够有效保护计算机信息系统的安全。

四、参照适用时应注意的问题

本案判决后,理论界也有观点认为非法控制计算机信息系统罪的控制行为与破坏计算机信息系统罪的破坏行为在客观上有重合①,也有观点认为 2015 年 11 月重庆市渝北区人民法院的作出的非法控制互联网域名解析系统的刑事判决②系第二例"流量劫持"入罪案例,但却认定为非法控制计算机信息系统罪③,两罪之间的界限比较模糊。但从刑法的体系、立法背景及立法目的来看,两罪之间的还是有明显区别的。非法控制计算机信息系统罪是《刑法修正案(七)》增设的罪名,主要是针对并未破坏计算机信息系统数据或者应用程序,但是却能通过控制计算机信息系统实施特定操作的行为。具体而言,"非法控制"是指通过各种技术手段,使他人计算机信息系统处于其掌控之中,能够接受其发出的指令,完成相应的操作活动。④实践中,典型的非法控制行为主要是行为人通过侵入等技术手段控制大量的计算机信息系统,组建"僵尸网络",或使被控制的计算机信息系统按照其发出的指令实施网络攻击等活动。本案中,行为人通过使用恶意代码修改互联网用户路由器的 DNS 设置,进而使用户登录"2345. com"等导航网站时跳转至其设置的"5w. com"导航网站,但行为人并不能向互联网用户的计算机信息系统发出其他指令,也无法主动控制、操纵互联网用户的计算机信息系统,因此符合破坏计算机信息罪的犯罪构成要件。

需要说明的是,本案发生在《刑法修正案(九)》通过之前,当时破坏计算机信息系统罪只规定了自然人犯罪,没有规定单位犯罪,故无法对参与的单位进行刑事处罚。2015 年 8 月 29 日通过并于 2015 年 11 月 1 日开始实施的《刑法修正案(九)》

---

① 熊苑松:《"流量劫持"的刑法规制问题研究》,华侨大学 2018 年硕士学位论文。

② (2015)渝法刑初字第 00666 号。

③ 孙道萃:《"流量劫持"的刑法规制及完善》,载《中国检察官》2016 年第 4 期。

④ 全国人大常委会法制工作委员会刑法室编,臧铁伟、李寿伟主编:《中华人民共和国刑法修正案(九)条文说明、立法理由及相关规定》,北京大学出版社 2016 年版,第 201 页。

在《刑法》第二百八十六条中增加一款作为第四款:“单位犯前三款罪的,对单位判处罚金,并对其直接负责的主管人员和其他直接责任人员,依照第一款的规定处罚”。据此,在2015年11月1日以后发生的“DNS劫持”等犯罪行为,符合单位犯罪要件的,对单位也应追究刑事责任。

(执笔人:上海市浦东新区人民法院刑事审判庭 李俊、白艳利
最高人民法院案例指导工作办公室 石磊)

指导案例102号 付宣豪、黄子超破坏计算机信息系统案

最高人民法院案例指导工作办公室编选人:石磊

1. 案例推荐单位:上海市高级人民法院
2. 案例编写人:上海市浦东新区人民法院 李俊、白艳利、王潇
3. 案件裁判法院:上海市浦东新区人民法院(一审)
4. 案件承办人:白艳利(一审)

相关规定

1.《中华人民共和国刑法》(2020年12月26日修正)

第二百八十六条 违反国家规定,对计算机信息系统功能进行删除、修改、增加、干扰,造成计算机信息系统不能正常运行,后果严重的,处五年以下有期徒刑或者拘役;后果特别严重的,处五年以上有期徒刑。

违反国家规定,对计算机信息系统中存储、处理或者传输的数据和应用程序进行删除、修改、增加的操作,后果严重的,依照前款的规定处罚。

故意制作、传播计算机病毒等破坏性程序,影响计算机系统正常运行,后果严重的,依照第一款的规定处罚。

单位犯前三款罪的,对单位判处罚金,并对其直接负责的主管人员和其他直接责任人员,依照第一款的规定处罚。

2.《最高人民法院、最高人民检察院关于办理危害计算机信息系统安全刑事案件应用法律若干问题的解释》(2011年8月1日 法释〔2011〕19号)

第四条 破坏计算机信息系统功能、数据或者应用程序,具有下列情形之一的,应当认定为刑法第二百八十六条第一款和第二款规定的“后果严重”:

(一)造成十台以上计算机信息系统的主要软件或者硬件不能正常运行的;

(二)对二十台以上计算机信息系统中存储、处理或者传输的数据进行删除、修改、增加操作的;

(三)违法所得五千元以上或者造成经济损失一万元以上的;

（四）造成为一百台以上计算机信息系统提供域名解析、身份认证、计费等基础服务或者为一万元以上用户提供服务的计算机信息系统不能正常运行累计一小时以上的；

（五）造成其他严重后果的。

实施前款规定行为，具有下列情形之一的，应当认定为破坏计算机信息系统“后果特别严重”：

（一）数量或者数额达到前款第（一）项至第（三）项规定标准五倍以上的；

（二）造成为五百台以上计算机信息系统提供域名解析、身份认证、计费等基础服务或者为五万元以上用户提供服务的计算机信息系统不能正常运行累计一小时以上的；

（三）破坏国家机关或者金融、电信、交通、教育、医疗、能源等领域提供公共服务的计算机信息系统的功能、数据或者应用程序，致使生产、生活受到严重影响或者造成恶劣社会影响的；

（四）造成其他特别严重后果的。

上海市浦东新区人民法院刑事判决书

(2015)浦刑初字第1460号

公诉机关:上海市浦东新区人民检察院。

被告人:付某某。

被告人:黄乙。

上海市浦东新区人民检察院以沪浦检张江院刑诉(2015)1079号起诉书指控被告人付某某、黄乙犯破坏计算机信息系统罪,于2015年4月2日向本院提起公诉。本院于同日立案后,依法适用普通程序,组成合议庭,公开开庭审理了本案。上海市浦东新区人民检察院指派检察员杨某某出庭支持公诉,被告人付某某、黄乙及辩护人杨虹亮、马朗到庭参加诉讼。现已审理终结。

经审理查明,2013年年底至2014年10月,被告人付某某、黄乙等人租赁多台服务器,使用恶意代码修改互联网用户路由器的DNS设置,进而使用户登录"2345.com"等导航网站时跳转至其设置的"5w.com"导航网站,被告人付某某、黄乙等人再将获取的互联网用户流量出售给杭州久尚科技有限公司(系"5w.com"导航网站所有者),违法所得合计人民币754762.34元。

2014年11月17日,被告人付某某接民警电话通知后自动至公安机关,到案后如实供述了上述犯罪事实。后被告人付某某让其母亲熊爱军打电话劝被告人黄乙投案,2014年11月17日,被告人黄乙主动投案并如实供述了上述犯罪事实。

案发后,公安机关扣押了计算机硬盘一只。

本院审理期间,被告人付某某、黄乙在亲友的帮助下退缴违法所得人民币754762.34元。

上述事实,被告人付某某、黄乙在开庭审理过程中亦无异议,且有经庭审质证属实的被害单位员工康峰、于存海的陈述笔录,扣押决定书、扣押笔录、扣押清单、照片,聊天记录、收益账户、收入统计表、代码截图等,由被害人签名的情况说明、上海二三四五网络科技有限责任公司提供的相关情况,调取证据通知书、调取证据清单、由支付宝公司提供的光盘及相关支付宝账户明细,证人姜某、黄甲的证言笔录,证人汪某某的证言笔录、杭州久尚科技有限公司提供的付款证明,上有"1209代码"

字样光盘、上海辰星电子数据司法鉴定中心司法鉴定检验报告书、补充鉴定书，公安机关出具的案发经过、关于被告人付某某、黄乙的到案情况说明，被告人付某某、黄乙的供述笔录等证据证实，足以认定。

本院认为，被告人付某某、黄乙违反国家规定，对计算机信息系统中存储的数据进行修改，后果特别严重，依照《中华人民共和国刑法》第二百八十六条、第二十五条第一款的规定，均已构成破坏计算机信息系统罪，分别应处五年以上有期徒刑。公诉机关指控被告人付某某、黄乙犯破坏计算机信息系统罪的事实清楚，证据确实、充分，罪名成立。被告人付某某、黄乙具有自首情节，依照《中华人民共和国刑法》第六十七条第一款的规定，均可以减轻处罚。被告人付某某让其母亲劝说被告人黄乙投案，可以酌情从轻处罚。依照《中华人民共和国刑法》第七十二条第一款和第七十三条第二款、第三款的规定，对被告人付某某、黄乙均可以宣告缓刑。辩护人的相关辩护意见本院予以采纳。依照《中华人民共和国刑法》第六十四条的规定，扣押在案的作案工具以及退缴在案的违法所得应予没收。本院为维护社会公共秩序，判决如下：

一、被告人付某某犯破坏计算机信息系统罪，判处有期徒刑三年，缓刑三年。

（缓刑考验期限，从判决确定之日起计算。）

二、被告人黄乙犯破坏计算机信息系统罪，判处有期徒刑三年，缓刑三年。

（缓刑考验期限，从判决确定之日起计算。）

三、扣押在案的作案工具以及退缴在案的违法所得予以没收。

付某某、黄乙回到社区后，应当遵守法律、法规，服从公安、社区矫正等部门的监督管理，接受教育，完成公益劳动，做一名有益社会的公民。

如不服本判决，可在接到判决书的第二日起十日内，通过本院或者直接向上海市第一中级人民法院提出上诉。书面上诉的，应当提交上诉状正本一份，副本二份。

审　判　长　李　俊
代理审判员　白艳利
人民陪审员　朱根初
二〇一五年五月二十日
书　记　员　张小延

指导案例103号《徐强破坏计算机信息系统案》的理解与参照

——侵入并破坏机械远程监控系统构成破坏计算机信息系统罪

2018年12月25日,最高人民法院发布了第20批指导性案例,包括第102号至第106号共5件指导性案例。这批案例为涉网络犯罪专题指导性案例,总结了审判实践中某些普遍的疑难复杂法律适用问题,有利于进一步明确裁判规则,统一司法尺度。其中,第103号指导案例为《徐强破坏计算机信息系统案》。为了正确理解和准确参照适用该指导案例,现对该指导案例的选编过程、裁判要点、参照适用等有关情况予以解释和说明。

一、案例选编过程

该案判决生效后,长沙市中级人民法院将其编选为备选指导性案例,并于2017年3月向湖南省高级人民法院报送,经湖南省高级人民法院审判委员会2017年第21次会议讨论修改后,湖南省高级人民法院推荐作为备选指导性案例上报。2017年6月,最高人民法院案例指导办公室来湖南高院指导案例工作,湖南高院推荐了此案例。案例指导办公室经过初审,认为该案例基本符合指导性案例要求。2018年4月19日,研究室室务会经过讨论,原则同意推荐该案例,并要求送研究室刑事处、民事处,最高人民法院刑三庭征求意见。案例指导办公室根据上述部门意见对该案例进行了修改,并提交审委会讨论。12月4日,最高人民法院刑专会第326次会议讨论通过该案例,同意作为指导性案例发布。12月25日,最高人民法院以法〔2018〕347号文件将该案例列在第20批指导性案例予以发布。

二、关于本案例的相关情况

1.基本案情及裁判结果

为了加强对分期付款的工程机械设备的管理,中联重科股份有限公司(以下简称中联重科）投入使用了中联重科物联网GPS信息服务系统，该套计算机信息系统由中联重科物联网远程监控平台、GPS终端、控制器和显示器等构成，该系统具备自动采集、处理、存储、回传、显示数据和自动控制设备的功能，其中，控制器、GPS终端和显示器由中联重科在工程机械设备的生产制造过程中安装到每台设备上。

中联重科对“按揭销售”的泵车设备均安装了中联重科物联网GPS信息服务系统，并在产品买卖合同中明确约定“如买受人出现违反合同约定的行为，出卖人有权采取停机、锁机等措施”以及“在买受人付清全部货款前，产品所有权归出卖人所有。即使在买受人已经获得机动车辆登记文件的情况下，买受人未付清全部货款前，产品所有权仍归出卖人所有”的条款。然后由中联重科总部的远程监控维护平台对泵车进行监控，如发现客户有拖欠、赖账等情况，就会通过远程监控系统进行“锁机”，泵车接收到“锁机”指令后依然能发动，但不能作业。

2014年5月，被告人徐强使用“GPS干扰器”先后为钟某某、龚某某、张某某名下或管理的五台中联重科泵车解除锁定。具体事实如下：1. 2014年3月12日，钟某某以人民币100万元的价格从黄某某处购得牌号为贵A77462的中联重科泵车一台。2014年4月初，钟某某发现其购得的牌号为贵A77462的泵车即将被中联重科锁机后，安排徐某某帮忙打听解锁人。徐某某遂联系龚某某告知钟某某泵车需解锁一事。龚某某表示同意后，即通过电话联系被告人徐强给泵车解锁。2014年5月18日，被告人徐强携带“GPS干扰器”与龚某某一起来到贵阳市清镇市，由被告人徐强将“GPS干扰器”上的信号线连接到泵车右侧电控柜，再将“GPS干扰器”通电后使用干扰器成功为牌号为贵A77462的泵车解锁。事后，钟某某向龚某某支付了解锁费用人民币40000元，龚某某亦按约定将其中人民币9600元支付给徐某某作为介绍费。当日及次日，龚某某还带着被告人徐强为其管理的其妹夫黄某从中联重科及长沙中联重科二手设备销售有限公司以分期付款方式购得的牌号分别为湘AB0375、湘AA6985、湘AA6987的三台泵车进行永久解锁。事后，龚某某向被告人徐强支付四台泵车的解锁费用共计人民币30000元。2. 2014年5月间，张某某从中联重科以按揭贷款的方式购买泵车一台，因拖欠货款被中联重科使用物联网系统将泵车锁定，无法正常作业。张某某遂通过电话联系到被告人徐强为其泵车解锁。2014年5月17日，被告人徐强携带“GPS干扰器”来到湖北襄阳市，采用上述同样的方式为张某某名下牌号为鄂FE7721的泵车解锁。事后，张某某向被告人徐强支付解锁费用人民币15000元。经鉴定，中联重科的上述牌号为贵A77462、湘AB0375、湘AA6985、湘AA6987泵车GPS终端被拆除及控制程序被修改后，中联重科物联网GPS信息服务系统无法对泵车进行实时监控和远程锁车。2014年11月7日，被告人徐强主动到公安机关投案。在本院审理过程中，被告人徐强退缴了违法所得人民币45000元。

湖南省长沙市岳麓区人民法院于2015年12月17日作出(2015)岳刑初字第652号刑事判决:一、被告人徐强犯破坏计算机信息系统罪,判处有期徒刑二年六个月。二、追缴被告人徐强的违法所得人民币四万五千元,上缴国库。被告人徐强不服,提出上诉。湖南省长沙市中级人民法院于2016年8月9日作出(2016)湘01刑终58号刑事裁定:驳回上诉,维持原判。该裁定已发生法律效力。

2. 本案例法律适用方面的争议观点

企业自主研发的机械远程监控系统是否属于计算机信息系统?侵入并破坏该系统是否构成破坏计算机信息系统罪?以营利为目的侵入该系统是否构成非法经营?破坏监控系统损失如何计算?在机械所有权属于购买者的情况下侵入并破坏监控系统是否构成犯罪?《刑法》第二百八十六条规定,"违反国家规定,对计算机信息系统功能进行删除、修改、增加、干扰,造成计算机信息系统不能正常运行,后果严重的,处五年以下有期徒刑或者拘役;后果特别严重的,处五年以上有期徒刑。违反国家规定,对计算机信息系统中存储、处理或者传输的数据和应用程序进行删除、修改、增加的操作,后果严重的,依照前款的规定处罚。故意制作、传播计算机病毒等破坏性程序,影响计算机信息系统正常运行,后果严重的,依照第一款的规定处罚。"

对于上述问题目前法律规定并不明确,实务中对侵入并破坏机械远程监控系统是否构成破坏计算机信息系统罪存在不同的认识、观点和争议。有的认为应认定为合同诈骗犯、盗窃犯的共犯,在同案被告被认定为合同诈骗罪、盗窃罪的情况下,被告人明知他人实施犯罪而予以协助,构成共同犯罪中的帮助犯,"对于法律没有规定的,所触犯几种罪名具有类型化的手段与目的、原因与结果的关系时,可以认为具有牵连关系,属于牵连犯,按照从一重罪处罚的原则处理"①;有的认为应定为非法经营罪,被告人违反国家规定非法经营,扰乱市场秩序,情节严重,构成非法经营罪;有的认为应定为破坏生产经营罪,被告人的行为只是一种破坏手段,破坏了公司正常的生产经营②;有的认为应定故意毁坏财物罪,被告人毁坏监控系统,故意毁灭或者损坏公私财物,数额较大或者有其他严重情节的,构成故意毁坏财物罪;还有的认为,泵车所有权属于买受人,"解锁"行为并不侵犯工程机械设备生产商的权益;如果所有权权属存在纠纷,也应当通过民事诉讼来解决,不能认定为犯罪。

---

① 朱赫:《破坏计算机信息系统案件法律适用研讨》,载《人民检察》2015年第8期。

② 李国平、姜在斌:《利用计算机信息系统破坏生产经营犯罪的定罪与量刑》,载《人民司法(案例)》2015年第24期。

3. 本案例的推荐理由、指导价值

该案例裁判要点根据立法本意，明确了企业自主研发的机械远程监控系统属于计算机信息系统，侵入并破坏该系统构成破坏计算机信息系统罪，而不构成非法经营罪、故意毁坏财物罪、盗窃罪与诈骗罪等侵财类犯罪共犯，解决了司法实践中的认识分歧和争议，对于统一司法标准，惩治此类新型计算机互联网犯罪，保护企业创新、保护企业财产权，保障犯罪嫌疑人权益，具有重要的现实意义。同时，该案例对于侵入并破坏企业自主研发的机械远程监控系统以破坏计算机信息系统罪定罪处罚，对于准确适用刑法与发展新型计算机网络犯罪刑法理论具有重要意义，对于侵入破坏其他类型的远程监控系统（如人工智能、共享汽车、自行车的 GPS 系统）是否属于破坏计算机信息系统罪亦有借鉴意义。

近年来，部分工程机械设备生产商为了销售冲量而选择“零首付”“按揭贷款”等方式销售混凝土泵车、汽车起重机、挖掘机、推土机、装载机等工程机械设备，同时安装机械远程监控系统对机器设备进行实时监控，如果发现客户有拖欠、赖账等情况，设备生产商就会通过远程监控系统进行“锁机”。为了脱离实时监控，工程机械设备买受人或实际使用人“聘请”技术黑客侵入并破坏机械远程监控系统，导致此类案件在一定时期内频发。该类案例的正确处理具有典型性、普遍性、指导性。

本案中，对于侵入并破坏企业自主研发的机械远程监控系统以破坏计算机信息系统罪定罪处罚，是全国该类行为入罪的首次司法实践，充分体现了立法原意，有利于明确类似案件定罪量刑标准，依法维护企业正常的生产经营市场秩序、优化营商环境。

三、裁判要点的理解与说明

该指导案例的裁判要点确认：企业的机械远程监控系统属于计算机信息系统。违反国家规定，对企业的机械远程监控系统功能进行破坏，造成计算机信息系统不能正常运行，后果严重的，构成破坏计算机信息系统罪。现围绕与该裁判要点相关的问题逐一解释和说明如下：

（一）企业自主研发的机械远程监控系统属于计算机信息系统

何为计算机信息系统，刑法条文并没有明确的规定。《中华人民共和国计算机信息系统安全保护条例》第二条规定“本条例所称的计算机信息系统，是指由计算机及其相关的和配套的设备、设施（含网络）构成的，按照一定的应用目标和规则对信息进行采集、加工、存储、传输、检索等处理的人机系统。”显然，并非所有计算机信息系统要素都能成为破坏计算机信息系统罪的犯罪对象，计算机信息系统计算机软件、信息数据和应用程序之外的计算机信息要素不属于刑法意义上的计算机信息系统。[1] 为正确区分刑法意义上的计算机信息系统与普通意义上的计算机信息系统,《最高人民法院、最高人民检察院关于办理危害计算机信息系统安全刑事案件应用法律若干问题的解释》第十一条规定,本解释所称"计算机信息系统"和"计算机系统",是指具备自动处理数据功能的系统,包括计算机、网络设备、通信设备、自动化控制设备等。其中,"网络设备是指路由器、交换机等组成的用于连接网络的设备;通信设备包括手机、通信基站等用于提供通信服务的设备;自动化控制设备是指在工业中用于实施自动化控制的设备,如电力系统中的监测设备、制造业中的流水线控制设备等。"[2]

该司法解释采用概括加列举式的定义方式来界定计算机信息系统。根据该司法解释的规定,计算机信息系统以具备自动处理数据功能为特征,凡是能够自动处理数据的系统均属于"计算机信息系统"和"计算机系统",另外,解释列举了属于"计算机信息系统"和"计算机系统"的四种具体情形,其中包括通信设备与自动化控制设备等。远程监控系统从文义解释的角度属于计算机术语,远程监控从字面上理解可以分为"监"和"控"两部分,其中"监"是指通过网络获得信息为主;而"控"是指通过网络对远程计算机进行操作的方法,对远程计算机进行重新启动、关机等操作,还包括对远端计算机进行日常设置的工作。从这些特征来看,远程监控系统属于具备自动处理数据功能的系统,是刑法意义上的计算机信息系统。

具体到本案中,中联重科股份有限公司投入使用了中联重科物联网 GPS 信息服务系统,"中联重科物联网 GPS 信息服务系统平台",综合利用全球卫星定位、地理信息、无线通信、传感器、互联网、现代机电控制等技术,对产品进行数据采集、传输、存储、分析和展现。"[3]该套信息系统由中联重科物联网远程监控平台、GPS 终端、控制器和显示器等构成,具备自动采集、处理、存储、回传、显示数据和自动控制设备的功能,其中,控制器、GPS 终端和显示器由中联重科在工程机械设备的生产制造过程中安装到每台设备上。根据《最高人民法院、最高人民检察院关于办理危害计算机信息系统安全刑事案件应用法律若干问题的解释》的规定,"中联重科物联网 GPS 信息服务系统"系具备自动处理数据功能的通信设备与自动化控制设备,属于刑法意义上的计算机信息系统。被告人在中联重科机械设备上的解锁行为破坏了"中联重科物联网 GPS 信息服务系统"。

2000 年 12 月 28 日第九届全国人民代表大会常务委员会第十九次会议通过的《全国人民代表大会常务委员会关于维护互联网安全的决定》第一条第三款"违反

---

① 王作富主编:《刑法分则实务研究》(第三版),中国方正出版社 2006 年版,第 1239 页。
② 胡云腾:《危害计算机信息系统行为的罪与罚》,载《中国审判新闻月刊》2011 年第 68 期。
③ 《中联重科开创物联网 GPS 信息服务新篇章》,载《建筑机械》2012 年 1 月(上半月刊)。

国家规定,擅自中断计算机网络或者通信服务,造成计算机网络或者通信系统不能正常运行,构成犯罪的,依照刑法有关规定追究刑事责任。”①

本案被告人徐强使用“GPS干扰器”先后为钟某某、龚某某、张某某名下或管理的五台中联重科泵车解除锁定,其作案手段为使用GPS干扰器,GPS干扰器具备破坏GPS信息系统对泵车进行远程锁车的功能。泵车的控制器程序被修改,使得车辆处于永久解锁状态,导致GPS信息系统远程监控平台中显示的车辆解锁车状态与车辆的实际状态不一致,破坏了GPS信息系统对泵车的实时监控功能;泵车被修改为永久解锁状态后,混凝土泵车的控制器将不再对GPS的定时激活指令进行判断,导致GPS信息系统远程监控平台无法对混凝土泵车进行远程一级锁车,破坏了GPS信息系统对泵车的远程锁车功能。其作案原理为:通过“GPS干扰器”内的程序模拟发送解锁指令给控制器,使泵车不再次被锁机;通过电脑连接控制器,使用软件发送解锁ID,每一帧ID自动递加,当其中某一帧符合系统的ID时,泵车的锁机程序就会被破解。被告人徐强使用“GPS干扰器”进入了中联重科的计算机信息系统,并对其数据进行了破坏,应认定为破坏了中联重科的计算机信息系统。什么是刑法意义上的“破坏”,“客观方面表现为以下三种情形:第一,违反国家规定,对计算机信息系统功能进行删除、修改、增加、干扰,造成计算机信息系统不能正常运行,后果严重;第二,违反国家规定,对计算机信息系统中存储、处理或者传输的数据和应用程序进行删除、修改、增加的操作,后果严重;第三,故意制作、传播计算机病毒等破坏性程序,影响计算机信息系统正常运行,后果严重”。② 本案属于第一种情形,对计算机信息系统中的相关功能进行干扰,使计算机信息系统失去其正常的监控功能。一审、二审法院以破坏计算机信息系统罪对被告人定罪处罚是正确的。

(二)本案不宜认定为诈骗犯、盗窃犯的共犯,也不宜认定为非法经营罪、故意毁坏财物罪

根据《产品买卖合同》,“如买受人出现违反合同约定的行为,出卖人有权采取停机、锁机等措施”以及“在买受人付清全部货款前,产品所有权归出卖人所有。即使在买受人已经获得机动车辆登记文件的情况下,买受人未付清全部货款前,产品所有权仍归出卖人所有”的条款。可见,已售泵车其所有权仍然属于中联重科企业所有。本案同案的处理情况是:被告人黄某某犯合同诈骗罪,被判处有期徒刑十三年,并处罚金人民币六万元;被告人龚某某犯破坏计算机信息系统罪,被判处有期徒刑二年;被告人徐某某犯破坏计算机信息系统罪,被判处有期徒刑一年,宣告缓

① 张明楷:《刑法学》(第4版),法律出版社2011年版,第929页。

② 李国平、姜在斌:《利用计算机信息系统破坏生产经营犯罪的定罪与量刑》,载《人民司法(案例)》2015年第24期。

刑一年,追缴被告人龚某某违法所得人民币一万五千元、被告人徐关伦违法所得九千六百元,上缴国库。

在被告人黄某某犯合同诈骗罪的情况下,被告人徐强解锁的行为不能认定为合同诈骗罪的共犯。根据《刑法》第二百二十四条的规定,合同诈骗罪是指以非法占有为目的,在签订、履行合同过程中,采取虚构事实或者隐瞒真相等欺骗手段,骗取对方当事人的财物,数额较大的行为。成立合同诈骗罪的共犯要求有共同的犯罪故意,而本案黄某某与被告人徐强并没有任何沟通与联系,不可能有共同的犯意产生,因此不能以合同诈骗的共犯对被告人徐强定罪处罚。

被告人徐强系按照本案中钟某某、张某某的要求将泵车解锁,钟某某、张某某系通过转手或按揭分期付款的方式购得工程机械设备,解锁行为是为了摆脱中联重科总部的远程监控维护平台对泵车的监控,难以认定钟某某、张某某为"以非法占有为目的"而取得工程机械设备的所有权,而盗窃罪、诈骗罪等犯罪成立的前提是具备"以非法占有为目的"这一构成要件,故钟某某、张某某不成立盗窃罪、诈骗罪。因此被告人徐强也不能认定为盗窃罪、诈骗犯的共犯。

被告人徐强以营利为目的侵入计算机信息系统的解锁收费行为不宜认定为非法经营罪。非法经营罪,是指未经许可经营专营、专卖物品或其他限制买卖的物品,买卖进出口许可证、进出口原产地证明以及其他法律、行政法规规定的经营许可证或者批准文件,以及从事其他非法经营活动,扰乱市场秩序,情节严重的行为。根据《刑法》第二百二十五条的规定,非法经营罪有以下几种表现形式:(1)未经许可经营法律、行政法规规定的专营、专场物品或者其他限制买卖的物品的;(2)买卖进出口许可证、进出口原产地证明以及其他法律、行政法规规定的经营许可证或者批准文件的;(3)未经国家有关主管部门批准,非法经营证券、期货或者保险业务的;(4)其他严重扰乱市秩序的非法经营行为。被告人徐强利用解锁赚取解锁费的行为能否套用第4项"其他严重扰乱市秩序的非法经营行为"?

这是一个富有弹性的条款,给司法机关留下较大的自由裁量余地。根据罪刑法定原则,刑法规范要求明确、具体,一般不能进行"口袋罪"立法。但如果对某些罪状规定得过于确定、具体而毫无弹性,可能不利于及时打击花样翻新的经济违法行为,也不利于刑法典的相对稳定,因此有限制地设置一点"其他"之类的拾遗补漏条款还有必要。① 由于"经营"的含义相当宽泛,生产、流通到交换、销售等几乎所有的经济活动,都可能属于经营活动,非法经营罪的适用范围在司法实践中存在不断扩大的趋势。为了防止非法经营罪任意膨胀成为新的"口袋罪",从而动摇罪刑法

① 龙兴盛:《经济违法行为刑事制裁介入度研究》,法律出版社2015年版,第134页。

定原则的根基,《最高人民法院〈关于准确理解和适用刑法中“国家规定”的有关问题的通知〉》(法〔2011〕155号)规定“各级人民法院审理非法经营犯罪案件,要依法严格把握刑法第二百二十五条第四项的适用范围。对被告人的行为是否属于《刑法》第二百二十五条第四项规定的“其他严重扰乱市场秩序的非法经营行为”,有关司法解释未作明确规定的,应当作为法律适用问题,逐级向最高人民法院请示。”如同死刑复核权收归最高人民法院一样,这种方式严格限制了非法经营的司法任意适用。在处理非法经营个案时,应当严格把握罪与非罪的标准,“结合其非法经营行为的行政违法性、危害后果、非法经营数额和违法所得数额等因素来全面分析认定。”①从本案被告人徐强行为的行政违法性与非法经营数额来看,考虑到刑法的谦抑原则,因该案被告人行为司法解释未明确规定为非法经营罪,该案被告人徐强的行为不构成非法经营罪。

被告人徐强也不构成故意毁坏财物罪。故意毁坏财物罪,是指故意毁灭或者损坏公私财物,数额较大或者有其他严重情节的行为。而本案被告人徐强的作案方式并非将泵车上的GPS信息服务系统予以挖除、取出,而是通过电脑程序控制的方式将泵车解锁,GPS信息服务系统的物理性质并没有改变,因而不能认定其构成故意毁坏财物罪。

有人认为,对被告人徐强的行为应以无罪论处,“司法实践部门在一些争议行为的最终定性上都偏向于以破坏计算机信息系统罪进行认定处罚,由此出现了犯罪认定的口袋化趋势。”②本案对被告人徐强以破坏计算机信息系统罪定罪处罚,实则是与计算机犯罪作斗争的必然要求。当前针对计算机信息系统的违法行为出现许多新情况、新问题,刑法的漏洞不断显现。应对日益增长的新型技术型犯罪,与打击网络犯罪一样,刑法亟须更新,不断完善相关规定,以形成打击犯罪的高压态势。“可以预见,网络犯罪还将在相当长的时期内处于高发、频发态势,且规制的难度将逐渐加大。作为应对,网络刑法的扩张也应是长期、不间断的过程,在今后相当长的时期内,主要的趋势仍然是不断扩充网络犯罪的犯罪圈。”③

(三)关于本案犯罪情节如何认定的问题

根据上述分析,本案应当以破坏计算机信息系统罪定罪处罚,那么本案犯罪情节如何认定?《最高人民法院、最高人民检察院关于办理危害计算机信息系统安全

---

① 倪亚琴、章政:《古展群等非法经营案——如何认定非法买卖、运输盐酸氯胺酮注射液行为的性质》,载《刑事审判参考》2007年第57期。

② 周立波:《破坏计算机信息系统罪司法实践分析与刑法规范调适》,载《法治研究》2018年第4期。

③ 喻海松:《网络犯罪的态势与刑事政策的调整》,载《法治现代化研究》2018年第1期。

刑事案件应用法律若干问题的解释》第四条的规定,破坏计算机信息系统功能、数据或者应用程序,具有下列情形之一的,应当认定为《刑法》第二百八十六条第一款和第二款规定的“后果严重”:(一)造成十台以上计算机信息系统的主要软件或者硬件不能正常运行的;(二)对二十台以上计算机信息系统中存储、处理或者传输的数据进行删除、修改、增加操作的;(三)违法所得五千元以上或者造成经济损失一万元以上的;(四)造成为一百台以上计算机信息系统提供域名解析、身份认证、计费等基础服务或者为一万以上用户提供服务的计算机信息系统不能正常运行累计一小时以上的;(五)造成其他严重后果的。实施前款规定行为,具有下列情形之一的,应当认定为破坏计算机信息系统“后果特别严重”:(一)数量或者数额达到前款第(一)项至第(三)项规定标准五倍以上的;(二)造成为五百台以上计算机信息系统提供域名解析、身份认证、计费等基础服务或者为五万以上用户提供服务的计算机信息系统不能正常运行累计一小时以上的;(三)破坏国家机关或者金融、电信、交通、教育、医疗、能源等领域提供公共服务的计算机信息系统的功能、数据或者应用程序,致使生产、生活受到严重影响或者造成恶劣社会影响的;(四)造成其他特别严重后果的。

影响破坏计算机信息系统罪量刑情节的因素有:造成计算机信息系统数量、违法所得或者造成经济损失、计算机信息系统不能正常运行累计时间、社会影响等。造成计算机信息系统数量、违法所得等情节比较容易认定,而属于量刑情节之一的经济损失需要正确计算。经济损失如何计算呢?该司法解释第十一条第三款规定,本解释所称“经济损失”,包括危害计算机信息系统犯罪行为给用户直接造成的经济损失,以及用户为恢复数据、功能而支出的必要费用。

被告人徐强的行为间接导致了中联重科未能按期收回泵车销售款项,但该损失属于中联重科的经济损失,不能够认定为“造成的经济损失”,“实施犯罪时尚未实际产生,将来有可能产生的利益损失,以及可通过数据恢复并采取措施避免的损失,不能认定为该类犯罪所造成的经济损失”。[①] 本案不能将中联重科的经济损失作为量刑依据。需要注意的是,违法所得与经济损失数额均为破坏计算机信息系统犯罪的入罪与量刑标准,在可能的情况下,合议庭都应对该两个数额进行查明。如果一个数额无法查明,应当以能够查明的另一个数额作为量刑依据。“如果查清的两个数额在量刑上存在冲突,应该按照处罚较重的数额进行量刑,另一个数额可作为量刑的酌定情节予以考虑,这样才能真正做到罪行相适应。”[②]本案违法所得

---

① 冯莉:《破坏计算机信息系统犯罪中的经济损失》,载《人民司法(案例)》2013年第6期。

② 冯莉:《破坏计算机信息系统犯罪中的经济损失》,载《人民司法(案例)》2013年第6期。

4.5万元,是5000元的9倍,超过“第(三)项规定标准五倍以上的”,因而属于“后果特别严重”,在无法查明经济损失的情况下,以违法所得数额作为量刑标准是正确的。

四、参照适用时应注意的问题

(1)法院在审判时对该案以破坏计算机信息系统罪定罪处罚,体现了罪责刑相一致的刑法基本原则。工程机械行业为了实施特定的营销政策而安装机械远程监控系统对机器设备进行实时监控,这是企业创新经营的方式,在法院审判过程中,应当积极支持企业的创新经营,依法保护企业的合法权益,打击企业创新经营过程中侵害其权益的犯罪行为,促进销售市场的有序发展,缓解企业困难。

(2)该案发生的直接原因在于机械设备使用者为了摆脱设备生产、销售企业监控而破坏计算机监控系统,如何加强技术控制,防止GPS信息服务系统被解锁,进一步预防犯罪,从源头上防止此类犯罪的发生,应是治本之策。

(3)对于GPS信息服务系统是否属于第二百八十六条规定的“计算机信息系统”,司法部门难以确定的,应当委托省级以上负责计算机信息系统安全保护管理工作的部门检验。司法机关根据检验结论,并结合案件具体情况认定。

(执笔人:长沙市中级人民法院研究室　龙兴盛
湖南省高级人民法院研究室　唐竞
最高人民法院案例指导工作办公室　石磊)

指导案例103号　徐强破坏计算机信息系统案

最高人民法院案例指导工作办公室编选人:石磊

1.案例推荐单位:湖南省高级人民法院

2.案例编写人:湖南省长沙市中级人民法院　龙兴盛、肖新平/湖南省高级人民法院　唐竞

3.案件裁判法院:湖南省长沙市岳麓区人民法院(一审)、湖南省长沙市中级人民法院(二审)

4.案件承办人:彭林霞(一审)、黎璠(二审)

相关规定

1.《中华人民共和国刑法》(2020年12月26日修正)

第二百八十六条　违反国家规定,对计算机信息系统功能进行删除、修改、增加、干扰,造成计算机信息系统不能正常运行,后果严重的,处五年以下有期徒刑或者拘役;后果特别严重的,处五年以上有期徒刑。

违反国家规定,对计算机信息系统中存储、处理或者传输的数据和应用程序进行删除、修改、增加的操作,后果严重的,依照前款的规定处罚。

故意制作、传播计算机病毒等破坏性程序,影响计算机系统正常运行,后果严重的,依照第一款的规定处罚。

2.《中华人民共和国计算机信息系统安全保护条例》(2011年1月8日修订)

第二条　本条例所称的计算机信息系统,是指由计算机及其相关的和配套的设备、设施(含网络)构成的,按照一定的应用目标和规则对信息进行采集、加工、存储、传输、检索等处理的人机系统。

3.《最高人民法院、最高人民检察院关于办理危害计算机信息系统安全刑事案件应用法律若干问题的解释》(2011年8月1日　法释〔2011〕19号)

第十一条　本解释所称"计算机信息系统"和"计算机系统",是指具备自动处理数据功能的系统,包括计算机、网络设备、通信设备、自动化控制设备等。

本解释所称"身份认证信息",是指用于确认用户在计算机信息系统上操作权限的数据,包括账号、口令、密码、数字证书等。

本解释所称"经济损失",包括危害计算机信息系统犯罪行为给用户直接造成的经济损失,以及用户为恢复数据、功能而支出的必要费用。

湖南省长沙市岳麓区人民法院刑事判决书

(2015)岳刑初字第652号

公诉机关:长沙市岳麓区人民检察院。

被告人:徐某乙,曾用名徐某甲,男,1983年10月2日出生于安徽省蚌埠市,汉族,初中文化,务工人员,住安徽省蚌埠市固镇县。因本案于2014年11月7日被刑事拘留,2014年12月3日被逮捕。现羁押于长沙市第二看守所。

长沙市岳麓区人民检察院以长岳检刑刑诉〔2015〕552号起诉书指控被告人徐某乙犯破坏计算机信息系统罪,于2015年9月29日向本院提起公诉。本院依法组成合议庭,适用普通程序公开开庭审理了本案。长沙市岳麓区人民检察院指派代理检察员肖彬出庭支持公诉,被害单位的诉讼代理人曾朝阳、被告人徐某乙及其辩护人牛涵到庭参加了诉讼。现已审理终结。

经审理查明:为了加强对分期付款的工程机械设备的管理,中联重科股份有限公司(以下简称中联重科)投入使用了中联重科物联网GPS信息服务系统,该套计算机信息系统由中联重科物联网远程监控平台、GPS终端、控制器和显示器等构成,该系统具备自动采集、处理、存储、回传、显示数据和自动控制设备的功能,其中,控制器、GPS终端和显示器由中联重科在工程机械设备的生产制造过程中安装到每台设备上。

中联重科对"按揭销售"的泵车设备均安装了中联重科物联网GPS信息服务系统,并在产品买卖合同中明确约定"如买受人出现违反合同约定的行为,出卖人有权采取停机、锁机等措施"以及"在买受人付清全部货款前,产品所有权归出卖人所有。即使在买受人已经获得机动车辆登记文件的情况下,买受人未付清全部货款前,产品所有权仍归出卖人所有"的条款。然后由中联重科总部的远程监控维护平台对泵车进行监控,如发现客户有拖欠、赖账等情况,就会通过远程监控系统进行"锁机",泵车接受到"锁机"指令后依然能发动,但不能作业。

2014年5月,被告人徐某乙使用"GPS干扰器"先后为钟某、龚某1、张某名下或管理的五台中联重科泵车解除锁定。具体事实如下:

1. 2014年3月12日,钟某以人民币100万元的价格从黄某2处购得牌号为贵A的中联重科泵车一台。同年4月初,钟某发现其购得的该泵车即将被中联重科锁机后遂安排徐某将泵车开到位于贵阳市小河区的中联重科保障中心要求提供解锁服务。该中心工作人员经查发现该泵车由黄某2于2013年11月22日以单价人民币256万元购得,黄某2以按揭付款方式购得后未按要求支付分期货款,黄某2可能涉嫌诈骗犯罪,故中联重科按买卖合同约定将对该泵车进行锁定。随后,该中心工作人员向钟某说明了上述情况,并要求其将泵车停放在保障中心等待解决。不久钟某在与中联重科律师协商解决未果后,在未告知该中心工作人员的情况下即喊徐某将泵车从保障中心开出,并要求徐某帮忙打听解锁人。徐某遂联系龚某1告知钟某泵车需解锁一事。龚某1表示同意后,即通过电话联系被告人徐某乙给泵车解锁。2014年5月18日,被告人徐某乙携带"GPS干扰器"与龚某1一起来到贵阳市清镇市,由被告人徐某乙将"GPS干扰器"上的信号线连接到泵车右侧电控柜,再将"GPS干扰器"通电后使用干扰器成功为牌号为贵A的泵车解锁。事后,钟某向龚某1支付了解锁费用人民币40000元,龚某1亦按约定将其中人民币9600元支付给徐某作为介绍费。当日及次日,龚某1还带着被告人徐某乙为其管理的其妹夫黄某1从中联重科及长沙中联重科二手设备销售有限公司以分期付款方式购得的牌号分别为湘A、湘A、湘A的三台泵车进行永久解锁。事后,龚某1向被告人徐某乙支付四台泵车的解锁费用共计人民币30000元。

2\. 2014年5月,张某从中联重科以按揭贷款的方式购

买泵车一台,因拖欠货款被中联重科使用物联网系统将泵车锁定,无法正常作业。张某遂通过电话联系到被告人徐某乙为其泵车解锁。2014年5月17日,被告人徐某乙携带"GPS干扰器"来到湖北襄阳市,采用上述同样的方式为张某名下牌号为鄂F的泵车解锁。事后,张某向被告人徐某乙支付解锁费用人民币15000元。

经鉴定,中联重科的上述牌号为贵A、湘A、湘A、湘A泵车GPS终端被拆除及控制程序被修改后,中联重科物联网GPS信息服务系统无法对泵车进行实时监控和远程锁车。

2014年11月7日,被告人徐某乙主动到公安机关投案。在本院审理过程中,被告人徐某乙退缴了违法所得人民币45000元。

上述事实,被告人徐某乙在开庭审理过程中亦无异议,且有被解锁泵车照片,中联重科出具的钟某破坏其司设备GPS的情况说明、关于黄某1名下混凝土泵车失联的情况说明、关于张某的混凝土泵车失联的情况说明、长沙市公安局高新区分局经济犯罪侦查大队出具的到案经过、被告人徐某乙的户籍证明、常住人口信息及

现实表现材料、互联网网页截图、产品买卖合同、补充协议、车辆成交协议、中联重科混凝土分公司成品发运资料交接单、二手设备销售合同、对账函、还款记录及情况说明、锁解车记录、银行卡账户历史明细清单、电话通信记录等书证,证人龚某1、钟某、徐某、黄某1、龚某2、黄某2、张某、邝孝君、易某、彭某、毕某、范某、付某的证言,被告人徐某乙的供述,湖南省鉴真司法鉴定中心刘绪崇、赵薇出具的湘鉴司鉴中心〔2014〕电子物证第051、052、081号电子物证鉴定意见书,提取笔录、辨认笔录等证据证实,足以认定。

本院认为,被告人徐某乙为谋取个人利益,违反国家规定,对计算机信息系统功能进行干扰,造成计算机信息系统不能正常运行,后果特别严重,其行为已构成破坏计算机信息系统罪。公诉机关指控被告人徐某乙犯破坏计算机信息系统罪的事实和罪名成立。

被告人徐某乙犯罪以后自动投案,到案后如实供述了自己的罪行,依法可减轻处罚。被告人徐某乙系初犯,当庭自愿认罪,认罪态度好,且已退缴全部违法所得,有悔罪表现,可酌情从轻处罚。对于辩护人提出被告人徐某乙系初犯,有自首情节,当庭自愿认罪,认罪态度好,已退缴全部违法所得,请求法庭对被告人徐某乙减轻处罚的辩护意见,本院予以采纳。对辩护人提出对被告人徐某乙主观恶性小、社会危害性小,请求适用缓刑的辩护意见,经查,被告人徐某乙明知将已被锁定的泵车解锁会导致中联重科物联网GPS信息服务系统无法对泵车进行实时监控和远程锁车,为非法获利,仍在互联网上发布泵车解锁广告,主观恶性较大,并将中联重科已锁定的5台泵车解锁,非法获利人民币45000元,后果特别严重,社会危害性较大,对其不宜适用缓刑,对辩护人的该项辩解意见,本院不予采纳。对被告人徐某乙的违法所得,应予以追缴。根据被告人徐某乙犯罪的事实、犯罪性质、情节以及其行为对社会的危害程度,依照《中华人民共和国刑法》第二百八十六条第一款、第六十七条第一款、第四十五条、第四十七条、第六十四条、《最高人民法院、最高人民检察院关于办理危害计算机信息系统安全刑事案件应用法律若干问题的解释》第四条第二款第(一)项之规定,判决如下:

一、被告人徐某乙犯破坏计算机信息系统罪,判处有期徒刑二年六个月。

(刑期从判决执行之日起计算,判决执行以前先行羁押的,羁押一日折抵刑期一日。即从2014年11月7日起至2017年5月6日止。)

二、追缴被告人徐某乙的违法所得人民币四万五千元,上缴国库。

如不服本判决,可在接到判决书的第二日起十日内,通过本院或者直接向湖南省长沙市中级人民法院提出上诉。书面上诉的,应当提交上诉状正本一份,副本三份。

审 判 长 彭林霞
人民陪审员 马国钧
人民陪审员 何 峰
二〇一五年十二月十七日
书 记 员 韩 笑

湖南省长沙市中级人民法院刑事裁定书

(2016)湘01刑终58号

原公诉机关:湖南省长沙市岳麓区人民检察院。

上诉人(原审被告人):徐某乙(曾用名徐某甲),男,1983年10月2日出生于安徽省蚌埠市,汉族,初中文化,务工人员,住安徽省蚌埠市××××××××××××××××。因涉嫌犯破坏计算机信息系统罪于2014年11月7日被刑事拘留,12月3日被逮捕。现押长沙市第二看守所。

湖南省长沙市岳麓区人民法院审理湖南省长沙市岳麓区人民检察院指控原审被告人徐某乙犯破坏计算机信息系统罪一案,于2015年12月17日作出(2015)岳刑初字第652号刑事判决。原审被告人徐某乙不服,提出上诉。本院依法组成合议庭,公开开庭进行了审理。长沙市人民检察院指派检察员申小武出庭履行职务,上诉人徐某乙及其辩护人牛涵均到庭参加诉讼。现已审理终结。

原审法院认定:为了加强对分期付款的工程机械设备的管理,中联重科股份有限公司(以下简称中联重科)投入使用了中联重科物联网GPS信息服务系统,该套计算机信息系统由中联重科物联网远程监控平台、GPS终端、控制器和显示器等构成,该系统具备自动采集、处理、存储、回传、显示数据和自动控制设备的功能,其中,控制器、GPS终端和显示器由中联重科在工程机械设备的生产制造过程中安装到每台设备上。

中联重科对"按揭销售"的泵车设备均安装了中联重科物联网GPS信息服务系统,并在产品买卖合同中明确约定"如买受人出现违反合同约定的行为,出卖人有权采取停机、锁机等措施"以及"在买受人付清全部货款前,产品所有权归出卖人所有。即使在买受人已经获得机动车辆登记文件的情况下,买受人未付清全部货款前,产品所有权仍归出卖人所有"的条款。然后由中联重科总部的远程监控维护平台对泵车进行监控,如发现客户有拖欠、赖账等情况,就会通过远程监控系统进行"锁机",泵车接受到"锁机"指令后依然能发动,但不能作业。

2014年5月间,被告人徐某乙使用"GPS干扰器"先后为钟某、龚某甲、张某名下或管理的五台中联重科泵车解除锁定。具体事实如下:

1. 2014年3月12日，钟某以人民币100万元的价格从黄某乙处购得牌号为贵A的中联重科泵车一台。同年4月初，钟某发现其购得的该泵车即将被中联重科锁机后遂安排徐某丙将泵车开到位于贵阳市小河区的中联重科保障中心要求提供解锁服务。该中心工作人员经查发现该泵车由黄某乙于2013年11月22日以单价人民币256万元购得，黄某乙以按揭付款方式购得后未按要求支付分期货款，黄某乙可能涉嫌诈骗犯罪，故中联重科按买卖合同约定将对该泵车进行锁定。随后，该中心工作人员向钟某说明了上述情况，并要求其将泵车停放在保障中心等待解决。不久钟某在与中联重科律师协商解决未果后，在未告知该中心工作人员的情况下即喊徐某丙将泵车从保障中心开出，并要求徐某丙帮忙打听解锁人。徐某丙遂联系龚某甲告知钟某泵车需解锁一事。龚某甲表示同意后，即通过电话联系被告人徐某乙给泵车解锁。2014年5月18日，被告人徐某乙携带"GPS干扰器"与龚某甲一起来到贵阳市清镇市，由被告人徐某乙将"GPS干扰器"上的信号线连接到泵车右侧电控柜，再将"GPS干扰器"通电后使用干扰器成功为牌号为贵A的泵车解锁。事后，钟某向龚某甲支付了解锁费用人民币40000元，龚某甲亦按约定将其中人民币9600元支付给徐某丙作为介绍费。当日及次日，龚某甲还带着被告人徐某乙为其管理的其妹夫黄某甲从中联重科及长沙中联重科二手设备销售有限公司以分期付款方式购得的牌号分别为湘A、湘AA6985、湘AA6987的三台泵车进行永久解锁。事后，龚某甲向被告人徐某乙支付四台泵车的解锁费用共计人民币30000元。

2. 2014年5月间，张某从中联重科以按揭贷款的方式购买泵车一台，因拖欠货款被中联重科使用物联网系统将泵车锁定，无法正常作业。张某遂通过电话联系到被告人徐某乙为其泵车解锁。2014年5月17日，被告人徐某乙携带"GPS干扰器"来到湖北襄阳市，采用上述同样的方式为张某名下牌号为鄂F的泵车解锁。事后，张某向被告人徐某乙支付解锁费用人民币15000元。

经鉴定，中联重科的上述牌号为贵A、湘A、湘AA6985、湘AA6987泵车GPS终端被拆除及控制程序被修改后，中联重科物联网GPS信息服务系统无法对泵车进行实时监控和远程锁车。

2014年11月7日，被告人徐某乙主动到公安机关投案。在本院审理过程中，被告人徐某乙退缴了违法所得人民币45000元。

原审法院认定上述事实的证据有：被解锁泵车照片，中联重科出具的钟某破坏其司设备GPS的情况说明、关于黄某甲名下混凝土泵车失联的情况说明、关于张某的混凝土泵车失联的情况说明、长沙市公安局高新区分局经济犯罪侦查大队出具的到案经过、被告人徐某乙的户籍证明、常住人口信息及现实表现材料、互联网网页截图、产品买卖合同、补充协议、车辆成交协议、中联重科混凝土分公司成品发运资料交接单、二手设备销售合同、对账函、还款记录及情况说明、锁解车记录、银行卡账户历史明细清单、电话通信记录等书证,证人龚某甲、钟某、徐某丙、黄某甲、龚某乙、黄某乙、张某、邝孝君、易某、彭某、毕某、范某、付某的证言,被告人徐某乙的供述,湖南省鉴真司法鉴定中心刘绪崇、赵薇出具的湘鉴司鉴中心〔2014〕电子物证第051、052、081号电子物证鉴定意见书,提取笔录、辨认笔录等证据。

原审法院认为,被告人徐某乙为谋取个人利益,违反国家规定,对计算机信息系统功能进行干扰,造成计算机信息系统不能正常运行,后果特别严重,其行为已构成破坏计算机信息系统罪。被告人徐某乙犯罪以后自动投案,到案后如实供述了自己的罪行,依法可减轻处罚。被告人徐某乙系初犯,当庭自愿认罪,认罪态度好,且已退缴全部违法所得,有悔罪表现,可酌情从轻处罚。原审根据被告人徐某乙犯罪的事实、犯罪性质、情节以及其行为对社会的危害程度,依法判决:

一、被告人徐某乙犯破坏计算机信息系统罪,判处有期徒刑二年六个月。二、追缴被告人徐某乙的违法所得人民币四万五千元,上缴国库。

上诉人徐某乙上诉提出:其系自首,且全部退缴违法所得,一审量刑过重。辩护人提出了相同的辩护意见。

出庭检察员认为一审判决认定事实清楚,证据确实、充分,建议驳回上诉,维持原判。

经审理查明,一审认定的事实清楚,有下列证据予以证明:

1. 提取笔录、照片,扣押决定书、清单,查封决定书,泵车图片,证明涉案泵车被公安机关扣押。

2. 司法鉴定意见书,意见为中联泵车GPS终端被拆除,监控平台无法对车进行GPS定位,无法正常下达一级锁车指令,泵车被修改了控制程序,拆除了GPS终端情况下汽车仍可正常工作。

3. 抓获说明,自首材料,证明徐某乙于2014年11月7日向公安机关自动投案。

4. 证人龚某甲、钟某、徐某丙的证言及辨认笔录,证明钟某购买的中联泵车被锁车,要徐某丙帮忙打听可以解锁的人,徐某丙将此事告知龚某甲,龚某甲又通过网页搜索到徐某乙在互联网上发布的解锁广告,并与徐某乙联系、商定泵车解锁事宜。2014年5月18日,徐某乙与龚某甲一起到贵阳市清镇市,先后为四台中联泵车解锁,事后,钟某支付龚某甲4万元,龚某甲支付徐某丙9600元,支付徐某乙3万元。

5. 证人张某的证言,证明张某购买的中联泵车被锁车,2014年5月17日,徐某乙来到湖北襄阳为其泵车解锁,事后,张某支付1.5万元。

6. 买卖合同、银行对账单、转账凭证、车辆成交协议、付款单据、发票、银行卡明细,证明钟某、张某购买中联公司的泵车。

7. 证人邝孝君、李某、易某、彭某、毕某、黄某甲、龚某乙、范某、付某的证言,证明钟某、张某购买的中联泵车被锁车,后被解锁。

8. 上诉人徐某乙的供述,其对犯罪事实供认不讳。

9. 互联网网页截图,证明徐某乙通过网络发布泵车解锁广告。

10. 户籍证明及现实表现材料,证明徐某乙的身份情况。

11. 其他证据。

以上证据确实、充分,本院对该证据及其证明的案件事实均予以确认。

本院认为,上诉人徐某乙为谋取个人利益,违反国家规定,对计算机信息系统功能进行干扰,造成计算机信息系统不能正常运行,其行为已构成破坏计算机信息系统罪,且后果特别严重。上诉人徐某乙犯罪以后自动投案,如实供述了自己的罪行,系自首,依法可减轻处罚。上诉人徐某乙退缴全部违法所得,有悔罪表现,可酌情从轻处罚。针对上诉人徐某乙及辩护人提出"自己系自首,且全部退缴违法所得,一审量刑过重"的上诉意见与辩护意见,经查,徐某乙破坏计算机信息系统,违法所得4.5万元,后果特别严重,应当判处五年以上有期徒刑,一审判决综合考虑其自首、退缴全部违法所得等情节,对其减轻处罚,判处有期徒刑二年六个月,量刑适当。该上诉意见、辩护意见,本院不予采纳。原审判决认定事实清楚,证据确实充分,适用法律正确,量刑适当,审判程序合法。依照《中华人民共和国刑法》第二百八十六条第一款、第六十七条第一款、第四十五条、第四十七条、第六十四条、《最高人民法院、最高人民检察院关于办理危害计算机信息系统安全刑事案件应用法律若干问题的解释》第四条第二款第(一)项和《中华人民共和国刑事诉讼法》第二百二十五条第一款第(一)项之规定,裁定如下:

驳回上诉,维持原判。

本裁定为终审裁定。

审　判　长　黎　播
审　判　员　刘　刚
代理审判员　何　琳
二〇一六年八月九日
书　记　员　范旦雯

指导案例104号《李森、何利民、张锋勃等人破坏计算机信息系统案》的理解与参照

——干扰环境质量检测采样设备致使监测数据严重失真的司法认定

2018年12月25日，最高人民法院发布了第20批指导性案例，包括第102号至第106号共5件指导性案例。这批案例为涉网络犯罪专题指导性案例，总结了审判实践中某些普遍的疑难复杂法律适用问题，有利于进一步明确裁判规则，统一司法尺度。其中，第104号指导案例为《李森、何利民、张锋勃等人破坏计算机信息系统案》。为了正确理解和准确参照适用该指导案例，现对该指导案例的选编过程、裁判要点、参照适用等有关情况予以解释和说明。

一、选编过程及指导意义

该案由西安市中级人民法院、陕西省高级人民法院刑三庭联合报送，经陕西省高级人民法院研究室初审、修改、整理，报陕西省高级人民法院审判委员会讨论通过，同意作为备选指导性案例上报。最高人民法院案例指导办公室收到该案例后，经过初审，认为基本符合指导性案例的要求，并提交研究室室务会讨论。2018年4月19日，研究室室务会经讨论认为，该案例进一步确认了《最高人民法院、最高人民检察院关于办理环境污染刑事案件适用法律若干问题的解释》的相关规定，对保护生态环境、建设美丽中国具有重要意义，故同意作为备选指导性案例报审委会讨论。12月4日，最高人民法院刑专会第326次会议讨论同意该案例作为指导性案例。12月25日，最高人民法院以法〔2018〕347号文件将该案例列在第20批指导性案例予以发布。

该案例旨在明确环境质量监测系统属于计算机信息系统，用棉纱等物品堵塞环境监测采样器，干扰采样造成监测数据失真的，属于破坏计算机信息系统，后果严重的，应以破坏计算机信息系统罪定罪量刑。该案系国内首例此类案件，既具有

法律适用方面的指导意义,也具有法律宣传教育意义。

二、关于本案例的相关情况

2016年3月5日,中国环境监测总站在例行数据审核时发现西安市长安区子站(国家环境空气自动监测直管站)当日PM10数据明显偏低,即要求运维公司进行检查,次日运维公司经检查发现有纱布堵塞采样口进气孔,属人为阻塞,并有非运维人员违规进入子站。3月11日,监测司派员会同监测总站组织专家赴西安对12个国控环境空气质量自动监测站点进行飞行检查,后发现长安子站、阎良子站造假问题严重。随后,环保部调查组到西安市进行了先期调查取证。2016年3月18日,环保部陈吉宁部长向公安部黄明副部长致信报案,认为此案具有典型性,须运用行政的、刑事的手段一查到底,以儆效尤。3月21日,公安部指定西安市公安局受案。2016年9月,西安市人民检察院以李森等七人犯破坏计算机信息系统罪分两案提起公诉。

法院审理后,以破坏计算机信息系统罪判处李森、何利民有期徒刑一年七个月,张峰勃有期徒刑一年四个月,张楠、张肖有期徒刑一年三个月。该案是干扰环境质量监测设备致使数据失真被追究刑事责任的第一案。宣判后,环保部在媒体上公开答记者问表示,该判决彰显了法律的严肃性,告诫全体环保人员应坚守实事求是的底线,提出在2017年建立环境监测数据弄虚作假防范和惩治机制,确保环境监测数据全面、准确、客观、真实,并于7月10日向全国通报。《人民日报》《法制日报》《人民法院报》《中国环境报》及新华网、凤凰网、新浪网等均报道了庭审及宣判过程。《人民日报》评论"要让假治污假环保付出沉重代价"。该案的审理在全社会进行了一次严肃的法制宣传教育,对地方政府和环境监管部门起到了强烈震慑和警示作用。

根据我国《环境保护法》《大气污染防治法》《计算机信息系统安全保护条例》规定,监测数据的真实性和计算机信息系统的安全性不受侵害,构成犯罪应当依法追究刑事责任。但如何追究李森等人的刑事责任,有不同的认识。一种观点认为李森等人的行为直接干扰了环境监测系统的采样设备,损害了数据来源的真实性,造成系统运行结果异常,是对计算机信息系统的破坏,符合破坏计算机信息系统罪的构成要件,应以破坏计算机信息系统罪定罪量刑,这也是本案生效裁判的观点。另一种观点认为,尽管李森等人通过堵塞监测采样设备的方式影响了数据采集的真实性,但计算机本身采集数据并对数据进行记录保存和传输的功能未受损,计算机信息系统的运行仍然顺畅,而破坏计算信息系统罪的成立以造成计算机信息系统不能正常运行为要件[1],本案不宜作为破坏计算机信息系统罪定罪处罚。还有观点认为,作为具有环境保护监督管理职责的公务人员或受聘执行公务的人员,干扰环境监测采样设备,改变监测数据,以达到妨碍环境监管的目的,属于具有职权的人违反职权破坏管理目的的行为,应属于渎职行为,其行为构成渎职犯罪[2]。实质上也不认为李森等人的行为构成破坏计算机信息系统罪。

上述观点均认同环境空气质量监测系统对于空气污染程度的数据进行收集并加工、传输,具有自动处理数据功能,属于计算机信息系统。争议的核心是,采用棉纱堵塞采样器干扰计算机信息数据采集系统致使计算机采集数据失真,运行结果异常是否为破坏计算机信息系统罪的一种犯罪行为方式;采用物理手段而非技术手段干扰计算信息系统的行为是否为破坏计算机信息系统的行为;对《刑法》第二百八十六条第一款规定"干扰"计算机信息系统行为如何认定。

我们认为该问题既涉及《刑法》相关条文的文义解释,也涉及打击和防范计算机犯罪的立法目的实现,应当从该罪名所保护的客体入手分析。破坏计算机信息系统罪侵犯的客体是计算机信息系统安全。犯罪对象为计算机信息系统功能和计算机信息中储存、处理、传输的数据和应用程序。[3] 对破坏计算机信息系统行为的评价,应当以犯罪客体——计算机信息系统安全是否被破坏为标准作出准确认定。凡是严重影响计算机信息系统安全的行为,都应认定为破坏计算机信息系统的行为,既包括非法侵入计算机信息系统内部破坏计算机信息系统功能,导致不能正常运行的情形,也包括未侵入系统内部干扰数据采集导致计算机信息系统虽然运行,但非正常运行致运行结果发生异常的情形。随着信息化技术在社会各个领域应用不断扩展,计算机信息系统运行结果异常带来的影响和危害越来越大。那些认为影响数据采集真实性,但计算机信息系统的运行仍然顺畅,未造成计算机信息系统功能破坏不构成本罪的观点,狭隘理解了本罪所保护的客体,并不符合立法本意。

本案的裁判要点明确了用棉纱等物品堵塞环境监测采样器干扰采样造成监测数据失真的,可以认定为破坏计算机信息系统的行为。也就是说,从外部进行物理干扰而不是从计算机软件系统的内部对数据的篡改、删除等破坏,致使计算机信息系统非正常运行,也是破坏计算机信息系统犯罪的一种行为类型。李森等人通过堵塞环境监测采样的行为达到影响环境监测计算机系统数据真实性的目的,与采用技术手段直接破坏计算机信息系统一样,直接导致了该计算机信息系统不能正

---

① 纪冬雨:《最新污染环境罪司法解释适用评析》,载《湖北工业职业技术学院学报》2017 年第 2 期。

② 常纪文:《完善法律法规严惩干扰环境监测行为》,载《中国环境报》2018 年 4 月 10 日,第 3 版。

③ 周道鸾、张军:《刑法罪名精释》,人民法院出版社 2007 年版,第 556 页。

常运行,运行结果错误,其与对计算机信息系统内部篡改、删除造成不能正常运行,运行结果错误并无二致,侵害的对象均是计算机信息系统,行为都危害了计算机信息系统安全。本案裁判要点对于这一分歧认识的明确,有利于更加准确全面地理解破坏计算机信息系统罪的罪状,并进而更加准确地理解适用《刑法》相关条文。

三、裁判要点的理解与说明

该指导案例的裁判要点确认:环境质量监测系统属于计算机信息系统,用棉纱等物品堵塞环境质量监测采样设备,干扰采样,致使监测数据严重失真的,构成破坏计算机信息系统罪。现围绕与该裁判要点相关的问题逐一解释和说明如下:

(一)以棉纱堵塞采样器造成监测数据失真属于刑法规定的破坏计算机信息系统

首先,环境监测系统应属于计算机信息系统。根据《中华人民共和国计算机信息系统安全保护条例》第二条的规定,计算机信息系统,是指“由计算机及其相关的和配套的设备、设施(含网络)构成的,按照一定的应用目标和规则对信息进行采集、加工、存储、传输、检索等处理的人机系统”。本案中,长安子站系国控环境空气质量自动监测站点,其通过空气采样器对PM10、PM2.5进行采集、加工、存储、传输和检索,空气采样器是环境空气质量监测系统的重要组成部分,PM10、PM2.5监测数据作为环境空气综合污染指数评估中的最重要两项指标,通过环保部和监测总站的政府网站实时向社会公布,产生的监测数据经过系统软件直接传输至监测总站,参与计算环境空气质量指数并实时发布。依照2011年9月1日起施行的《最高人民法院、最高人民检察院关于办理危害计算机信息系统安全刑事案件应用法律若干问题的解释》第十一条规定“本解释所称计算机信息系统和计算机系统,是指具备自动处理数据功能的系统,包括计算机、网络设备、通信设备、自动化控制设备等。”因此,本案中的环境空气质量监测系统对于空气污染程度的数据进行收集并加工、传输,具有自动处理数据功能,且具有人机配合性,应属于司法解释中所规定的计算机信息系统。

其次,用棉纱堵塞采样器,造成监测数据失真,应属于破坏计算机信息系统的行为。破坏计算机系统主要表现为三种方式。一是“对计算机信息系统功能进行删除、修改、增加、干扰”;二是“对计算机信息系统中存储、处理或传输的数据和应用程序进行删除、修改、增加的操作”;三是“故意制作、传播计算机病毒等破坏性程序”。依照2017年1月1日起施行的《最高人民法院、最高人民检察院关于办理环境污染刑事案件适用法律若干问题的解释》(法释〔2016〕29号)第十条第一款第(二)项规定,干扰采样,致使监测数据严重失真的,以破坏计算机信息系统罪论处。本案中,被告人用棉纱堵塞采样器的采样孔或拆卸采样器的行为,导致采样器内部气流场的改变，造成监测数据失真，影响国家对环境空气质量的正确评估，符合法释〔2016〕29号第十条所规定的“干扰采样，致使监测数据严重失真”的破坏计算机信息系统的行为。

（二）如何认定“后果严重”

干扰采样器采样，造成环境监测数据严重失真的破坏计算机信息系统的行为本身就属于后果严重。而且多次干扰采样，次数多、时间长、幅度大，致使影响全国大气环境治理情况评估的公正性，属于造成严重后果。根据《刑法》第二百八十六条第一款规定，干扰计算机信息系统致其不能正常运行，后果严重的才能被追究刑事责任。庭审中，本案被告人提出其行为未达到“后果严重”的程度，不构成犯罪的辩护意见。如何认定“后果严重”，是准确适用本罪的又一关键。本罪是妨害社会管理秩序的一种犯罪，对“后果严重”的认定，应当考虑其对社会管理秩序造成的妨害，从质的规定性方面把握。对计算机信息系统功能进行删除、修改、增加、干扰，造成计算机信息系统不能正常运行，“后果严重的”，一般是指国家重要计算机信息系统功能受到破坏，给国家、集体和个人造成重大经济损失的；或者造成恶劣社会影响的等情形①。《最高人民法院、最高人民检察院关于办理环境污染刑事案件适用法律若干问题的解释》第十条第一款规定：“违反国家规定，针对环境质量监测系统实施下列行为，或者强令、指使、授意他人实施下列行为的，应当依照刑法第二百八十六条的规定，以破坏计算机信息系统罪论处：（一）修改参数或者监测数据的；（二）干扰采样，致使监测数据严重失真的；（三）其他破坏环境质量监测系统的行为。”该司法解释规定针对环境质量监测系统实施的三种破坏行为，直接定罪量刑，并不适用《维护计算机信息系统安全犯解释》②。因为一旦实施上述行为，即会造成恶劣社会影响。本案各被告人干扰采样，次数多、时间长、幅度大，直接导致国家环境监测系统输出的数据错误，使其功能完全不能实现，由其提供的错误数据造成环保部对大气环境治理情况评估的公正性，严重影响了政府治理污染的公共利益和政府公信力，属于造成严重后果。具体表现为：(1)五被告人均为环境保护工作人员，明显违反国家法律规定，针对环境质量监测系统多次实施干扰采样的行为，被告人何利民授意、指使李森干扰采样；(2)五被告人的行为致使监测数据严重失真；(3)失真的监测数据已实时发送至监测总站并向社会公布，已用于环保部编制环境质量评价的月报、季报，环保部亦在2016年2月、3月和第一季度的全国74个重点城市空气质量排名中采信上述虚假数据，已向社会公布并上报国务院，影响政府公

① 周道鸾、张军：《刑法罪名精释》（第3版），人民法院出版社2007年版，第557页。

② 周家海、喻海松：《〈关于办理环境污染刑事案件适用法律若干问题的解释〉理解与适用》，载《人民司法》2017年第4期。

信力;(4)失真的监测数据影响全国大气环境治理情况评估的公正性,误导环境决策,影响地方政府治理污染措施的力度。五被告人实施干扰采样行为严重扰乱社会秩序,后果严重,应当以破坏计算机信息系统罪追究刑事责任。《刑法》第二百八十六条第三款还明确规定,从事环境监测设施维护、运营的人员实施或者参与实施篡改、伪造自动监测数据、干扰自动监测设施、破坏环境质量监测系统等行为的,应当从重处罚。本案所判处的李森等人即属从事环境监测设施维护、运营的人员,属于履行法定职责的人员,却自己实施妨碍环境监测的行为,知法犯法,情节恶劣,应当从重处罚。

(三)合理界分破坏计算机信息系统罪与渎职犯罪,准确适用最高人民法院司法解释规定

本案中,被告人李森、何利民、张锋勃均系环保局的国家机关工作人员,在何利民授意下,李森、张锋勃等人采取私自截留钥匙并偷记监控电脑密码的方式进入长安子站,用棉纱堵塞采样器,干扰子站内环境空气质量自动监测系统的数据采集功能,三被告人的行为也系职务行为,客观方面符合渎职犯罪中的滥用职权,造成恶劣社会影响,构成滥用职权罪。三被告人同一犯罪行为同时触犯了两个罪名,属于想象竞合犯,应当择一重罪处罚。对比两罪名,三被告人适用滥用职权罪处三年以下有期徒刑或拘役,适用破坏计算机信息系统罪处五年以下有期徒刑,对三被告人应当适用处罚较重的罪名,即破坏计算机信息系统罪。此外,本案是由国家机关工作人员和非国家机关工作人员共同完成的犯罪,如果以身份不同,认定不同的罪名,共同犯罪整体评价受到影响,不利于实现量刑均衡,从此角度考虑,对三名公职被告人以破坏计算机信息系统罪定罪量刑更为合适。

四、参照适用时应注意的问题

我国《刑法》第二百八十六条所保护的客体既包括计算机信息系统功能的安全,也包括计算机信息系统中数据和应用程序的安全,因此,无论破坏系统功能还是系统数据及应用程序,都可以以本罪追究刑事责任,本案即适用第二百八十六条第一款对各被告人定罪量刑。但是,随着网络及其相关技术不断发展普及,大数据、云计算等高科技术的研发和深度应用,数据逐步显示其独立的价值功能,社会管理对于数据依赖性越来越强,数据具有独立的法益。对于数据破坏的行为方式和后果,与对计算机信息系统功能破坏的方式和后果的差异日益明显,对破坏数据行为需要设置专门的数据犯罪罪名予以刑法规制。但是在目前,破坏包括干扰计算机信息系统功能和数据、应用程序行为构成犯罪的,仍应以本罪追究刑事责任。

（执笔人：陕西省高级人民法院研究室　尤青
西安市中级人民法院研究室　高伟
最高人民法院案例指导工作办公室　石磊）

指导案例104号　李森、何利民、张锋勃等人破坏计算机信息系统案

最高人民法院案例指导工作办公室编选人：石磊

1. 案例推荐单位：陕西省高级人民法院
2. 案例编写人：西安市中级人民法院　高伟/陕西省高级人民法院　尤青、赵进轩
3. 案件裁判法院：陕西省西安市中级人民法院（一审）
4. 案件承办人：骆成兴（一审）

相关规定

1.《中华人民共和国刑法》（2020年12月26日修正）

第二百八十六条　违反国家规定，对计算机信息系统功能进行删除、修改、增加、干扰，造成计算机信息系统不能正常运行，后果严重的，处五年以下有期徒刑或者拘役；后果特别严重的，处五年以上有期徒刑。

违反国家规定，对计算机信息系统中存储、处理或者传输的数据和应用程序进行删除、修改、增加的操作，后果严重的，依照前款的规定处罚。

故意制作、传播计算机病毒等破坏性程序，影响计算机系统正常运行，后果严重的，依照第一款的规定处罚。

单位犯前三款罪的，对单位判处罚金，并对其直接负责的主管人员和其他直接责任人员，依照第一款的规定处罚。

2.《最高人民法院、最高人民检察院关于办理环境污染刑事案件适用法律若干问题的解释》（2016年12月23日　法释〔2016〕29号）

第十条　违反国家规定，针对环境质量监测系统实施下列行为，或者强令、指使、授意他人实施下列行为的，应当依照刑法第二百八十六条的规定，以破坏计算机信息系统罪论处：

（一）修改参数或者监测数据的；

（二）干扰采样，致使监测数据严重失真的；

（三）其他破坏环境质量监测系统的行为。

重点排污单位篡改、伪造自动监测数据或者干扰自动监测设施，排放化学需氧量、氨氮、二氧化硫、氮氧化物等污染物，同时构成污染环境罪和破坏计算机信息系统罪的，依照处罚较重的规定定罪处罚。

从事环境监测设施维护、运营的人员实施或者参与实施篡改、伪造自动监测数据、干扰自动监测设施、破坏环境质量监测系统等行为的，应当从重处罚。

3.《最高人民法院、最高人民检察院关于办理危害计算机信息系统安全刑事案件应用法律若干问题的解释》(2011年8月1日　法释〔2011〕19号)

第十一条　本解释所称“计算机信息系统”和“计算机系统”,是指具备自动处理数据功能的系统,包括计算机、网络设备、通信设备、自动化控制设备等。

本解释所称“身份认证信息”,是指用于确认用户在计算机信息系统上操作权限的数据,包括账号、口令、密码、数字证书等。

本解释所称“经济损失”,包括危害计算机信息系统犯罪行为给用户直接造成的经济损失,以及用户为恢复数据、功能而支出的必要费用。

陕西省西安市中级人民法院刑事判决书

（2016）陕01刑初233号

公诉机关：陕西省西安市人民检察院。

被告人：李森，男，1978年12月13日出生于陕西省西安市，汉族，研究生文化，捕前系西安市环境保护局长安分局环境监测站站长，户籍地西安市长安区。2016年3月23日因本案被取保候审，同年3月28日因涉嫌犯破坏计算机信息系统罪被刑事拘留，同年4月29日被逮捕。现羁押于西安市看守所。

被告人：何利民，男，1966年6月16日出生于陕西省西安市，汉族，大学文化，捕前系西安市环境保护局长安分局局长，住西安市长安区。2016年3月28日因涉嫌犯破坏计算机信息系统罪被刑事拘留，同年4月29日被逮捕。现羁押于西安市看守所。

被告人：张锋勃，男，1982年5月24日出生于陕西省西安市，汉族，大学文化，捕前系西安市环境保护局长安分局环境监测站副站长，住西安市长安区。2016年3月30日因涉嫌犯破坏计算机信息系统罪被刑事拘留，同年4月29日被逮捕。现羁押于西安市看守所。

被告人：张楠，男，1989年2月7日出生于陕西省西安市，汉族，大专文化，捕前系西安市环境保护局长安分局环境监测站聘用人员，住西安市长安区。2016年3月23日因本案被取保候审，同年3月28日因涉嫌犯破坏计算机信息系统罪被刑事拘留，同年4月29日被逮捕。现羁押于西安市看守所。

被告人：张肖，男，1987年10月5日出生于陕西省西安市，汉族，初中文化，捕前系西安市环境保护局长安分局环境监测站聘用人员，住西安市长安区。2016年3月23日因本案被取保候审，同年3月28日因涉嫌犯破坏计算机信息系统罪被刑事拘留，同年4月29日被逮捕。现羁押于西安市看守所。

西安市人民检察院以西检诉一刑诉〔2016〕156号起诉书指控被告人李森、何利民、张锋勃、张楠、张肖犯破坏计算机信息系统罪，于2016年9月1日向本院提起公诉。本院依法组成合议庭，于2017年4月27日依法公开开庭审理了本案。西安市人民检察院指派检察员李宝玲、代检察员贾少勋出庭支持公诉，被告人李森及其辩护人杨娟娟、李宏良,被告人何利民及其辩护人苗长青、王小莉,被告人张锋勃及其辩护人徐茜、彭明彪,被告人张楠及其辩护人李冯军、李美荣,被告人张肖及其辩护人宋炬、郑西波到庭参加了诉讼。现已审理终结。

西安市人民检察院指控:西安市长安区环境空气自动监测站(以下简称长安子站)系国家环境保护部确定的西安市13个国控空气站点之一,通过环境空气质量自动监测系统采集、处理监测数据,并将数据每小时传输发送至中国环境监测总站,一方面通过网站实时向社会公布,另一方面用于编制全国环境空气质量状况月报、季报和年报,向全国发布。且长安子站为全市两个国家直管监测子站之一,由中国环境监测总站委托武汉宇虹环保产业股份有限公司进行运行维护,不经允许,非运维方工作人员不得擅自进入。

2016年2月4日,长安子站回迁至西安市长安区西安邮电大学南区动力大楼房顶。被告人李森利用协助子站搬迁之机私自截留子站钥匙并偷记子站监控电脑密码,此后至2016年3月6日间,在被告人何利民的授意、指使下,被告人李森、张锋勃多次潜入长安子站内,利用棉纱堵塞采样器的方法,干扰子站内环境空气质量自动监测系统的数据采集功能,被告人李森还多次指使被告人张楠、张肖采用上述方法对子站自动监测系统进行干扰,造成该站自动监测数据多次出现异常,影响了国家环境空气质量自动监测系统正常运行。为防止罪行败露,2016年3月7日、3月9日,在被告人李森的指使下,被告人张楠、张肖两次潜入长安子站内将监控视频删除。

针对上述指控,检察机关提供了受案材料及侦破经过、现场勘查笔录及照片、刑事科学技术鉴定书及专家意见、搜查、提取笔录及扣押物品清单、辨认笔录及照片、视听资料、物证、书证、证人证言、被告人的供述及辩解等证据。

检察机关认为,被告人李森、何利民、张锋勃、张楠、张肖违反国家规定,干扰国家环境空气质量自动监测系统正常运行,其行为已触犯《中华人民共和国刑法》第二百八十六条之规定,应以破坏计算机信息系统罪追究五被告人的刑事责任。

被告人李森在庭审中承认指控属实。其辩护人提出:1. 李森等人堵塞采样器的行为,没有违反国家规定,不具有破坏计算机信息系统罪的违法性要件;2. 李森等人用棉纱堵塞采样器的行为,仅干扰了数据分析器的数据,而对采集器的采集、分析、传输等内在功能没有影响和破坏,进而对计算机信息系统也没有影响和破坏;3. 本案后果未达到严重后果。请求宣告李森无罪。

被告人何利民在庭审中辩解称其对李森堵塞采样器的行为仅是默许、放任。其辩护人提出:1. 现有证据无法证明本案造成了严重后果,指控被告人犯罪不成立;2. 何利民未授意、指使李森、张锋勃堵塞采样器,现有证据亦不足以充分指控何利民授意、指使他人堵塞采样器。请求宣告何利民无罪。

被告人张锋勃在庭审中承认指控属实。其辩护人提出:1. 张锋勃实施堵塞采样器的行为并非《刑法》所规定的破坏计算机信息系统犯罪行为;2. 现有证据不足以证明张锋勃堵塞采样器的行为造成了《刑法》所规定的严重后果;3. 张锋勃具有自首情节。请求宣告张锋勃无罪。

被告人张楠在庭审中承认指控属实。其辩护人提出:1. 指控张楠犯破坏计算机信息系统罪后果严重不成立;2. 张楠主观上对自己的行为后果认识不明确,不具有犯罪故意;3. 张楠受李森指使,不得不听从李森安排堵塞采样器。请求宣告张楠无罪。

被告人张肖在庭审中承认指控属实。其辩护人提出:1. 张肖的行为不属于实施了破坏计算机信息系统功能的行为;2. 张肖的行为未造成严重后果;3. 张肖无破坏计算机信息系统犯罪的主观故意;4. 张肖有坦白情节。请求宣告张肖无罪。

经审理查明,西安市长安区环境空气自动监测站(以下简称长安子站)系国家环境保护部(以下简称环保部)确定的西安市 13 个国控空气站点之一,通过环境空气质量自动监测系统采集、处理监测数据,并将数据每小时传输发送至中国环境监测总站(以下简称监测总站),一方面通过网站实时向社会公布,另一方面用于编制全国环境空气质量状况月报、季报和年报,向全国发布。长安子站为全市两个国家直管监测子站之一,由监测总站委托武汉宇虹环保产业股份有限公司(以下简称宇虹公司)进行运行维护,不经允许,非运维方工作人员不得擅自进入。

2016 年 2 月 4 日,长安子站回迁至西安市长安区西安邮电大学南区动力大楼房顶。被告人李森利用协助子站搬迁之机私自截留子站钥匙并偷记子站监控电脑密码,此后至 2016 年 3 月 6 日,在被告人何利民的授意、指使下,被告人李森、张锋勃多次进入长安子站内,用棉纱堵塞采样器的方法,干扰子站内环境空气质量自动监测系统的数据采集功能。被告人李森还多次指使被告人张楠、张肖采用上述方法对子站自动监测系统进行干扰,造成该站自动监测数据多次出现异常,多个时间段内监测数据严重失真,影响了国家环境空气质量自动监测系统正常运行。为防止罪行败露,2016 年 3 月 7 日、3 月 9 日,在被告人李森的指使下,被告人张楠、张肖两次进入长安子站将监控视频删除。2016 年 2 月、3 月,长安子站每小时的监测数据已实时传输发送至监测总站,通过网站向社会公布,并用于环保部编制 2016 年 2 月、3 月和第一季度全国 74 个城市空气质量状况评价、排名。2016 年 3 月 5 日,监测总站在例行数据审核时发现长安子站数据明显偏低,检查时发现了长安子站监测数据弄虚作假问题,后公安机关将被告人李森、何利民、张楠、张肖、张锋勃抓获到案。

上述事实,有经公诉机关当庭出示,并经法庭质证、认证的下列证据予以证明:

1. 环保部办公厅出具的《关于西安市长安区子站环境空气自动监测数据弄虚作假行为案发经过的证明材料》、西安市公安局受案登记表证明:2016 年 3 月 5 日,监测总站在例行数据审核时发现长安子站当日 PM10 数据明显偏低。即要求负责该点位运维的宇虹公司现场检查仪器。3 月 6 日,宇虹公司对长安子站进行颗粒物流量检查,发现仪器正常,但是在采样口内部有纱布堵塞采样口进气孔,属人为阻塞。同时发现有非运维人员在未经许可的情况下进入站房。3 月 11 日,监测司派员会同监测总站组织专家赴西安对国控环境空气质量自动监测站点进行检查。检查发现,长安子站存在以下主要问题:(1)3 月 9 日 15 时以前的监控视频录像被人为删除;(2)监控视频录像显示,3 月 9 日 15 时左右非子站运维人员进入站房,操作了监控视频录像的控制计算机。2016 年 3 月 21 日,公安部指定西安市公安局受理此案。

2. 西安市公安局出具的到案经过证明:2016 年 3 月 21 日,西安市公安局环境犯罪侦查支队受理西安市国控空气监测子站空气采样器被人为堵塞一案,接案后即开始侦查。3 月 22 日上午,在西安市西影路陕西省环境监测总站会议室,环保部调查组向李森、张楠、张肖 3 人了解堵塞采样器情况时,支队民警将三人以涉嫌犯环境监管失职罪拘传,3 月 23 日对三人取保候审,同日上午,民警电话联系何利民协助调查,何利民按照电话约定时间到西安市公安局接受询问,询问结束后即离开。3 月 28 日下午,民警电话通知李森、何利民、张楠、张肖于 17 时前到西安市公安局雁塔分局办案中心接受讯问,四人到达后即下达传唤证。3 月 30 日上午,民警赴环保长安分局将张锋勃口头传唤至西安市公安局雁塔分局办案中心接受讯问,到达后即下达传唤证。

3. 长安子站监控视频及录像截图照片证明:(1)2016 年 2 月 5 日至 3 月 6 日期间,李森 12 次拆卸或堵塞长安子站采样器干扰采样,张锋勃、张楠、张肖拆卸或堵塞采样器干扰采样次数分别为 4 次、4 次、8 次,上述照片均经各被告人指认。(2)2016 年 3 月 6 日,姜某、陈某对长安子站进行检查时发现 PM10 和 PM2.5 采样器内有棉纱堵塞,经李森指认系其当日用纱布堵塞的采样器。

4. 监测总站出具的《关于西安市国控空气站点“长安区”子站颗粒物监测数据异常情况的函》证明,国控空气站点监测数据可以通过系统软件实现一点多发、实时传输的功能,即每小时同时发送给地级市监测站、省级监测站和环境监测总站。发送至监测总站的监测数据保存在数据库中,这些数据一方面通过网站实时向社会公布,保证公众具有知情权;另一方面,用于编制全国环境空气质量状况月报、季报和年报,经环保部审批后,向全国发布。长安子站空气质量监测的小时浓度均值数据已经通过互联网实时发布。长安子站2016年3月31日以前的监测数据，均已用于西安市环境空气质量状况评价，发布在1～3月月报中，也已用于2016年全国空气质量1～3月月度及一季度排名中。经该站对西安市国控环境空气质量自动监测站点（以下简称国控空气站）长安子站颗粒物（PM2.5和PM10）监测数据异常情况进行分析，发现2016年以来，长安子站颗粒物监测数据多次出现与周边子站变化趋势不符的现象。长安子站PM2.5数据异常时段有2月24日18时至25日16时、3月3日4时至6日19时，PM10数据异常时段有2月18日18时至19日8时、2月25日20时至21日8时、3月5日19时至6日23时。其中，关于PM10的数据，3月5日19时至22时长安子站监测数值由361下降至213，下降了41%，其他子站均值升高了14%（由316上升至361）。6日16时至17时长安子站数值由188上升至426，升高了127%，其他子站均值变化不大（由318降至310）。6日17时至19时长安子站数值由426下降至309，下降了27%，其他子站均值变化不大（由310降至304）。6日19时至23时长安子站数值由309上升至328，略升了6%，其他子站均值上升了13%（由304上升至342）。

5. 环保部办公厅出具的《关于西安环境监测数据造假行为危害后果的说明》证明：国控环境空气质量自动监测站点产生的监测数据经过系统软件直接传输到监测总站，通过环保部和监测总站的政府网站实时向社会公布，参与计算环境空气质量指数并实时发布，保障公众对所在区域的环境空气质量的知情权，向公众提供健康指引；国控空气站监测数据参与所在城市环境空气质量月均浓度、季均浓度、半年浓度和年均浓度的计算，经审核后用于评价所在城市的空气质量现状，编制全国环境空气质量状况月报、季报和年报，经环保部审批后，向全社会发布，为地方政府评估环境空气质量状况、制定下一阶段环境政策提供重要依据；为推动环境空气质量改善，国家开展全国地级及以上城市环境空气质量的月度、季度、半年度、年度排名和考核，各省（区、市）对本行政区域内城市和区县空气质量进行排名和考核，使用的数据也源于国控空气站的监测结果。客观准确的环境空气质量监测数据是评价环境质量现状、公正考核地方空气质量治理效果和改善程度的依据，是环境管理决策的基础和保障，是满足公众环境知情权和监督权的前提。篡改或伪造监测数据，是《环境保护法》和《大气污染防治法》所严格禁止的，具有严重的社会危害后果。一是危害社会公众健康。二是严重影响全国大气环境治理情况评估，影响公正性。长安子站空气自动监测数据造假，用造假监测数据的手段虚拟优良天数，已造成国家对全国重点城市大气质量评价与排名，陕西省对省内各城市的评价与排名，以及西安市各区县考核评估等工作的失真，直接影响考核的客观性和公正性。环保部在2016年2月、3月和第一季度的全国74个重点城市空气质量排名工作中已采信这些虚假数据,已向社会公布并上报国务院。三是损害了政府公信力。长安子站环境监测数据造假,侵害公众依法享有的环境知情权,同时造成监测数据和客观环境状态、群众的真实感知严重不匹配,损害了政府公信力。四是误导环境决策,严重影响地方政府治理污染措施的力度。

6. 其他书证证明:(1)监测总站出具的长安子站空气质量监测六项数据表证明:长安子站空气质量自动监测系统每小时实时发布监测数据并上传至监测总站,2016年2月5日至3月6日西安市长安区环境空气质量六项监测指标小时均值数据均已对外公布。(2)监测总站出具的《全国和京津冀、长三角、珠三角区域及直辖市、省会城市和计划单列市空气质量报告》证明:西安市空气质量纳入74个城市空气质量状况评价、排名,其中PM2.5、PM10月均浓度均纳入排名,上述报告公布在监测总站网站上。(3)《自动站日常运行管理办法》证明:未经许可任何非有关工作人员不得进入监测站站房内部。(4)西安市环境保护局长安分局出具的书证证明:何利民原任西安市环境保护局长安分局局长、党组书记;李森原任环境监测站站长;张锋勃原任环境监测站副站长;张楠、张肖为环境监测站临时工。

7. 现场勘验检查笔录、照片证明:现场位于长安区西安邮电大学动力大楼二层及房顶。二层可见一简易板房,室内可见大量电子仪器。室内房顶西南角可见一监控探头。该简易板房楼顶西北角可见一监控探头,该监控探头南侧可见一带有"THERMO"字样的空气检测设备,该设备东侧可见一带有"THERMO"字样的空气检测设备。

8. 搜查笔录、扣押决定书证明:2016年3月23日,侦查人员在李森办公桌抽屉内发现五个被剪裁过的口罩,扣押损坏的口罩5个、未开封口罩5个、黑柄钥匙2把。

9. 辨认笔录及照片证明:陈某从12把钥匙中辨认出其中一把钥匙是从李森办公室扣押的长安子站的站房大门钥匙,姜某、张肖、李森也辨认出上述钥匙。

10. 证人证言

(1)证人陈某(系宇虹公司运维工程师)证明:2016年3月6日中午,他和工作人员去长安子站检查发现长安子站的采样器切割器内三个孔都被纱布堵住了,遂现场拍照,并把纱布取出来,后进入站内发现视频记录已被删除。

(2)证人沈某(系宇虹公司办公室副主任)证明:他公司受监测总站的委托对下属各直管站进行运维。监测总站自2015年1月以来对长安子站进行直管,要求只有运维人员才能进入子站对子站以及采样器进行维护和清洗,他们告知过李森,只有他们才能进入子站维护和清洗。3月6日中午工作人员发现长安子站的采样器被纱布堵塞,进入站内发现视频记录被删除。

(3)证人姜某(系宇虹公司工作人员)证明:2016年2月18日他去运维时发现有人用纱布把长安子站采样器的三个孔堵住了,他就把纱布取出来,通知李森并进行了警告。3月6日12时许,他接到公司驻监测总站的电话,说监测总站发现长安子站数据偏低,要求负责运维的工作人员到现场检查。13时30分许,他和陈某到长安子站,经过检查发现仪器工作正常无报警。二人随后检查发现PM2.5和PM10的采样器内三个圆柱孔均被白色纱布堵塞。他拿着被堵塞的两个采样器让陈某用手机拍了照片,他取出里面6片白色纱布,将采样器装回原位。后把情况报告了监测总站。3月7日下午,环保部人员和他、陈某去了长安子站,发现监控视频被删除。除了运维人员以外,其他人必须经过监测总站的同意才可以进入子站。

(4)证人李某(系西安市环保局长安分局纪检组组长)证明:公安人员搜查李森办公室后,听何利民说有人用剪刀剪了一片东西把仪器的感应头堵塞了,公安人员在李森的办公室发现了剩余的口罩。

(5)证人王某证明:他公司于2016年2月初建成长安子站活动板房,完工后李森就让人到现场把全部钥匙取走了。

(6)证人张某(系李森之妻)证明:李森告诉她领导说数据太高让李森处理,李森说给仪器上面放层薄纱数据就会降低。她经常听到何利民给李森打电话说数据的问题。农历2015年大年三十晚上,他们全家在一起吃年夜饭,何利民给李森打电话,说数据高让去处理下,说了很久,二人吵了起来。2016年2月11日(正月初四),李森接到何利民电话,何利民说数据太高让李森去处理,李森就走了。

11.被告人供述

(1)被告人李森的供述证明:他自2014年至案发在环保长安分局环境监测站任站长。何利民经常给他施加压力,让他降低长安子站的监测数据,经常给他打电话,或者把他叫到办公室问子站监测数据情况,数值高就让他想办法降低。降数据要靠长期治理环境,但是效果慢,而且也不一定有效果,让他搞鬼就会取得立竿见影的成效,所以何利民不断让他想办法降数据。他唯一的办法就是堵采样器,他就将堵采样器的办法向何利民汇报了,何利民默许了。2015年4月,因为何利民长期给他施加压力,他就去楼顶把采样器卸下来,照了一张照片,将采样器装上,将照片拿给何利民看,并告诉何利民怎样堵采样器就能把数据降下来,何利民默许了。2016年1月张锋勃打电话给他说,何利民让张锋勃降低数据,问他怎样降低数据,他就发短信说用棉花堵住。之后张锋勃发微信说已经堵好了,并把堵过的采样器照片发给他。他就给何利民发短信说堵好了,数据马上会降低,何利民说"好"。农历2015年除夕23时许,何利民给他打了半个多小时电话,都是让他将数值往下降的话题,他说没有好的办法,何利民听不进去。2月19日他多次去堵采样器,因为手机上都安装着可以看即时数据的软件,第一次去是数据高,何利民让他去堵,过几个小时看数据低,就把堵的东西拿走,过几个小时高了再去堵,反复的去堵和拿,就是为了保持长安的数据和西安平均数据相同。2 月 20 日,他在高速路上正开车,何利民又打了十几分钟的电话,还是让将数值往下降的话题。2 月中下旬,他又堵了七八次采样器。3 月 6 日 9 时许他通过手机软件看到长安的 PM10 浓度较高,他把张肖叫到办公室,给了张肖他事先用口罩剪的纱布,让去把采样器堵上。3 月 6 日他安排张肖用纱布堵塞采样器影响数据后,他去查看采样器,发现纱布不见了,担心是宇虹公司运维时发现了他们用纱布堵塞采样器,3 月 7 日和 9 日两次安排张楠把监测站室内和室外的监控录像删除,掩盖他们用纱布堵塞采样器的事实。

(2)被告人何利民的供述证明:他自 2013 年 7 月至案发任西安市环保局长安分局局长、党组书记。2014 年 1 月,长安分局的环境监测站升为国家级监测子站以后,就不由他们管理。2015 年 12 月的一天,因为指数高,他与李森进行电话和短信交流,内容是他让李森想办法把指数降下来,李森给他说已把大气采样器都堵塞了,指数再不降也没有办法了。他用手机软件看到李森堵塞采样器之后,经过一到两个小时数值就降下来了。他明知李森他们有可能会采用人为堵塞大气采样器的方式,迅速将数值降下来,没有明确指示,只是要求李森把空气污染数值降下来。

(3)被告人张锋勃的供述证明:2016 年年初的一天,何利民给他说数据太高让他想办法去处理,他就给李森打电话告诉此事,李森就发短信给他说让他用其办公室的纱布把采样器堵上。另一次是 2016 年 2 月 11 日李森给他打电话说接何利民的指示,让他去把采样器处理下,他只堵了一个孔,把堵后的采样器拍照用微信传给李森。他于 2016 年 2 月 11 日 15 时 11 分和 2 月 17 日 18 时 44 分两次给采样器里放纱布,2 月 17 日 19 时 8 分、2 月 20 日 13 时 20 分两次从采样器里把纱布取出来。

(4)被告人张楠的供述证明:2014 年 5 月他以临聘身份进入西安市环境保护局长安分局监测站担任采样工作。两三个月以后李森把他带到子站放仪器的房子里,给他演示如何打开采样器,怎样用口罩的纱堵采样器里的三个小孔。李森还在分局楼顶的子站里教他如何堵采样器。他问李森为什么要堵采样器,李森说是为了完成良好天数的任务,还说何利民也要求完成良好天数的任务。数据在采样器堵了以后会有明显的下降。2016 年 2 月 23 日李森让他去位于邮电大学的长安子站把采样器堵上,大概过了一个小时又让他把纱布取出来。2 月 27 日李森让他去子站把采样器堵上,大概过了一个小时又让他把纱布取出来。2 月 28 日李森让他去子站把采样器里的纱布取出来。3 月 7 日 10 时左右,李森给他打电话让去李森办公室,去了以后李森让他去子站删除视频并告诉了他监控电脑的密码。他找到张肖说李森叫他去子站删视频，二人就一块开车过去了。到了子站机房，张肖用钥匙打开门，二人进到机房里面，他就把硬盘录像机格式化了，完成后和张肖离开。3月9日李森再次叫他去子站删除视频，他还是叫张肖开车，和上次一样，删除了全部视频。

(5)被告人张肖的供述证明：李森之前给他说过采样器的构造，说把纱布塞进小孔就行了。他到长安子站堵采样器或者取出采样器的纱布，都是李森安排他干的。李森每次去之前都给他准备好纱布，并说“你去给咱把采样器一堵，现在的数据有点高，堵了以后数据就低了”，他就去堵了。李森看数据高就会让他去堵，数据低就让他去把纱布取出来。

对被告人何利民的辩解及各辩护人的辩护意见，综合评判如下：

各被告人的行为违反了国家规定。《环境保护法》第六十八条规定禁止篡改、伪造或者指使篡改、伪造监测数据，《大气污染防治法》第一百二十六条规定禁止对大气环境保护监督管理工作弄虚作假，《计算机信息系统安全保护条例》第七条规定不得危害计算机信息系统的安全，均规定“构成犯罪的，依法追究刑事责任”。可见，《环境保护法》《大气污染防治法》《计算机信息系统安全保护条例》保护监测数据的真实性和计算机信息系统的安全性不受侵害。本案五被告人采取堵塞采样器的方法伪造或者指使伪造监测数据，弄虚作假，危害了计算机信息系统的安全，违反了上述国家规定。

各被告人的行为破坏了计算机信息系统。《最高人民法院、最高人民检察院关于办理危害计算机信息系统安全刑事案件应用法律若干问题的解释》第十一条规定，计算机信息系统和计算机系统，是指具备自动处理数据功能的系统，包括计算机、网络设备、通信设备、自动化控制设备等。长安子站系国控环境空气质量自动监测站点，产生的监测数据经过系统软件直接传输至监测总站，通过环保部和监测总站的政府网站实时向社会公布，参与计算环境空气质量指数并实时发布。空气采样器是环境空气质量监测系统的重要组成部分。PM10、PM2.5监测数据作为环境空气综合污染指数评估中的最重要两项指标，被告人用棉纱堵塞采样器的采样孔或拆卸采样器的行为，必然造成采样器内部气流场的改变，造成监测数据失真，影响对环境空气质量的正确评估。因此，被告人的行为破坏了计算机信息系统功能，造成计算机信息系统不能客观反映真实空气质量状况后果。

各被告人的行为造成了严重后果。(1)被告人李森、张锋勃、张楠、张肖均多次堵塞、拆卸采样器干扰采样，被告人何利民授意、指使被告人李森干扰采样降低监测数据。(2)被告人的干扰行为造成了监测数据的显著异常。2016年2月至3月，长安子站颗粒物监测数据多次出现与周边子站变化趋势不符的现象。长安子站

PM2.5数据分别在2月24日18时至25日16时、3月3日4时至6日19时两个时段内异常,PM10数据分别在2月18日18时至19日8时、2月25日20时至21日8时、3月5日19时至6日23时三个时段内异常。其中,长安子站的PM10数据在2016年3月5日19时至22时由361下降至213,下降了41%,其他周边子站均值升高了14%(由316上升至361),6日16时至17时长安子站监测数值由188上升至426,升高了127%,其他子站均值变化不大(由318降至310),6日17时至19时长安子站数值由426下降至309,下降了27%,其他子站均值变化不大(由310降至304)。可见,被告人堵塞采样器的行为足以造成监测数据的严重失真。上述数据的严重失真,与监测总站在例行数据审核时发现长安子站PM10数据明显偏低可以印证。(3)失真的监测数据已实时发送至监测总站,并向社会公布。长安子站空气质量监测的小时浓度均值数据已经通过互联网实时发布。(4)失真的监测数据已被用于编制环境评价的月报、季报。环保部在2016年2月、3月及第一季度的全国74个重点城市空气质量排名工作中已采信上述虚假数据,已向社会公布并上报国务院。综上可见,被告人多次干扰采样,足以造成监测数据的严重失真,并且已经造成了特定时间段内监测数据严重失真的后果。长安子站作为长安区唯一国控子站,失真的监测数据作为评价长安区空气质量状况的重要数据已实时发送至监测总站,并向社会公布,且用于月报、季报,影响全国大气环境治理情况评估,影响公正性,损害了政府公信力,可以误导环境决策,影响地方政府治理污染措施的力度,因此,被告人实施干扰采样的行为造成了严重后果,符合《刑法》第二百八十六条规定的"后果严重"要件。

各被告人系共同犯罪,均系主犯。(1)被告人何利民对被告人李森有授意、指使行为。被告人李森、张楠均供述何利民授意、指使李森采取手段降低监测数据,证人张某亦证明何利民打电话、发短信要求李森去长安子站处理数据,被告人何利民在立案侦查后及庭审中亦供述其明知李森用棉纱堵塞采样器后还要求李森采取手段迅速降低监测数据,可见时为长安分局局长的被告人何利民明知在通过正常途径无法在短时间内降低监测数据的情况下仍授意、指使李森降低监测数据。(2)被告人张楠、张肖在侦查期间的供述及被告人李森供述均证明张楠、张肖明知用棉纱堵塞采样器可以在短时间内降低监测数据,在本案指控的时间段之前已采取过类似行为,仍多次拆卸、堵塞采样器干扰采样,意图是明显的,二人对自己行为的后果主观上明知,具有共同犯罪的故意。(3)被告人李森多次实施并指使他人多次实施干扰采样行为,被告人何利民授意和指使李森实施干扰采样行为,被告人张锋勃、张楠、张肖均多次、独立实施了干扰采样行为,均系主犯。五名被告人系共同犯罪,其中被告人李森、何利民对全案负责,被告人张锋勃、张楠、张肖对各自实施的行为负责,应根据五被告人在共同犯罪中所处地位、所起作用予以相应惩处。

各被告人不构成自首。在案证据证明2016年3月21日公安部指定西安市公安局受理本案时已掌握何利民指使李森通过堵塞采样器的方法降低空气监测数据,李森指使张肖堵塞采样器,指使张楠删除监控视频,3月23日对李森、张楠、张肖采取了取保候审措施,其后,随着侦查活动的深入,分别传唤了何利民、李森、张楠、张肖、张锋勃并刑事拘留,五被告人在公安机关已掌握其基本犯罪事实前无投案的主动性和自愿性,不构成自首。五被告人到案后均如实供述了自己的基本犯罪事实,有悔罪表现,其行为构成坦白,依法可以从轻处罚。

庭审中,被告人何利民辩护人为证明李森等人堵塞采样器没有造成严重后果,何利民等人的行为不构成犯罪,提交了其所在律师事务所委托西安市环境保护局、环境监测站作出的《评估函》,西安市环境保护局、环境监测站指出:(1)被告人干扰采样器的特定时间内的监测数据失真不会使西安市的整体环境空气质量的评价加重一个级别;(2)对3月6日的数据仅使评价由中度加重为重度,但同期政府已经发布了黄色应急响应紧急通知,没有影响政府采取相应的应急预案。经审查认为:(1)辩护人所提交的证据主要证明被告人的行为对同期西安市整体环境空气质量的影响,与被告人的行为是否造成长安子站监测数据严重失真,造成严重后果是不同的概念,其所提交的证据无法否认被告人堵塞采样器的行为造成了长安子站监测数据严重失真造成严重后果;(2)长安子站作为长安区唯一的国控子站,其监测数据是长安区区域空气质量的重要反映,其数据的真实性应当得到保障,不容侵害。国家环境空气质量监测系统是通过一个个子站的监测系统发挥作用,不因其中每一个子站监测数据评价的区域面积较小而否定子站的价值,不因长安子站的监测数据对评价西安市整体空气质量状况没有决定性的影响而否定长安子站真实监测数据的重要性。辩护人所提"不会使西安市的整体环境空气质量的评价加重一个级别,对3月6日的数据仅使评价由中度加重为重度,但同期政府已经发布了黄色应急响应紧急通知,没有影响政府采取相应的应急预案",无法否定被告人行为对长安子站的影响。辩护人所提交证据证明目的不成立,依法不予采纳。

本院认为,被告人李森、张锋勃、张楠、张肖违反国家规定,针对环境质量监测系统多次实施干扰采样的行为,被告人何利民授意、指使李森干扰采样,五被告人的行为致使监测数据严重失真,失真的监测数据已实时发送至监测总站并向社会公布,已用于环保部编制环境质量评价的月报、季报,环保部亦在2016年2月、3月和第一季度的全国74个重点城市空气质量排名中采信上述虚假数据,已向社会公布并上报国务院,影响全国大气环境治理情况评估,影响公正性,损害了政府公信力,五被告人的犯罪行为造成严重后果,均构成破坏计算机信息系统罪。西安市人民检察院指控被告人李森、何利民、张锋勃、张楠、张肖犯破坏计算机信息系统罪的犯罪事实成立,罪名及适用法律正确,应予支持。对五被告人的犯罪行为应依法予以惩处,鉴于五被告人到案后均能坦白认罪,有悔罪表现,依法可以从轻处罚。根据五被告人犯罪的事实、犯罪的性质、情节和对于社会的危害程度,依照《中华人民共和国刑法》第二百八十六条第一款,第二十五条第一款,第二十六条第一、四款,第四十七条,第六十一条,第六十七条第三款及《最高人民法院、最高人民检察院关于办理环境污染刑事案件适用法律若干问题的解释》第十条第一款第(二)项之规定,判决如下:

一、被告人李森犯破坏计算机信息系统罪,判处有期徒刑一年又十个月(刑期从判决执行之日起计算。判决执行以前先行羁押的,羁押一日折抵刑期一日,即自2016年3月28日起至2018年1月27日止)。

二、被告人何利民犯破坏计算机信息系统罪,判处有期徒刑一年又七个月(刑期从判决执行之日起计算。判决执行以前先行羁押的,羁押一日折抵刑期一日,即自2016年3月28日起至2017年10月27日止)。

三、被告人张锋勃犯破坏计算机信息系统罪,判处有期徒刑一年又四个月(刑期从判决执行之日起计算。判决执行以前先行羁押的,羁押一日折抵刑期一日,即自2016年3月30日起至2017年7月29日止)。

四、被告人张楠犯破坏计算机信息系统罪,判处有期徒刑一年又三个月(刑期从判决执行之日起计算。判决执行以前先行羁押的,羁押一日折抵刑期一日,即自2016年3月28日起至2017年6月27日止)。

五、被告人张肖犯破坏计算机信息系统罪,判处有期徒刑一年又三个月(刑期从判决执行之日起计算。判决执行以前先行羁押的,羁押一日折抵刑期一日,即自2016年3月28日起至2017年6月27日止)。

如不服本判决,可在接到判决书的第二日起十日内,通过本院或直接向陕西省高级人民法院提出上诉。书面上诉的,应当提交上诉状正本一份,副本三份。

审 判 长 张燕萍
审 判 员 骆成兴
代理审判员 袁 兵
二〇一七年六月十五日
书 记 员 杨萌颖
袁 楠

指导案例105号《洪小强、洪礼沃、洪清泉、李志荣开设赌场案》的理解与参照

——利用微信群控制管理,持续组织他人赌博构成开设赌场罪

2018年12月25日,最高人民法院发布了第20批指导性案例,包括第102号至第106号共5件指导性案例,总结了审判实践中某些普遍的疑难复杂法律适用问题,有利于进一步明确裁判规则,统一司法尺度。其中,第105号指导案例为《洪小强、洪礼沃、洪清泉、李志荣开设赌场案》。为了正确理解和准确参照适用该指导案例,现对该指导案例的选编过程、裁判要点、参照适用等有关情况予以解释和说明。

一、选编过程及指导意义

江西省高级人民法院向案例指导工作办公室推荐该案例作为备选指导性案例。案例指导工作办公室经过初审认为,该案例基本符合指导性案例要求,并提交研究室室务会讨论。2017年11月30日,研究室室务会经讨论,同意推荐该案例,并建议征求刑三庭等有关单位意见。2018年7月3日,该案例经最高人民法院刑专会第313次会议讨论,同意作为指导性案例。12月25日,最高人民法院以法〔2018〕347号文件将该案例编入第20批指导性案例予以发布。

二、关于本案例的相关情况

(一)基本案情

2016年2月14日,被告人李志荣、洪礼沃、洪清泉伙同洪某1、洪某2(均在逃)以福建省南安市英都镇阀门基地旁一出租房为据点(后搬至福建省南安市英都镇环江路大众电器城五楼的套房),雇用洪某3等人,运用智能手机、电脑等设备建立微信群[群昵称为"寻龙诀",经多次更名后为"(新)九八届同学聊天"]拉拢赌客进行网络赌博。洪某1、洪某2作为发起人和出资人,负责幕后管理整个团伙;被告人李志荣主要负责财务、维护赌博软件;被告人洪礼沃主要负责后勤;被告人洪清泉

主要负责处理与赌客的纠纷;被告人洪小强为出资人,介绍了陈某某等赌客加入微信群进行赌博。该微信赌博群将启动资金人民币300000元分成100份资金股,并另设10份技术股。其中,被告人洪小强占资金股6股,被告人洪礼沃、洪清泉各占技术股4股,被告人李志荣占技术股2股。

参赌人员加入微信群,通过微信或支付宝将赌资转至庄家(昵称为“白龙账房”“青龙账房”)的微信或者支付宝账号计入分值(一元相当于一分)后,根据“PC蛋蛋”等竞猜游戏网站的开奖结果,以押大小、单双等方式在群内投注赌博。该赌博群24小时运转,每局参赌人员数十人,每日赌注累计达数十万元。截至案发时,该团伙共接受赌资累计达3237300元。赌博群运行期间共分红2次,其中被告人洪小强分得人民币36000元,被告人李志荣分得人民币6000元,被告人洪礼沃分得人民币12000元,被告人洪清泉分得人民币12000元。

(二)裁判结果

江西省赣州市章贡区人民法院于2017年3月27日作出(2016)赣0702刑初367号刑事判决,认定:(1)被告人洪小强犯开设赌场罪,判处有期徒刑四年,并处罚金人民币五万元。(2)被告人洪礼沃犯开设赌场罪,判处有期徒刑四年,并处罚金人民币五万元。(3)被告人洪清泉犯开设赌场罪,判处有期徒刑四年,并处罚金人民币五万元。(4)被告人李志荣犯开设赌场罪,判处有期徒刑四年,并处罚金人民币五万元。(5)将四被告人所退缴的违法所得共计人民币66000元以及随案移送的6部手机、1台笔记本电脑、3台台式电脑主机等供犯罪所用的物品,依法予以没收,上缴国库。

宣判后,四被告人均未提出上诉,判决已发生法律效力。

(三)典型意义

现代科学技术的长足发展,在为公众日常生活带来便利与乐趣的同时,其“双刃剑”效应日渐凸显,给违法犯罪提供了新的空间。一些犯罪分子利用科学技术实现了手段翻新、行为异化和危害性升级。作为网络通信技术和电子金融支付手段发展的产物,微信是腾讯公司于2011年推出的一个为智能终端提供即时通讯服务的社交软件程序,具有聊天、语音、视频、支付、消费和各种服务的功能。截至2018年9月,微信的月活跃用户达到10.82亿。[①] 最高人民法院将洪小强等人开设赌场案作为指导性案例发布,对于统一刑法理论和实务界的认知,指导办案机关正确办理类似案件,消除同案不同判现象具有重要意义;同时,也有利于发挥司法裁判引

---

① 《微信发布〈2018微信年度数据报告〉》,载http://www.sohu.com/a/287739536-353760,访问日期:2019年1月9日。

领作用,教育公众遵纪守法和净化社会风气,健全微信平台监管法律体系。

本案的争议在于定性问题。梳理刑法理论界与实务界的观点,可以归纳为两种意见:

第一种观点认为:不宜将微信群解释为开设赌场罪中的赌场和司法解释规定的赌博网站。赌博网站是面向不特定多数公众人群,只要通过互联网平台就能访问进入该网站;而微信群"一是建立极为便利,无任何成本,且随时可以解散,因而被告人对于该微信群的控制程度,与被告人对店铺、店面等实体赌博场所的控制程度并不相同;二是通过微信群聚集参赌人员,并未对社会不特定公众开放,具有一定程度的封闭性,他人亦无法通过网络搜索该群组并径自加入。"①

第二种观点认为:可以将微信群认定为赌场。如被告人并非单纯组织他人参与赌博,而是以营利为目的,以"庄家"的身份设定赌博规则、提供网络赌博场所,并利用微信群进行控制管理,在一段时间内持续组织他人参与网络赌博活动,这种行为与传统有形的赌场罪并无本质差异。如阮方民教授认为:"赌场是一个有着特定空间的可以供多人聚集在一起进行赌博活动的场所。这个场所可以解释为一个网站,也可以解释为一个微信群,当然还可以解释成其他网络虚拟空间里可以供多人聚集在一起进行赌博的网络平台。"

结合洪小强、洪礼沃、洪清泉、李志荣开设赌场案的各项案件事实,最终法院采纳第二种意见,以开设赌场罪对被告人定罪量刑。

三、裁判要点的理解与说明

该指导案例的裁判要点确认:以营利为目的,通过邀请人员加入微信群的方式招揽赌客,根据竞猜游戏网站的开奖结果等方式进行赌博,设定赌博规则,利用微信群进行控制管理,在一段时间内持续组织网络赌博活动的,属于《刑法》第三百零三条第二款规定的"开设赌场"。

现围绕与该裁判要点相关的问题逐一解释和说明如下:

(一)微信赌博群在特定条件下应解释为赌场

传统的赌博场所一般是私人住宅、宾馆酒店等物理空间,随着信息网络技术的发展,网络虚拟空间逐渐成为刑法意义上"场所"的一部分。② 2005年《最高人民法院、最高人民检察院关于办理赌博刑事案件具体应用法律若干问题的解释》(以下

---

① 张建、俞小海:《建立微信群组织他人抢红包的行为应定为赌博罪》,载《中国检察官》2016年第9期。

② 周立波:《建立微信群组织他人抢红包赌博的定性分析》,载《华东政法大学学报》2017年第3期。

简称《解释》)及2010年《最高人民法院、最高人民检察院、公安部关于办理网络赌博犯罪案件适用法律若干问题的意见》(以下简称《意见》)均对“赌场”进行了解释,《解释》将“在计算机网络上建立赌博网站,或者为赌博网站担任代理,接受投注的”解释为开设赌场行为;《意见》进一步明确:“利用互联网、移动通讯终端等传输赌博视频、数据,组织赌博活动”,具有“建立赌博网站并接受投注的;建立赌博网站并提供给他人组织赌博的;为赌博网站担任代理并接受投注的;参与赌博网站利润分成的”之一的,属于开设赌场行为。但由于微信是2011年产生的新型事物,晚于《解释》和《意见》的出台时间,对于微信赌博构成赌博罪抑或开设赌场罪,无法根据立法及相关司法解释直接得出结论。结合本案的具体情形分析如下:

第一,在特定情况下将微信群认定为赌场符合概念发展趋势。《刑法》中的概念用语不是僵化不变的,当规范条文不足以满足规制变动不居的社会现实之需时,就应根据规范精神,结合社会情势和社会需要进行合理解释,以填充规范漏洞或空白。《解释》先将“赌场”从有形的实体赌场先扩大至计算机网络上的赌博网站,《意见》后又扩大为利用互联网、移动通讯终端的行为,“赌场”的范围不断扩大,既包括有形的物理空间,也包括虚拟的网络空间。之所以该两文件未明确微信群属于赌场,是因微信这一新生事物的产生较晚,尚未被纳入司法解释和规范性文件中,而并非该两文件有意将微信群排斥在赌场之外。

第二,在特定情况下将相应微信群认定为赌场具有必要性。有人认为,将微信赌博行为认定为聚众赌博,以赌博罪定罪量刑,既足以进行定罪处罚,又可避免认定为开设赌场而产生违反罪刑法定之诟病。笔者认为,开设赌场与聚众赌博的差异,决定了将利用微信群赌博认定为开设赌场罪具有必要性。从形式上看,聚众赌博和开设赌场都具有聚众性,但前者具有临时性、短暂性,后者具有连续性、稳定性;前者通常只是行为人实施召集、组织、聚集人员赌博等行为,对赌博场所、赌博规则及赌博活动等不具备控制性,而后者则对整个赌博活动进行控制或支配[①]。上述差异决定了赌博罪不能完全涵摄特定情形下的微信赌博行为,更何况,微信赌博具有新型网络赌博行为的特点:犯罪成本低、隐蔽性强、传播速度快、流动性大、迷惑性强、影响面广,相比传统赌博活动,摆脱了对时间、空间、场所和服务人员的依赖,[②]在侦查、处罚、预防上难度更大。因此,在符合开设赌场罪相关要件的情况下,将相应微信群解释为赌场具有处罚上的合理性和必要性。

---

① 宗凤月:《新型社交网络赌博犯罪的进化——以“微信红包”变相赌博为例》,载《犯罪研究》2016年第5期。

② 宗凤月:《新型社交网络赌博犯罪的进化——以“微信红包”变相赌博为例》,载《犯罪研究》2016年第5期。

第三，在特定情况下将相应微信群认定为赌场不违反国民预测可能性。《意见》第一条已经明确“利用互联网、移动通讯终端等传输赌博视频、数据，组织赌博活动”属于开设赌场行为，“移动通讯终端”实际上可以囊括以手机为载体的微信平台，将利用移动通讯终端传输赌博数据等的微信赌博群认定为赌场，未超出法律法规规定的内容。此外，只要严格把握将微信群赌博认定为开设赌场罪的要件，将亲友同事之间偶尔在微信群里发红包的娱乐行为和轻微的赌博行为与开设赌场行为区别开来，也不会违反普通民众的预测可能性。

（二）将微信赌博行为认定为开设赌场的条件

开设赌场罪是《刑法修正案（六）》从赌博罪中分立出来的罪名，其与赌博罪中的聚众赌博行为在主观营利目的、行为方式上既有相似性又有差异性，相似性表现在两种行为均具有营利目的，根据一定规则得出的胜负结果具有随机性和偶然性，符合赌博的行为特征，且两种行为均表现为纠集多人进行赌博。从某种程度而言，开设赌场就是一种聚众赌博的行为。但是，刑法将开设赌场罪从赌博罪中分立出来，并设置了较赌博罪更低的入罪门槛（《解释》和《意见》分别明确了赌博罪的定罪数额标准以及开设赌场罪的加重量刑标准，但未规定开设赌场罪的定罪数额，换言之，开设赌场罪为行为犯），和更高的法定刑（赌博罪的最高法定刑为三年有期徒刑，开设赌场罪的最高法定刑为十年有期徒刑）。这意味着立法者认为开设赌场罪的社会危害性与非难性均高于赌博罪。因此，微信群赌博认定为开设赌场罪必须谨慎，不能将所有微信群赌博的行为均认定为开设赌场罪，只有在微信群符合下列条件的情况下才能认定为赌场：

1. 控制性。控制性是开设赌场区别于聚众赌博的关键特征。① 聚众赌博往往是临时纠合人员和选择场地，对参赌人员和赌博场所控制性较弱；开设赌场在选定赌博场所、制定赌博规则、管理参赌人员上具有较强的支配性和控制性。微信群虽为虚拟空间，但为参赌人员提供了赌博平台，其建立极为便利、随时可以解散并不能证明控制程度弱，反而在管理参赌人员、贯彻赌博规则和逃避侦查打击上更灵活便利。本案中，被告人洪小强等人虽未开设有形赌场，也未为赌场提供物质筹码、赌具等，但雇佣他人运用智能手机、电脑等设备建立微信赌博群，并通过设置赌博规则运营赌场，如有赌客不遵守既定规则，则会被移出微信群。四被告人通过对群内赌博活动的严格控制及管理，使赌博活动长期稳定持续下去。

2. 组织性。开设赌场罪中，赌场内部组织结构完整，行为人之间分工明确，有确

---

① 宗凤月：《新型社交网络赌博犯罪的进化——以“微信红包”变相赌博为例》，载《犯罪研究》2016年第5期。

定的上下级关系,建立了经营制度、财务管理制度等。在本案中,四被告人分工合作经营微信赌博,有作为出资的股东,有负责微信赌博群财务及维护赌博软件的、有负责后勤的还有负责处理与赌客纠纷的,另外还雇用他人在群内接受赌客投注、统计赌博输赢等,各被告人与雇员之间建立了完善的团队管理制度,开设赌场的行为组织性较为明显。

3. 持续性。聚众赌博一般是间歇式、偶发式的赌博活动,且具有临时性、短暂性的特点,一次聚众赌博结束后,下一次赌博又要再次组织。开设赌场在运营时间上则具有持续性的特点,赌博活动可以在赌场中稳定持续地开展。本案中,被告人洪小强等人从建立微信群至案发有三个多月的时间,且赌博群每日 24 小时不间断运转,赌客可以随时在群内投注赌博,具有持续性和稳定性的特征。

4. 开放性。聚众赌博的规模一般较小,组织者通常利用自己的人际关系在小范围内组织他人赌博,对参赌者人数并没有追求,甚至大部分聚众赌博排斥陌生人的加入,具有封闭性特征。开设赌场具有一定的规模,能吸引不特定多数人前来参赌,具有开放性特征。本案中,群内参赌人员不仅包括各被告人邀请的好友,还包括这些好友所邀请的其他对象,并不局限在特定人员之中,参赌人员范围不是特定和封闭的,群成员最高时接近 500 人,具有明显的开放性特征。

综上所述,只有在微信群具备控制性、组织性、持续性、开放性条件下,才能认为其具备与有形物理空间的赌场相同的属性。以营利为目的,通过邀请人员加入微信群的方式招揽赌客,根据竞猜游戏网站的开奖结果等方式进行赌博,设定赌博规则,利用微信群进行控制管理,在一段时间内持续组织网络赌博活动的,属于《刑法》第三百零三条第二款规定的“开设赌场”。当微信群不具有上述四个特征时,即使在微信群中进行赌博行为,也不能认定为开设赌场罪,而宜视案情认定为聚众赌博或纯属娱乐行为。

(执笔人:江西省赣州市章贡区人民法院　杨菲

江西省高级人民法院　汤媛媛

最高人民法院案例指导工作办公室　马蓓蓓)

指导案例 105 号　洪小强、洪礼沃、洪清泉、李志荣开设赌场案

最高人民法院案例指导工作办公室编选人:马蓓蓓

1. 案例推荐单位:江西省高级人民法院

2. 案例编写人:江西省高级人民法院　汤媛媛、江西省赣州市章贡区人民法院　杨菲

3. 案件裁判法院:江西省赣州市章贡区人民法院(一审)

4. 案件承办人：杨菲（一审）

相关规定

1.《中华人民共和国刑法》（2020 年 12 月 26 日修正）

第三百零三条　以营利为目的，聚众赌博或者以赌博为业的，处三年以下有期徒刑、拘役或者管制，并处罚金。

开设赌场的，处五年以下有期徒刑、拘役或者管制，并处罚金；情节严重的，处五年以上十年以下有期徒刑，并处罚金。

组织中华人民共和国公民参与国（境）外赌博，数额巨大或者有其他严重情节的，依照前款的规定处罚。

2.《最高人民法院、最高人民检察院、公安部关于办理网络赌博犯罪案件适用法律若干问题的意见》（2010 年 8 月 31 日　公通字〔2010〕40 号）

一、关于网上开设赌场犯罪的定罪量刑标准

利用互联网、移动通讯终端等传输赌博视频、数据，组织赌博活动，具有下列情形之一的，属于刑法第三百零三条第二款规定的"开设赌场"行为：

（一）建立赌博网站并接受投注的；

（二）建立赌博网站并提供给他人组织赌博的；

（三）为赌博网站担任代理并接受投注的；

（四）参与赌博网站利润分成的。

江西省赣州市章贡区人民法院刑事判决书

(2016)赣0702刑初367号

公诉机关:赣州市章贡区人民检察院。

被告人:洪小强,男,1983年9月出生于福建省。曾因犯故意伤害罪,于2003年12月7日被福建省南安市人民法院判处有期徒刑一年,2004年11月5日刑满释放。现因涉嫌犯开设赌场罪,于2016年5月31日被刑事拘留,同年7月8日被逮捕。现羁押于赣州市看守所。

辩护人:廖美兴,江西创兴律师事务所律师。

被告人:洪礼沃,男,1983年12月出生于福建省。曾因犯故意伤害罪,于2003年12月7日被福建省南安市人民法院判处有期徒刑一年。现因涉嫌犯开设赌场罪,于2016年5月31日被刑事拘留,同年7月8日被逮捕。现羁押于赣州市看守所。

辩护人:申德萍,江西冠城律师事务所律师。

被告人:洪清泉,男,1991年1月出生于福建省。因涉嫌犯开设赌场罪,于2016年5月31日被刑事拘留,同年7月8日被逮捕。现羁押于赣州市看守所。

辩护人:卢婷,江西冠城律师事务所律师。

被告人:李志荣,男,1994年6月出生于福建省。因涉嫌犯开设赌场罪,于2016年5月31日被刑事拘留,同年7月8日被逮捕。现羁押于赣州市看守所。

辩护人:卢普寅,江西章贡律师事务所律师。

赣州市章贡区人民检察院以赣章检刑诉〔2016〕328号起诉书指控被告人洪小强、洪礼沃、洪清泉、李志荣犯开设赌场罪,于2016年12月1日向本院提起公诉。本院依法组成合议庭,公开开庭审理了本案。赣州市章贡区人民检察院指派代检察员黄秋芳出庭支持公诉。被告人洪小强、洪礼沃、洪清泉、李志荣及辩护人廖美兴、申德萍、卢婷、卢普寅到庭参加诉讼。现已审理终结。

赣州市章贡区人民检察院指控,2016年2月14日,被告人李志荣、洪礼沃、洪清泉伙同洪某1(在逃)、洪某2(在逃)以福建省南安市英都镇出租房为据点,招聘工作人员洪某3等人,运用智能手机等移动通讯终端建立微信群(群昵称为“寻龙诀”,一个月后更名为“九八届同学聊天”)拉拢赌客进行网络赌博。洪某1、洪某2为该赌博团伙的发起人和出资人,负责幕后管理其他团伙成员;李志荣在该团伙负责财务、记账、维护赌博软件等技术工作;洪礼沃负责后勤工作、处理与赌客的纠纷等工作;洪清泉负责操作赌博软件、处理与赌客的纠纷等工作;洪小强为洪礼沃介绍参与进来的出资股东,在赣州市拉拢、介绍了陈某某、曾某某等多名赣州赌客进入该微信群进行赌博,且洪小强本人在赣州市生活、居住期间也多次参与该微信群的赌博。洪某3等人为该团伙雇用人员,负责操作赌博软件和用手机在微信群里与赌客进行沟通、互动。该赌博微信群将投入的资金人民币300000元分成100份资金股,并另设10股为技术股。洪小强支付了人民币18000元购买赌博软件占资金股6股,洪礼沃和洪清泉各占技术股4股,李志荣占技术股2股。

参赌人员加入微信群后,通过微信或支付宝将钱转给庄家(共6个庄家账号,微信昵称分别为“白龙账房”“青龙账房”“红龙账房”“金龙封盘器”“九八管理”“神龙”)计入分值并以分数在微信群内下注,根据公布的赌博结果定输赢。该微信群以每5分钟一局24小时运转进行赌博,每局参赌人员数十人,每日赌注累计达数十万元。至案发时,该犯罪团伙共获利人民币2173300元,分红2次,其中洪小强共分得人民币36000元,李志荣分得人民币6000元,洪礼沃分得人民币12000元,洪清泉分得人民币12000元。

2016年5月30日,公安人员在福建省南安市仑苍镇奶茶店将被告人李志荣抓获,在福建省南安市英都镇小吃店将被告人洪礼沃抓获,在英都镇环江路大众电器城五楼套房内将正在操作电脑赌博系统和手机的被告人洪清泉等人抓获,在赣州市经济技术开发区客家大道钢材大市场内将被告人洪小强抓获。

公诉机关认为,被告人洪小强、洪礼沃、洪清泉、李志荣以营利为目的,开设赌场,情节严重,其行为均已构成开设赌场罪。

针对上述指控,公诉机关向法庭提交了下列证据:1. 证人证言;2. 勘验、检查工作记录;3. 书证等其他证据材料;4. 被告人的供述和辩解;5. 视听资料。

被告人洪小强对起诉书指控其犯开设赌场罪的事实及罪名不持异议,且自愿认罪。

辩护人廖美兴提出的辩护意见是:1. 被告人洪小强系从犯;2. 起诉书认定的非法获利金额中,存在有部分资金是赌客转给庄家计入分值但未参与下注的情况;3. 被告人洪小强自愿认罪,且愿意退赃。

被告人洪礼沃对起诉书指控其犯开设赌场罪的罪名不持异议,但辩解称:1. 其不负责处理与赌客的纠纷;2. 起诉书认定的非法获利金额偏高。

辩护人申德萍提出的辩护意见是:1. 不能仅凭银行卡交易流水清单认定本案犯

罪金额,应由有资质的机构出具的鉴定意见予以认定;2. 被告人洪礼沃系从犯;3. 被告人洪礼沃具有坦白情节,且愿意退赃。

被告人洪清泉对起诉书指控其犯开设赌场罪的事实及罪名不持异议,且自愿认罪。

辩护人卢婷提出的辩护意见是:1. 被告人洪清泉系从犯;2. 本案的获利金额并未查明;3. 被告人洪清泉系初犯,且认罪态度较好。

被告人李志荣对起诉书指控其犯开设赌场罪的罪名不持异议,但辩解称起诉书认定的非法获利金额偏高。

辩护人卢普寅提出的辩护意见是:1. 被告人李志荣系从犯;2. 对起诉书认定的非法获利金额存在异议;3. 被告人李志荣没有前科劣迹,且自愿认罪。

经审理查明:2016 年 2 月 14 日,被告人李志荣、洪礼沃、洪清泉伙同洪某 1、洪某 2(均在逃)以福建省南安市英都镇阀门基地旁一出租房为据点(后搬至福建省南安市英都镇环江路大众电器城五楼的套房),雇用洪某 3 等人,运用智能手机、电脑等设备建立微信群[群昵称为“寻龙诀”,经多次更名后为“(新)九八届同学聊天”]拉拢赌客进行网络赌博。洪某 1、洪某 2 作为发起人和出资人,负责幕后管理整个团伙;被告人李志荣主要负责财务、维护赌博软件;被告人洪礼沃主要负责后勤;被告人洪清泉主要负责处理与赌客的纠纷;被告人洪小强为被告人洪礼沃介绍参与进来的出资股东,被告人洪小强在赣州市介绍了陈某某等赌客在章贡区加入微信群进行赌博。该微信赌博群将启动资金人民币 300000 元分成 100 份资金股,并另设 10 份技术股。其中,被告人洪小强占资金股 6 股,被告人洪礼沃、洪清泉各占技术股 4 股,被告人李志荣占技术股 2 股。

参赌人员加入微信群,通过微信或支付宝将赌资转至庄家(昵称为“白龙账房”“青龙账房”)的微信或者支付宝账号计入分值(一元相当于一分)后,根据“PC 蛋蛋”网站的开奖结果,以押大小、单双等方式在群内投注赌博。该赌博群 24 小时运转,每局参赌人员数十人,每日赌注累计达数十万元。截至案发时,该团伙共接受赌客赌资累计达 3237300 元。赌博群运行期间共分红 2 次,其中被告人洪小强分得人民币 36000 元,被告人李志荣分得人民币 6000 元,被告人洪礼沃分得人民币 12000 元,被告人洪清泉分得人民币 12000 元。

2016 年 5 月 30 日,公安民警在福建省南安市仑苍镇奶茶店将被告人李志荣抓获;在福建省南安市英都镇小吃店将被告人洪礼沃抓获;在英都镇环江路大众电器城五楼套房内将被告人洪清泉抓获;在赣州钢材大市场将被告人洪小强抓获。

上述事实,有公诉机关提供,且经当庭举证、质证的下列证据证实:

1. 证人洪某 3 的证言证实,他和洪清泉是初中同学,2016 年 1 月,洪清泉介绍他在名为“九八届同学聊天”微信赌博群做记账员。微信群中的赌客通过微信或者支付宝把赌资打到昵称为“青龙账号、白龙账号”的微信或者支付宝账号后，他们将赌客的赌资换算成分（一元相当于一分），之后，赌客用分值在群内下注，他们以“PC28 蛋蛋”的开奖结果作为赌博结果，并通过软件计算出赌客的输赢。如果赌客不想玩了，庄家会帮赌客下分，并将分值转换成钱打回给赌客。该群用于接收赌客赌资的两个账号分别是以洪礼沃、洪清泉的身份证开通。在他们这个团伙中，洪某1 的话语权最大，其次是洪某2。

2. 证人魏某某的证言证实，他经朋友介绍在名为“寻龙诀”的微信赌博群做录单工作，后群更名为“（新）九八届同学聊天”。在这个团伙中，洪礼沃负责做饭，洪清泉负责跟玩家做解释工作，李志荣负责财务，洪某3、吴某某负责记账，周某某和他一样负责录单。这个赌博群的运作流程是赌客通过微信或者支付宝打钱给庄家（微信名分别为“青龙、白龙”等）后上分（一元相当于一分），并生成一个账单，之后赌客在微信群以买大小、单双等方式下注，开奖结果出来后，庄家会把账单信息发到群里，赌客就能知道自己是否猜中。如果赌客不想玩了，庄家会帮他们下分，并将分值转换成钱打回给赌客。赌博群庄家微信及支付宝账号的取现和充值等都是李志荣在操作。

3. 证人周某某的证言证实，李志荣介绍他到“九八届同学聊天”微信赌博群做录单工作，在这个团伙中，洪礼沃负责做饭，洪清泉负责电脑后台管理及答复赌客咨询的问题，李志荣负责记账等，洪某3 和吴某某负责记账，魏某某跟他一样负责录单。赌博群中的参赌人员通过微信、支付宝将钱汇至昵称为“青龙账房或白龙账房”微信或支付宝上用于下注，录单员按一比一的比例把钱折算成分数，统计到软件中。开奖结果出来后，软件会计算出赌客输赢情况。参赌人员不想继续赌的话，他们会通过“青龙账房或白龙账房”将赌客的分值转成钱打回给赌客。

4. 证人吴某某的证言证实，他经洪清泉介绍给微信名为“九八届同学”的赌博群做记账工作，这个群有400 余人，李志荣负责发工资，洪礼沃负责做饭，洪清泉负责管理。赌客将钱汇至昵称为“青龙账房或者白龙账房”的微信或者支付宝后，通过猜数字大小或单双等方式下注，开奖结果会在“加拿大 28”的网上公布。

5. 证人陈某某的证言及支付宝账单截图证实，2016 年 3 月中旬，洪小强将他拉进名为“九八届同学聊天”的微信赌博群，当时群里大概有 300 人。他通过微信红包或者支付宝将钱打给庄家（昵称为“青龙账房或者白龙账房”）上分后，通过押大小、单双等方式在群内赌博。

6. 证人曾某某的证言证实，2016 年 3 月 30 日，他让洪小强把他拉进了名叫“九八届同学聊天”的微信赌博群，并通过微信或者支付宝转账的方式，将钱打给庄家上分后,利用分值在群内押大小、单双等进行赌博。

7. 搜查笔录、扣押决定书、扣押清单、扣押笔录及刑事摄影照片证实,2016年5月30日,公安民警依法搜查了被告人洪礼沃等人位于福建省南安市英都镇环江路大众电器城五楼的赌博窝点,扣押了3台台式电脑主机、1台笔记本电脑、6部手机、10本账本等物品。在抓获被告人李志荣时,从其身上扣押了6张银行卡。

8. 现场勘验检查工作记录、现场方位示意图证实,现场位于福建省南安市英都镇环江路大众电器城五楼套房内,公安机关对现场进行勘验检查情况。

9. 微信聊天截图证实,在"九八届同学聊天"微信群内,"青龙账房、金龙封盘器"发布开奖信息、赌客输赢账单以及部分赌客在群内下注等的情况。

10. 银行卡交易流水清单证实,账户名为洪礼沃,尾号为8205的招商银行卡向账户名为李志荣,尾号为0074的建设银行卡转账存入55笔,共计人民币2133300元。账户名为洪清泉,尾号为2435的招商银行卡向账户名为李志荣,尾号为0074的建设银行卡转账存入26笔,共计人民币1104000元。

11. 账本证实,被告人洪礼沃等人统计微信赌博群参赌人员输赢的记录情况。

12. 辨认笔录证实,被告人洪小强对被告人洪礼沃进行了辨认。

13. 户籍证明证实,被告人洪小强、洪礼沃、洪清泉、李志荣作案时均已满十八周岁。

14. 刑事判决书及刑满释放证明证实,被告人洪小强因犯故意伤害罪,于2003年12月7日被福建省南安市人民法院判处有期徒刑一年,2004年11月5日刑满释放。被告人洪礼沃因犯故意伤害罪,于2003年12月7日被福建省南安市人民法院判处有期徒刑一年。

15. 抓获经过证实,2016年5月30日,赣州市公安局直属分局的民警在当地公安机关的配合下在福建省南安市仑苍镇奶茶店将被告人李志荣抓获;在福建省南安市英都镇小吃店门口将被告人洪礼沃抓获;在福建省南安市英都镇环江路大众电器城五楼套房内将被告人洪清泉抓获。同日19时许,公安民警在赣州钢材大市场将被告人洪小强抓获。

16. 被告人洪小强在侦查期间的供述证实,2015年年底,洪礼沃邀请他入股微信赌博群,他通过支付宝转账18000元给对方作为入股资金。之后,洪礼沃拉他进了名叫"九八同学群"的微信群,他在群内通过猜单双等方式赌过一段时间,输了几千元。他还拉了陈某某等人进这个群赌博。2016年3月左右,洪礼沃转了18000元作为其入股的分红,4月初,洪礼沃又转给他18000元的红利。另外,他们还建立一个股东群,里面有二三十个人。

17. 被告人洪礼沃在侦查期间的供述证实,2016年1月初,洪某1邀他建立微信赌博群,并出钱让其租房子和购买设备。他在一个叫“晨晨”的人手上购买了“PC蛋蛋”的软件,用于定时开奖。因他不会使用该软件,“晨晨”向他推荐了李志荣,并要求给予李每个月6000元的工资外加2份技术股。在征得洪某1同意后,李志荣作为他们中的一员负责微信赌博群的软件以及财物管理。之后,洪清泉也加入了他们,主要负责微信群的管理,另外还聘请了洪某3等人负责赌客下注的记录、记账。大年初六左右,他们在阀门基地的办公室建立了群名为“寻龙诀”的微信群从事赌博活动,经过几次更名,最新的群昵称叫“(新)九八同学聊天”。这个群的运作方式是参赌人员通过微信或者支付宝以转账的方式将下注的钱汇到昵称为“白龙账房”或“青龙账房”的微信号或者支付宝账号上,“PC蛋蛋”开奖结果出来后,群内的管理人员根据下注情况进行结算。上述两个账号分别绑定了户名是他和洪清泉的招商银行卡,用于收取赌客的赌资,这两张招商银行卡都由李志荣使用。另外,这个赌博群的启动资金是30万元,因前期租房和购买设备投入了1.8万元(实际是洪小强支付),他直接让李志荣以他的名义记账入股,分红之后,他再将钱转给洪小强。他和李志荣、洪清泉另占了10份技术股。截至案发时,他们一共分过两次红,第一次是入股资金返还,第二次他分得12000元。他们还建了一个股东微信群,里面大概有30个人,洪小强也在群里。李志荣会定期在股东群发布赌博群的盈亏情况和日常开支等。

18. 被告人洪清泉在侦查期间的供述证实,他们的微信赌博群开设时间是2016年2月14日,群昵称最早叫“寻龙诀”,经过几次变更后改名为“(新)九八同学群”。洪某1和洪某2负责组织股东参股、管理他们这个团伙等,李志荣负责管账等,洪礼沃负责内勤等,洪某3等人负责操作系统,他负责处理与微信赌客的纠纷。他们是以“北京PC蛋蛋”的开奖结果作为赌客竞猜的结果,赌客通过微信或者支付宝转账至昵称为“白龙账号或青龙账号”的微信或者支付宝后下注。这两个账号分别绑定了他和洪礼沃的招商银行卡,用于收取赌客的赌资,两张银行卡一直都在李志荣身上。微信赌博群的启动资金是30万元,分成100份资金股,他知道的股东就有洪某1、洪某2、洪小强等人,另外加10份技术股,分别由他和洪礼沃、李志荣占有。截至案发时,该群共分过两次红,第一次是退还本金30万元,第二次他分得12000元。

19. 被告人李志荣在侦查期间的供述证实,2016年2月12日,洪某1邀他建一个赌博微信群。同年2月14日,在南安市英都镇阀门基地旁的一栋民房内,他和洪某1、洪礼沃以及洪清泉商量建立赌博微信群事宜。赌博群最开始运作时总资金是30万元,分成了100份资金股(包括洪某1、洪某2在内共有20多名股东),另加10份技术股(他占2股,洪礼沃、洪清泉各占4股)。他们微信赌博群的昵称叫“九八届同学聊天”,该群由赌客、“青龙账房、白龙账房、金龙封盘器”等管理人员以及群主“神龙”组成。“青龙账房”和“白龙账房”捆绑软件后负责上分(将赌客以微信或支付宝的方式转入的钱计入分值,一分代表一元钱)、下分(将赌客的钱转回给对方)以及发布开奖之后的账单,金龙封盘器捆绑软件后直接发布开奖结果和封盘信息。他们是以“PC蛋蛋”或者“加拿大夜场”开奖结果为基准,以押大小、单双、组合等方式下注。赌博群设立后不久,他们搬到了英都镇龙江路口大众电器城五楼,并将此处作为赌博窝点。在窝点内,他负责管理赌博群的账目等;洪礼沃负责做饭等;洪清泉负责处理微信群中赌客的各种问题等;洪某3、周某某等人仅是打工的,负责录单等。赌博群一共分过两次红,第一次是发还本金。第二次他分得6000元。另外,昵称叫“青龙账房、白龙账房”的微信及支付宝账号分别绑定了洪清泉、洪礼沃的招商银行卡(这两张卡一直由他使用),用来收取赌客转入的赌资,赚到一定数额后,他会把这两张卡内的钱转入账户名为他本人的建设银行卡内,到案发时,他估计该群赚了约150万元。

以上证据,来源合法,内容客观真实,证据之间能够相互关联、相互印证,形成一个完整的证明体系,足以认定上述事实,本院对上述证据予以采信。关于被告人洪礼沃提出其不负责处理与赌客纠纷的辩解意见,与审理查明的事实、证据相符,故对这一辩解意见,本院予以采纳。

关于公诉机关指控该犯罪团伙获利共计人民币2173300元的意见,公诉机关向法庭提交了被告人供述、证人证言以及账户名为洪礼沃、洪清泉、李志荣的银行卡交易流水清单等证据,欲证实获利金额是被告人李志荣将用于收取赌客赌资的账户名为洪礼沃、洪清泉的两张招商银行卡的资金转入账户名为其本人的建设银行卡的总额,扣除上述建设银行卡存入上述两张招商银行卡用于返还赌客剩余赌资或者盈利的资金后计算得出的结果。而被告人李志荣的供述及其建设银行卡的交易流水清单还证实其曾将赌客剩余赌资或者盈利直接汇入赌客银行卡的情况,且上述证据还无法排除获利金额中可能存在赌客将赌资汇入庄家账号计入分值后还未下注的情况。因此,现有证据无法形成一个完整的证明体系,不足以证实该犯罪团伙获利共计人民币2173300元的事实,对公诉机关指控的这一获利金额,本院不予支持。对被告人洪礼沃、李志荣以及辩护人廖美兴、卢婷、卢普寅就此提出的辩解、辩护意见,本院予以采纳。

关于辩护人申德萍提出不能仅凭银行卡交易流水清单认定本案犯罪金额,应由有资质的机构出具的鉴定意见予以认定的辩护意见,本院认为,有资质的机构出具的鉴定意见一般是针对案件中遇到的专门性问题,通过鉴别和判断后作出的书面意见。就本案而言,有被告人供述、证人证言、银行卡交易流水清单等证据相互印证,足可以证实账户名为洪礼沃、洪清泉的两张招商银行卡转账存入账号名为李志荣的建设银行卡的资金共计人民币3237300元系赌客用于赌博的赌资,故对上述辩护意见,本院不予采纳。

本院认为,被告人洪小强、洪礼沃、洪清泉、李志荣开设和经营赌场,情节严重,其行为均已构成开设赌场罪,应依法惩处。公诉机关指控被告人洪小强、洪礼沃、洪清泉、李志荣犯开设赌场罪的罪名成立。在共同犯罪中,四被告人分工不同,但作用和地位基本相当,不宜区分主从犯,对四辩护人分别提出的四被告人系从犯的辩护意见,本院不予采纳。被告人洪小强、洪礼沃、洪清泉、李志荣当庭自愿认罪,且主动退还部分赃款,可以酌情从轻处罚。据此,依照《中华人民共和国刑法》第三百零三条第二款、第二十五条第一款之规定,判决如下:

一、被告人洪小强犯开设赌场罪,判处有期徒刑四年,并处罚金人民币五万元。

(刑期从判决执行之日起计算。判决执行以前先行羁押的,羁押一日折抵刑期一日。即自2016年5月31日起至2020年5月30日止。罚金已缴清。)

二、被告人洪礼沃犯开设赌场罪,判处有期徒刑四年,并处罚金人民币五万元。

(刑期从判决执行之日起计算。判决执行以前先行羁押的,羁押一日折抵刑期一日。即自2016年5月31日起至2020年5月30日止。罚金已缴清。)

三、被告人洪清泉犯开设赌场罪,判处有期徒刑四年,并处罚金人民币五万元。

(刑期从判决执行之日起计算。判决执行以前先行羁押的,羁押一日折抵刑期一日。即自2016年5月31日起至2020年5月30日止。罚金已缴清。)

四、被告人李志荣犯开设赌场罪,判处有期徒刑四年,并处罚金人民币五万元。

(刑期从判决执行之日起计算。判决执行以前先行羁押的,羁押一日折抵刑期一日。即自2016年5月31日起至2020年5月30日止。罚金已缴清。)

五、将四被告人所退缴的违法所得共计人民币66000元以及随案移送的6部手机、1台笔记本电脑、3台台式电脑主机等供犯罪所用的物品,依法予以没收,上缴国库。

如不服本判决,可在接到判决书的第二日起十日内,通过本院或者直接向江西省赣州市中级人民法院提出上诉。书面上诉的,应当提交上诉状正本一份,副本三份。

审 判 长　杨　菲
人民陪审员　宋征鑫
人民陪审员　蔡　慧
二〇一七年三月二十七日
代 书 记 员　张荻琳

指导案例106号《谢检军、高垒、高尔樵、杨泽彬开设赌场案》的理解与参照

——以微信抢红包形式进行网络赌博的定性

2018年12月25日,最高人民法院发布了第20批指导性案例,包括第102号至第106号共5件指导性案例,总结了审判实践中某些普遍的疑难复杂法律适用问题,有利于进一步明确裁判规则,统一司法尺度。其中,第106号指导案例为《谢检军、高垒、高尔樵、杨泽彬开设赌场案》。为了正确理解和准确参照适用该指导案例,现对该指导案例的选编过程、裁判要点、参照适用等有关情况予以解释和说明。

一、选编过程及指导意义

浙江省高级人民法院向案例指导工作办公室推荐该案例作为备选指导性案例。案例指导工作办公室经过初审认为,该案例基本符合指导性案例要求,并提交研究室室务会讨论。2017年11月30日,研究室室务会经讨论,同意推荐该案例,并建议征求刑三庭等有关单位意见。2018年7月3日,该案例经最高人民法院刑专会第313次会议讨论,同意作为指导性案例。12月25日,最高人民法院以法〔2018〕347号文件将该案例编入第20批指导性案例予以发布。

近年来,利用微信群以抢红包的方式开设赌场的案件屡见不鲜,危害严重。该案旨在明确以营利为目的,通过邀请人员加入微信群的方式招揽赌客,并利用微信群进行控制管理,根据设定的赌博规则,以抢红包方式,在一段时间内持续组织网络赌博活动的行为,属于《刑法》第三百零三条第二款规定的“开设赌场”。将该案例确定为指导性案例,既能指导司法机关依法办理类似案件,也能教育引导社会公众遵纪守法,同时也有助于促进完善网络管理。

二、关于本案例的相关情况

(一)案件基本情况

2015年9月至2015年11月,向某(已判决)在杭州市萧山区活动期间,分别伙同被告人谢检军、高垒、高尔樵、杨泽彬等人,以营利为目的,邀请他人加入其建立的微信群,组织他人在微信群里采用抢红包的方式进行赌博。其间,被告人谢检军、高垒、高尔樵、杨泽彬分别帮助向某在赌博红包群内代发红包,并根据发出赌博红包的个数,从抽头款中分得好处费。

浙江省杭州市萧山区人民法院于2016年11月9日作出(2016)浙0109刑初1736号刑事判决:一、被告人谢检军犯开设赌场罪,判处有期徒刑三年六个月,并处罚金人民币25000元。二、被告人高垒犯开设赌场罪,判处有期徒刑三年三个月,并处罚金人民币20000元。三、被告人高尔樵犯开设赌场罪,判处有期徒刑三年三个月,并处罚金人民币15000元。四、被告人杨泽彬犯开设赌场罪,判处有期徒刑三年,并处罚金人民币10000元。五、随案移送的四被告人犯罪所用工具手机6只予以没收,上缴国库;尚未追回的四被告人犯罪所得赃款,继续予以追缴。宣判后,谢检军、高尔樵、杨泽彬不服,分别向浙江省杭州市中级人民法院提出上诉。浙江省杭州市中级人民法院经审理后认为:原判认定谢检军等四被告人构成开设赌场罪,且系情节严重,定罪正确。本案开设赌场共同犯罪中,谢检军等四被告人均系代包手,作用相对较小,非法获利相对较少,均系从犯,且二审期间杨泽彬的家属又代为退赃,可对被告人谢检军从轻处罚,对被告人高尔樵、杨泽彬、高垒减轻处罚,并于2016年12月29日作出(2016)浙01刑终1143号刑事判决:一、维持杭州市萧山区人民法院(2016)浙0109刑初1736号刑事判决第一项、第二项、第三项、第四项的定罪部分及第五项没收犯罪工具、追缴赃款部分。二、撤销杭州市萧山区人民法院(2016)浙0109刑初1736号刑事判决第一项、第二项、第三项、第四项的量刑部分。三、上诉人(原审被告人)谢检军犯开设赌场罪,判处有期徒刑三年,并处罚金人民币25000元。四、原审被告人高垒犯开设赌场罪,判处有期徒刑二年六个月,并处罚金人民币20000元。五、上诉人(原审被告人)高尔樵犯开设赌场罪,判处有期徒刑二年六个月,并处罚金人民币15000元。六、上诉人(原审被告人)杨泽彬犯开设赌场罪,判处有期徒刑一年六个月,并处罚金人民币10000元。

(二)实践中对认定赌博罪与开设赌场罪的争议

赌博罪,是指以营利为目的聚众赌博或者以赌博为业的行为。而开设赌场罪,是指以营利为目的,经营性地为赌博提供场所,设定赌博方式,提供赌具、筹码、资金等组织赌博的行为。两罪均以营利为目的,均具有一定的组织性,为赌博提供一定的场所、赌具,司法实践中较难区分。

《最高人民法院、最高人民检察院关于办理赌博刑事案件具体应用法律若干问题的解释》第九条规定,不以营利为目的,进行带有少量财物输赢的娱乐活动,以及提供棋牌室等娱乐场所只收取正常的场所和服务费用的经营行为等,不以赌博论处。据此,亲朋好友在日常生活中娱乐性的开展较少金额的抢红包活动,并非构成刑法或行政法意义上的赌博。而本案系由同案人员向某建立微信群,伙同被告人谢检军等人组织他人在微信群内进行赌博,群主向某及代包手谢检军等人均有抽头营利,赌资数额累计116万余元,本案四被告人抽头获利在3万元至18万元不等,应纳入刑法规制的范畴,以赌博类犯罪定罪处罚。本案的争议焦点在于对谢检军等四被告人的定性,一种意见认为构成赌博罪,主要理由是微信群较封闭,且参赌人员需要他人邀请才能加入,从此角度微信群具有相对固定性,规模有限;另一种意见认为构成开设赌场罪,主要理由是以微信红包形式进行网络赌博符合建立赌博网站的特征,组织者对赌场、赌博均有较强的控制性,且本案微信群规模较大,参赌人员大多是抢红包时认识的赌友,并非现实生活中的好友,开放性强。

本案通过明确以营利为目的,通过邀请人员加入微信群,利用微信群进行控制管理,以抢红包方式进行赌博,在一段时间内持续组织赌博活动的行为,属于"开设赌场"的行为,对社会公众明确了行为规则,有利于净化网络空间环境,提升网络空间治理水平。

三、裁判要点的理解与说明

该指导案例的裁判要点确认:以营利为目的,通过邀请人员加入微信群,利用微信群进行控制管理,以抢红包方式进行赌博,在一段时间内持续组织赌博活动的行为,属于《刑法》第三百零三条第二款规定的"开设赌场"。

区分赌博罪和开设赌场罪的关键在于赌博犯罪活动的组织性、开放性和经营性的区别,本案裁判要点也主要是从这三个方面进行说明:

(一)组织性:主要体现为组织者对赌场的管理、控制及赌场规模等方面

赌博犯罪的组织性较弱。赌博犯罪虽也表现为组织、招引他人参加赌博的行为,但对赌博场所的管理较为松散,其组织赌博一般是利用自己的人际关系、人脉资源,侧重点在招引,"呼朋引伴"去赌博,而且赌博时间和场所都具有不确定性,对赌博的时间与空间控制性较弱,随机性较大。而开设赌场犯罪则具有较强的组织性。首先,赌场内有专门人员各司其职,分工明确,组织者并非仅利用自己的人际关系招引参赌对象,更多的人是认知到赌场存在而加入,赌场有一套严密的组织体系和工作制度,组织者对赌博场所管理较为严格;其次,开设赌场的组织者对于赌博

时间和空间具有较强的控制性，赌博场所在其支配之下，通常表现为赌博时间、地点相对固定；最后，开设赌场罪中赌场规模较大，社会公众认知度广。

本案中案涉微信群为赌博活动制定了详细规则，包括拉人入群、分发奖金、抽头方式、为参赌人员垫资和收取群主抽头分成、保管抽头赃款、记账等，群主和代包手的职责分工明确具体，管理严密，对于何时进行赌博、参与赌博人员等均在群主控制和支配范围内，微信群内有七八十或上百人参与赌博，规模较大，显示出严密的组织性。

（二）开放性：主要体现在赌博场所的固定性，参赌人员的流动性等方面

赌博犯罪具有相对封闭性，一是赌博场所不具有固定性，组织者所选定的场所通常仅供一次赌博所用，下次赌博仍需临时选定一个新的场所，正所谓“打一枪换一个地方”；二是参赌成员相对较为固定，局限性较强，外部人员轻易不能加入其中，扩散面小，开放性差，具有较强的隐蔽性。而开设赌场犯罪则具有较强的开放性，一是赌博地点相对固定，以便吸引更多的人加入，这里的相对固定并不是指一成不变，而是随着赌场的发展壮大等进行更换，但赌场通常在一定范围内被相关人员所知悉，自动吸引赌客前来赌博，无须行为人每次赌博前发出赌博邀请；①二是参赌成员流动性较大，每个入群的参赌人员均可邀请他人加入，群内成员彼此之间并不熟识。

本案所组建的微信群系通过网络设立的虚拟空间，具有开放性，参与赌博的人员并非均为向某、谢检军等人原有微信好友，所有入群人员均可邀请他人入群参赌，在案参赌人员亦证实自己可以拉人入群，并根据获利情况领取相应工资，群内100多人大多互不认识。涉案微信群在短时间内人数已扩展至百余人，虽然赌博微信群几经更换，但组织者每次均提前将原群中所有成员拉入新建群，新的微信群在运作过程中也会不断有新人加入，赌博场所不具有隐蔽性和封闭性，而具有开放性特征。

（三）经营性：体现为有明确的目的，较为固定的场所和人员结构等

赌博犯罪的非法收益一般仅通过抽头获取，因其赌博的时间和地点均具有临时性、短暂性，故一般不能从赌博场所本身获取非法经营收益，组织者对整个赌博活动并无详细的筹划和管理等长远打算，经营性特征不明显。而开设赌场犯罪不仅通过组织赌博活动抽头获取非法收益，而且大多还通过提供其他与赌博配套的服务获取经营性收益，赌博的时间和地点均较为固定、持续，赌场内人员分工明确，赌场的开设者和管理者对整个赌博活动有详细的规划和管理，并通过多种方式吸

---

① 李连华、鞠佳佳：《开设赌场与聚众赌博的界限》，载《中国检察官》2009年第4期。

引更多的人参与赌博活动,维系赌场运行,经营性特征明显。

本案中案涉微信群建群的目的非常明确,就是组织人员前来赌博,相当于为参赌人员提供了一个相对固定的场所。组织者为赌博群制定规则,且另建有接待群、代包手群,用以接待即将入赌博群的成员并观察其信誉及与代包手进行联系,具有周密的部署和详尽的安排,并采用将部分赌资作为抢到特殊数字的奖励等方式调动大家积极性和热情,吸引更多的人参与赌博,使微信群作为一个赌博场所能够正常运行,具有经营性特征。

综上所述,本案将被告人谢检军等的行为定性为"开设赌场"符合法律规定,也有利于打击这一新型犯罪行为。

(执笔人:杭州市中级人民法院　钱安定
浙江省高级人民法院　杨治
最高人民法院案例指导工作办公室　马蓓蓓)

指导案例106号　谢检军、高垒、高尔樵、杨泽彬开设赌场案

最高人民法院案例指导工作办公室编选人:马蓓蓓

1. 案例推荐单位:浙江省高级人民法院

2. 案例编写人:浙江省杭州市中级人民法院　韩骏、钱安定、李跃华

3. 案件裁判法院:浙江省杭州市中级人民法院(二审)

4. 案件承办人:张茂鑫(二审)

相关规定

1.《中华人民共和国刑法》(2020年12月26日修正)

第二十五条　共同犯罪是指二人以上共同故意犯罪。

第三百零三条　以营利为目的,聚众赌博或者以赌博为业的,处三年以下有期徒刑、拘役或者管制,并处罚金。

开设赌场的,处五年以下有期徒刑、拘役或者管制,并处罚金;情节严重的,处五年以上十年以下有期徒刑,并处罚金。

2.《最高人民法院、最高人民检察院、公安部关于办理网络赌博犯罪案件适用法律若干问题的意见》(2010年8月31日　公通字〔2010〕40号)

一、关于网上开设赌场犯罪的定罪量刑标准

利用互联网、移动通讯终端等传输赌博视频、数据,组织赌博活动,具有下列情形之一的,属于刑法第三百零三条第二款规定的"开设赌场"行为:

（一）建立赌博网站并接受投注的；

（二）建立赌博网站并提供给他人组织赌博的；

（三）为赌博网站担任代理并接受投注的；

（四）参与赌博网站利润分成的。

浙江省杭州市萧山区人民法院刑事判决书

（2016）浙0109刑初1736号

公诉机关：杭州市萧山区人民检察院。

被告人：谢检军，男，1989年9月15日出生于湖南省冷水江市，汉族，初中文化，无业，户籍地冷水江市；因本案于2015年12月12日被刑事拘留，同年12月31日被取保候审，2016年11月9日被逮捕。

被告人：高垒，男，1988年4月18日出生于陕西省城固县，汉族，初中文化，无业，户籍地城固县；因本案于2016年1月15日被刑事拘留，同年1月29日被取保候审，2016年11月9日被逮捕。

被告人：高尔樵，男，1991年5月13日出生于浙江省杭州市，汉族，高中文化，无业，户籍地杭州市大江东产业集聚区；因本案于2015年11月20日被取保候审，2016年11月9日被逮捕。

被告人：杨泽彬，男，1986年5月23日出生于广东省汕头市，汉族，初中文化，无业，户籍地汕头市濠江区；因本案于2016年1月19日被取保候审，2016年11月9日被逮捕。

杭州市萧山区人民检察院以杭萧检公诉刑诉〔2016〕1132号起诉书指控被告人谢检军、高垒、高尔樵、杨泽彬犯开设赌场罪，于2016年10月8日向本院提起公诉。本院于同日立案，并依法适用简易程序，组成合议庭，因在审理过程中发现不宜适用简易程序，于2016年10月25日转为普通程序，公开开庭审理了本案。杭州市萧山区人民检察院指派检察员罗贵出庭支持公诉，被告人谢检军、高垒、高尔樵、杨泽彬到庭参加了诉讼。现已审理终结。

经审理查明：

2015年9月至2015年11月，向某（已判决）在杭州市萧山区活动期间，分别伙同被告人谢检军、高垒、高尔樵、杨泽彬等人，以营利为目的，邀请他人加入其建立的微信群，组织他人在微信群里采用“抢红包”的方式进行赌博。期间，被告人谢检军、高垒、高尔樵、杨泽彬分别帮助向某在赌博“红包群”内代发红包，并根据发出“赌博红包”的个数，从抽头款中分得好处费。

2015年10月初至11月中旬，被告人谢检军伙同向某收取赌资数额累计613224元，抽头获利183844元。

2015年10月初至11月中旬，被告人高垒伙同向某收取赌资数额累计212149元，抽头获利60849元。

2015年9月1日至11月12日，被告人高尔樵伙同向某收取赌资金额累计197092元，抽头获利56710元。

2015年9月初至11月中旬，被告人杨泽彬伙同向某收取赌资金额累计131907元，抽头获利37127元。

案发后，被告人杨泽彬主动向公安机关投案，并如实供述了上述开设赌场的主要事实；被告人谢检军、高垒、高尔樵到案后亦能供述开设赌场的基本事实。四被告人退出赃款共计26000元。

另查明，公安机关从被告人向某处扣押赃款2799.62元，该款已予没收并上缴国库。

上述事实，被告人谢检军、高垒、高尔樵、杨泽彬在开庭审理过程中亦无异议，并有同案犯向某的供述和辩解，证人吴某的证言，辨认笔录，搜查笔录，扣押笔录及清单，电子物证检查工作记录，微信账户交易记录，手机，银行账户交易记录，扣押清单，奖励图，案发经过，抓获经过，情况说明，被告人谢检军、高垒、高尔樵、杨泽彬的户籍证明等证据证实，足以认定。

本院认为：被告人高尔樵、谢检军、高垒、杨泽彬分别伙同他人，以营利为目的开设赌场，情节严重，其行为均已构成开设赌场罪，系共同犯罪。公诉机关指控罪名成立。被告人杨泽彬犯罪后自动投案，并如实供述了主要罪行，系自首，可以从轻处罚。被告人谢检军、高垒、高尔樵到案后能如实供述主要的犯罪事实，可以从轻处罚。案发后，四被告人退出部分赃款，可以酌情从轻处罚。据此，依照《中华人民共和国刑法》第三百零三条第二款、第二十五条第一款、第六十七条第一款、第三款、第五十二条、第五十三条、第六十四条之规定，判决如下：

一、被告人谢检军犯开设赌场罪，判处有期徒刑三年六个月，并处罚金25000元。（刑期从判决执行之日起计算。判决执行以前先行羁押的，羁押一日折抵刑期一日，即自2016年11月9日起，扣除先行羁押的20日，至2020年4月18日止。罚金限在判决生效后十日内缴纳。）

二、被告人高垒犯开设赌场罪，判处有期徒刑三年三个月，并处罚金20000元。（刑期从判决执行之日起计算。判决执行以前先行羁押的，羁押一日折抵刑期一日，即自2016年11月9日起，扣除先行羁押的15日，至2020年1月24日止。罚金限在判决生效后十日内缴纳。）

三、被告人高尔樵犯开设赌场罪,判处有期徒刑三年三个月,并处罚金15000元。

(刑期从判决执行之日起计算。判决执行以前先行羁押的,羁押一日折抵刑期一日,即自2016年11月9日起至2020年2月8日止。罚金限在判决生效后十日内缴纳。)

四、被告人杨泽彬犯开设赌场罪,判处有期徒刑三年,并处罚金10000元。

(刑期从判决执行之日起计算。判决执行以前先行羁押的,羁押一日折抵刑期一日,即自2016年11月9日起至2019年11月8日止。罚金限在判决生效后十日内缴纳。)

五、随案移送的四被告人犯罪所用工具手机6部予以没收,上缴国库;尚未追回的四被告人犯罪所得赃款,继续予以追缴。

如不服本判决,可在接到判决书的第二日起十日内,通过本院或者直接向浙江省杭州市中级人民法院提出上诉。书面上诉的,应当提交上诉状正本一份,副本二份。

审 判 长　陈　睿
人民陪审员　罗媚媛
人民陪审员　冯农星
二〇一六年十一月九日
书 记 员　蒋雯敏

浙江省杭州市中级人民法院刑事判决书

(2016)浙01刑终1143号

原公诉机关:杭州市萧山区人民检察院。

上诉人(原审被告人):谢检军,男,1989年9月15日出生,汉族,湖南省冷水江市人,初中文化程度,无业,户籍所在地冷水江市。因本案于2015年12月12日被刑事拘留,同年12月31日被取保候审,2016年11月9日被逮捕。现押于杭州市萧山区看守所。

辩护人:李军民、陆群,北京炜衡(杭州)律师事务所律师。

上诉人(原审被告人):高尔樵,男,1991年5月13日出生,汉族,浙江省杭州市人,高中文化程度,无业,户籍所在地杭州市大江东产业集聚区。因本案于2015年11月20日被取保候审,2016年11月9日被逮捕。现押于杭州市萧山区看守所。

上诉人(原审被告人):杨泽彬,男,1986年5月23日出生,汉族,广东省汕头市人,初中文化程度,农民,户籍所在地汕头市濠江区。因本案于2016年1月19日被取保候审,2016年11月9日被逮捕。现押于杭州市萧山区看守所。

辩护人:陈广荣、毛油丽,浙江丰原律师事务所律师。

原审被告人:高垒,男,1988年4月18日出生,汉族,陕西省城固县人,初中文化程度,无业,户籍所在地城固县。因本案于2016年1月15日被刑事拘留,同年1月29日被取保候审,2016年11月9日被逮捕。现押于杭州市萧山区看守所。

杭州市萧山区人民法院审理杭州市萧山区人民检察院指控原审被告人谢检军、高垒、高尔樵、杨泽彬犯开设赌场罪一案,于2016年11月9日作出(2016)浙0109刑初1736号刑事判决。原审被告人谢检军、高尔樵、杨泽彬均不服,分别提出上诉。本院依法组成合议庭,经过阅卷,讯问原审被告人,听取了辩护人的意见,认为本案事实清楚,决定不开庭审理。现已审理终结。

原判认定,2015年9月至2015年11月,向某(已判决)在杭州市萧山区活动期间,分别伙同被告人谢检军、高垒、高尔樵、杨泽彬等人,以营利为目的,邀请他人加入其建立的微信群,组织他人在微信群里采用抢红包的方式进行赌博。期间,被告人谢检军、高垒、高尔樵、杨泽彬分别帮助向某在赌博红包群内代发红包,并根据发出赌博红包的个数，从抽头款中分得好处费。

2015年10月初至11月中旬，被告人谢检军伙同向某收取赌资数额累计613224元，抽头获利183844元。

2015年10月初至11月中旬，被告人高垒伙同向某收取赌资数额累计212149元，抽头获利60849元。

2015年9月1日至11月12日期间，被告人高尔樵伙同向某收取赌资金额累计197092元，抽头获利56710元。

2015年9月初至11月中旬，被告人杨泽彬伙同向某收取赌资金额累计131907元，抽头获利37127元。

案发后，被告人杨泽彬主动向公安机关投案，并如实供述了上述开设赌场的主要事实；被告人谢检军、高垒、高尔樵到案后亦能供述开设赌场的基本事实。四被告人退出赃款共计26000元。公安机关从被告人向某处扣押赃款2799.62元，该款已予没收并上缴国库。

原审法院以开设赌场罪，分别判处被告人谢检军有期徒刑三年六个月，并处罚金25000元，判处被告人高垒有期徒刑三年三个月，并处罚金20000元，判处被告人高尔樵有期徒刑三年三个月，并处罚金15000元，判处被告人杨泽彬有期徒刑三年，并处罚金10000元；并判令将随案移送的四被告人犯罪所用工具手机6只予以没收，上缴国库，继续追缴尚未追回的四被告人犯罪所得赃款。

上诉人谢检军及其辩护人提出，原判认定谢检军赌资数额及抽头渔利数额事实不清，证据不足；谢检军是代包手，获利较少，应认定从犯；原判量刑过重。请求予以改判。

上诉人高尔樵提出，其是代包手，获利较少，应认定从犯；原判量刑过重。请求从轻改判。

上诉人杨泽彬及其辩护人提出，杨泽彬不构成开设赌场情节严重；杨泽彬是代包手，获利较少，应认定从犯；杨泽彬有自首、退赃等从轻处罚情节，符合适用缓刑的条件。综上，请求对杨泽彬从轻改判并适用缓刑。

经审理查明，原判认定上诉人谢检军、高尔樵、杨泽彬、原审被告人高垒开设赌场的事实有同案犯向某的供述，辨认笔录，搜查笔录，扣押笔录及清单，电子物证检查工作记录，微信账户交易记录，手机，银行账户交易记录，扣押清单，案发经过，抓获经过，户籍证明，被告人谢检军、高垒、高尔樵、杨泽彬的供述等证据证实。上述证据均已经过原审庭审质证，本院予以确认。

二审审理期间，上诉人杨泽彬的家人代为退出赃款人民币34127元。

关于三上诉人及辩护人对本案的事实、证据所提诉辩意见，经查，1.在案的电子物证检查工作记录、微信账户交易记录及汇总、同案人员向某的供述、上诉人谢检军、高尔樵、杨泽彬及原审被告人高垒的供述等证据相互印证,足以证实原判认定上诉人谢检军、高尔樵、杨泽彬及原审被告人高垒伙同向某利用微信群开设赌场牟利及各上诉人、原审被告人参与开设赌场犯罪期间收取的赌资数额、抽头获利数额的事实,故上诉人谢检军、杨泽彬及各自辩护人所提相关诉辩意见均不能成立。2. 上诉人谢检军、高尔樵、杨泽彬、原审被告人高垒均系代包手,与同案人员向某相比非法获利较少,在共同犯罪中的地位和作用相对较轻。故上诉人及辩护人的相应诉辩意见予以采纳。

本院认为,上诉人谢检军、高尔樵、杨泽彬、原审被告人高垒伙同他人开设赌场,均已构成开设赌场罪,且系情节严重。本案系共同犯罪。上诉人谢检军、高尔樵、杨泽彬、原审被告人高垒在共同犯罪中地位和作用较轻,均系从犯,原判未认定从犯不当,本院依法予以纠正,并对上诉人谢检军予以从轻处罚,对上诉人高尔樵、杨泽彬、原审被告人高垒均予以减轻处罚,相关诉辩意见,本院均予以采纳。上诉人杨泽彬犯罪后自动投案,并如实供述自己的罪行,系自首,依法予以从轻处罚。上诉人谢检军、高尔樵、原审被告人高垒到案后如实供述犯罪事实,依法予以从轻处罚。谢检军、高尔樵、杨泽彬、高垒案发后退赃,二审审理期间杨泽彬的家人又代为退赃,均酌情予以从轻处罚。综合全案事实和情节,本院予以从轻或减轻改判,相关诉辩意见予以采纳。但杨泽彬尚不符合适用缓刑的条件,对杨泽彬及其辩护人提出适用缓刑的请求,本院不予支持。原审定罪正确,审判程序合法。据此,依照《中华人民共和国刑法》第三百零三条第二款、第二十五条第一款、第六十七条第一、三款、第五十二条、第五十三条、第六十四条和《中华人民共和国刑事诉讼法》第二百二十五条第一款第(二)项之规定,判决如下:

一、维持杭州市萧山区人民法院(2016)浙0109刑初1736号刑事判决第一项、第二项、第三项、第四项的定罪部分及第五项没收犯罪工具、追缴赃款部分。

二、撤销杭州市萧山区人民法院(2016)浙0109刑初1736号刑事判决第一项、第二项、第三项、第四项的量刑部分。

三、上诉人(原审被告人)谢检军犯开设赌场罪,判处有期徒刑三年,并处罚金人民币25000元。

(刑期自判决执行之日起计算。判决执行以前先行羁押的,羁押一日折抵刑期一日,即自2016年11月9日起至2019年10月18日止。罚金限判决生效后十日内缴纳。)

四、原审被告人高垒犯开设赌场罪,判处有期徒刑二年六个月,并处罚金人民币20000元。

(刑期自判决执行之日起计算。判决执行以前先行羁押的,羁押一日折抵刑期一日,即自2016年11月9日起至2019年4月24日止。罚金限判决生效后十日内缴纳。)

五、上诉人(原审被告人)高尔樵犯开设赌场罪,判处有期徒刑二年六个月,并处罚金人民币15000元。

(刑期自判决执行之日起计算。判决执行以前先行羁押的,羁押一日折抵刑期一日,即自2016年11月9日起至2019年5月8日止。罚金限判决生效后十日内缴纳。)

六、上诉人(原审被告人)杨泽彬犯开设赌场罪,判处有期徒刑一年六个月,并处罚金人民币10000元。

(刑期自判决执行之日起计算。判决执行以前先行羁押的,羁押一日折抵刑期一日,即自2016年11月9日起至2018年5月8日止。)

本判决为终审判决。

审 判 长 钱安定

审 判 员 胡 荣

代理审判员 张茂鑫

二〇一六年十二月二十九日

书 记 员 沈钟杭

【参考案例】

辽宁省高级人民法院第 28 号参考性案例

姜洪磊、仲崇亮非法获取计算机信息系统数据罪案

（辽宁省高级人民法院审判委员会讨论通过
2020 年 11 月 28 日发布）

关键词 网游虚拟货币 盗窃罪 非法获取计算机信息系统数据罪

裁判要点

1. 国家规定网络游戏虚拟货币只能用于网络游戏运营单位开发的网络游戏等虚拟服务当中，禁止网络游戏虚似货币与真实财产的交易，以及网络游戏虚似货币与法定货币之间的逆向兑换（虚拟服务终止除外）。使用网络游戏虚拟货币在网络游戏等虚拟服务之外进行交易在我国是违法行为。遵循罪刑法定的原则，非法窃取网络游戏中虚拟财产的行为应定为非法获取计算机信息系统数据罪。

2. 对于被窃取的网络游戏虚拟货币，网络游戏的开发企业完全有技术手段和能力进行恢复。案涉违法所得不应返还被害单位，应予追缴。

相关法条

《中华人民共和国刑法》第二百八十五条第二款

《最高人民法院、最高人民检察院关于办理危害计算机信息系统安全刑事案件应用法律若干问题的解释》第一条第二款第（一）项

基本案情

法院审理查明：2013 年 12 月 14 日，被告人仲崇亮在大连市甘井子区辛虹园 11 号 1－702 号其家中使用“洗号”手段，利用被告人姜洪磊编写的软件清理其查获的寻仙游戏账号时，发现被害单位深圳市腾讯计算机系统有限公司（以下简称腾讯公司）寻仙游戏的游戏管理员账号。被告人仲崇亮在得知该账号具有生成游戏币“仙玉”的功能后，将该信息告诉被告人姜洪磊，二人密谋获取账户内“仙玉”进行贩卖。

被告人仲崇亮利用该账户生成游戏币“仙玉”199999998个,将利用账号生成的仙玉及账户内原有的“仙玉”261684个转移出该账户进行贩卖,被告人姜洪磊接受贩卖“仙玉”所获得1006000元赃款并进行分赃。经鉴定,被盗“仙玉”价值人民币1822381元。案发后,被告人仲崇亮及其家属退回赃款人民币30万元,上述30万元已返还被害单位。公安机关追缴了被告人姜洪磊用所获赃款购买的苹果4s手机一部、奥迪A1轿车一辆,追缴了被告人仲崇亮用所获赃款购买的戴尔牌笔记本电脑一台、longines牌手表一块、苹果5s手机一部。

再审期间,案外人肖星退还被告人姜洪磊使用非法所得替肖星交的购房首付款人民币226563元,姜洪磊父亲姜铁成自愿为姜洪磊代缴罚金人民币5万元;被告人仲崇亮父亲仲伟长自愿替仲崇亮退还非法所得人民币7万元,自愿为仲崇亮代缴罚金人民币5万元。

裁判结果

辽宁省大连市甘井子区人民法院于2015年3月30日作出(2014)甘刑初字第840号刑事判决,判决:一、被告人姜洪磊犯盗窃罪,判处有期徒刑十一年三个月,剥夺政治权利一年,并处罚金人民币200000元;二、被告人仲崇亮犯盗窃罪,判处有期徒刑十年九个月,剥夺政治权利一年,并处罚金人民币200000元;三、已追缴的苹果4s手机一部、奥迪A1轿车一辆、戴尔牌笔记本电脑一台、longines牌手表一块、苹果5s手机一部折价发还被害单位深圳市腾讯计算机系统有限公司,剩余赃款继续追缴并发还被害单位深圳市腾讯计算机系统有限公司;四、作案工具U盘、电脑予以没收。

一审宣判后,原审被告人姜洪磊、仲崇亮不服,均提出上诉,辽宁省大连市中级人民法院于2015年7月22日作出(2015)大刑二终字第398号刑事裁定,裁定:驳回上诉,维持原判。

上述裁判发生法律效力后,辽宁省高级人民法院于2017年11月7日作出(2016)辽刑申477号再审决定,提审本案,2018年10月30日作出(2017)辽刑再9号刑事判决书,判决:一、撤销大连市中级人民法院(2015)大刑二终字第398号刑事裁定、大连市甘井子区人民法院(2014)甘刑初字第840号刑事判决;二、原审上诉人姜洪磊犯非法获取计算机信息系统数据罪,判处有期徒刑四年六个月,并处罚金人民币5万元;三、原审上诉人仲崇亮犯非法获取计算机信息系统数据罪,判处有期徒刑四年十个月,并处罚金人民币5万元;四、已追缴的原审上诉人姜洪磊违法所得人民币226563元及用违法所得购买的苹果4s手机一部、奥迪A1轿车一辆,上缴国库;已追缴的原审上诉人仲崇亮违法所得人民币37万元及用违法所得购买的戴尔牌笔记本电脑一台、longines牌手表一块、苹果5s手机一部,上缴国库,剩余违法所得人民币 8.5 万元继续追缴；五、作案工具 U 盘、电脑予以没收。

裁判理由

生效裁判认为：

一、关于本案的定性。本案的犯罪事实没有争议，争议的焦点是定性问题，即将本案二原审上诉人的行为定性为盗窃罪还是非法获取计算机信息系统数据罪，本质是能否将网络游戏运营单位发行的虚拟财产作为盗窃罪的犯罪对象。

首先，案涉的被窃取的“仙玉”游戏币的性质。“寻仙”游戏是腾讯公司开发的一款网络游戏，上网玩该游戏，需要从腾讯公司官网购买“仙玉”游戏币才可以。“仙玉”游戏币性质上属于腾讯公司发行的网络游戏虚拟货币。

其次，国家对网络游戏虚拟货币的定位。从网络游戏开始兴起，到国家有关行政机关对网络游戏的经营单位加强监管，最早以文化部、商务部于 2009 年共同下发的《关于加强网络游戏虚拟货币管理工作的通知》，对网络游戏虚拟货币进行定义，即网络游戏虚拟货币是指由网络游戏运营企业发行，游戏用户使用法定货币按一定比例直接或间接购买，存在于游戏程序之外，以电磁记录方式存储于网络游戏运营企业提供的服务器内，并以特定数字单位表现的一种虚拟兑换工具。随后，文化部于 2010 年 3 月发布行政规章《网络游戏管理暂行办法》（自 2010 年 8 月 1 日起施行），对网络游戏虚拟货币作出如上相同的定义。也就是说，国家将网络游戏虚拟货币定位为电磁记录，即计算机数据，是网络游戏运营企业为客户参与网络游戏而发行的虚拟兑换工具。

再次，国家对网络游戏虚拟货币的使用管理。从 2009 年国家行政机关对网络游戏虚拟货币进行定义，规范网络游戏市场经营秩序开始，多年来国家多部委多次发文强调：网络游戏虚拟货币的使用范围仅限于兑换发行企业自身所提供的虚拟服务，不得用以支付、购买实物产品或兑换其他企业的任何产品和服务；严禁倒卖网络游戏虚拟货币；网络游戏运营企业不得向用户提供网络游戏虚拟货币兑换法定货币或者实物的服务，但是网络游戏运营企业终止提供网络游戏产品和服务，以法定货币方式或者用户接受的其他方式退还用户尚未使用的虚拟货币的情况除外；网络游戏运营企业不得向用户提供虚拟道具兑换法定货币的服务，向用户提供虚拟道具兑换小额实物的，实物内容及价值应当符合国家有关法律法规的规定。也就是说，国家规定网络游戏虚拟货币只能用于网络游戏运营单位开发的网络游戏等虚拟服务当中，禁止网络游戏虚似货币与真实财产的交易，以及网络游戏虚似货币与法定货币之间的逆向兑换（虚拟服务终止除外）。使用网络游戏虚拟货币在网络游戏等虚拟服务之外进行交易在我国是违法行为。

最后，《刑法》对计算机数据的保护。随着计算机和网络技术的高速发展，有关网络犯罪不断增多。对于窃取网络和计算机上数据的行为如何定罪,司法实践中产生了许多争议。在2009年之前,类似于本案的情况,大多以盗窃罪定罪处罚。全国人大常委会于2009年2月28日制定实施了《刑法修正案(七)》,将违反国家规定,侵入国家事务、国防建设、尖端科学技术领域的计算机信息系统以外的计算机信息系统或者采用其他技术手段,非法获取计算机信息系统中存储、处理或者传输的数据行为入罪,即将此种行为认定为非法获取计算机信息系统数据罪。《最高人民法院、最高人民检察院关于办理危害计算机信息系统安全刑事案件应用法律若干问题的解释》(2011年9月1日实施),对非法获取计算机信息系统数据罪的定罪量刑标准作了具体规定。也就是说,对于非法获取计算机信息系统数据的行为,如本案二原审上诉人的行为,自2009年2月28日开始,《刑法》有了专门的定罪量刑规定。

但是,尽管《刑法修正案(七)》规定了非法获取计算机信息系统数据罪,可理论界和司法实践中,从法条竞合犯、想象竞合犯、牵连犯等数罪理论出发,对于非法窃取网络游戏虚拟货币等虚拟财产的行为,仍有定性为非法获取计算机信息系统数据罪和盗窃罪的争议,就如本案一审、二审的审判观点。为此,《最高人民法院、最高人民检察院关于办理盗窃刑事案件适用法律若干问题的解释》发布之后(自2013年4月4日实施),2014年最高人民法院在对该解释进行解读时,明确该司法解释没有将网络游戏虚拟货币等虚拟财产列为盗窃罪的犯罪对象。

综上所述,虽然理论上对窃取网络游戏虚拟财产定为何种犯罪仍然存在一定的争议,司法实践中也确曾有将此种行为认定为盗窃罪的判例,但遵循罪刑法定的原则,自2009年2月28日开始,司法实践中,应将非法窃取网络游戏中虚拟财产的行为定为非法获取计算机信息系统数据罪;最高人民法院、最高人民检察院于2013年发布《关于办理盗窃刑事案件适用法律若干问题的解释》后,司法实践中也应该将此种行为认定为非法获取计算机信息系统数据罪。这样认定,不但与国家行政机关对网络虚拟财产的定义和监管一致,保证网络虚拟财产不对现实经济金融秩序造成冲击,也与最高人民法院和最高人民检察院对盗窃罪犯罪对象的认定一致,作到国家行政管理与司法审判的统一。

本案检察机关于2014年11月对二原审被告人提起公诉,此时《刑法修正案(七)》,《最高人民法院、最高人民检察院关于办理危害计算机信息系统安全刑事案件应用法律若干问题的解释》和《最高人民法院、最高人民检察院关于办理盗窃刑事案件适用法律若干问题的解释》已经施行,因此对二被告人的行为应认定为非法获取计算机信息系统数据罪而不应是盗窃罪。故对申诉人、辩护人、原审上诉人关于本案定性的意见予以采纳,原判定性错误,予以纠正。

二、关于本案的违法所得。《刑法》第六十四条规定,犯罪分子违法所得的一切财物,应当予以追缴或者责令退赔;对被害人的合法财产,应当及时返还;违禁品和供犯罪所用的本人财物,应当予以没收。

如上所述,对于网络游戏虚拟货币,国家对其定义为“电磁记录”,即计算机数据,只能用于兑换发行企业所提供的指定范围、指定时间内的网络游戏服务,不得用于支付、购买实物产品或兑换其他企业的任何产品和服务,严禁非法倒卖。依据国家行政管理的有关规定,对合法获取的网络游戏虚拟货币进行倒卖,用于网络游戏之外,所获收益也应予以没收,何况二被告人是非法获取并倒卖。如果将本案违法所得认定为被害单位的合法财产,相当于承认将网络游戏中的虚拟财产当作真实的财产来保护,实际上也就是变相认可了虚拟财产与法定货币之间的逆向兑换关系,不但与国家对网络游戏虚拟财产的管理相违背,也与《最高人民法院、最高人民检察院关于办理盗窃刑事案件适用法律若干问题的解释》精神相违背。况且,对于被窃取的网络游戏虚拟货币,网络游戏的开发企业也完全有技术手段和能力进行恢复。所以,案涉违法所得不应返还被害单位腾讯公司,而是应予追缴。故原判将从二被告人处追缴的违法所得和用违法所得所购物品,返还和折价返还被害单位的处理方式属适用法律错误,予以纠正。

另外,依据 2014 年 11 月 6 日实施的《最高人民法院关于刑事裁判涉财产部分执行的若干规定》的有关规定,刑事裁判涉财产部分的裁判内容,应当明确、具体;判处追缴或者责令退赔的,应当明确追缴或者退赔的金额或财物的名称、数量等相关情况。本案一审判决时间为 2015 年 3 月 30 日,判决未明确要追缴的财产金额,亦属适用法律不当,应予纠正。原审上诉人姜洪磊因本案违法所得人民币 506000 元,退还人民币 226563 元,其用其余违法所得购买的苹果 4s 手机一部、奥迪 A1 轿车一辆追缴到案,案涉违法所得全部追回。原审上诉人仲崇亮因本案违法所得人民币 500000 元,退还人民币 37 万元,其用违法所得购买的戴尔牌笔记本电脑一台、longines 牌手表一块、苹果 5s 手机一部追缴到案,金额为人民币 4.5 万元(案值按有利于被告人仲崇亮的方式计算),尚有违法所得人民币 8.5 万元未返还。

原审上诉人姜洪磊、仲崇亮采用非法手段侵入深圳市腾讯计算机系统有限公司寻仙游戏,窃取该游戏管理员账号中的网络游戏虚拟货币“仙玉”并贩卖,非法获利人民币 100600 元(姜洪磊分得 506000 元,仲崇亮分得 500000 元),情节特别严重,二人的行为构成非法获取计算机信息系统数据罪。原判对二原审上诉人以盗窃罪定罪,属适用法律不当,予以纠正,对申诉人、辩护人关于本案定性的意见予以支持。二人在共同犯罪中地位、作用相当,均为主犯。上诉人姜洪磊原审时如实供述,自愿认罪,现全部违法所得(包括用违法所得购买的物品)予以返还,交纳罚金,辩护人所称对上诉人姜洪磊从轻处罚的意见予以采纳。上诉人仲崇亮原审时如实供述,自愿认罪,现大部分违法所得(包括用违法所得购买的物品)予以返还,交纳罚金,对申诉人、辩护人关于对上诉人仲崇亮从轻处罚的意见亦予以采纳。对原审上诉人姜洪磊、仲崇亮违法所得及用违法所得所购物品予以追缴。

[再审合议庭成员:蔡峻峰、周亮、隋福田(主审法官)
案例编写人:隋福田、周文政]

陕西省高级人民法院第146号参考性案例

赵宪虎、刘昭昭过失以危险方法危害公共安全案

——“黑飞”的刑事司法认定

（陕西省高级人民法院审判委员会刑事审判专业委员会
2020年第2次会议讨论通过）

关键词 飞行空域许可　过失　以危险方法危害公共安全　情节较轻

裁判要点

违反航空管理法律法规，未获得飞行空域许可驾驶民用航空器飞行，导致影响军事任务和民用航班延误、取消等严重后果的，构成过失以危险方法危害公共安全罪，可按情节较轻予以惩处。

相关法条

《中华人民共和国刑法》第115条

案件索引

一审：陕西省靖边县人民法院（2019）陕0824刑初175号刑事判决书（2019年6月11日）

基本案情

被告人赵宪虎于2012年8月注册成立由其个人独资的陕西峰天行航摄有限公司（以下简称峰天行公司），经营范围为航空摄影、测绘业务咨询等，没有取得测绘资质。2013年11月，峰天行公司从荆门航空科技有限公司购买A2C轻型运动飞机一架，该机未取得适航证书。被告人刘昭昭系峰天行公司飞行器驾驶员，于2018年4月10日取得由中国民用航空局颁发的初级运动飞机驾驶员执照。2018年9月16日，中国电建集团西北勘测设计研究院有限公司与峰天行公司签订《测量技术服务合同》，约定由峰天行公司完成华能子长柏山寺风电场1∶2000比例尺高分辨率航拍

影像及相关测量工作。按照被告人赵宪虎的指示要求,被告人刘昭昭于2018年9月29日驾驶峰天行公司A2C轻型运动飞机,在合同约定目标地进行航拍测绘,13时30分被中国人民解放军中部战区战斗机逼停迫降。中部战区共组织战区空军、陕西省军区相关部队人员519人及3架战斗机、10部雷达、4台车辆参与处置,消耗航油8.5吨、干扰弹12枚,并且造成两民航航班分别延误25分钟和30分钟。2019年1月12日,被告人赵宪虎被抓获。被告人刘昭昭于2019年1月17日主动到案。

裁判结果

陕西省靖边县人民法院于2019年6月11日作出(2019)陕0824刑初175号刑事判决,分别以被告人赵宪虎、刘昭昭犯过失以危险方法危害公共安全罪,判处有期徒刑一年,宣告缓刑一年。宣判后,未提出上诉、抗诉,判决已发生法律效力。

裁判理由

法院生效裁判认为,被告人赵宪虎、刘昭昭违反航空管理法规,在未申请飞行计划的情况下,驾驶未取得适航证的飞机飞行,危害公共安全。被告人赵宪虎、刘昭昭均系航摄测绘从业人员,加之被告人刘昭昭还经专业培训并取得运动驾驶员执照,二被告人应当知晓航空管理规定和飞行基本规则,其在飞行前有义务确认飞行计划是否获批,应当预见未经批准的飞行计划会造成危害公共安全的后果。被告人在未取得适航证书、未申请飞行计划的情况下驾驶飞机飞行,造成军事力量出动、军用物资损失及民航航班延误的严重后果,被告人主观上均属于过失,其行为均已构成过失以危险方法危害公共安全罪,但未造成人员伤亡或者重大财产损失,犯罪情节较轻,且被告人赵宪虎自愿认罪,可酌情从轻处罚;被告人刘昭昭系自首,应当依法从轻或者减轻处罚。综合本案的犯罪事实、犯罪的性质、情节和对于社会的危害程度,结合社区矫正机构对被告人的评估意见,对被告人赵宪虎、刘昭昭均从轻处罚,并依法宣告缓刑。

案例注解

随着经济社会的发展,轻型运动飞机、无人机等航空器越来越多应用于摄影测绘、体育竞技、游乐运动等民用领域。实践中,违反航空管理法律法规,未取得适航证书,未经飞行空域许可的“黑飞”情况屡有发生,一方面可能会造成飞行事故,直接致人重伤、死亡或使公私财产遭受重大损失;另一方面,还会造成影响军事任务或导致民航延误、取消等严重后果。由于“黑飞”并非刑法条文所明确规定的典型性危害公共安全行为,对于“黑飞”行为是否具有刑事违法性,是否需要将之纳入以危险方法危害公共安全罪的规制范围,以及如何认定被告人主观方面,如何判定危害后果等具体问题,在法学理论研究领域和司法实务部门还有分歧。本案的处理,对于依法认定“黑飞”行为所具有的社会危害性,有效运用刑罚手段予以惩治和推动立法及司法解释完善提供了实践样本,也对于维护飞行秩序、保护公共安全具有现实意义。

一、“黑飞”的社会危害性和刑事违法性认定问题。空域作为国家领土的重要组成部分,是重要国防资源和公共资源。空域秩序与国防安全和公共安全紧密相关。《中华人民共和国民用航空法》第七十条第一款规定,“国家对空域实行统一管理。”国家对空域按照区域特点和空间高度实行统一管理,在国边境线、重要目标上空的空域设置禁飞区域,未经许可禁止一切航空器飞行。同时,为了满足通用航空需要,对于其他区域实行航线限制管制,经军事机关批准可设置民用机场和民用航线,并按照许可时间和航线范围飞行。违反有关航空管理法律法规关于空域秩序的规定“黑飞”,不仅可能发生飞行事故,造成飞机损毁和地面目标重大伤亡及财产损失,其也会严重危害国防安全和公共安全,造成军机训练、空域警戒、空中巡逻等军事任务受到影响,致使民用航班延误、取消。近年来,在世界范围内接连发生不明民用航空器“黑飞”,突破防空管制安全警戒,对国家首都安全和国家政要安全构成直接威胁的事例。因此,空域安全是公共安全体系重要组成部分。对于危及航空安全的犯罪,我国刑法均规定为危害公共安全犯罪,如破坏交通工具罪(破坏航空器)、劫持航空器罪、暴力危及飞行安全罪、重大飞行事故罪等。未取得适航证,未获得飞行空域许可驾驶民用航空器“黑飞”,其侵害的法益是公共安全,是危害公共安全行为,属于刑法所明确的失火等具体危害公共安全犯罪以外的以其他方法危害公共安全的情形,具有社会危害性。对于达到一定严重程度的“黑飞”行为具有刑事违法性,应纳入刑法规制范围。

二、“黑飞”刑事处罚的主观方面认定问题。犯罪主观方面的认定对于区分故意犯罪和过失犯罪,准确定罪量刑具有重要意义。刑法对于故意犯罪和过失犯罪的犯罪构成有较大区别。按照我国犯罪理论通说和刑法规定,过失犯罪的犯罪构成要求有相应物质性危害后果,而故意犯罪的犯罪构成可以是危险结果,即危害行为引起法律所保护的社会关系足以发生一定物质性危害后果的危险状态。根据《中华人民共和国刑法》第一百一十四条的规定,以其他危害方法危害公共安全,尚未造成严重后果的,即可构成以危险方法危害公共安全罪;根据第一百一十五条的规定,致人重伤、死亡或者使公私财产遭受重大损失的,以危险方法危害公共安全罪加重处罚,并作为过失以危险方法危害公共安全罪犯罪构成的物质性危害后果条件。本案中,被告人赵宪虎、刘昭昭为履行与其他单位的测绘服务合同义务,通过公司自购的运动飞机实施测绘,其二人均供述以为合同另一方当事人申请了飞行计划和空域许可,且合同没有明确约定申请飞行计划和空域许可系其公司的合同义务。由此可见,二被告人在主观上对于危害后果的发生是持反对态度的,并不存在积极追求和放任危害后果发生的情况,故不能认定为故意犯罪。对于是否属于过失犯罪,关键要看被告人是否具有预见义务,即被告人是否能够预见自己行为发生的危害后果。

飞行是一种高度危险活动,为保护公共安全,相关航空法律法规实行飞行主体资格准入制。飞行空域管制许可等方面对飞行活动作出严格要求,以防止危害后果发生。因此,在认定被告人主观方面时,应结合航空管理法律法规关于保障航空安全的有关规定要求作出判断。《中华人民共和国民用航空法》第三十七条规定,"具有中华人民共和国国籍的民用航空器,应当持有国务院民用航空主管部门颁发的适航证书,方可飞行。"第七十四条规定,"民用航空器在管制空域内进行飞行活动,应当取得空中交通管制单位的许可。"《中华人民共和国飞行基本规则》第三十五条第一款规定,"所有飞行必须预先提出申请,经批准后方可实施。"无论是民用航空器驾驶人员,还是从事航空业务的人员,对于与其所从事航空业务密切相关的航空管理法律法规的基本要求应当学习掌握并严格予以遵守,其有义务按照要求驾驶取得适航证书和飞行空域许可的飞行器飞行,对于违反上述要求飞行可能产生危害后果的情况在主观上应当明知。本案中,被告人赵宪虎、刘昭昭从事具有较强专业性的航空测绘业务,且被告人刘昭昭已取得运动飞机驾驶资格,应当自觉遵守相关航空管理法律法规和行业规范要求。实际上,二被告人使用公司自购的运动飞机实施测绘时,并未遵守航空管理法律法规要求申请飞行空域许可,也没有确认合同另一方当事人是否取得飞行空域许可,且二被告人明知所使用的飞机未经飞行器安全性能检测,取得适航证书,其对飞行活动可能产生危害公共安全的后果应当是明知的。虽然二被告人飞行的主要目的是完成测绘摄影的民事合同义务,不希望危害后果的发生,没有积极追求危害后果的发生,也不存在放任危害后果发生的情形,其二人在主观上对危害后果发生持反对态度,但由于没有遵守上述法律法规对飞行活动的基本要求,在飞行前未向有关部门提出申请,没有取得飞行空域许可,其所使用飞机也没有经过飞行器安全性能检测,取得适航证书,故对于因此可能造成的危害飞行安全秩序的后果应当预见,但均认为合同另一方当事人申请了飞行计划,对危害后果轻信能够避免,存在侥幸心理,在主观方面属于过于自信的过失。因此,出于测绘、摄影等民用目的驾驶航空器"黑飞",造成严重后果的,应认定为主观上具有过失。

三、"黑飞"刑事处罚的危害后果认定问题。在犯罪客观方面,被告人在取得飞行许可的情况下,实施违反航空管理法律法规"黑飞"的危害行为较为清晰,不存在认定争议。但对于过失以危险方法危害公共安全罪犯罪构成的危害后果如何判定存在分歧。根据《中华人民共和国刑法》第一百一十五条规定,造成致人重伤、死亡或者使公私财产遭受重大损失的危害后果,是过失以危险方法危害公共安全罪犯罪构成要件。按照文意解释,致人重伤、死亡或者使公私财产遭受重大损失是指由于该危险方法直接造成的人员伤亡及财产损失后果,最为典型的就是由此发生碰撞飞行事故所产生的损害后果。对于未发生飞行事故造成人员伤亡和财产损失,但造成其他严重后果,如为识别查证和拦截目标航空器,防范危险发生而动用军机、雷达等军事力量,消耗占用大量战略物资,同时也造成航班延误等间接经济损失等,是否属于刑法第一百一十五条规定的危害后果,控辩双方分歧较大,实践中也有不同认识。我们认为,刑法第一百一十五条将放火、决水、爆炸以及投放毒害性、放射性、传染病病原体等物质与以其他方法危害公共安全的行为采取并列方式予以规定,体现出上述几类行为危害性相当的立法考量。对于过失以危险方法危害公共安全危害后果的认定,可参照与其社会危害性相当的失火、过失造成传染病传播等行为后果认定的有关规定进行解释。《最高人民检察院、公安部关于公安机关管辖刑事案件立案追诉标准的规定(一)》第一条对失火罪的立案追诉条件,除了明确死亡和重伤人数标准、公共财产或者他人财产直接经济损失数额外,还将难以用经济损失衡量的林地生态损失及其他严重后果分别作为立案追诉条件。《最高人民法院、最高人民检察院关于办理妨害预防、控制突发传染病疫情等灾害的刑事案件具体应用法律若干问题的解释》第一条规定,对于患有突发传染病或者疑似突发传染病而拒绝接受检疫、强制隔离或者治疗,过失造成传染病传播,情节严重,危害公共安全的,按照过失以危险方法危害公共安全罪定罪处罚。对于构成过失以危害公共安全犯罪所必须具备的危害后果,司法解释已经进行扩大解释,不局限于致人重伤死亡和公私财产损失的范围,而是根据具体犯罪行为的性质和特点,规定了更符合具体行为本质特征的危害后果。由于空域管制关乎国防安全和公共安全,对于"黑飞"行为危害后果的认定亦应当结合飞行安全和空域管制的特殊性去考量。没有取得适航许可、没有经过飞行许可的"黑飞"行为,不仅带来飞行事故危险,还会影响军事任务正常执行以及民用航班正常运行,有关军事机关为消除危险不得不采取雷达跟踪、军机拦截、空域警戒等措施,耗费大量人力、物力,导致航班延误和取消,本案被告人驾驶飞机飞入首都空中中心控制区,中部战区共组织战区空军、陕西省军区相关部队人员 519 人及 3 架战斗机、10 部雷达、4 台车辆参与处置,消耗航油 8.5 吨、干扰弹 12 枚,并且造成两民航航班分别延误 25 分钟、30 分钟,后果不可谓不严重。且该严重后果与"黑飞"的危害行为具有直接的因果关系,应当作为危害后果予以认定。综上,将"黑飞"造成的影响军事任务执行以及民用航班延误、取消的情形作为过失以危险方法危害公共安全罪定罪的危害后果要件,符合

"黑飞"行为性质的本质特征。但是,应当考虑到本案"黑飞"并未发生安全事故,这种造成航班延误、动用军事力量处置等严重后果的危害性,比发生安全事故直接造成致人重伤死亡及重大财产损失后果的危害性要轻,可以作为情节较轻情节予以处罚,以体现罪刑相适应原则。

(一审合议庭成员:畅博、黄丽、葛小强

案例编写人:陕西省高级人民法院 尤青、王琪轩)

【案例论坛】

编者按：为进一步完善类案裁判机制，促进法律适用统一，提升司法公信力，推进审判体系和审判能力现代化，北京市第三中级人民法院与武汉大学共同主持了最高人民法院2019年度司法研究重大课题“类案裁判规范化、标准化建设研究”，探索提出了类案裁判规范化、标准化建设的相关方案，研究成果被评为优秀课题研究成果。本文原载于最高人民法院研究室编《决策参考》2021年第1期（总第53期）。

类案裁判规范化、标准化建设方案的探索

（最高人民法院研究室编）

“类案同判”既是宪法“法律面前一律平等”原则在司法实践中的直接表现，也是实现习近平总书记强调的“努力让人民群众在每一个司法案件中感受到公平正义”的基本要义。一直以来，“类案不同判”现象所暴露出的法律适用与裁判尺度不统一的问题是理论界和实务界勠力同心尝试解决的重大现实课题。北京市第三中级人民法院与武汉大学在调研和总结司法需求的基础上，开展理论研究与实践探索工作，形成了建设类案裁判规范化、标准化的方案与思路：

一、类案裁判规范化方案

类案裁判规范化，是指类案裁判应当依照前端预防、分歧解决、评查监督等程序规范进行，其核心是规范审判权的行使。

一是前端预防机制。主要包括完善专业化审判机制和类案会议研究制度。一方面，可以通过设立专门法院或者专门的审判机构以及在普通法院的各庭室中设立专业化审判小组或团队，为专业化审判提供组织保障。专业化审判机制的完善

可以从集中管辖和专业化审判团队两个方面着手,将类案集中于特定机构、特定团队或者特定人员进行集中审理,提高类案的裁判能力。另一方面,通过类案会议研究,能够凝聚类案裁判共识,减少法律适用分歧,有助于在源头减少“类案不同判”现象的发生。

二是类案分歧解决机制。类案的检索结果可能存在多个裁判规则,合议庭进行案件评议时,主审法官应对拟裁判结果以及类案检索报告的内容进行说明,并根据合议结果进行分流处理。类案裁判分歧的解决,需要借助院庭长监督机制、专业法官会议制度及审判委员会监督来实现,这是从内部监督的角度促进类案裁判规范化的重要内容,也是在尊重司法规律和客观现实之间的相对合理选择。

三是评查监督机制。审判管理部门对已决案件开展类案评查工作,在一定程度上能够起到规范类案裁判的作用。类案评查工作分为重点评查、专项评查和常规评查。重点评查针对因类案裁判尺度不统一而被上级法院发回重审或改判的案件。专项评查主要是为规范类案裁判而设置,在开展专项评查时,应特别关注以下内容:在符合应当制作类案检索报告的情形时是否制定;法官进行类案检索后,是否根据类案检索结果进行了分流处理;对类案的裁判是否存在“类案不同判”或法律适用错误的情形;等等。

二、类案裁判标准化方案

类案裁判标准化的核心要义是对检索类案、识别类案、运用类案进行全流程的标准化,从类案检索的启动、识别、标签化处理、精准匹配到援引方式,可以按照确定的标准进行“程式化”作业,促进法律适用的统一。

一是进一步细化类案检索启动情形。《关于统一法律适用加强类案检索的指导意见(试行)》第二条规定了人民法院应当进行类案检索的四类情形,为便于审判实践的标准化,该四种情形需要进一步的细化。具体而言,对于“缺乏明确裁判规则或者尚未形成统一裁判规则的”案件,应当包括缺乏可以直接适用的法律规定、有法律规定但是不甚明确且对该条文理解存在较大差异以及新类型案件;对于“其他需要进行类案检索的”案件,并未提出可供参考的标准,可以结合各地实践经验,以具备疑难、复杂、社会影响重大等因素且不进行类案检索可能会影响公正裁决作为衡量标准。

二是类案有效识别。《关于统一法律适用加强类案检索的指导意见(试行)》第五条提供了识别类案的标准,但仍过于笼统,需要进一步确定合理可行的操作标准。在进行类案检索前,应当从待决案件的法律事实、法律适用、争议焦点中确定检索关键词。在选取关键词时,可以按照以下步骤进行:首先,确定待决案件的法律事实和争议焦点；其次，将争议焦点与现有法律规范进行匹配，选择可能在待决案件中适用的法律规范；最后，从可能适用的法律规范中提取要件事实、法律概念、法律后果作为关键词。通过前述步骤确定的关键词可能存在多个，此时应当按照一定的排列组合的方式进行检索，既要保证类案检索的精确性，也要保证不遗漏重要类案。

三是类案标签化处理。类案识别的前提需要对个案的关键词建立更为清晰明确的标签，这是实现精准检索与推送的基础。因此，有必要在此基础上进行类案总结，进一步对裁判文书予以类案标签化处理。具体而言：(1)针对已公开裁判文书，可以进行"大小标签化处理"，赋予类案提取的基础。裁判文书的法律事实、法律适用、争议焦点系"大标签"，从裁判文书中提取的争议焦点与现有法律规范进行匹配，并从中提取要件事实、法律概念、法律后果，而这正是法律文书的"小标签"。(2)针对未来的裁判文书，基于类案检索便利化的角度出发，对于未来文书制作应当进行标签化规范，裁判文书虽然可以简化，但必须明晰要件事实、总结争议焦点、明确援引法律规范、统一法律概念。

四是类案精准匹配。在筛选出可能适用的案件后，需要进一步判断其是否为类案裁判所需要的"类似案件"。可以使用要素式判断法进行类案的判断。简言之，以先决案件和待决案件中的法律事实、法律适用与争议焦点作为要素，区分决定性要素和非决定性要素，决定性要素是指该要素与裁判规则的法律后果直接相关，缺乏决定性要素的一致性将直接否决其成为类案。

五是援引类案进行说理论证。通过类案检索、类案识别、类案匹配等程序，筛选出的类案，可以或者应当被待决案件在说理论证中进行援引和呈现，以此实现裁判标准统一，实现"类案同判"。是否应当进行"显性援引"则可作如下区别处理：作为参照层级最高的"指导性案例"，其遴选条件与发布程序与司法解释同样严格，而且指导性案例的裁判要旨已经从具体案例中抽象出来，经过淬炼和优化，完全可以作为裁判说理的依据，因此对"指导性案例"应当进行"显性援引"。而对于其他层级的类似案例，则只需将相应的类案检索或研究报告作为论证资料以支撑法官的说理论证，而不必要求在裁判文书中呈现。

三、智能化辅助方案

为进一步促进案件裁判尺度统一、提升类案审理质量，切实发挥司法大数据的审判辅助功能，进行类案裁判需要依靠大数据处理技术提供充分的案例数据，同时也需要在人工智能系统辅助下提高办案效率。

一是建立类案检索报告数据库。类案检索报告是人工分析和大数据智能筛选的有机结合,其作用不仅在于避免个案出现“类案不同判”的现象,对于后续案件反复适用亦有重要的参考意义。建立类案检索报告数据库,法官既可以单独进行类案检索制作类案检索报告,亦可直接使用已有类案检索报告,或在已有检索报告的基础上,结合承办案件个性化特点继续予以增加或者删减。但类案检索报告毕竟只是在个案审判过程中形成的资料,要真正地发挥前述功能,必须解决类案检索报告存在的两个方面的特质问题:保密性和具体性。因此,有必要对拟转化共享的类案检索报告进行脱密处理,通过提炼与调整,转化为对类案的调研报告,使之更适于被后案所共享。

二是全国法院类案大数据统一平台。在对已有公开文书进行标签化处理,同时在兼容类案检索报告数据库的基础上,可建立全国统一的具备类案搜索、推送、分析研判功能的类案大数据应用平台,作为类案识别发现和充分利用的有效依托,实现类案裁判规范化、标准化的最终目标。除了类案的搜索功能之外,该统一平台还应当着重发挥智能化自主推送和智能化研判两项功能。前者是指,类案大数据平台随同步对立案信息进行抽取并予以标签化处理,同步推送相关类案、已有检索报告等内容;后者是指,利用人工智能系统,根据上传的起诉状、答辩状、证据、笔录等信息,并结合相关联案件的有效信息予以智能化分析,最终形成智能研判报告,对于案件处理结果提供倾向性意见,供法官参考。

(武汉大学供稿)

编者按:2018 年 8 月以来,上海市第一中级人民法院不断探索类案裁判方法总结工作机制,注重优化审委会对审判实践的指导功能,通过对类案审理中的审判经验及裁判方法进行归纳和提炼,形成统一的思路和方法,借助“审判经验及类案裁判方法通报”载体,全面促进法官裁判案件水平和审判能力的提升,不断提高司法裁判品质,不断提升司法公信力。现节选第 49 期相关内容予以刊登,以供借鉴参考。

企业借贷纠纷案件的审理思路和裁判要点

(2021 年 2 月 8 日　上海市第一中级人民法院审委会办公室编)

企业借贷纠纷,是指法人、非法人组织(以下简称单位)之间融通资金产生的纠纷,但不包括金融机构因发放贷款等相关金融业务引发的纠纷。与自然人间多基于人情往来以借贷方式互帮互助不同,作为商事主体的单位一般有偿出借款项,收取资金占用费以补偿收益损失。同时,企业借贷纠纷中因主体不具备放贷资质而有别于金融机构,不以贷款业务为业,相互间的资金拆借行为仅为满足生产经营的需要。结合企业借贷的临时性、期限短、次数少等特征,本文围绕企业借贷主体的特殊性,以典型案例为基础,对企业借贷纠纷案件的审理思路和裁判要点进行梳理、提炼和总结。

一、典型案例

案例一:涉及借款主体的认定

A 公司和 B 公司签订《借款协议》,载明 B 公司向 A 公司借款 80 万元用于某项目。协议指定 B 公司名下账号收款,程某在落款 B 公司处签名。A 公司按约汇款并载明款项用途为“借款”。另有 A 公司和 B 公司某项目部签订的《补充协议》,程某亦在 B 公司某项目部落款处签名。后 A 公司未收到还款,起诉主张 B 公司还本付息,并列程某为第三人。B 公司否认程某的代理人身份,亦否认与 A 公司存在借贷关系。

案例二:涉及款项性质的认定

C公司从D公司、E公司、F公司处购买货物,支付货款后再与三公司签订多份《购销合同》,约定以高价向三公司出售型号、规格、数量相同的货物。经各方对账,三公司对尚欠C公司的具体款项金额予以确认。后C公司以三公司逾期未付货款为由提起诉讼。三公司辩称涉案合同系名为买卖实为借贷的融资性合同,故不应支付货款,仅需还本付息。

案例三:涉及合同效力的认定

G公司的经营范围不包括金融放贷业务。G公司与H公司签订《贷款合同》约定:H公司为流动资金周转向G公司贷款3000万元,期限2天,年利率为15%;其余条款格式和内容与金融机构格式化贷款合同类似。后H公司逾期未还贷款,G公司提起诉讼。H公司辩称G公司无权从事金融业务,贷款合同应属无效。

二、企业借贷纠纷案件的审理难点

(一)借款主体认定难

审判实践中,由于一些单位管理不规范,借款合同上加盖非备案公章、项目部章、假章,未盖章仅个人签名,载明的借款人、款项用途与实际收款人、款项用途不一致等情形屡见不鲜。当出借人主张还款时,相关单位往往以此为由辩称其并非借款主体。法院一般结合签名人担任的职务或其与单位的关系等具体案情综合认定借款主体。因考量因素和判断标准尚未明确统一,借款主体的认定是审理此类案件的一大难点。

(二)款项性质认定难

企业借贷纠纷案件中,借贷双方往往就收付款项的性质意见不一,继而就是否达成借贷合意产生争议。2020年12月修订的《最高人民法院关于审理民间借贷案件适用法律若干问题的规定》第十四条至第十六条对款项性质认定和举证责任分配作了规定,但未细化借贷合意的具体认定标准。在单位的财务和管理制度不完善、实际操作不规范、书面借款合同缺失的情况下,如何准确认定借贷合意,将借款与货款、工程款、合作款等其他性质款项相区分较为困难。

(三)合同效力认定难

单位间让渡使用闲置资金并获取合理收益,是一种良性的资金互助形式,也是解决短期资金紧缺的有效途径,但若无有效规制,则易出现职业放贷和高利放贷的现象,从而扰乱金融市场秩序。审判实践中,借款人经常以出借人超出经营范围、经常性放贷、高利转贷违法为由主张借款合同无效。虽然《民法典》第一百四十六条、第一百五十三条、第一百五十四条,《最高人民法院关于审理民间借贷案件适用法律若干问题的规定》第十三条,《九民会纪要》第五十二条、第五十三条对认定借款合同无效的具体情形予以规定和说明,但如何根据具体案情准确理解与适用,实践中较难把握。

三、企业借贷纠纷案件的审理思路和裁判要点

面对单位"融资难"、"融资贵"等问题,法院应当鼓励合法合规的企业借贷,支持降低交易成本的交易模式,促进民间资本为实体经济服务。审理企业借贷纠纷案件时,法院既要在司法保护限度内支持出借人的主张,以保障单位多渠道使用资金的权利,又要否定高利转贷和职业放贷的效力,防范化解金融风险,维护金融市场秩序。

(一)借款主体的考量因素

单位借款需由自然人代为洽谈并实际操作,发生争议时可结合合同内容、经办人员身份和盖章签名等情况认定借款主体(如图1所示)。

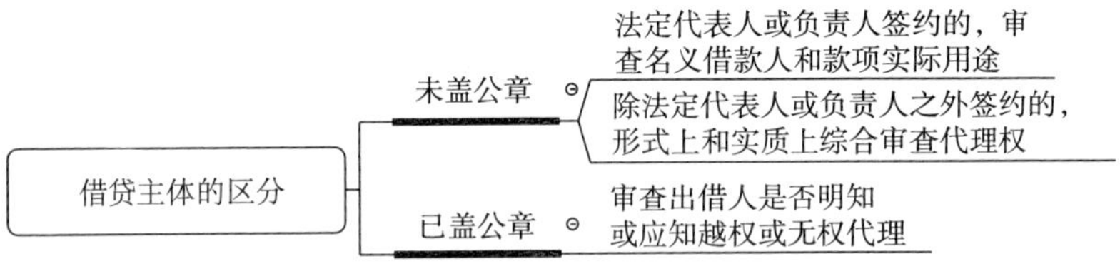

图1 借款主体的考量因素

1. 未加盖单位公章,签约人为单位法定代表人或负责人的,应重点审查款项用途

法定代表人或负责人既可代表单位又可代表个人作出借款行为。审理中,法院可结合款项用途认定借款主体是单位还是个人。法定代表人或负责人以单位名义借款的,原则上由单位还款,但若款项用于个人生活或消费,出借人可将法定代表人或负责人列为共同被告或第三人。法定代表人或负责人以个人名义借款,所借款项用于单位生产经营的,出借人可请求单位与个人共同承担责任。

2. 加盖单位公章但单位否认公章效力,或未加盖单位公章但单位否认签约人代理权的,应重点审查代理权限

法定代表人或有代理权限的人在借款合同上加盖单位公章,表明其是以单位名义借款,除出借人明知或应当知道签约人越权或无权代理等情形外,应由单位承担法律后果。借款合同上未加盖单位公章的,应重点审查签约人与单位的关系及代理权限。若单位否认签约人的代理权限或签约人代理权限不明的,法院可从形式和实质两个方面进行审查。

形式上,法院可审查名义借款人身份、约定款项用途、签约人披露的身份、签约人与单位的关系、盖章情况。若名义借款人是单位或其下属部门,合同上载明借款

用于单位经营或生产,签约人明示借款行为系职务行为或曾出现在涉案项目工地,合同上加盖项目部章或由项目负责人签字确认,出借人也曾核实签约人身份和代理权限等,一般可认定单位为借款主体。反之,应从实质上进一步审查,不能仅因此否定单位为借款主体。

实质上,法院可审查借款所涉单位或项目是否实际存在,签约人是否曾对外代表单位签订类似合同或办理款项结算事宜,款项是否实际转入单位账户或虽未转入单位账户却最终用于单位生产经营。如经审查符合上述条件,法院宜认定单位为借款主体。

如案例一中,根据A公司提供的证据,程某曾对外代表B公司列席相关会议并签字、在B公司函件中代公司签字,可认定其为B公司某项目负责人并构成表见代理。此外,本案合同约定和实际收款人均为B公司,所涉项目实际施工方也是B公司。因此,法院认定B公司为借款人,判决支持A公司的全部诉请。

(二)款项性质的审查要点

实践中,单位间可能存在买卖、建设工程、运输、合伙投资等多种法律关系,即便双方签订书面合同或收款方出具收款凭证,亦可能因往来较多而难以区分款项性质。此类案件中的借款可能由货款、工程款、运费、合作款等其他性质款项转化而成,也可能借用其他性质款项的名义或与其他性质款项混杂,并因此引发纠纷。

审判实践中,法院应着重审查单位间是否达成借款合意。借款合意体现在内心意思和外部表示两个方面,内心意思一般通过外部表示显现出来。现就审判实践中经常出现的三种情况,从不同角度综合判断借款合意是否成立:

1. 付款方主张借款合意是在双方就货款、工程款等其他性质款项协商时达成,借款由其他性质款项转化而成的

(1)审查转化前的法律关系

款项性质转化前提是转化前的金钱债务对应的基础法律关系真实合法。对此,法院可要求当事人提供合同、履行情况等证明材料,以判断转化债务性质的动机是善意的固定债权债务金额还是逃避责任并掩盖非法目的。

(2)审查借款合意的形成

当事人以"借据"等形式对其他基础法律关系形成的债务进行更新、产生新债务时,应就新债务是借款达成合意予以明确,否则无法完成款项性质的转化,法院对此应着重审查。

2. 付款方主张内心意思和外部表示不一致,即付款方主张款项性质名为其他性质款项实为借款的

部分单位为融资签订虚假的买卖、投资等合同,约定一方仅提供资金,不实际

收货、不承担投资风险、不参与单位管理,另一方保证在一定时间内返还款项且按一定利率支付收益,并将货物、房产等实体资产作为融资的担保资产。此时,法院应结合合同约定、双方陈述及实际履行情况,参考市场上常见的交易模式,探寻双方的真实意思表示。具体可从以下三个方面审查:

(1)审查交易模式下资产流转状态

若货币转移一定期限后再次回转至原权利人名下且款项金额有所增加,实物资产权利暂时转移最终又返还原权利人,一般应认定双方合意为通过出借款项获取利息收入或将实物资产作为融资担保,增值部分实为利息,双方的意思表示实为建立借贷关系。

(2)审查缔约的真实意思及履约行为反映的合同目的

每个单位均有经营范围和运营资本,其对外的交易行为和目的一般应与经营范围和能力相符。若购买货物的类型、标的、数量与单位日常生产经营严重不符,合同约定货物无须实际交付购买方而是层层转售给下家,且价格略有提高等,则应重点审查合同的真实目的是否为借贷。

(3)审查合作模式是否符合交易习惯和行业惯例

买卖货物、房产通常是为了生产消耗和生活居住,而投资、合伙项目是为了获取机会利益。相关交易内容一般会在合同中载明,且客观存在相应生产生活的需要或项目运营的实体。部分单位将上述合同所涉标的打包转售、转移债权债务,则明显不符合交易习惯和行业惯例,应考虑该类合同实为借贷合同。

如案例二中,C公司以低价从D、E、F公司处购买货物,经多层转售,最终又将同一批货物加价出售给这三家公司。虽然C公司与之签订的均为《购销合同》,合同中约定了货物名称、价格、交货时间和违约条件等,形式上符合买卖法律关系的基础要件和特征,但从多份合同的交易对象、交易模式及实际履行情况来看,各公司就相同型号、数量的货物形成连环买卖关系,仅有C公司的付款行为,各公司间却无实物交付,实质上不符合买卖合同特征。C公司的真实意思是借买卖合同之名出借资金,通过销售差价收取利息,即名为买卖实为借贷。

3. 借贷关系与其他法律关系发生混同的

(1)债务产生原因

借款债务基于借款事实产生,出借方应已实际出借款项。其他债务基于买卖、建设工程等基础法律关系,应重点审查是否签订相应合同,一方是否已履行实际交货、提供服务等合同义务,另一方是否已实际支付对价,即债务产生的基础事实是否真实存在。一方主张已实际支付对价的,应审查款项交付细节;若查明情况属实,另一方应作出合理解释,否则其借贷的意思表示缺乏行为载体,不应得到支持。此外,当双方之前从未有过业务往来,又无书面借款合同,一方主张借款而另一方否认时,法院应重点审查款项支付背景和借款合意过程。

(2)意思表示内容

对当事人真实意思表示的发现有赖于法院对在案证据的全面审查。借款的形式主要体现为借条、借据,真实的借款合意内容一般应包括本金、利息计算方式、还款期限等。若借条、借据等证据所载内容仅包括还款日期和金额,本息计算方式和出借日期等均约定不明,则法院应结合争议双方之间的关系及收付款项的用途、流转情况等进行综合判断。

例如,母子公司、关联公司间多为控股、投资关系,为逃避税收或实现资金在集团内部流转,付款方的账户往往被控制或受指示向收款方划转大量资金。此时,付款方主张该款为借款的,法院应着重审查双方实际控制情况、款项流转时间和方向、转账凭证注明的用途和催讨情况,若有异常应加重付款方的举证责任,若付款方无法合理解释和说明,则应承担举证不能的法律后果(如图2所示)。

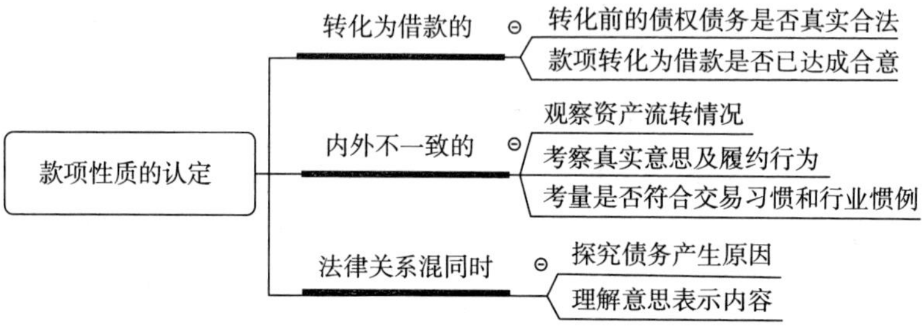

图2 款项性质的认定

(三)合同效力的审查要点

20世纪90年代,相关法规和政策通过对非法金融活动的取缔,间接认定企业借贷无效。随着司法理念的转变和一系列法律法规的颁布实施,法院对企业借贷的效力认定转变为原则上有效、特殊情形无效。实践中,法官需深入理解相关法律法规,准确适用合同无效的相关条款,审慎判断合同效力,重点把握三个标准并审查三个方面:

1. 三个标准

(1)资金来源是否合法

企业借贷中,出借人的资金必须是自有资金。出借人通过套取金融机构信贷资金、向其他营利法人借贷、向本单位职工集资或者向公众非法吸收存款等方式取得资金进行转贷的,不仅增加了真正需要资金的企业融资成本,也扰乱了金融监管秩序。根据《最高人民法院关于审理民间借贷案件适用法律若干问题的规定》第十三条第一、二项规定，应认定此类民间借贷行为无效。

针对上述情况，法院在审查合同效力时应注意把握以下几点：第一，借款人能够举证证明在签订借款合同时出借人尚欠银行贷款未还的，一般可推定出借人套取信贷资金，但出借人能够反证予以推翻的除外。第二，判断案涉款项是否为出借人向其他营利法人借取，可结合出借人内部财务报表、资金流动情况和对外涉诉情况综合认定，出借人能够作出合理解释并有相关证据予以佐证的除外。第三，向本单位职工集资所获取的款项应专款专用，虽然此类款项来源合法，但若为单位挪用并转贷，则会导致借贷合同无效。第四，判断是否构成向公众非法吸收存款，可从吸收存款数额、资金来源主体数量和造成存款人直接经济损失金额三个方面综合审查。

(2)出借人是否以放贷为业、以营利为目的

向社会不特定对象提供借款是金融机构的业务范围，属于金融监管体系范畴。单位作为生产经营主体不具备放贷资格，相互间的资金拆借具有临时性和偶然性。若单位以此为业，向社会不特定对象提供借款，并将放贷收入作为主要收入来源，则可能导致单位的主营业务由生产经营转变为专门从事放贷，变相逃避金融监管从而扰乱金融秩序。此种情况下，出借人可被认定为职业放贷人，借贷行为和合同应依法认定无效。实践中，同一出借人在一定期间内多次反复从事有偿民间借贷行为的，一般可认定为职业放贷人。对此，法院可结合本地区的经济发展情况、单位的注册资本、经营能力、资金流转、借贷数额、借贷频率、利息约定、借贷收益占企业收入比例、借贷主体关系等综合认定。

正常企业间借贷一般是在一方自有资金宽裕、另一方资金困难或生产经营急需的情况下发生，既可缓解单位资金压力，又可提高资金利用效率实现单位间互利互助，而并非以营利为目的。部分单位由于怠于发展实业，利用自己的资金优势，以营利为日的向社会不特定对象提供借款并借此获取高额利息，不仅违背企业借贷的初衷，也因脱离市场监管而扰乱正常的金融秩序。根据《最高人民法院关丁审理民间借贷案件适用法律若干问题的规定》第十三条第三项规定，应认定此类借贷合同无效。法院认定出借人是否以营利为目的，应结合出借人资金成本、借款利率和计算方式等综合审查。

(3)借款用途是否合法

企业借贷中，若借款人借款目的是从事黄赌毒等违法活动，出借人对此事先明知或应当知道仍提供借款并与之签订借贷合同的，根据《最高人民法院关于审理民间借贷案件适用法律若干问题的规定》第十三条第四项规定，应认定为无效。

2. 三个方面

除了上述三个标准外,法院还应着重审查以下三个方面:

第一,审查借贷双方是否恶意串通,损害他人合法权益。恶意串通损害他人合法权益的,该借贷行为无效。第二,审查借贷双方实施借贷行为的意思表示是否真实。意思表示虚假的,借贷合同无效,应依照相关法律规定认定隐藏的民事法律行为效力。第三,审查借贷合同是否违反法律、行政法规的强制性规定、是否违背公序良俗。对于“强制性规定”的性质,法院应在考量保护的法益类型、违法行为的法律后果及交易安全保护等因素的基础上审慎认定。若违反规章一般情况下不影响合同效力,但该规章的内容涉及金融安全、市场秩序、国家宏观政策等公序良俗的,应当认定借贷合同无效。法院在认定规章是否涉及公序良俗时,要在考察规范对象基础上,兼顾监管强度、交易安全保护以及社会影响等方面进行慎重考量。

如案例三中,根据《民法典》第一百五十三条规定,综合借款合同内容类似金融机构格式化贷款合同、出借人在一定时期的资金出借行为经常反复、借款目的具有营利性、出借人经营范围等因素,G公司与H公司签订的《贷款合同》因违背涉及金融安全、市场秩序等公序良俗而无效。H公司仅需归还收到的款项及合理的资金占用费,无须支付高额的利息(见图3)。

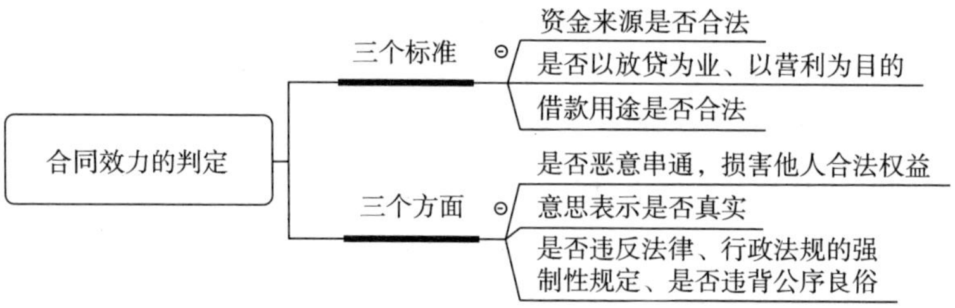

图3 合同效力的判定

(四)利息支付的审查要点

利率问题是民间借贷纠纷的核心问题。因借贷主体为企业,企业借贷纠纷中利率标准的审查标准和依据与自然人借贷纠纷略有不同,应注意区分、准确把握。根据《最高人民法院关于审理民间借贷案件适用法律若干问题的规定》第三十一条规定,该规定施行后法院新受理的一审民间借贷纠纷案件应遵循以下审查标准:

1. 未约定利息的,不予支持

根据《民法典》第六百八十条第二款、《最高人民法院关于审理民间借贷案件适用法律若干问题的规定》第二十四条第一款规定,借款合同对支付利息没有约定的,视为没有利息;出借人主张支付利息的,法院不予支持。

2. 利息约定不明的，可酌情支持

根据《民法典》第六百八十条第三款、《最高人民法院关于审理民间借贷案件适用法律若干问题的规定》第二十四条第二款规定，借款合同对支付利息约定不明确，出借人主张支付利息的，法院应结合民间借贷合同内容，并根据当地或当事人的交易方式、交易习惯、市场利率等因素确定利息；自然人间借贷的，视为没有利息。审判实践中，由于融资成本的客观存在，法院一般会支持单位主张的资金占用损失。

3. 明确约定利率的，在司法保护范围内予以支持

根据《最高人民法院关于审理民间借贷案件适用法律若干问题的规定》第二十五条、第三十一条等相关规定，借贷合同中明确约定利率的，应结合案件受理和借贷合同成立时间综合认定：

第一，2020 年 8 月 20 日前受理的一审案件，利率标准按原规定执行，年利率最高可为 24%。

第二，2020 年 8 月 20 日后受理的一审案件，若借贷合同成立于 2020 年 8 月 20 日之前，可分段计息。当事人请求适用当时的司法解释规定计算自合同成立至 2020 年 8 月 19 日的利息部分，法院应予支持；对于自 2020 年 8 月 20 日至借款返还之日的利息部分，应适用起诉时规定的利率保护标准计算，即不得超过起诉时一年期贷款市场报价利率 4 倍。若借贷合同成立于 2020 年 8 月 20 日之后，利率不得超过合同成立时一年期贷款市场报价利率 4 倍。

第三，上述“一年期贷款市场报价利率”是指中国人民银行授权全国银行间同业拆借中心自 2019 年 8 月 20 日起每月发布的一年期贷款市场报价利率（见图 4）。

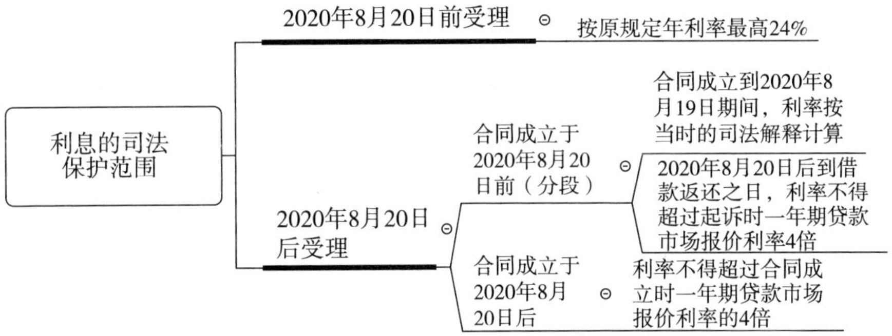

图 4　利息的司法保护范围

4. 关于逾期利息，区分不同情况处理

根据《最高人民法院关于审理民间借贷案件适用法律若干问题的规定》第二十八条、第二十九条规定，逾期利息的审查应区分以下两种情况：

第一种情况,逾期利率有约定的从约定,但以不超过合同成立时一年期贷款市场报价利率四倍为限,超过部分不予支持。既约定逾期利率,又约定违约金或其他费用的,出借人可以选择主张,亦可一并主张,但总计以合同成立时一年期贷款市场报价利率四倍为限,超过部分不予支持。

第二种情况,逾期利率未约定或约定不明的,若借期内利率亦未约定,出借人主张借款人自逾期还款之日起参照当时一年期贷款市场报价利率标准计算的利息承担逾期还款违约责任的,法院应予支持;若已约定借期内利率,出借人主张借款人自逾期还款之日起按照期内利率支付资金占用期间利息的,法院应予支持。

5. 单位破产时,借款利息自破产申请受理时停止计算,担保债务亦应停止计息

法院受理破产申请后,根据《企业破产法》第四十六条规定,未到期的债权,在破产申请受理时视为到期,附利息的债权自破产申请受理时起停止计息。鉴于担保合同属于从合同,担保人承担的责任应以主债务为限,故担保债务亦应停止计息,保障担保人的合法权益(见图5)。

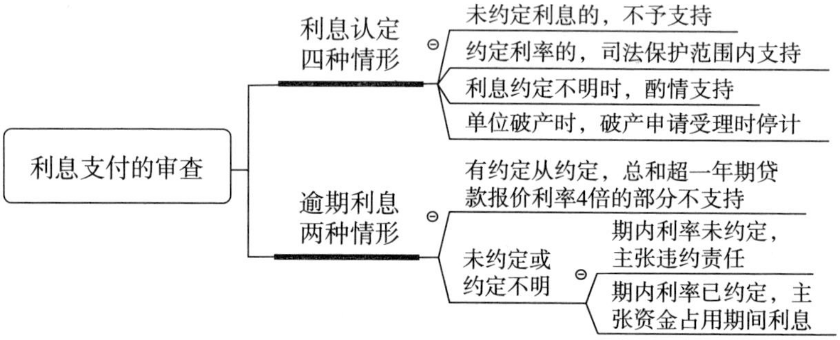

图5 利息支付的审查

(五)举证责任的审查要点

企业借贷中,部分单位管理不规范或出于信任未签订书面合同,部分单位虽签订书面合同但约定内容不明确或未按约履行的,诉讼中双方易就借款主体、款项性质和合同履行情况等发生争议,对此法院应合理分配举证责任。

1. 初步举证责任分配

根据"谁主张,谁举证"的诉讼规则,出借人向法院提起借贷诉讼时,应就借贷关系的成立承担初步举证责任。根据《最高人民法院关于审理民间借贷案件适用法律若干问题的规定》第二条规定,出借人应提供借据、收据、欠条等债权凭证以及其他能够证明借贷法律关系存在的证据。

为保护当事人的诉权,现行法律法规对出借人的举证责任程度要求不高,债权凭证内容达到可反映债权债务关系存在即可,表现形式除了借据、收据、欠条,还包括转账单、债权债务结算单、债权债务汇总凭证、委托理财合同、名为买卖实为借贷

的合同等。除债权凭证等书证外，证据形式还包括当事人陈述、视听资料和电子数据等，亦仅需初步证明借贷法律关系存在即可。需要注意的是，即使债权凭证未载明债权人，持有人也可据此提起诉讼。在被告对持有人的债权人资格提出抗辩并提供事实依据的情况下，法院经审查认为原告不具有债权人资格的，应裁定驳回起诉。

2. 举证责任的转移

原告依据债权凭证等提起借贷诉讼后，被告的抗辩理由主要有两种：一是否认存在借贷关系，认为债权纠纷并非借贷行为引起，双方之间另有其他基础法律关系，并提供相关合同、对账凭证、承诺函等证据。二是未否认存在借贷关系，但辩称借贷行为未实际发生或已偿还借款并提供还款凭证等证据。

对于第一种情况，法院应依法审查被告提供的证据是否达到法定证明标准，是否足以动摇法院对原告举证所形成的内心确信，以至于原告达不到证明借贷关系成立的最低要求。因此，被告只需提供证据证明原告主张的债权债务纠纷由借贷行为引起这一事实不确定即可。至于双方之间系何种法律关系，由法院综合双方提供的证据加以认定，并按照基础法律关系进行审理。

对于第二种情况，法院应重点审查原告的款项交付情况。若原告可提供转账凭证或其他交付凭证并作合理说明，足够证明款项已实际交付，被告的该项抗辩不成立；若原告主张现金交付，法院可结合债权凭证的行文内容、借贷金额、当事人的经济能力、当地或当事人间的交易方式、交易习惯、财产变动情况等因素综合认定。被告主张已偿还借款的，在被告提供相应证据证明其主张后，原告仍应就借贷关系的存续承担举证责任；若提供的证据不足以证明其主张，法院不予采纳。

在没有债权凭证等其他证据、原告仅依据金融机构转账凭证提起诉讼的情况下，鉴于出借人对于借贷关系的证明存在困难，法院可认定此时出借人对借贷关系完成初步举证。被告应对收到款项的性质作出合理说明，若其主张原告的转账系偿还双方之前借款或其他债务，应提供相应证据证明。当该证据足以证明其主张时，举证责任转移至原告，原告需就借贷关系的成立进一步举证，否则应承担举证不利的法律后果。

（六）特殊的借贷形式——委托贷款

委托贷款是企业借贷的一种特殊形式，是指出借人（委托人）提供资金并确定贷款对象、用途、金额、期限、利率等，委托银行等金融机构（受托人）代为发放、监督使用并协助收回贷款的借贷形式。一方面，委托贷款由金融机构代为放贷，属于国家金融监管范畴；另一方面，出借人作为委托人实际享有贷款利息收益，且承担借款人不还款或逾期还款等风险。委托贷款兼具金融借款与民间借贷的部分特点，审查时应注意以下几个方面：

1. 诉讼主体资格

根据《民法典》第925条的规定,受托人可以借款合同纠纷为由向法院提起诉讼;受托人坚持不起诉的,委托人可以受托人为被告、借款人为第三人提起诉讼。由此可见,委托人和受托人均可作为诉讼主体参加诉讼。

2. 权利义务责任

(1)对外责任

委托人、受托人和借款人签订的委托贷款合同为主合同,受托人和担保人为主合同项下的债务履行签订从合同即担保合同。担保人在订立担保合同时知道委托人和受托人间代理关系的,在没有确切证据证明担保合同只约束受托人的情况下,担保合同效力及于委托人。委托人和受托人均有权就登记在对方名下的抵押物主张优先受偿或要求担保人向其承担担保责任。

(2)对内责任

委托人实际承担借款人不还款或逾期还款的风险。受托人同意委托人的请求,就借款人履行委托贷款合同约定义务向委托人作出连带责任保证承诺并出具保函的,该保函依法有效,受托人应承担保证责任。此外,有偿的委托贷款合同中受托人应尽到注意义务,若未按正常程序规范办理手续、存在过错,并给委托人造成损失,其应承担赔偿责任。

3. 利息标准

鉴于委托贷款根据委托人意志确定合同主要条款,委托人享有贷款利息收益等合同主要权利,且委托贷款与民间借贷在资金来源相同的基础上亦可推定其资金成本大致等同,法院在确定委托贷款合同的利率上限时可参照民间借贷的相关规则,对不高于法律保护利率水平的应予认可。若合同约定受托人就委托贷款向借款人提供财务顾问服务并收取相应费用,只要该服务真实有效,借款人主张已支付的服务费作为贷款利息予以抵扣的,法院不应予以支持。

4. 委托贷款关系的转化

合同约定还本付息期限届满的情况下,当事人约定将委托贷款关系转为一般借贷关系,此时金融机构不再担任受托人。此种转化并未实质改变借贷关系的当事人,也未改变借款合同的权利义务关系,不会导致主债权或从权利的消灭。

四、其他需要说明的问题

本院已发布的《自然人之间民间借贷案件的审理思路和裁判要点》所涉自然人借贷与企业借贷相同之处,如款项交付的认定、“砍头息”的处理、虚假诉讼和套路贷的识别等问题,本文不再赘述。企业借贷合同纠纷原系借款合同纠纷案由下的子案由,2021 年 1 月修订后施行的《民事案件案由规定》已删除该案由,但该类案件客观存在,对其进行梳理总结有助于提升该类案件的审判质量。

（根据商事庭郑军欢、刘洁提供材料整理）

【案例工作】

最高人民法院关于规范高级人民法院制定审判业务文件编发参考性案例工作的通知

(2020年12月1日　法〔2020〕311号)

各省、自治区、直辖市高级人民法院,解放军军事法院,新疆维吾尔自治区高级人民法院生产建设兵团分院:

为统一法律适用,根据《中华人民共和国立法法》《中华人民共和国人民法院组织法》《最高人民法院　最高人民检察院关于地方人民法院、人民检察院不得制定司法解释性质文件的通知》等相关规定,现就高级人民法院制定审判业务文件、编发参考性案例工作通知如下。

一、高级人民法院应当加强对新类型、疑难复杂案件法律适用问题的研究,及时总结审判经验,可以通过制定审判业务文件、编发参考性案例等方式进行审判指导。

二、高级人民法院制定的审判业务文件、编发的参考性案例应当符合宪法、法律规定和立法精神,弘扬社会主义核心价值观,不得与司法解释、指导性案例相冲突。

三、对高级人民法院制定的审判业务文件、编发的参考性案例,不得在裁判文书中援引作为裁判依据。

四、高级人民法院制定审判业务文件可以采用"纪要""审判指南"等形式,不得使用"规定""解释""决定""批复"或"指导意见"等司法解释或司法解释性质文件的名称,不得采用司法解释的体例。

高级人民法院编发的参考性案例可以参照最高人民法院指导性案例的体例。

五、高级人民法院制定的审判业务文件应当使用统一规范的发文字号。

六、高级人民法院的审判业务庭,以及中级、基层人民法院不得制定审判业务文件，编发的案例不得称为指导性案例或参考性案例。

七、高级人民法院应当坚持问题导向，注重实际效果，制定审判业务文件前应当就制定的必要性进行研究论证。制定审判业务文件、编发参考性案例应当经审判委员会讨论通过。

八、高级人民法院制定审判业务文件应当报送最高人民法院审查。报送时应提交审判委员会讨论通过的文本、相关说明及电子版等材料。

九、最高人民法院收到报送审查的审判业务文件后，由研究室统一编号登记送交有关审判业务部门进行审查，有关审判业务部门在收到后一个月内提出审查意见。高级人民法院根据审查意见对审判业务文件进行修改后，印发辖区内人民法院参考。

十、高级人民法院制定的审判业务文件、编发的参考性案例应当在正式印发后十五日内报送最高人民法院备案。

十一、高级人民法院应当建立审判业务文件、参考性案例清理工作机制，根据新公布的法律、司法解释，及时进行清理并向最高人民法院备案。

十二、对本通知下发前的审判业务文件、参考性案例，高级人民法院应当及时进行清理，需继续作为审判业务文件、参考性案例的，于本通知下发后三个月内报送最高人民法院备案。

十三、高级人民法院收到最高人民法院转交的有关机关、组织、个人反映审判业务文件、参考性案例存在问题的建议函后，应当在一个月内提出书面研究意见报最高人民法院。

十四、高级人民法院制定审判业务文件向同级人大常委会备案的，应当按照全国人大常委会及同级人大常委会的有关规定执行。

十五、最高人民法院研究室负责高级人民法院制定审判业务文件、编发参考性案例的指导及管理工作。

高级人民法院应当由专门部门负责本院审判业务文件、参考性案例的管理、备案等工作。

十六、高级人民法院应当严格执行审判业务文件、参考性案例审查备案规定，违反本通知有关规定的将追究相关单位和人员责任。

十七、在执行本通知过程中遇到问题的，应当及时向最高人民法院报告。

最高人民法院办公厅关于印发《人民法院审判业务文件、参考性案例备案工作办法》的通知

(2021年4月6日　法办〔2021〕133号)

各省、自治区、直辖市高级人民法院,解放军军事法院,新疆维吾尔自治区高级人民法院生产建设兵团分院;本院各单位:

为贯彻落实中共中央关于进一步深化司法责任制综合配套改革的重要任务,2020年12月,最高人民法院印发了《关于规范高级人民法院制定审判业务文件编发参考性案例工作的通知》(法〔2020〕311号),建立了审判业务文件、参考性案例备案制度。为进一步明确备案工作要求,最高人民法院制定了《人民法院审判业务文件、参考性案例备案工作办法》。现予以印发,请认真遵照执行。

人民法院审判业务文件、参考性案例备案工作办法

为进一步规范审判业务文件、参考性案例备案程序,完善统一法律适用机制,不断提升审判监督指导工作水平,根据《最高人民法院关于规范高级人民法院制定审判业务文件编发参考性案例工作的通知》(以下简称《通知》),现制定备案工作办法如下:

一、高级人民法院通过制定审判业务文件、编发参考性案例进行审判业务指导,应当按照《通知》要求向最高人民法院报送备案。

正在实行试点工作的中级人民法院或经济特区所在地的中级人民法院确需制定适用于本辖区人民法院的特别审判业务规范的,报辖区内高级人民法院,由高级人民法院制定适用于该辖区的审判业务文件。

二、高级人民法院制定审判业务文件、编发参考性案例,应当符合宪法、法律规定和立法精神,弘扬社会主义核心价值观,不得与司法解释、指导性案例冲突或重

复上位法已有的规定。

高级人民法院应当坚持问题导向，深入调研，广泛论证，逐步完善审判业务文件、参考性案例工作程序，促进审判业务文件、参考性案例工作规范化、制度化，解决审判执行中法律适用和裁判尺度不统一、办案标准有差异等问题。

三、审判业务文件一般应当符合以下条件：

（一）对新类型、疑难复杂案件的法律适用、事实认定、证据审查以及诉讼程序等问题的审判经验总结；

（二）对当事人的实体和程序权利义务有实际影响；

（三）指导辖区内人民法院审判执行工作，统一法律适用和裁判尺度；

（四）供辖区内人民法院在审判执行工作中作为参考。

四、下列文件不属于审判业务文件：

（一）人事任免、职能分工、教育培训、表彰奖励、纪律处分、装备财务等内部司法行政管理类文件；

（二）没有裁判规则内容的会议纪要、工作程序和技术操作规程；

（三）具体事项、案件的通报或处理决定；

（四）裁判文书制作规范、案件评查、流程管理等审判管理类文件；

（五）贯彻落实不含有裁判规则内容的政策、会议精神或上级机关要求的文件；

（六）其他不涉及审判业务规范的文件。

五、根据《通知》第四条，审判业务文件的标题可以使用“纪要”“审判指南”“解答”等具有规范、参考性质的名称，不得使用“规定”“解释”“决定”“批复”“指导意见”等名称。

审判业务文件不得采用“条、款、项、目”等法律、司法解释的体例。

六、高级人民法院应当向最高人民法院研究室报送审判业务文件审查材料，审判委员会讨论通过的文本、相关说明及报送审查报告。

相关说明内容包括：起草背景、意义和必要性；征求意见情况；主要争议问题说明；参考的案例或类案检索分析报告；相关法律法规、司法解释依据及适用关系的处理情况等，并附相关法律法规条文。

报送审查报告需说明审判业务文件的基本情况，审判委员会讨论情况，附联系人及联系方式等。

审判业务文件报送审查时，需提交纸质版一份及电子版。电子版通过光盘或内网 COCALL 报送。

七、审判业务文件确需与其他部门联合发文的，应与联合发文单位做好沟通工作，需会签单位都同意后，再形成相关材料报送最高人民法院审查。

八、最高人民法院研究室对报送的审判业务文件的材料是否齐全、审判业务文件的形式进行审查。

经审查发现材料不齐全或者不符合要求的,通知高级人民法院补充、修改。

经审查认为不属于审判业务文件的,经报研究室领导审批后退回并说明理由;属于审判业务文件的,根据最高人民法院内部职能分工确定审查部门,经研究室分管院领导审批后分送审判业务部门或综合业务部门进行审查。

九、根据《通知》第二条、第七条等规定,审查部门应当按照下列要求对审判业务文件的内容进行审查:

(一)符合宪法、法律规定,不存在重复、冲突;

(二)符合司法解释、指导性案例,不存在重复、冲突;

(三)符合社会主义核心价值观;

(四)坚持问题导向,解决审判实际问题;

(五)主要争议问题与解决方案准确、妥当;

(六)内容有相应的法律依据,符合相关法律原则精神;

(七)其他应当审查的内容。

十、审查部门应当认真研究,收到审判业务文件后十五日内提出书面审查意见。必要时,可以向有关部门征求意见。书面审查意见应当经主审法官会议或部门业务会议讨论并报部门分管院领导审批后送研究室。

十一、审查部门按照下列情形对审判业务文件提出审查意见:

(一)内容符合《通知》及本办法相关要求的,同意制定审判业务文件;

(二)符合制定审判业务文件条件但对内容有修改意见的,同意制定审判业务文件并提出具体修改意见及理由;

(三)制定依据不充分、条件不成熟、超越权限或其他不符合制定审判业务文件条件的,退回并说明理由。

十二、研究室对审查部门提出的审查意见进行复核,草拟审查意见复函。复函应当经常务副院长审签后送办公厅函复高级人民法院,使用“法办函”文号发文。

十三、高级人民法院印发审判业务文件、参考性案例应当分别使用统一的文号。有条件的高级人民法院可以使用专门文号,以与其他公文区别。

十四、高级人民法院公开发布审判业务文件、参考性案例的,应当同时做好舆情研判工作和信息公开保密审查工作,制定应对预案,履行相关手续,有效防控舆情风险。

十五、最高人民法院研究室负责审判业务文件、参考性案例的备案工作,对报送备案的文件进行登记、归档。

审判业务文件、参考性案例应当在正式印发后十五日内报送最高人民法院研究室备案。备案材料包括:审判业务文件、参考性案例纸质版三份及电子版,同时报送备案报告。

审判业务文件备案报告须说明根据最高人民法院审查意见的修改情况,附联系人及联系方式等。

参考性案例备案报告须说明报送参考性案例的基本情况,审判委员会讨论情况,附联系人及联系方式等。

十六、高级人民法院制定的审判业务文件、参考性案例不得在法律文书中援引。辖区内的人民法院在案件审判或裁判文书说理时可以参考审判业务文件、参考性案例。

十七、高级人民法院应当及时对审判业务文件进行全面清理。对《通知》下发前的审判业务文件,如认为需要继续作为审判业务文件的,应当按照《通知》要求报送备案。

全面清理工作完成后需形成书面清理报告,经审判委员会讨论通过后报送最高人民法院研究室。书面清理报告内容包括:清理范围、审委会决议情况、保留的目录及正文,废止目录等。

十八、最高人民法院研究室负责全国人大常委会法工委转递公民对高级人民法院审判业务文件的审查建议函的办理工作。

研究室收到转递函后送高级人民法院提出意见,并根据情况征求审判业务部门意见,草拟研究意见报送全国人大常委会法工委。

十九、最高人民法院研究室负责报送备案工作的监督指导,定期通报备案工作情况,并通过最高人民法院网站发布审判业务文件、参考性案例。

高级人民法院应当明确归口管理部门,由专门部门统一负责本院审判业务文件、参考性案例的管理、备案等工作。高级人民法院有关部门应当制定相关实施办法,细化工作程序,加强审判业务文件、参考性案例的管理工作。

二十、最高人民法院研究室对高级人民法院报送审查备案工作进行督促检查,并适时将漏报、迟报情况予以通报。审判业务文件、参考性案例应当报送审查备案而未报送审查备案的,高级人民法院应当作出说明。

最高人民法院发现高级人民法院制定的审判业务文件、编发的参考性案例与现行法律法规、司法解释、指导性案例相抵触的,应当监督其纠正。

二十一、本办法自 2021 年 4 月 25 日起实施。

最高人民法院关于部分指导性案例不再参照的通知

(2020年12月29日 法〔2020〕343号)

各省、自治区、直辖市高级人民法院,解放军军事法院,新疆维吾尔自治区高级人民法院生产建设兵团分院:

为保证国家法律统一正确适用,根据《中华人民共和国民法典》等有关法律规定和审判实际,经最高人民法院审判委员会讨论决定,9号、20号指导性案例不再参照。但该指导性案例的裁判以及参照该指导性案例作出的裁判仍然有效。

本通知自2021年1月1日起施行。

最高人民法院　最高人民检察院
关于执行《中华人民共和国刑法》
确定罪名的补充规定(七)

(2021 年 2 月 22 日最高人民法院审判委员会第 1832 次会议、2021 年 2 月 26 日最高人民检察院第十三届检察委员会第六十三次会议通过　法释〔2021〕2 号)

根据《中华人民共和国刑法修正案(十)》(以下简称《刑法修正案(十)》)、《中华人民共和国刑法修正案(十一)》(以下简称《刑法修正案(十一)》),结合司法实践反映的情况,现对《最高人民法院关于执行〈中华人民共和国刑法〉确定罪名的规定》《最高人民检察院关于适用刑法分则规定的犯罪的罪名的意见》作如下补充、修改:

刑法条文	罪名
第一百三十三条之二 (《刑法修正案(十一)》第二条)	妨害安全驾驶罪
第一百三十四条第二款 (《刑法修正案(十一)》第三条)	强令、组织他人违章冒险作业罪 (取消强令违章冒险作业罪罪名)
第一百三十四条之一 (《刑法修正案(十一)》第四条)	危险作业罪
第一百四十一条 (《刑法修正案(十一)》第五条)	生产、销售、提供假药罪 (取消生产、销售假药罪罪名)
第一百四十二条 (《刑法修正案(十一)》第六条)	生产、销售、提供劣药罪 (取消生产、销售劣药罪罪名)
第一百四十二条之一 (《刑法修正案(十一)》第七条)	妨害药品管理罪

续表

刑法条文	罪名
第一百六十条 (《刑法修正案(十一)》第八条)	欺诈发行证券罪 (取消欺诈发行股票、债券罪罪名)
第二百一十九条之一 (《刑法修正案(十一)》第二十三条)	为境外窃取、刺探、收买、非法提供商业秘密罪
第二百三十六条之一 (《刑法修正案(十一)》第二十七条)	负有照护职责人员性侵罪
第二百七十七条第五款 (《刑法修正案(十一)》第三十一条)	袭警罪
第二百八十条之二 (《刑法修正案(十一)》第三十二条)	冒名顶替罪
第二百九十一条之二 (《刑法修正案(十一)》第三十三条)	高空抛物罪
第二百九十三条之一 (《刑法修正案(十一)》第三十四条)	催收非法债务罪
第二百九十九条 (《刑法修正案(十》)	侮辱国旗、国徽、国歌罪 (取消侮辱国旗、国徽罪罪名)
第二百九十九条之一 (《刑法修正案(十一)》第三十五条)	侵害英雄烈士名誉、荣誉罪
第三百零三条第三款 (《刑法修正案(十一)》第三十六条)	组织参与国(境)外赌博罪
第三百三十四条之一 (《刑法修正案(十一)》第三十八条)	非法采集人类遗传资源、走私人类遗传资源材料罪
第三百三十六条之一 (《刑法修正案(十一)》第三十九条)	非法植入基因编辑、克隆胚胎罪
第三百四十一条第一款	危害珍贵、濒危野生动物罪 (取消非法猎捕、杀害珍贵、濒危野生动物罪和非法收购、运输、出售珍贵、濒危野生动物、珍贵、濒危野生动物制品罪罪名)
第三百四十一条第三款 (《刑法修正案(十一)》第四十一条)	非法猎捕、收购、运输、出售陆生野生动物罪
第三百四十二条之一 (《刑法修正案(十一)》第四十二条)	破坏自然保护地罪

续表

刑法条文	罪名
第三百四十四条	危害国家重点保护植物罪 （取消非法采伐、毁坏国家重点保护植物罪和非法收购、运输、加工、出售国家重点保护植物、国家重点保护植物制品罪罪名）
第三百四十四条之一 （《刑法修正案（十一）》第四十三条）	非法引进、释放、丢弃外来入侵物种罪
第三百五十五条之一 （《刑法修正案（十一）》第四十四条）	妨害兴奋剂管理罪
第四百零八条之一 （《刑法修正案（十一）》第四十五条）	食品、药品监管渎职罪 （取消食品监管渎职罪罪名）

本规定自2021年3月1日起施行。

最高人民法院印发《关于修改〈民事案件案由规定〉的决定》的通知

(2020年12月29日 法〔2020〕346号)

各省、自治区、直辖市高级人民法院,解放军军事法院,新疆维吾尔自治区高级人民法院生产建设兵团分院:

现将《最高人民法院关于修改〈民事案件案由规定〉的决定》印发给你们,请认真贯彻执行。

最高人民法院关于修改《民事案件案由规定》的决定

根据《中华人民共和国民法典》《中华人民共和国民事诉讼法》等法律规定,结合人民法院民事审判工作实际,对2011年2月18日第一次修正的《民事案件案由规定》作如下修改:

一、修改第一级案由3个

1. 变更第一级案由“第四部分 合同、无因管理、不当得利纠纷”为第一级案由“第四部分 合同、准合同纠纷”。

2. 变更第一级案由“第十部分 适用特殊程序案件案由”为第一级案由“第十部分 非讼程序案件案由”。

3. 增加第一级案由“第十一部分 特殊诉讼程序案件案由”。

二、修改第二级案由13个

4. 增加第二级案由“三十、独立保函纠纷”。

5. 变更第二级案由“三十三、认定公民无民事行为能力、限制民事行为能力案件”为“三十四、认定自然人无民事行为能力、限制民事行为能力案件”。

6. 增加第二级案由“三十五、指定遗产管理人案件”。

7. 增加第二级案由“三十七、确认调解协议案件”。

8. 增加第二级案由“三十八、实现担保物权案件”。

9. 增加第二级案由“四十二、公司清算案件”。

10. 增加第二级案由“四十三、破产程序案件”。

11. 增加第二级案由“四十六、申请人身安全保护令案件”。

12. 增加第二级案由“四十七、申请人格权侵害禁令案件”。

13. 增加第二级案由“五十一、与宣告失踪、宣告死亡案件有关的纠纷”。

14. 增加第二级案由“五十二、公益诉讼”。

15. 增加第二级案由“五十三、第三人撤销之诉”。

16. 变更第二级案由“四十三、执行异议之诉”为“五十四、执行程序中的异议之诉”。

三、修改第三级案由 88 个

17. 在第二级案由“一、人格权纠纷”项下:变更“1. 生命权、健康权、身体权纠纷”为“1. 生命权、身体权、健康权纠纷”;增加“3. 名称权纠纷”“5. 声音保护纠纷”;变更“6. 隐私权纠纷”为“8. 隐私权、个人信息保护纠纷”。

18. 在第二级案由“二、婚姻家庭纠纷”项下:增加“13. 婚内夫妻财产分割纠纷”“21. 亲子关系纠纷”。

19. 在第二级案由“三、继承纠纷”项下:增加“34. 遗产管理纠纷”。

20. 在第二级案由“六、所有权纠纷”项下:增加“52. 添附物归属纠纷”。

21. 在第二级案由“七、用益物权纠纷”项下:增加“62. 土地经营权纠纷”“65. 居住权纠纷”。

22. 在第二级案由“十、合同纠纷”项下:增加“75. 预约合同纠纷”“82. 债务加入纠纷”;变更“75. 招标投标买卖合同纠纷”为第三级案由“84. 买卖合同纠纷”项下的第四级案由“(5)招标投标买卖合同纠纷”;变更“83. 房屋拆迁安置补偿合同纠纷”为“92. 民事主体间房屋拆迁补偿合同纠纷”;增加“97. 排污权交易纠纷”“98. 用能权交易纠纷”“99. 用水权交易纠纷”“100. 碳排放权交易纠纷”“101. 碳汇交易纠纷”“113. 保理合同纠纷”;变更“107. 居间合同纠纷”为“123. 中介合同纠纷”,变更“111. 合伙协议纠纷”为“127. 合伙合同纠纷”,变更“119. 农村土地承包合同纠纷”为“135. 土地承包经营权合同纠纷”;增加“136. 居住权合同纠纷”;删去“127. 请求确认人民调解协议效力”。

23. 在第二级案由“十五、不正当竞争纠纷”项下:增加“182. 网络不正当竞争纠纷”。

24. 在第二级案由“十八、人事争议”项下:删去“172. 人事争议”;增加“190. 聘任合同纠纷”。

25. 在第二级案由“二十一、与公司有关的纠纷”项下:变更“257. 股东损害公司债权人利益责任纠纷”为“277. 损害公司债权人利益责任纠纷”;变更“264. 申请公司清算”为新增加的第二级案由“四十二、公司清算案件”项下的第三级案由“420. 申请公司清算”。

26. 在第二级案由“二十三、与破产有关的纠纷”项下:变更“270. 申请破产清算”“271. 申请破产重整”“272. 申请破产和解”为新增加的第二级案由“四十三、破产程序案件”项下的第三级案由“421. 申请破产清算”“422. 申请破产重整”“423. 申请破产和解”。

27. 在新增加的第二级案由“三十、独立保函纠纷”项下:增加“357. 独立保函开立纠纷”“358. 独立保函付款纠纷”“359. 独立保函追偿纠纷”“360. 独立保函欺诈纠纷”“361. 独立保函转让纠纷”“362. 独立保函通知纠纷”“363. 独立保函撤销纠纷”。

28. 在第二级案由“三十、侵权责任纠纷”项下:变更“348 之一、性骚扰损害责任纠纷”为“372. 性骚扰损害责任纠纷”;增加“375. 非机动车交通事故责任纠纷”“378. 生态破坏责任纠纷”;变更“355. 物件损害责任纠纷”为“381. 建筑物和物件损害责任纠纷”,变更“366. 因申请诉前财产保全损害责任纠纷”为“392. 因申请财产保全损害责任纠纷”;增加“393. 因申请行为保全损害责任纠纷”;变更“367. 因申请诉前证据保全损害责任纠纷”为“394. 因申请证据保全损害责任纠纷”,删去“368. 因申请诉中财产保全损害责任纠纷”“369. 因申请诉中证据保全损害责任纠纷”。

29. 在第二级案由“三十二、宣告失踪、宣告死亡案件”项下:变更“372. 申请宣告公民失踪”为“397. 申请宣告自然人失踪”,变更“373. 申请撤销宣告失踪”为“398. 申请撤销宣告失踪判决”,变更“375. 失踪人债务支付纠纷”为新增加的第二级案由“五十一、与宣告失踪、宣告死亡案件有关的纠纷”项下的第三级案由“464. 失踪人债务支付纠纷”,变更“376. 申请宣告公民死亡”为“400. 申请宣告自然人死亡”,变更“377. 申请撤销宣告公民死亡”为“401. 申请撤销宣告自然人死亡判决”,变更“378. 被撤销死亡宣告人请求返还财产纠纷”为新增加的第二级案由“五十一、与宣告失踪、宣告死亡案件有关的纠纷”项下的第三级案由“465. 被撤销死亡宣告人请求返还财产纠纷”。

30. 在新变更的第二级案由“三十四、认定自然人无民事行为能力、限制民事行为能力案件”项下:变更“379. 申请宣告公民无民事行为能力”为“402. 申请宣告自然人无民事行为能力”,变更“380. 申请宣告公民限制民事行为能力”为“403. 申请宣告自然人限制民事行为能力”,变更“381. 申请宣告公民恢复限制民事行为能力”为“404. 申请宣告自然人恢复限制民事行为能力”,变更“382. 申请宣告公民恢复完全民事行为能力”为“405. 申请宣告自然人恢复完全民事行为能力”。

31. 在新增加的第二级案由“三十五、指定遗产管理人案件”项下:增加“406. 申请指定遗产管理人”。

32. 在第二级案由“三十四、认定财产无主案件”项下:变更“384. 申请撤销认定财产无主”为“408. 申请撤销认定财产无主判决”。

33. 在新增加的第二级案由“三十七、确认调解协议案件”项下:增加“409. 申请司法确认调解协议”“410. 申请撤销确认调解协议裁定”。

34. 在新增加的第二级案由“三十八、实现担保物权案件”项下:增加“411. 申请实现担保物权”“412. 申请撤销准许实现担保物权裁定”。

35. 在第二级案由“三十五、监护权特别程序案件”项下:增加“414. 申请指定监护人”“417. 申请恢复监护人资格”。

36. 在新增加的第二级案由“四十三、破产程序案件”项下:增加“424. 申请对破产财产追加分配”。

37. 在第二级案由“三十八、申请诉前停止侵害知识产权案件”项下:增加“429. 申请诉前停止侵害计算机软件著作权”“430. 申请诉前停止侵害集成电路布图设计专用权”。

38. 在第二级案由“三十九、申请保全案件”项下:删去“395. 申请诉中财产保全”;增加“432. 申请诉前行为保全”;删去“397. 申请诉中证据保全”;增加“434. 申请仲裁前财产保全”“435. 申请仲裁前行为保全”“436. 申请仲裁前证据保全”“439. 申请执行前财产保全”。

39. 在新增加的第二级案由“四十六、申请人身安全保护令案件”项下:增加“442. 申请人身安全保护令”。

40. 在新增加的第二级案由“四十七、申请人格权侵害禁令案件”项下:增加“443. 申请人格权侵害禁令”。

41. 在新增加的第二级案由“五十二、公益诉讼”项下:增加“466. 生态环境保护民事公益诉讼”“467. 英雄烈士保护民事公益诉讼”“468. 未成年人保护民事公益诉讼”“469. 消费者权益保护民事公益诉讼”。

42. 在新增加的第二级案由“五十三、第三人撤销之诉”项下:增加“470. 第三人撤销之诉”。

43. 在新变更的第二级案由“五十四、执行程序中的异议之诉”项下:增加“471. 执行异议之诉”;变更“422. 案外人执行异议之诉”“423. 申请执行人执行异议之诉”为新增加的第三级案由“471. 执行异议之诉”项下的第四级案由“(1)案外人执行异议之诉”“(2)申请执行人执行异议之诉”;增加“472. 追加、变更被执行人异议之诉”。

四、修改第四级案由49个

44. 在新变更的第三级案由“8. 隐私权、个人信息保护纠纷”项下：增加“(1)隐私权纠纷”“(2)个人信息保护纠纷”。

45. 在新增加的第三级案由“21. 亲子关系纠纷”项下：增加“(1)确认亲子关系纠纷”“(2)否认亲子关系纠纷”。

46. 在第三级案由“48. 共有纠纷”项下：增加“(4)债权人代位析产纠纷”。

47. 在第三级案由“59. 抵押权纠纷”项下：变更“(4)土地承包经营权抵押权纠纷”为“(4)土地经营权抵押权纠纷”；增加“(5)探矿权抵押权纠纷”“(6)采矿权抵押权纠纷”“(7)海域使用权抵押权纠纷”。

48. 在第三级案由“74. 买卖合同纠纷”项下：增加“(4)所有权保留买卖合同纠纷”；变更“(6)网络购物合同纠纷”为“(8)信息网络买卖合同纠纷”；删去“(7)电视购物合同纠纷”。

49. 在第三级案由“89. 借款合同纠纷”项下：删去“(3)企业借贷纠纷”。

50. 在第三级案由“104. 委托合同纠纷”项下：增加“(5)销售代理合同纠纷”。

51. 在新变更的第三级案由“135. 土地承包经营权合同纠纷”项下：删去“(1)土地承包经营权转包合同纠纷”；变更“(4)土地承包经营权入股合同纠纷”为“(3)土地经营权入股合同纠纷”，变更“(5)土地承包经营权抵押合同纠纷”为“(4)土地经营权抵押合同纠纷”，变更“(6)土地承包经营权出租合同纠纷”为“(5)土地经营权出租合同纠纷”。

52. 在第三级案由“120. 服务合同纠纷”项下：变更“(2)邮寄服务合同纠纷”为“(2)邮政服务合同纠纷”；增加“(3)快递服务合同纠纷”；变更“(15)物业服务合同纠纷”为第三级案由“121. 物业服务合同纠纷”。

53. 在第三级案由“136. 技术合同纠纷”项下：增加“(5)技术许可合同纠纷”。

54. 在第三级案由“144. 专利权权属、侵权纠纷”项下：增加“(10)标准必要专利使用费纠纷”。

55. 在第三级案由“157. 仿冒纠纷”项下：变更“(1)擅自使用知名商品特有名称、包装、装潢纠纷”为“(1)擅自使用与他人有一定影响的商品名称、包装、装潢等相同或者近似的标识纠纷”，变更“(2)擅自使用他人企业名称、姓名纠纷”为“(2)擅自使用他人有一定影响的企业名称、社会组织名称、姓名纠纷”；删去“(3)伪造、冒用产品质量标志纠纷”“(4)伪造产地纠纷”；增加“(3)擅自使用他人有一定影响的域名主体部分、网站名称、网页纠纷”。

56. 在第三级案由“172. 人事争议”项下：变更“(1)辞职争议”为第三级案由

“191.辞职纠纷”,变更“(2)辞退争议”为第三级案由“192.辞退纠纷”,变更“(3)聘用合同争议”为第三级案由“189.聘用合同纠纷”。

57.在新变更的第三级案由“277.损害公司债权人利益责任纠纷”项下:增加“(1)股东损害公司债权人利益责任纠纷”“(2)实际控制人损害公司债权人利益责任纠纷”。

58.在第三级案由“346.网络侵权责任纠纷”项下:增加“(1)网络侵害虚拟财产纠纷”。

59.在第三级案由“347.违反安全保障义务责任纠纷”项下:变更“(1)公共场所管理人责任纠纷”为“(1)经营场所、公共场所的经营者、管理者责任纠纷”。

60.在第三级案由“352.环境污染责任纠纷”项下:增加“(7)光污染责任纠纷”;将“(3)噪声污染责任纠纷”“(4)放射性污染责任纠纷”“(5)土壤污染责任纠纷”“(6)电子废物污染责任纠纷”“(7)固体废物污染责任纠纷”的顺序调整为“(3)土壤污染责任纠纷”“(4)电子废物污染责任纠纷”“(5)固体废物污染责任纠纷”“(6)噪声污染责任纠纷”“(8)放射性污染责任纠纷”。

61.在第三级案由“353.高度危险责任纠纷”项下:变更“(1)民用核设施损害责任纠纷”为“(1)民用核设施、核材料损害责任纠纷”。

62.在新变更的三级案由“381.建筑物和物件损害责任纠纷”项下:变更“(2)建筑物、构筑物倒塌损害责任纠纷”为“(2)建筑物、构筑物倒塌、塌陷损害责任纠纷”,变更“(3)不明抛掷物、坠落物损害责任纠纷”为“(3)高空抛物、坠物损害责任纠纷”,变更“(4)堆放物倒塌致害责任纠纷”为“(4)堆放物倒塌、滚落、滑落损害责任纠纷”,变更“(6)林木折断损害责任纠纷”为“(6)林木折断、倾倒、果实坠落损害责任纠纷”。

63.在新增加的第三级案由“466.生态环境保护民事公益诉讼”项下:增加“(1)环境污染民事公益诉讼”“(2)生态破坏民事公益诉讼”“(3)生态环境损害赔偿诉讼”。

本决定自2021年1月1日起施行。

《民事案件案由规定》根据本决定作修改并对条文顺序作调整后,重新公布。

最高人民法院关于印发修改后的《民事案件案由规定》的通知

(2020年12月29日　法〔2020〕347号)

各省、自治区、直辖市高级人民法院,解放军军事法院,新疆维吾尔自治区高级人民法院生产建设兵团分院:

为切实贯彻实施民法典,最高人民法院对2011年2月18日第一次修正的《民事案件案由规定》(以下简称2011年《案由规定》)进行了修改,自2021年1月1日起施行。现将修改后的《民事案件案由规定》(以下简称修改后的《案由规定》)印发给你们,请认真贯彻执行。

2011年《案由规定》施行以来,在方便当事人进行民事诉讼,规范人民法院民事立案、审判和司法统计工作等方面,发挥了重要作用。近年来,随着民事诉讼法、邮政法、消费者权益保护法、环境保护法、反不正当竞争法、农村土地承包法、英雄烈士保护法等法律的制定或者修订,审判实践中出现了许多新类型民事案件,需要对2011年《案由规定》进行补充和完善。特别是民法典将于2021年1月1日起施行,迫切需要增补新的案由。经深入调查研究,广泛征求意见,最高人民法院对2011年《案由规定》进行了修改。现就各级人民法院适用修改后的《案由规定》的有关问题通知如下:

一、高度重视民事案件案由在民事审判规范化建设中的重要作用,认真学习掌握修改后的《案由规定》

民事案件案由是民事案件名称的重要组成部分,反映案件所涉及的民事法律关系的性质,是对当事人诉争的法律关系性质进行的概括,是人民法院进行民事案件管理的重要手段。建立科学、完善的民事案件案由体系,有利于方便当事人进行民事诉讼,有利于统一民事案件的法律适用标准,有利于对受理案件进行分类管理,有利于确定各民事审判业务庭的管辖分工,有利于提高民事案件司法统计的准确性和科学性,从而更好地为创新和加强民事审判管理、为人民法院司法决策服务。

各级人民法院要认真学习修改后的《案由规定》，理解案由编排体系和具体案由制定的背景、法律依据、确定标准、具体含义、适用顺序以及变更方法等问题，准确选择适用具体案由，依法维护当事人诉讼权利，创新和加强民事审判管理，不断推进民事审判工作规范化建设。

二、关于《案由规定》修改所遵循的原则

一是严格依法原则。本次修改的具体案由均具有实体法和程序法依据，符合民事诉讼法关于民事案件受案范围的有关规定。

二是必要性原则。本次修改是以保持案由运行体系稳定为前提，对于必须增加、调整的案由作相应修改，尤其是对照民法典的新增制度和重大修改内容，增加、变更部分具体案由，并根据现行立法和司法实践需要完善部分具体案由，对案由编排体系不作大的调整。民法典施行后，最高人民法院将根据工作需要，结合司法实践，继续细化完善民法典新增制度案由，特别是第四级案由。对本次未作修改的部分原有案由，届时一并修改。

三是实用性原则。案由体系是在现行有效的法律规定基础上，充分考虑人民法院民事立案、审判实践以及司法统计的需要而编排的，本次修改更加注重案由的简洁明了、方便实用，既便于当事人进行民事诉讼，也便于人民法院进行民事立案、审判和司法统计工作。

三、关于案由的确定标准

民事案件案由应当依据当事人诉争的民事法律关系的性质来确定。鉴于具体案件中当事人的诉讼请求、争议的焦点可能有多个，争议的标的也可能是多个，为保证案由的高度概括和简洁明了，修改后的《案由规定》仍沿用 2011 年《案由规定》关于案由的确定标准，即对民事案件案由的表述方式原则上确定为“法律关系性质”加“纠纷”，一般不包含争议焦点、标的物、侵权方式等要素。但是，实践中当事人诉争的民事法律关系的性质具有复杂多变性，单纯按照法律关系标准去划分案由体系的做法难以更好地满足民事审判实践的需要，难以更好地满足司法统计的需要。为此，修改后的《案由规定》在坚持以法律关系性质作为确定案由的主要标准的同时，对少部分案由也依据请求权、形成权或者确认之诉、形成之诉等其他标准进行确定，对少部分案由的表述也包含了争议焦点、标的物、侵权方式等要素。另外，为了与行政案件案由进行明显区分，本次修改还对个别案由的表述进行了特殊处理。

对民事诉讼法规定的适用特别程序、督促程序、公示催告程序、公司清算、破产程序等非讼程序审理的案件案由，根据当事人的诉讼请求予以直接表述；对公益诉讼、第三人撤销之诉、执行程序中的异议之诉等特殊诉讼程序案件的案由,根据修改后民事诉讼法规定的诉讼制度予以直接表述。

四、关于案由体系的总体编排

1. 关于案由纵向和横向体系的编排设置。修改后的《案由规定》以民法学理论对民事法律关系的分类为基础,以法律关系的内容即民事权利类型来编排案由的纵向体系。在纵向体系上,结合民法典、民事诉讼法等民事立法及审判实践,将案由的编排体系划分为人格权纠纷,婚姻家庭、继承纠纷,物权纠纷,合同、准合同纠纷,劳动争议与人事争议,知识产权与竞争纠纷,海事海商纠纷,与公司、证券、保险、票据等有关的民事纠纷,侵权责任纠纷,非讼程序案件案由,特殊诉讼程序案件案由,共计十一大部分,作为第一级案由。

在横向体系上,通过总分式四级结构的设计,实现案由从高级(概括)到低级(具体)的演进。如物权纠纷(第一级案由)→所有权纠纷(第二级案由)→建筑物区分所有权纠纷(第三级案由)→业主专有权纠纷(第四级案由)。在第一级案由项下,细分为五十四类案由,作为第二级案由(以大写数字表示);在第二级案由项下列出了473个案由,作为第三级案由(以阿拉伯数字表示)。第三级案由是司法实践中最常见和广泛使用的案由。基于审判工作指导、调研和司法统计的需要,在部分第三级案由项下又列出了391个第四级案由[以阿拉伯数字加()表示]。基于民事法律关系的复杂性,不可能穷尽所有第四级案由,目前所列的第四级案由只是一些典型的、常见的或者为了司法统计需要而设立的案由。

修改后的《案由规定》采用纵向十一个部分、横向四级结构的编排设置,形成了网状结构体系,基本涵盖了民法典所涉及的民事纠纷案件类型以及人民法院当前受理的民事纠纷案件类型,有利于贯彻落实民法典等民事法律关于民事权益保护的相关规定。

2. 关于物权纠纷案由与合同纠纷案由的编排设置。修改后的《案由规定》仍然沿用2011年《案由规定》关于物权纠纷案由与合同纠纷案由的编排体系。按照物权变动原因与结果相区分的原则,对于涉及物权变动的原因,即债权性质的合同关系引发的纠纷案件的案由,修改后的《案由规定》将其放在合同纠纷项下;对于涉及物权变动的结果,即物权设立、权属、效力、使用、收益等物权关系产生的纠纷案件的案由,修改后的《案由规定》将其放在物权纠纷项下。前者如第三级案由"居住权合同纠纷"列在第二级案由"合同纠纷"项下;后者如第三级案由"居住权纠纷"列在第二级案由"物权纠纷"项下。

具体适用时,人民法院应根据当事人诉争的法律关系的性质,查明该法律关系涉及的是物权变动的原因关系还是物权变动的结果关系,以正确确定案由。当事人诉争的法律关系性质涉及物权变动原因的，即因债权性质的合同关系引发的纠纷案件，应当选择适用第二级案由“合同纠纷”项下的案由，如“居住权合同纠纷”案由；当事人诉争的法律关系性质涉及物权变动结果的，即因物权设立、权属、效力、使用、收益等物权关系引发的纠纷案件，应当选择第二级案由“物权纠纷”项下的案由，如“居住权纠纷”案由。

3. 关于第三部分“物权纠纷”项下“物权保护纠纷”案由与“所有权纠纷”“用益物权纠纷”“担保物权纠纷”案由的编排设置。修改后的《案由规定》仍然沿用2011年《案由规定》关于物权纠纷案由的编排设置。“所有权纠纷”“用益物权纠纷”“担保物权纠纷”案由既包括以上三种类型的物权确认纠纷案由，也包括以上三种类型的侵害物权纠纷案由。民法典物权编第三章“物权的保护”所规定的物权请求权或者债权请求权保护方法，即“物权保护纠纷”，在修改后的《案由规定》列举的每个物权类型（第三级案由）项下都可能部分或者全部适用，多数都可以作为第四级案由列举，但为避免使整个案由体系冗长繁杂，在各第三级案由下并未一一列出。实践中需要确定具体个案案由时，如果当事人的诉讼请求只涉及“物权保护纠纷”项下的一种物权请求权或者债权请求权，则可以选择适用“物权保护纠纷”项下的六种第三级案由；如果当事人的诉讼请求涉及“物权保护纠纷”项下的两种或者两种以上物权请求权或者债权请求权，则应按照所保护的权利种类，选择适用“所有权纠纷”“用益物权纠纷”“担保物权纠纷”项下的第三级案由（各种物权类型纠纷）。

4. 关于侵权责任纠纷案由的编排设置。修改后的《案由规定》仍然沿用2011年《案由规定》关于侵权责任纠纷案由与其他第一级案由的编排设置。根据民法典侵权责任编的相关规定，该编的保护对象为民事权益，具体范围是民法典总则编第五章所规定的人身、财产权益。这些民事权益，又分别在人格权编、物权编、婚姻家庭编、继承编等予以了细化规定，而这些民事权益纠纷往往既包括权属确认纠纷也包括侵权责任纠纷，这就为科学合理编排民事案件案由体系增加了难度。为了保持整个案由体系的完整性和稳定性，尽可能避免重复交叉，修改后的《案由规定》将这些侵害民事权益侵权责任纠纷案由仍旧分别保留在“人格权纠纷”“婚姻家庭、继承纠纷”“物权纠纷”“知识产权与竞争纠纷”等第一级案由体系项下，对照侵权责任编新规定调整第一级案由“侵权责任纠纷”项下案由；同时，将一些实践中常见的、其他第一级案由不便列出的侵权责任纠纷案由也列在第一级案由“侵权责任纠纷”项下，如“非机动车交通事故责任纠纷”。从“兜底”考虑，修改后的《案由规定》将第一级案由“侵权责任纠纷”列在其他八个民事权益纠纷类型之后，作为第九部分。

具体适用时，涉及侵权责任纠纷的，为明确和统一法律适用问题，应当先适用第九部分“侵权责任纠纷”项下根据侵权责任编相关规定列出的具体案由；没有相应案由的,再适用“人格权纠纷”“物权纠纷”“知识产权与竞争纠纷”等其他部分项下的具体案由。如环境污染、高度危险行为均可能造成人身损害和财产损害,确定案由时,应当适用第九部分“侵权责任纠纷”项下“环境污染责任纠纷”“高度危险责任纠纷”案由,而不应适用第一部分“人格权纠纷”项下的“生命权、身体权、健康权纠纷”案由,也不应适用第三部分“物权纠纷”项下的“财产损害赔偿纠纷”案由。

五、适用修改后的《案由规定》应当注意的问题

1. 在案由横向体系上应当按照由低到高的顺序选择适用个案案由。确定个案案由时,应当优先适用第四级案由,没有对应的第四级案由的,适用相应的第三级案由;第三级案由中没有规定的,适用相应的第二级案由;第二级案由没有规定的,适用相应的第一级案由。这样处理,有利于更准确地反映当事人诉争的法律关系的性质,有利于促进分类管理科学化和提高司法统计准确性。

2. 关于个案案由的变更。人民法院在民事立案审查阶段,可以根据原告诉讼请求涉及的法律关系性质,确定相应的个案案由;人民法院受理民事案件后,经审理发现当事人起诉的法律关系与实际诉争的法律关系不一致的,人民法院结案时应当根据法庭查明的当事人之间实际存在的法律关系的性质,相应变更个案案由。当事人在诉讼过程中增加或者变更诉讼请求导致当事人诉争的法律关系发生变更的,人民法院应当相应变更个案案由。

3. 存在多个法律关系时个案案由的确定。同一诉讼中涉及两个以上的法律关系的,应当根据当事人诉争的法律关系的性质确定个案案由;均为诉争的法律关系的,则按诉争的两个以上法律关系并列确定相应的案由。

4. 请求权竞合时个案案由的确定。在请求权竞合的情形下,人民法院应当按照当事人自主选择行使的请求权所涉及的诉争的法律关系的性质,确定相应的案由。

5. 正确认识民事案件案由的性质与功能。案由体系的编排制定是人民法院进行民事审判管理的手段。各级人民法院应当依法保障当事人依照法律规定享有的起诉权利,不得将修改后的《案由规定》等同于民事诉讼法第一百一十九条规定的起诉条件,不得以当事人的诉请在修改后的《案由规定》中没有相应案由可以适用为由,裁定不予受理或者驳回起诉,损害当事人的诉讼权利。

6. 案由体系中的选择性案由(含有顿号的部分案由)的使用方法。对这些案由,应当根据具体案情,确定相应的个案案由,不应直接将该案由全部引用。如“生命权、身体权、健康权纠纷”案由,应当根据具体侵害对象来确定相应的案由。

本次民事案件案由修改工作主要基于人民法院当前司法实践经验,对照民法典等民事立法修改完善相关具体案由。2021 年 1 月 1 日民法典施行后,修改后的《案由规定》可能需要对标民法典具体施行情况作进一步调整。地方各级人民法院要密切关注民法典施行后立案审判中遇到的新情况、新问题，重点梳理汇总民法典新增制度项下可以细化规定为第四级案由的新类型案件，及时层报最高人民法院。

民事案件案由规定

（2007 年 10 月 29 日最高人民法院审判委员会第 1438 次会议通过 自 2008 年 4 月 1 日起施行 根据 2011 年 2 月 18 日最高人民法院《关于修改〈民事案件案由规定〉的决定》（法〔2011〕41 号）第一次修正 根据 2020 年 12 月 14 日最高人民法院审判委员会第 1821 次会议通过的《最高人民法院关于修改〈民事案件案由规定〉的决定》（法〔2020〕346 号）第二次修正）

目　　录

十六、垄断纠纷
第六部分　劳动争议、人事争议
十七、劳动争议
十八、人事争议
第七部分　海事海商纠纷
十九、海事海商纠纷
第八部分　与公司、证券、保险、票据等有关的民事纠纷
二十、与企业有关的纠纷
二十一、与公司有关的纠纷
二十二、合伙企业纠纷
二十三、与破产有关的纠纷
二十四、证券纠纷
二十五、期货交易纠纷
二十六、信托纠纷
二十七、保险纠纷
二十八、票据纠纷
二十九、信用证纠纷
三十、独立保函纠纷
第九部分　侵权责任纠纷
三十一、侵权责任纠纷
第十部分　非讼程序案件案由
三十二、选民资格案件
三十三、宣告失踪、宣告死亡案件
三十四、认定自然人无民事行为能力、限制民事行为能力案件
三十五、指定遗产管理人案件
三十六、认定财产无主案件
三十七、确认调解协议案件
三十八、实现担保物权案件
三十九、监护权特别程序案件
四十、督促程序案件
四十一、公示催告程序案件
四十二、公司清算案件
四十三、破产程序案件

为了正确适用法律，统一确定案由，根据《中华人民共和国民法典》《中华人民共和国民事诉讼法》等法律规定，结合人民法院民事审判工作实际情况，对民事案件案由规定如下：

第一部分　人格权纠纷

一、人格权纠纷

1. 生命权、身体权、健康权纠纷
2. 姓名权纠纷
3. 名称权纠纷
4. 肖像权纠纷
5. 声音保护纠纷
6. 名誉权纠纷
7. 荣誉权纠纷
8. 隐私权、个人信息保护纠纷
(1)隐私权纠纷
(2)个人信息保护纠纷
9. 婚姻自主权纠纷
10. 人身自由权纠纷
11. 一般人格权纠纷
(1)平等就业权纠纷

第二部分　婚姻家庭、继承纠纷

二、婚姻家庭纠纷

12. 婚约财产纠纷
13. 婚内夫妻财产分割纠纷
14. 离婚纠纷
15. 离婚后财产纠纷
16. 离婚后损害责任纠纷
17. 婚姻无效纠纷
18. 撤销婚姻纠纷
19. 夫妻财产约定纠纷
20. 同居关系纠纷

(1)同居关系析产纠纷

(2)同居关系子女抚养纠纷

21. 亲子关系纠纷

(1)确认亲子关系纠纷

(2)否认亲子关系纠纷

22. 抚养纠纷

(1)抚养费纠纷

(2)变更抚养关系纠纷

23. 扶养纠纷

(1)扶养费纠纷

(2)变更扶养关系纠纷

24. 赡养纠纷

(1)赡养费纠纷

(2)变更赡养关系纠纷

25. 收养关系纠纷

(1)确认收养关系纠纷

(2)解除收养关系纠纷

26. 监护权纠纷
27. 探望权纠纷
28. 分家析产纠纷

三、继承纠纷

29. 法定继承纠纷

(1)转继承纠纷

(2)代位继承纠纷

30. 遗嘱继承纠纷

31. 被继承人债务清偿纠纷

32. 遗赠纠纷

33. 遗赠扶养协议纠纷

34. 遗产管理纠纷

第三部分　物权纠纷

四、不动产登记纠纷

35. 异议登记不当损害责任纠纷

36. 虚假登记损害责任纠纷

五、物权保护纠纷

37. 物权确认纠纷

(1)所有权确认纠纷

(2)用益物权确认纠纷

(3)担保物权确认纠纷

38. 返还原物纠纷

39. 排除妨害纠纷

40. 消除危险纠纷

41. 修理、重作、更换纠纷

42. 恢复原状纠纷

43. 财产损害赔偿纠纷

六、所有权纠纷

44. 侵害集体经济组织成员权益纠纷

45. 建筑物区分所有权纠纷

(1)业主专有权纠纷

(2)业主共有权纠纷

(3)车位纠纷

(4)车库纠纷

46. 业主撤销权纠纷

47. 业主知情权纠纷
48. 遗失物返还纠纷
49. 漂流物返还纠纷
50. 埋藏物返还纠纷
51. 隐藏物返还纠纷
52. 添附物归属纠纷
53. 相邻关系纠纷
(1)相邻用水、排水纠纷
(2)相邻通行纠纷
(3)相邻土地、建筑物利用关系纠纷
(4)相邻通风纠纷
(5)相邻采光、日照纠纷
(6)相邻污染侵害纠纷
(7)相邻损害防免关系纠纷
54. 共有纠纷
(1)共有权确认纠纷
(2)共有物分割纠纷
(3)共有人优先购买权纠纷
(4)债权人代位析产纠纷

七、用益物权纠纷

55. 海域使用权纠纷
56. 探矿权纠纷
57. 采矿权纠纷
58. 取水权纠纷
59. 养殖权纠纷
60. 捕捞权纠纷
61. 土地承包经营权纠纷
(1)土地承包经营权确认纠纷
(2)承包地征收补偿费用分配纠纷
(3)土地承包经营权继承纠纷
62. 土地经营权纠纷
63. 建设用地使用权纠纷
64. 宅基地使用权纠纷

65. 居住权纠纷

66. 地役权纠纷

八、担保物权纠纷

67. 抵押权纠纷

(1)建筑物和其他土地附着物抵押权纠纷

(2)在建建筑物抵押权纠纷

(3)建设用地使用权抵押权纠纷

(4)土地经营权抵押权纠纷

(5)探矿权抵押权纠纷

(6)采矿权抵押权纠纷

(7)海域使用权抵押权纠纷

(8)动产抵押权纠纷

(9)在建船舶、航空器抵押权纠纷

(10)动产浮动抵押权纠纷

(11)最高额抵押权纠纷

68. 质权纠纷

(1)动产质权纠纷

(2)转质权纠纷

(3)最高额质权纠纷

(4)票据质权纠纷

(5)债券质权纠纷

(6)存单质权纠纷

(7)仓单质权纠纷

(8)提单质权纠纷

(9)股权质权纠纷

(10)基金份额质权纠纷

(11)知识产权质权纠纷

(12)应收账款质权纠纷

69. 留置权纠纷

九、占有保护纠纷

70. 占有物返还纠纷

71. 占有排除妨害纠纷

72. 占有消除危险纠纷

73. 占有物损害赔偿纠纷

第四部分　合同、准合同纠纷

十、合同纠纷

74. 缔约过失责任纠纷
75. 预约合同纠纷
76. 确认合同效力纠纷
(1)确认合同有效纠纷
(2)确认合同无效纠纷
77. 债权人代位权纠纷
78. 债权人撤销权纠纷
79. 债权转让合同纠纷
80. 债务转移合同纠纷
81. 债权债务概括转移合同纠纷
82. 债务加入纠纷
83. 悬赏广告纠纷
84. 买卖合同纠纷
(1)分期付款买卖合同纠纷
(2)凭样品买卖合同纠纷
(3)试用买卖合同纠纷
(4)所有权保留买卖合同纠纷
(5)招标投标买卖合同纠纷
(6)互易纠纷
(7)国际货物买卖合同纠纷
(8)信息网络买卖合同纠纷
85. 拍卖合同纠纷
86. 建设用地使用权合同纠纷
(1)建设用地使用权出让合同纠纷
(2)建设用地使用权转让合同纠纷
87. 临时用地合同纠纷
88. 探矿权转让合同纠纷
89. 采矿权转让合同纠纷
90. 房地产开发经营合同纠纷

(1)委托代建合同纠纷
(2)合资、合作开发房地产合同纠纷
(3)项目转让合同纠纷
91. 房屋买卖合同纠纷
(1)商品房预约合同纠纷
(2)商品房预售合同纠纷
(3)商品房销售合同纠纷
(4)商品房委托代理销售合同纠纷
(5)经济适用房转让合同纠纷
(6)农村房屋买卖合同纠纷
92. 民事主体间房屋拆迁补偿合同纠纷
93. 供用电合同纠纷
94. 供用水合同纠纷
95. 供用气合同纠纷
96. 供用热力合同纠纷
97. 排污权交易纠纷
98. 用能权交易纠纷
99. 用水权交易纠纷
100. 碳排放权交易纠纷
101. 碳汇交易纠纷
102. 赠与合同纠纷
(1)公益事业捐赠合同纠纷
(2)附义务赠与合同纠纷
103. 借款合同纠纷
(1)金融借款合同纠纷
(2)同业拆借纠纷
(3)民间借贷纠纷
(4)小额借款合同纠纷
(5)金融不良债权转让合同纠纷
(6)金融不良债权追偿纠纷
104. 保证合同纠纷
105. 抵押合同纠纷
106. 质押合同纠纷

107. 定金合同纠纷
108. 进出口押汇纠纷
109. 储蓄存款合同纠纷
110. 银行卡纠纷
(1)借记卡纠纷
(2)信用卡纠纷
111. 租赁合同纠纷
(1)土地租赁合同纠纷
(2)房屋租赁合同纠纷
(3)车辆租赁合同纠纷
(4)建筑设备租赁合同纠纷
112. 融资租赁合同纠纷
113. 保理合同纠纷
114. 承揽合同纠纷
(1)加工合同纠纷
(2)定作合同纠纷
(3)修理合同纠纷
(4)复制合同纠纷
(5)测试合同纠纷
(6)检验合同纠纷
(7)铁路机车、车辆建造合同纠纷
115. 建设工程合同纠纷
(1)建设工程勘察合同纠纷
(2)建设工程设计合同纠纷
(3)建设工程施工合同纠纷
(4)建设工程价款优先受偿权纠纷
(5)建设工程分包合同纠纷
(6)建设工程监理合同纠纷
(7)装饰装修合同纠纷
(8)铁路修建合同纠纷
(9)农村建房施工合同纠纷
116. 运输合同纠纷
(1)公路旅客运输合同纠纷

(2)公路货物运输合同纠纷
(3)水路旅客运输合同纠纷
(4)水路货物运输合同纠纷
(5)航空旅客运输合同纠纷
(6)航空货物运输合同纠纷
(7)出租汽车运输合同纠纷
(8)管道运输合同纠纷
(9)城市公交运输合同纠纷
(10)联合运输合同纠纷
(11)多式联运合同纠纷
(12)铁路货物运输合同纠纷
(13)铁路旅客运输合同纠纷
(14)铁路行李运输合同纠纷
(15)铁路包裹运输合同纠纷
(16)国际铁路联运合同纠纷
117. 保管合同纠纷
118. 仓储合同纠纷
119. 委托合同纠纷
(1)进出口代理合同纠纷
(2)货运代理合同纠纷
(3)民用航空运输销售代理合同纠纷
(4)诉讼、仲裁、人民调解代理合同纠纷
(5)销售代理合同纠纷
120. 委托理财合同纠纷
(1)金融委托理财合同纠纷
(2)民间委托理财合同纠纷
121. 物业服务合同纠纷
122. 行纪合同纠纷
123. 中介合同纠纷
124. 补偿贸易纠纷
125. 借用合同纠纷
126. 典当纠纷
127. 合伙合同纠纷

128. 种植、养殖回收合同纠纷
129. 彩票、奖券纠纷
130. 中外合作勘探开发自然资源合同纠纷
131. 农业承包合同纠纷
132. 林业承包合同纠纷
133. 渔业承包合同纠纷
134. 牧业承包合同纠纷
135. 土地承包经营权合同纠纷
(1)土地承包经营权转让合同纠纷
(2)土地承包经营权互换合同纠纷
(3)土地经营权入股合同纠纷
(4)土地经营权抵押合同纠纷
(5)土地经营权出租合同纠纷
136. 居住权合同纠纷
137. 服务合同纠纷
(1)电信服务合同纠纷
(2)邮政服务合同纠纷
(3)快递服务合同纠纷
(4)医疗服务合同纠纷
(5)法律服务合同纠纷
(6)旅游合同纠纷
(7)房地产咨询合同纠纷
(8)房地产价格评估合同纠纷
(9)旅店服务合同纠纷
(10)财会服务合同纠纷
(11)餐饮服务合同纠纷
(12)娱乐服务合同纠纷
(13)有线电视服务合同纠纷
(14)网络服务合同纠纷
(15)教育培训合同纠纷
(16)家政服务合同纠纷
(17)庆典服务合同纠纷
(18)殡葬服务合同纠纷

(19)农业技术服务合同纠纷
(20)农机作业服务合同纠纷
(21)保安服务合同纠纷
(22)银行结算合同纠纷
138. 演出合同纠纷
139. 劳务合同纠纷
140. 离退休人员返聘合同纠纷
141. 广告合同纠纷
142. 展览合同纠纷
143. 追偿权纠纷

十一、不当得利纠纷

144. 不当得利纠纷

十二、无因管理纠纷

145. 无因管理纠纷

第五部分　知识产权与竞争纠纷

十三、知识产权合同纠纷

146. 著作权合同纠纷
(1)委托创作合同纠纷
(2)合作创作合同纠纷
(3)著作权转让合同纠纷
(4)著作权许可使用合同纠纷
(5)出版合同纠纷
(6)表演合同纠纷
(7)音像制品制作合同纠纷
(8)广播电视播放合同纠纷
(9)邻接权转让合同纠纷
(10)邻接权许可使用合同纠纷
(11)计算机软件开发合同纠纷
(12)计算机软件著作权转让合同纠纷
(13)计算机软件著作权许可使用合同纠纷
147. 商标合同纠纷
(1)商标权转让合同纠纷

(2)商标使用许可合同纠纷
(3)商标代理合同纠纷
148. 专利合同纠纷
(1)专利申请权转让合同纠纷
(2)专利权转让合同纠纷
(3)发明专利实施许可合同纠纷
(4)实用新型专利实施许可合同纠纷
(5)外观设计专利实施许可合同纠纷
(6)专利代理合同纠纷
149. 植物新品种合同纠纷
(1)植物新品种育种合同纠纷
(2)植物新品种申请权转让合同纠纷
(3)植物新品种权转让合同纠纷
(4)植物新品种实施许可合同纠纷
150. 集成电路布图设计合同纠纷
(1)集成电路布图设计创作合同纠纷
(2)集成电路布图设计专有权转让合同纠纷
(3)集成电路布图设计许可使用合同纠纷
151. 商业秘密合同纠纷
(1)技术秘密让与合同纠纷
(2)技术秘密许可使用合同纠纷
(3)经营秘密让与合同纠纷
(4)经营秘密许可使用合同纠纷
152. 技术合同纠纷
(1)技术委托开发合同纠纷
(2)技术合作开发合同纠纷
(3)技术转化合同纠纷
(4)技术转让合同纠纷
(5)技术许可合同纠纷
(6)技术咨询合同纠纷
(7)技术服务合同纠纷
(8)技术培训合同纠纷
(9)技术中介合同纠纷

(10)技术进口合同纠纷
(11)技术出口合同纠纷
(12)职务技术成果完成人奖励、报酬纠纷
(13)技术成果完成人署名权、荣誉权、奖励权纠纷
153. 特许经营合同纠纷
154. 企业名称(商号)合同纠纷
(1)企业名称(商号)转让合同纠纷
(2)企业名称(商号)使用合同纠纷
155. 特殊标志合同纠纷
156. 网络域名合同纠纷
(1)网络域名注册合同纠纷
(2)网络域名转让合同纠纷
(3)网络域名许可使用合同纠纷
157. 知识产权质押合同纠纷

十四、知识产权权属、侵权纠纷

158. 著作权权属、侵权纠纷
(1)著作权权属纠纷
(2)侵害作品发表权纠纷
(3)侵害作品署名权纠纷
(4)侵害作品修改权纠纷
(5)侵害保护作品完整权纠纷
(6)侵害作品复制权纠纷
(7)侵害作品发行权纠纷
(8)侵害作品出租权纠纷
(9)侵害作品展览权纠纷
(10)侵害作品表演权纠纷
(11)侵害作品放映权纠纷
(12)侵害作品广播权纠纷
(13)侵害作品信息网络传播权纠纷
(14)侵害作品摄制权纠纷
(15)侵害作品改编权纠纷
(16)侵害作品翻译权纠纷
(17)侵害作品汇编权纠纷

(18)侵害其他著作财产权纠纷

(19)出版者权权属纠纷

(20)表演者权权属纠纷

(21)录音录像制作者权权属纠纷

(22)广播组织权权属纠纷

(23)侵害出版者权纠纷

(24)侵害表演者权纠纷

(25)侵害录音录像制作者权纠纷

(26)侵害广播组织权纠纷

(27)计算机软件著作权权属纠纷

(28)侵害计算机软件著作权纠纷

159. 商标权权属、侵权纠纷

(1)商标权权属纠纷

(2)侵害商标权纠纷

160. 专利权权属、侵权纠纷

(1)专利申请权权属纠纷

(2)专利权权属纠纷

(3)侵害发明专利权纠纷

(4)侵害实用新型专利权纠纷

(5)侵害外观设计专利权纠纷

(6)假冒他人专利纠纷

(7)发明专利临时保护期使用费纠纷

(8)职务发明创造发明人、设计人奖励、报酬纠纷

(9)发明创造发明人、设计人署名权纠纷

(10)标准必要专利使用费纠纷

161. 植物新品种权权属、侵权纠纷

(1)植物新品种申请权权属纠纷

(2)植物新品种权权属纠纷

(3)侵害植物新品种权纠纷

(4)植物新品种临时保护期使用费纠纷

162. 集成电路布图设计专有权权属、侵权纠纷

(1)集成电路布图设计专有权权属纠纷

(2)侵害集成电路布图设计专有权纠纷

163. 侵害企业名称(商号)权纠纷

164. 侵害特殊标志专有权纠纷

165. 网络域名权属、侵权纠纷

(1)网络域名权属纠纷

(2)侵害网络域名纠纷

166. 发现权纠纷

167. 发明权纠纷

168. 其他科技成果权纠纷

169. 确认不侵害知识产权纠纷

(1)确认不侵害专利权纠纷

(2)确认不侵害商标权纠纷

(3)确认不侵害著作权纠纷

(4)确认不侵害植物新品种权纠纷

(5)确认不侵害集成电路布图设计专用权纠纷

(6)确认不侵害计算机软件著作权纠纷

170. 因申请知识产权临时措施损害责任纠纷

(1)因申请诉前停止侵害专利权损害责任纠纷

(2)因申请诉前停止侵害注册商标专用权损害责任纠纷

(3)因申请诉前停止侵害著作权损害责任纠纷

(4)因申请诉前停止侵害植物新品种权损害责任纠纷

(5)因申请海关知识产权保护措施损害责任纠纷

(6)因申请诉前停止侵害计算机软件著作权损害责任纠纷

(7)因申请诉前停止侵害集成电路布图设计专用权损害责任纠纷

171. 因恶意提起知识产权诉讼损害责任纠纷

172. 专利权宣告无效后返还费用纠纷

十五、不正当竞争纠纷

173. 仿冒纠纷

(1)擅自使用与他人有一定影响的商品名称、包装、装潢等相同或者近似的标识纠纷

(2)擅自使用他人有一定影响的企业名称、社会组织名称、姓名纠纷

(3)擅自使用他人有一定影响的域名主体部分、网站名称、网页纠纷

174. 商业贿赂不正当竞争纠纷

175. 虚假宣传纠纷

176. 侵害商业秘密纠纷
(1)侵害技术秘密纠纷
(2)侵害经营秘密纠纷
177. 低价倾销不正当竞争纠纷
178. 捆绑销售不正当竞争纠纷
179. 有奖销售纠纷
180. 商业诋毁纠纷
181. 串通投标不正当竞争纠纷
182. 网络不正当竞争纠纷

十六、垄断纠纷

183. 垄断协议纠纷
(1)横向垄断协议纠纷
(2)纵向垄断协议纠纷
184. 滥用市场支配地位纠纷
(1)垄断定价纠纷
(2)掠夺定价纠纷
(3)拒绝交易纠纷
(4)限定交易纠纷
(5)捆绑交易纠纷
(6)差别待遇纠纷
185. 经营者集中纠纷

第六部分　劳动争议、人事争议

十七、劳动争议

186. 劳动合同纠纷
(1)确认劳动关系纠纷
(2)集体合同纠纷
(3)劳务派遣合同纠纷
(4)非全日制用工纠纷
(5)追索劳动报酬纠纷
(6)经济补偿金纠纷
(7)竞业限制纠纷
187. 社会保险纠纷

(1)养老保险待遇纠纷

(2)工伤保险待遇纠纷

(3)医疗保险待遇纠纷

(4)生育保险待遇纠纷

(5)失业保险待遇纠纷

188. 福利待遇纠纷

十八、人事争议

189. 聘用合同纠纷

190. 聘任合同纠纷

191. 辞职纠纷

192. 辞退纠纷

第七部分　海事海商纠纷

十九、海事海商纠纷

193. 船舶碰撞损害责任纠纷

194. 船舶触碰损害责任纠纷

195. 船舶损坏空中设施、水下设施损害责任纠纷

196. 船舶污染损害责任纠纷

197. 海上、通海水域污染损害责任纠纷

198. 海上、通海水域养殖损害责任纠纷

199. 海上、通海水域财产损害责任纠纷

200. 海上、通海水域人身损害责任纠纷

201. 非法留置船舶、船载货物、船用燃油、船用物料损害责任纠纷

202. 海上、通海水域货物运输合同纠纷

203. 海上、通海水域旅客运输合同纠纷

204. 海上、通海水域行李运输合同纠纷

205. 船舶经营管理合同纠纷

206. 船舶买卖合同纠纷

207. 船舶建造合同纠纷

208. 船舶修理合同纠纷

209. 船舶改建合同纠纷

210. 船舶拆解合同纠纷

211. 船舶抵押合同纠纷

212. 航次租船合同纠纷
213. 船舶租用合同纠纷
(1)定期租船合同纠纷
(2)光船租赁合同纠纷
214. 船舶融资租赁合同纠纷
215. 海上、通海水域运输船舶承包合同纠纷
216. 渔船承包合同纠纷
217. 船舶属具租赁合同纠纷
218. 船舶属具保管合同纠纷
219. 海运集装箱租赁合同纠纷
220. 海运集装箱保管合同纠纷
221. 港口货物保管合同纠纷
222. 船舶代理合同纠纷
223. 海上、通海水域货运代理合同纠纷
224. 理货合同纠纷
225. 船舶物料和备品供应合同纠纷
226. 船员劳务合同纠纷
227. 海难救助合同纠纷
228. 海上、通海水域打捞合同纠纷
229. 海上、通海水域拖航合同纠纷
230. 海上、通海水域保险合同纠纷
231. 海上、通海水域保赔合同纠纷
232. 海上、通海水域运输联营合同纠纷
233. 船舶营运借款合同纠纷
234. 海事担保合同纠纷
235. 航道、港口疏浚合同纠纷
236. 船坞、码头建造合同纠纷
237. 船舶检验合同纠纷
238. 海事请求担保纠纷
239. 海上、通海水域运输重大责任事故责任纠纷
240. 港口作业重大责任事故责任纠纷
241. 港口作业纠纷
242. 共同海损纠纷

243. 海洋开发利用纠纷
244. 船舶共有纠纷
245. 船舶权属纠纷
246. 海运欺诈纠纷
247. 海事债权确权纠纷

第八部分　与公司、证券、保险、票据等有关的民事纠纷

二十、与企业有关的纠纷

248. 企业出资人权益确认纠纷
249. 侵害企业出资人权益纠纷
250. 企业公司制改造合同纠纷
251. 企业股份合作制改造合同纠纷
252. 企业债权转股权合同纠纷
253. 企业分立合同纠纷
254. 企业租赁经营合同纠纷
255. 企业出售合同纠纷
256. 挂靠经营合同纠纷
257. 企业兼并合同纠纷
258. 联营合同纠纷
259. 企业承包经营合同纠纷
(1)中外合资经营企业承包经营合同纠纷
(2)中外合作经营企业承包经营合同纠纷
(3)外商独资企业承包经营合同纠纷
(4)乡镇企业承包经营合同纠纷
260. 中外合资经营企业合同纠纷
261. 中外合作经营企业合同纠纷

二十一、与公司有关的纠纷

262. 股东资格确认纠纷
263. 股东名册记载纠纷
264. 请求变更公司登记纠纷
265. 股东出资纠纷
266. 新增资本认购纠纷
267. 股东知情权纠纷

268. 请求公司收购股份纠纷
269. 股权转让纠纷
270. 公司决议纠纷
(1)公司决议效力确认纠纷
(2)公司决议撤销纠纷
271. 公司设立纠纷
272. 公司证照返还纠纷
273. 发起人责任纠纷
274. 公司盈余分配纠纷
275. 损害股东利益责任纠纷
276. 损害公司利益责任纠纷
277. 损害公司债权人利益责任纠纷
(1)股东损害公司债权人利益责任纠纷
(2)实际控制人损害公司债权人利益责任纠纷
278. 公司关联交易损害责任纠纷
279. 公司合并纠纷
280. 公司分立纠纷
281. 公司减资纠纷
282. 公司增资纠纷
283. 公司解散纠纷
284. 清算责任纠纷
285. 上市公司收购纠纷

二十二、合伙企业纠纷

286. 入伙纠纷
287. 退伙纠纷
288. 合伙企业财产份额转让纠纷

二十三、与破产有关的纠纷

289. 请求撤销个别清偿行为纠纷
290. 请求确认债务人行为无效纠纷
291. 对外追收债权纠纷
292. 追收未缴出资纠纷
293. 追收抽逃出资纠纷
294. 追收非正常收入纠纷

295. 破产债权确认纠纷
(1)职工破产债权确认纠纷
(2)普通破产债权确认纠纷
296. 取回权纠纷
(1)一般取回权纠纷
(2)出卖人取回权纠纷
297. 破产抵销权纠纷
298. 别除权纠纷
299. 破产撤销权纠纷
300. 损害债务人利益赔偿纠纷
301. 管理人责任纠纷

二十四、证券纠纷

302. 证券权利确认纠纷
(1)股票权利确认纠纷
(2)公司债券权利确认纠纷
(3)国债权利确认纠纷
(4)证券投资基金权利确认纠纷
303. 证券交易合同纠纷
(1)股票交易纠纷
(2)公司债券交易纠纷
(3)国债交易纠纷
(4)证券投资基金交易纠纷
304. 金融衍生品种交易纠纷
305. 证券承销合同纠纷
(1)证券代销合同纠纷
(2)证券包销合同纠纷
306. 证券投资咨询纠纷
307. 证券资信评级服务合同纠纷
308. 证券回购合同纠纷
(1)股票回购合同纠纷
(2)国债回购合同纠纷
(3)公司债券回购合同纠纷
(4)证券投资基金回购合同纠纷

(5)质押式证券回购纠纷
309. 证券上市合同纠纷
310. 证券交易代理合同纠纷
311. 证券上市保荐合同纠纷
312. 证券发行纠纷
(1)证券认购纠纷
(2)证券发行失败纠纷
313. 证券返还纠纷
314. 证券欺诈责任纠纷
(1)证券内幕交易责任纠纷
(2)操纵证券交易市场责任纠纷
(3)证券虚假陈述责任纠纷
(4)欺诈客户责任纠纷
315. 证券托管纠纷
316. 证券登记、存管、结算纠纷
317. 融资融券交易纠纷
318. 客户交易结算资金纠纷

二十五、期货交易纠纷

319. 期货经纪合同纠纷
320. 期货透支交易纠纷
321. 期货强行平仓纠纷
322. 期货实物交割纠纷
323. 期货保证合约纠纷
324. 期货交易代理合同纠纷
325. 侵占期货交易保证金纠纷
326. 期货欺诈责任纠纷
327. 操纵期货交易市场责任纠纷
328. 期货内幕交易责任纠纷
329. 期货虚假信息责任纠纷

二十六、信托纠纷

330. 民事信托纠纷
331. 营业信托纠纷
332. 公益信托纠纷

二十七、保险纠纷

333. 财产保险合同纠纷

(1)财产损失保险合同纠纷

(2)责任保险合同纠纷

(3)信用保险合同纠纷

(4)保证保险合同纠纷

(5)保险人代位求偿权纠纷

334. 人身保险合同纠纷

(1)人寿保险合同纠纷

(2)意外伤害保险合同纠纷

(3)健康保险合同纠纷

335. 再保险合同纠纷

336. 保险经纪合同纠纷

337. 保险代理合同纠纷

338. 进出口信用保险合同纠纷

339. 保险费纠纷

二十八、票据纠纷

340. 票据付款请求权纠纷

341. 票据追索权纠纷

342. 票据交付请求权纠纷

343. 票据返还请求权纠纷

344. 票据损害责任纠纷

345. 票据利益返还请求权纠纷

346. 汇票回单签发请求权纠纷

347. 票据保证纠纷

348. 确认票据无效纠纷

349. 票据代理纠纷

350. 票据回购纠纷

二十九、信用证纠纷

351. 委托开立信用证纠纷

352. 信用证开证纠纷

353. 信用证议付纠纷

354. 信用证欺诈纠纷

355. 信用证融资纠纷
356. 信用证转让纠纷

三十、独立保函纠纷

357. 独立保函开立纠纷
358. 独立保函付款纠纷
359. 独立保函追偿纠纷
360. 独立保函欺诈纠纷
361. 独立保函转让纠纷
362. 独立保函通知纠纷
363. 独立保函撤销纠纷

第九部分　侵权责任纠纷

三十一、侵权责任纠纷

364. 监护人责任纠纷
365. 用人单位责任纠纷
366. 劳务派遣工作人员侵权责任纠纷
367. 提供劳务者致害责任纠纷
368. 提供劳务者受害责任纠纷
369. 网络侵权责任纠纷
(1)网络侵害虚拟财产纠纷
370. 违反安全保障义务责任纠纷
(1)经营场所、公共场所的经营者、管理者责任纠纷
(2)群众性活动组织者责任纠纷
371. 教育机构责任纠纷
372. 性骚扰损害责任纠纷
373. 产品责任纠纷
(1)产品生产者责任纠纷
(2)产品销售者责任纠纷
(3)产品运输者责任纠纷
(4)产品仓储者责任纠纷
374. 机动车交通事故责任纠纷
375. 非机动车交通事故责任纠纷
376. 医疗损害责任纠纷

(1)侵害患者知情同意权责任纠纷
(2)医疗产品责任纠纷
377. 环境污染责任纠纷
(1)大气污染责任纠纷
(2)水污染责任纠纷
(3)土壤污染责任纠纷
(4)电子废物污染责任纠纷
(5)固体废物污染责任纠纷
(6)噪声污染责任纠纷
(7)光污染责任纠纷
(8)放射性污染责任纠纷
378. 生态破坏责任纠纷
379. 高度危险责任纠纷
(1)民用核设施、核材料损害责任纠纷
(2)民用航空器损害责任纠纷
(3)占有、使用高度危险物损害责任纠纷
(4)高度危险活动损害责任纠纷
(5)遗失、抛弃高度危险物损害责任纠纷
(6)非法占有高度危险物损害责任纠纷
380. 饲养动物损害责任纠纷
381. 建筑物和物件损害责任纠纷
(1)物件脱落、坠落损害责任纠纷
(2)建筑物、构筑物倒塌、塌陷损害责任纠纷
(3)高空抛物、坠物损害责任纠纷
(4)堆放物倒塌、滚落、滑落损害责任纠纷
(5)公共道路妨碍通行损害责任纠纷
(6)林木折断、倾倒、果实坠落损害责任纠纷
(7)地面施工、地下设施损害责任纠纷
382. 触电人身损害责任纠纷
383. 义务帮工人受害责任纠纷
384. 见义勇为人受害责任纠纷
385. 公证损害责任纠纷
386. 防卫过当损害责任纠纷

387. 紧急避险损害责任纠纷
388. 驻香港、澳门特别行政区军人执行职务侵权责任纠纷
389. 铁路运输损害责任纠纷
(1)铁路运输人身损害责任纠纷
(2)铁路运输财产损害责任纠纷
390. 水上运输损害责任纠纷
(1)水上运输人身损害责任纠纷
(2)水上运输财产损害责任纠纷
391. 航空运输损害责任纠纷
(1)航空运输人身损害责任纠纷
(2)航空运输财产损害责任纠纷
392. 因申请财产保全损害责任纠纷
393. 因申请行为保全损害责任纠纷
394. 因申请证据保全损害责任纠纷
395. 因申请先予执行损害责任纠纷

第十部分　非讼程序案件案由

三十二、选民资格案件

396. 申请确定选民资格

三十三、宣告失踪、宣告死亡案件

397. 申请宣告自然人失踪
398. 申请撤销宣告失踪判决
399. 申请为失踪人财产指定、变更代管人
400. 申请宣告自然人死亡
401. 申请撤销宣告自然人死亡判决

三十四、认定自然人无民事行为能力、限制民事行为能力案件

402. 申请宣告自然人无民事行为能力
403. 申请宣告自然人限制民事行为能力
404. 申请宣告自然人恢复限制民事行为能力
405. 申请宣告自然人恢复完全民事行为能力

三十五、指定遗产管理人案件

406. 申请指定遗产管理人

三十六、认定财产无主案件

407. 申请认定财产无主

408. 申请撤销认定财产无主判决

三十七、确认调解协议案件

409. 申请司法确认调解协议

410. 申请撤销确认调解协议裁定

三十八、实现担保物权案件

411. 申请实现担保物权

412. 申请撤销准许实现担保物权裁定

三十九、监护权特别程序案件

413. 申请确定监护人

414. 申请指定监护人

415. 申请变更监护人

416. 申请撤销监护人资格

417. 申请恢复监护人资格

四十、督促程序案件

418. 申请支付令

四十一、公示催告程序案件

419. 申请公示催告

四十二、公司清算案件

420. 申请公司清算

四十三、破产程序案件

421. 申请破产清算

422. 申请破产重整

423. 申请破产和解

424. 申请对破产财产追加分配

四十四、申请诉前停止侵害知识产权案件

425. 申请诉前停止侵害专利权

426. 申请诉前停止侵害注册商标专用权

427. 申请诉前停止侵害著作权

428. 申请诉前停止侵害植物新品种权

429. 申请诉前停止侵害计算机软件著作权

430. 申请诉前停止侵害集成电路布图设计专用权

四十五、申请保全案件

431. 申请诉前财产保全

432. 申请诉前行为保全

433. 申请诉前证据保全

434. 申请仲裁前财产保全

435. 申请仲裁前行为保全

436. 申请仲裁前证据保全

437. 仲裁程序中的财产保全

438. 仲裁程序中的证据保全

439. 申请执行前财产保全

440. 申请中止支付信用证项下款项

441. 申请中止支付保函项下款项

四十六、申请人身安全保护令案件

442. 申请人身安全保护令

四十七、申请人格权侵害禁令案件

443. 申请人格权侵害禁令

四十八、仲裁程序案件

444. 申请确认仲裁协议效力

445. 申请撤销仲裁裁决

四十九、海事诉讼特别程序案件

446. 申请海事请求保全

(1)申请扣押船舶

(2)申请拍卖扣押船舶

(3)申请扣押船载货物

(4)申请拍卖扣押船载货物

(5)申请扣押船用燃油及船用物料

(6)申请拍卖扣押船用燃油及船用物料

447. 申请海事支付令

448. 申请海事强制令

449. 申请海事证据保全

450. 申请设立海事赔偿责任限制基金

451. 申请船舶优先权催告

452. 申请海事债权登记与受偿

五十、申请承认与执行法院判决、仲裁裁决案件

453. 申请执行海事仲裁裁决

454. 申请执行知识产权仲裁裁决

455. 申请执行涉外仲裁裁决

456. 申请认可和执行香港特别行政区法院民事判决

457. 申请认可和执行香港特别行政区仲裁裁决

458. 申请认可和执行澳门特别行政区法院民事判决

459. 申请认可和执行澳门特别行政区仲裁裁决

460. 申请认可和执行台湾地区法院民事判决

461. 申请认可和执行台湾地区仲裁裁决

462. 申请承认和执行外国法院民事判决、裁定

463. 申请承认和执行外国仲裁裁决

第十一部分　特殊诉讼程序案件案由

五十一、与宣告失踪、宣告死亡案件有关的纠纷

464. 失踪人债务支付纠纷

465. 被撤销死亡宣告人请求返还财产纠纷

五十二、公益诉讼

466. 生态环境保护民事公益诉讼

(1)环境污染民事公益诉讼

(2)生态破坏民事公益诉讼

(3)生态环境损害赔偿诉讼

467. 英雄烈士保护民事公益诉讼

468. 未成年人保护民事公益诉讼

469. 消费者权益保护民事公益诉讼

五十三、第三人撤销之诉

470. 第三人撤销之诉

五十四、执行程序中的异议之诉

471. 执行异议之诉

(1)案外人执行异议之诉

(2)申请执行人执行异议之诉

472. 追加、变更被执行人异议之诉

473. 执行分配方案异议之诉

最高人民法院印发《关于行政案件案由的暂行规定》的通知

(2020年12月25日　法发〔2020〕44号)

各省、自治区、直辖市高级人民法院,解放军军事法院,新疆维吾尔自治区高级人民法院生产建设兵团分院:

《最高人民法院关于行政案件案由的暂行规定》已于2020年12月7日由最高人民法院审判委员会第1820次会议讨论通过,自2021年1月1日起施行,《最高人民法院关于规范行政案件案由的通知》(法发〔2004〕2号,以下简称2004年案由通知)同时废止。现将《最高人民法院关于行政案件案由的暂行规定》(以下简称《暂行规定》)印发给你们,并将适用《暂行规定》的有关问题通知如下。

一、认真学习和准确适用《暂行规定》

行政案件案由是行政案件名称的核心组成部分,起到明确被诉对象、区分案件性质、提示法律适用、引导当事人正确行使诉讼权利等作用。准确确定行政案件案由,有利于人民法院在行政立案、审判中准确确定被诉行政行为、正确适用法律,有利于提高行政审判工作的规范化程度,有利于提高行政案件司法统计的准确性和科学性,有利于为人民法院司法决策提供更有价值的参考,有利于提升人民法院服务大局、司法为民的能力和水平。各级人民法院要认真组织学习《暂行规定》,全面准确领会,确保该规定得到正确实施。

二、准确把握案由的基本结构

根据行政诉讼法和相关行政法律规范的规定,遵循简洁、明确、规范、开放的原则,行政案件案由按照被诉行政行为确定,表述为"××(行政行为)"。例如,不服行政机关作出的行政拘留处罚提起的行政诉讼,案件案由表述为"行政拘留"。

此次起草《暂行规定》时,案由基本结构中删除了2004年案由通知规定的"行政管理范围"。司法统计时,可以通过提取被告行政机关要素,确定和掌握相关行政管理领域某类行政案件的基本情况。

三、准确把握案由的适用范围

《暂行规定》适用于行政案件的立案、审理、裁判、执行的各阶段,也适用于一审、二审、申请再审和再审等诉讼程序。在立案阶段,人民法院可以根据起诉状所列被诉行政行为确定初步案由。在审理、裁判阶段,人民法院发现初步确定的案由不准确时,可以重新确定案由。二审、申请再审、再审程序中发现原审案由不准确的,人民法院应当重新确定案由。在执行阶段,人民法院应当采用据以执行的生效法律文书确定的结案案由。

案件卷宗封面、开庭传票、送达回证等材料上应当填写案由。司法统计一般以生效法律文书确定的案由为准,也可以根据统计目的的实际需要,按照相应诉讼阶段或者程序确定的案由进行统计。

四、准确理解案由的确定规则

(一)行政案件案由分为三级

1. 一级案由。行政案件的一级案由为"行政行为",是指行政机关与行政职权相关的所有作为和不作为。

2. 二、三级案由的确定和分类。二、三级案由是对一级案由的细化。目前我国法律、法规对行政机关作出的行政行为并无明确的分类标准。三级案由主要是按照法律法规等列举的行政行为名称,以及行政行为涉及的权利内容等进行划分。目前列举的二级案由主要包括:行政处罚、行政强制措施、行政强制执行、行政许可、行政征收或者征用、行政登记、行政确认、行政给付、行政允诺、行政征缴、行政奖励、行政收费、政府信息公开、行政批复、行政处理、行政复议、行政裁决、行政协议、行政补偿、行政赔偿及不履行职责、公益诉讼。

3. 优先适用三级案由。人民法院在确定行政案件案由时,应当首先适用三级案由;无对应的三级案由时,适用二级案由;二级案由仍然无对应的名称,适用一级案由。例如,起诉行政机关作出的罚款行政处罚,该案案由只能按照三级案由确定为"罚款",不能适用二级或者一级案由。

(二)起诉多个被诉行政行为案件案由的确定

在同一个案件中存在多个被诉行政行为时,可以并列适用不同的案由。例如,起诉行政机关作出的罚款、行政拘留、没收违法所得的行政处罚时,该案案由表述为"罚款、行政拘留及没收违法所得"。如果是两个以上的被诉行政行为,其中一个行政行为适用三级案由,另一个只能适用二级案由的,可以并列适用不同层级的案由。

(三)不可诉行为案件案由的确定

当事人对不属于行政诉讼受案范围的行政行为或者民事行为、刑事侦查行为等提起行政诉讼的案件,人民法院根据《中华人民共和国行政诉讼法》第十三条和《最高人民法院关于适用〈中华人民共和国行政诉讼法〉的解释》第一条第二款规定中的相关表述确定案由,具体表述为:国防外交行为、发布决定命令行为、奖惩任免行为、最终裁决行为、刑事司法行为、行政调解行为、仲裁行为、行政指导行为、重复处理行为、执行生效裁判行为、信访处理行为等。例如,起诉行政机关行政指导行为的案件,案由表述为"行政指导行为"。应当注意的是,"内部层级监督行为""过程性行为"均是对行政行为性质的概括,在确定案件案由时还应根据被诉行为名称来确定。对于前述规定没有列举,但法律、法规、规章或者司法解释有明确的法定名称表述的案件,以法定名称表述案由;尚无法律、法规、规章或者司法解释明确法定名称的行为或事项,人民法院可以通过概括当事人诉讼请求所指向的行为或者事项确定案由,例如,起诉行政机关要求为其子女安排工作的案件,案由表述为"安排子女工作"。

五、关于几种特殊行政案件案由确定规则

(一)行政复议案件

行政复议机关成为行政诉讼被告,主要有三种情形:一是行政复议机关不予受理或者程序性驳回复议申请;二是行政复议机关改变(包括撤销)原行政行为;三是行政复议机关维持原行政行为或者实体上驳回复议申请。第一、二种情形下,行政复议机关单独作被告,按《暂行规定》基本结构确定案由即可。第三种情形下,行政复议机关和原行政行为作出机关是共同被告,此类案件案由表述为"××(行政行为)及行政复议"。例如,起诉某市人民政府维持该市某局作出的政府信息公开答复的案件,案由表述为"政府信息公开及行政复议"。

(二)行政协议案件

确定行政协议案件案由时,须将行政协议名称予以列明。当事人一并提出行政赔偿、解除协议或者继续履行协议等请求的,要在案由中一并列出。例如,起诉行政机关解除公交线路特许经营协议,请求赔偿损失并判令继续履行协议的案件,案由表述为"单方解除公交线路特许经营协议及行政赔偿、继续履行"。

(三)行政赔偿案件

行政赔偿案件分为一并提起行政赔偿案件和单独提起行政赔偿案件两类。一并提起行政赔偿案件,案由表述为"××(行政行为)及行政赔偿"。例如,起诉行政机关行政拘留一并请求赔偿限制人身自由损失的案件,案由表述为"行政拘留及行政赔偿"。单独提起行政赔偿案件,案由表述为"行政赔偿"。例如,起诉行政机关赔偿违法强制拆除房屋损失的案件,案由表述为"行政赔偿"。

（四）一并审查规范性文件案件

一并审查规范性文件案件涉及被诉行政行为和规范性文件两个审查对象，此类案件案由表述为“××（行政行为）及规范性文件审查”。例如，起诉行政机关作出的强制拆除房屋行为，同时对相关的规范性文件不服一并提起行政诉讼的案件，案由表述为“强制拆除房屋及规范性文件审查”。

（五）行政公益诉讼案件

行政公益诉讼案件案由按照“××（行政行为）”后缀“公益诉讼”的模式确定，表述为“××（行政行为）公益诉讼”。例如，人民检察院对行政机关不履行查处环境违法行为法定职责提起行政公益诉讼的案件，案由表述为“不履行查处环境违法行为职责公益诉讼”。

（六）不履行法定职责案件

“不履行法定职责”是指负有法定职责的行政机关在依法应当履职的情况下消极不作为，从而使得行政相对人权益得不到保护或者无法实现的违法状态。未依法履责、不完全履责、履责不当和迟延履责等以作为方式实施的违法履责行为，均不属于不履行法定职责。

在不履行法定职责案件案由中要明确行政机关应当履行的法定职责内容，表述为“不履行××职责”。例如，起诉行政机关不履行行政处罚职责案件，案由表述为“不履行行政处罚职责”。此处法定职责内容一般按照二级案由表述即可。确有必要的，不履行法定职责案件也可细化到三级案由，例如“不履行罚款职责”。

（七）申请执行人民法院生效法律文书案件

申请执行人民法院生效法律文书案件，案由由“申请执行”加行政诉讼案由后缀“判决”“裁定”或者“调解书”构成。例如，人民法院作出变更罚款决定的生效判决后，行政机关申请人民法院执行该判决的案件，案由表述为“申请执行罚款判决”。

（八）非诉行政执行案件

非诉行政执行案件案由表述为“申请执行××（行政行为）”。其中，“××（行政行为）”应当优先适用三级案由表述。例如，行政机关作出责令退还非法占用土地的行政决定后，行政相对人未履行退还土地义务，行政机关申请人民法院强制执行的案件，案由表述为“申请执行责令退还非法占用土地决定”。

六、应注意的问题

（一）各级人民法院要正确认识行政案件案由的性质与功能，不得将《暂行规定》等同于行政诉讼的受理条件或者范围。判断被诉行政行为是否属于行政诉讼受案范围，必须严格依据行政诉讼法及相关司法解释的规定。

(二)由于行政管理领域及行政行为种类众多,《暂行规定》仅能在二、三级案由中列举人民法院受理的常见案件中被诉行政行为种类或者名称,无法列举所有被诉行政行为。为了确保行政案件案由表述的规范统一以及司法统计的科学性、准确性,各级人民法院应当严格按照《暂行规定》表述案由。对于《暂行规定》未列举案由的案件,可依据相关法律、法规、规章及司法解释对被诉行政行为的表述来确定案由,不得使用"其他"或者"其他行政行为"概括案由。

(三)行政案件的名称表述应当与案由的表述保持一致,一般表述为"××(原告)诉××(行政机关)××(行政行为)案",不得表述为"××(原告)与××(行政机关)××行政纠纷案"。

(四)知识产权授权确权和涉及垄断的行政案件案由按照《最高人民法院关于增加部分行政案件案由的通知》(法〔2019〕261号)等规定予以确定。

对于适用《暂行规定》过程中遇到的问题和情况,请及时层报最高人民法院。

最高人民法院关于行政案件案由的暂行规定

(2020年12月7日最高人民法院审判委员会第1820次会议通过,
自2021年1月1日起施行)

目　　录

(十二)行政收费

(十三)政府信息公开

(十四)行政批复

(十五)行政处理

(十六)行政复议

(十七)行政裁决

(十八)行政协议

(十九)行政补偿

(二十)行政赔偿

(二十一)不履行××职责

(二十二)××(行政行为)公益诉讼

为规范人民法院行政立案、审判、执行工作,正确适用法律,统一确定行政案件案由,根据《中华人民共和国行政诉讼法》及相关法律法规和司法解释的规定,结合行政审判工作实际,对行政案件案由规定如下:

一级案由

行政行为

二级、三级案由

(一)行政处罚

1. 警告

2. 通报批评

3. 罚款

4. 没收违法所得

5. 没收非法财物

6. 暂扣许可证件

7. 吊销许可证件

8. 降低资质等级

9. 责令关闭

10. 责令停产停业

11. 限制开展生产经营活动

12. 限制从业

13. 行政拘留

14. 不得申请行政许可

15. 责令限期拆除

(二)行政强制措施
16. 限制人身自由
17. 查封场所、设施或者财物
18. 扣押财物
19. 冻结存款、汇款
20. 冻结资金、证券
21. 强制隔离戒毒
22. 留置
23. 采取保护性约束措施
(三)行政强制执行
24. 加处罚款或者滞纳金
25. 划拨存款、汇款
26. 拍卖查封、扣押的场所、设施或者财物
27. 处理查封、扣押的场所、设施或者财物
28. 排除妨碍
29. 恢复原状
30. 代履行
31. 强制拆除房屋或者设施
32. 强制清除地上物
(四)行政许可
33. 工商登记
34. 社会团体登记
35. 颁发机动车驾驶证
36. 特许经营许可
37. 建设工程规划许可
38. 建筑工程施工许可
39. 矿产资源许可
40. 药品注册许可
41. 医疗器械许可
42. 执业资格许可
(五)行政征收或者征用
43. 征收或者征用房屋
44. 征收或者征用土地

45. 征收或者征用动产
(六)行政登记
46. 房屋所有权登记
47. 集体土地所有权登记
48. 森林、林木所有权登记
49. 矿业权登记
50. 土地承包经营权登记
51. 建设用地使用权登记
52. 宅基地使用权登记
53. 海域使用权登记
54. 水利工程登记
55. 居住权登记
56. 地役权登记
57. 不动产抵押登记
58. 动产抵押登记
59. 质押登记
60. 机动车所有权登记
61. 船舶所有权登记
62. 户籍登记
63. 婚姻登记
64. 收养登记
65. 税务登记
(七)行政确认
66. 基本养老保险资格或者待遇认定
67. 基本医疗保险资格或者待遇认定
68. 失业保险资格或者待遇认定
69. 工伤保险资格或者待遇认定
70. 生育保险资格或者待遇认定
71. 最低生活保障资格或者待遇认定
72. 确认保障性住房分配资格
73. 颁发学位证书或者毕业证书
(八)行政给付
74. 给付抚恤金

75. 给付基本养老金
76. 给付基本医疗保险金
77. 给付失业保险金
78. 给付工伤保险金
79. 给付生育保险金
80. 给付最低生活保障金
(九)行政允诺
81. 兑现奖金
82. 兑现优惠
(十)行政征缴
83. 征缴税款
84. 征缴社会抚养费
85. 征缴社会保险费
86. 征缴污水处理费
87. 征缴防空地下室易地建设费
88. 征缴水土保持补偿费
89. 征缴土地闲置费
90. 征缴土地复垦费
91. 征缴耕地开垦费
(十一)行政奖励
92. 授予荣誉称号
93. 发放奖金
(十二)行政收费
94. 证照费
95. 车辆通行费
96. 企业注册登记费
97. 不动产登记费
98. 船舶登记费
99. 考试考务费
(十三)政府信息公开
(十四)行政批复
(十五)行政处理
100. 责令退还非法占用土地

101. 责令交还土地
102. 责令改正
103. 责令采取补救措施
104. 责令停止建设
105. 责令恢复原状
106. 责令公开
107. 责令召回
108. 责令暂停生产
109. 责令暂停销售
110. 责令暂停使用
111. 有偿收回国有土地使用权
112. 退学决定

(十六)行政复议

113. 不予受理行政复议申请决定
114. 驳回行政复议申请决定
115. ××(行政行为)及行政复议
116. 改变原行政行为的行政复议决定

(十七)行政裁决

117. 土地、矿藏、水流、荒地或者滩涂权属确权
118. 林地、林木、山岭权属确权
119. 海域使用权确权
120. 草原权属确权
121. 水利工程权属确权
122. 企业资产性质确认

(十八)行政协议

123. 订立××(行政协议)
124. 单方变更××(行政协议)
125. 单方解除××(行政协议)
126. 不依法履行××(行政协议)
127. 未按约定履行××(行政协议)
128. ××(行政协议)行政补偿
129. ××(行政协议)行政赔偿
130. 撤销××(行政协议)

131. 解除××(行政协议)
132. 继续履行××(行政协议)
133. 确认××(行政协议)无效或有效
(十九)行政补偿
134. 房屋征收或者征用补偿
135. 土地征收或者征用补偿
136. 动产征收或者征用补偿
137. 撤回行政许可补偿
138. 收回国有土地使用权补偿
139. 规划变更补偿
140. 移民安置补偿
(二十)行政赔偿
(二十一)不履行××职责
(二十二)××(行政行为)公益诉讼

图书在版编目(CIP)数据

中国案例指导 : 总第8辑 / 杨万明主编 ; 最高人民法院案例指导工作办公室编著. -- 北京 : 法律出版社，2021

ISBN 978 - 7 - 5197 - 5664 - 2

Ⅰ. ①中… Ⅱ. ①杨… ②最… Ⅲ. ①案例 - 中国 - 丛刊 Ⅳ. ①D920.5 - 55

中国版本图书馆 CIP 数据核字(2021)第098785号

中国案例指导(总第8辑)
ZHONGGUO ANLI ZHIDAO
(ZONG DI - 8 JI)

杨万明 主编
最高人民法院案例指导工作办公室 编著

策划编辑 李沂蔚
责任编辑 李沂蔚
装帧设计 李 瞻

出版发行 法律出版社
编辑统筹 法律应用出版分社
责任校对 王晓萍
责任印制 吕亚利
经　　销 新华书店

开本 710毫米×1000毫米 1/16
印张 20　　字数 369千
版本 2021年7月第1版
印次 2021年7月第1次印刷
印刷 三河市龙大印装有限公司

地址:北京市丰台区莲花池西里7号(100073)
网址:www.lawpress.com.cn
投稿邮箱:info@lawpress.com.cn
举报盗版邮箱:jbwq@lawpress.com.cn

销售电话:010 - 83938349
客服电话:010 - 83938350
咨询电话:010 - 63939796

书号:ISBN 978 - 7 - 5197 - 5664 - 2　　定价:86.00元

凡购买本社图书,如有印装错误,我社负责退换。电话:010 - 83938349